U0146007

本书系国家社会科学基金青年项目

"基于文本批判的契丹早期史研究"（编号：19CZS057）

最终成果

方李邦琴北京大学人文学科文库出版基金赞助

北 京 大 学 ｜北大中国史
人文学科文库｜研 究 丛 书

重构契丹早期史

Reconstructing the History of the
Predynastic Khitan

苗润博 著

北京大学出版社
PEKING UNIVERSITY PRESS

图书在版编目(CIP)数据

重构契丹早期史/苗润博著.—北京:北京大学出版社,2024.2
(北京大学人文学科文库.北大中国史研究丛书)
ISBN 978-7-301-34749-2

Ⅰ.①重… Ⅱ.①苗… Ⅲ.①契丹—民族历史—研究 Ⅳ.①K289

中国国家版本馆 CIP 数据核字(2023)第 234047 号

书　　　名	重构契丹早期史
	CHONGGOU QIDAN ZAOQISHI
著作责任者	苗润博　著
责 任 编 辑	张　晗
标 准 书 号	ISBN 978-7-301-34749-2
出 版 发 行	北京大学出版社
地　　　址	北京市海淀区成府路 205 号　100871
网　　　址	http://www.pup.cn　新浪微博: @北京大学出版社
电 子 邮 箱	编辑部 wsz@pup.cn　总编室 zpup@pup.cn
电　　　话	邮购部 010-62752015　发行部 010-62750672
	编辑部 010-62755217
印 刷 者	北京中科印刷有限公司
经 销 者	新华书店

650 毫米×980 毫米　16 开本　21.75 印张　304 千字
2024 年 2 月第 1 版　2024 年 5 月第 3 次印刷

定　　　价　88.00 元

未经许可,不得以任何方式复制或抄袭本书之部分或全部内容。
版权所有,侵权必究
举报电话: 010-62752024　电子邮箱: fd@pup.cn
图书如有印装质量问题,请与出版部联系,电话:010-62756370

总　序

袁行霈

　　人文学科是北京大学的传统优势学科。早在京师大学堂建立之初，就设立了经学科、文学科，预科学生必须在五种外语中选修一种。京师大学堂于 1912 年改为现名，1917 年，蔡元培先生出任北京大学校长，他"循思想自由原则，取兼容并包主义"，促进了思想解放和学术繁荣。1921 年北大成立了四个全校性的研究所，下设自然科学、社会科学、国学和外国文学四门，人文学科仍然居于重要地位，广受社会的关注。这个传统一直沿袭下来，中华人民共和国成立后，1952 年北京大学与清华大学、燕京大学三校的文、理科合并为现在的北京大学，大师云集，人文荟萃，成果斐然。改革开放后，北京大学的历史翻开了新的一页。

　　近十几年来，人文学科在学科建设、人才培养、师资队伍建设、教学科研等各方面改善了条件，取得了显著成绩。北大的人文学科门类齐全，在国内整体上居于优势地位，在世界上也占有引人瞩目的地位，相继出版了《中华文明史》《世界文明史》《世界现代化历程》《中国儒学史》《中国美学通史》《欧洲文学史》等高水平的著作，并主持了许多重大的考古项目，这些成果发挥着引领学术前进的作用。目前北大还承担着《儒藏》《中华文明探源》《北京大学藏西汉竹书》的整理与研究工作，以及《新编新注十三经》等重要项目。

与此同时，我们也清醒地看到：北大人文学科整体的绝对优势正在减弱，有的学科只具备相对优势了；有的成果规模优势明显，高度优势还有待提升。北大出了许多成果，但还要出思想，要产生影响人类命运和前途的思想理论。我们距离理想的目标还有相当长的距离，需要人文学科的老师和同学们加倍努力。

我曾经说过：与自然科学或社会科学相比，人文学科的成果，难以直接转化为生产力，给社会带来财富，人们或以为无用。其实，人文学科力求揭示人生的意义和价值，塑造理想的人格，指点人生趋向完美的境地。它能丰富人的精神，美化人的心灵，提升人的品德，协调人和自然的关系以及人和人的关系，促使人把自己掌握的知识和技术用到造福于人类的正道上来，这是人文无用之大用！试想，如果我们的心灵中没有诗意，我们的记忆中没有历史，我们的思考中没有哲理，我们的生活将成为什么样子？国家的强盛与否，将来不仅要看经济实力、国防实力，也要看国民的精神世界是否丰富，活得充实不充实，愉快不愉快，自在不自在，美不美。

一个民族，如果从根本上丧失了对人文学科的热情，丧失了对人文精神的追求和坚守，这个民族就丧失了进步的精神源泉。文化是一个民族的标志，是一个民族的根，在经济全球化的大趋势中，拥有几千年文化传统的中华民族，必须自觉维护自己的根，并以开放的态度吸取世界上其他民族的优秀文化，以跟上世界的潮流。站在这样的高度看待人文学科，我们深感责任之重大与紧迫。

北大人文学科的老师们蕴藏着巨大的潜力和创造性。我相信，只要使老师们的潜力充分发挥出来，北大人文学科便能克服种种障碍，在国内外开辟出一片新天地。

人文学科的研究主要是著书立说，以个体撰写著作为一大特点。除了需要协同研究的集体大项目外，我们还希望为教师独立探索，撰写、出版专著搭建平台，形成既具个体思想，又汇聚集体智慧的系列研究成果。为此，北京大学人文学部决定编辑出版"北京大学人文学科文库"，旨在汇集新时代北大人文学科的优秀成果，弘扬北大人文学科的学术传统，展示北大人文学科的整体实力和研究特色，为推动北大世界一流大学建设、促进人文学术发展做出贡献。

我们需要努力营造宽松的学术环境、浓厚的研究气氛。既要提倡教师根据国家的需要选择研究课题，集中人力物力进行研究，也鼓励教师按照自己的兴趣自由地选择课题。鼓励自由选题是"北京大学人文学科文库"的一个特点。

我们不可满足于泛泛的议论，也不可追求热闹，而应沉潜下来，认真钻研，将切实的成果贡献给社会。学术质量是"北京大学人文学科文库"的一大追求。文库的撰稿者会力求通过自己潜心研究、多年积累而成的优秀成果，来展示自己的学术水平。

我们要保持优良的学风，进一步突出北大的个性与特色。北大人要有大志气、大眼光、大手笔、大格局、大气象，做一些符合北大地位的事，做一些开风气之先的事。北大不能随波逐流，不能甘于平庸，不能跟在别人后面小打小闹。北大的学者要有与北大相称的气质、气节、气派、气势、气宇、气度、气韵和气象。北大的学者要致力于弘扬民族精神和时代精神，以提升国民的人文素质为己任。而承担这样的使命，首先要有谦逊的态度，向人民群众学习，向兄弟院校学习。切不可妄自尊大，目空一切。这也是"北京大学人文学科文库"力求展现的北大的人文素质。

这个文库目前有以下 17 套丛书：

"北大中国文学研究丛书"（陈平原 主编）

"北大中国语言学研究丛书"（王洪君 郭锐 主编）

"北大比较文学与世界文学研究丛书"（张辉 主编）

"北大中国史研究丛书"（荣新江 张帆 主编）

"北大世界史研究丛书"（高毅 主编）

"北大考古学研究丛书"（沈睿文 主编）

"北大马克思主义哲学研究丛书"（丰子义 主编）

"北大中国哲学研究丛书"（王博 主编）

"北大外国哲学研究丛书"（韩水法 主编）

"北大东方文学研究丛书"（王邦维 主编）

"北大欧美文学研究丛书"（申丹 主编）

"北大外国语言学研究丛书"（宁琦 高一虹 主编）

"北大艺术学研究丛书"（彭锋 主编）

"北大对外汉语研究丛书"（赵杨 主编）

"北大古典学研究丛书"（李四龙 彭小瑜 廖可斌 主编）

"北大人文学古今融通研究丛书"（陈晓明 彭锋 主编）

"北大人文跨学科研究丛书"（申丹 李四龙 王奇生 廖可斌 主编)①

这 17 套丛书仅收入学术新作，涵盖了北大人文学科的多个领域，它们的推出有利于读者整体了解当下北大人文学者的科研动态、学术实力和研究特色。这一文库将持续编辑出版，我们相信通过老中青学者的不断努力，其影响会越来越大，并将对北大人文学科的建设和北大创建世界一流大学起到积极作用，进而引起国际学术界的瞩目。

---

① 本文库中获得国家社科基金后期资助或入选国家哲学社会科学成果文库的专著，因出版设计另有要求，我们会在丛书其他专著后勒口列出的该书书名上加星号注标，在文库中存目。

"北大中国史研究丛书" 序

近年来，北大的人文研究开始活跃起来。国际汉学家研修基地、人文社会科学研究院、区域与国别研究院纷纷成立，举办各种各样的学术活动，会议、工作坊、讲座纷至沓来。一时间，学术气氛浓郁，不同学科也进一步加强了交流。与此同时，新的人文学部也在沉闷的评审、提职、定级、评奖的会议之外，开始组织讲座、论坛和工作坊，建设跨学科研究平台；构筑"北京大学人文学科文库"，希望整体展示人文学科的学术成果。我等受命编辑"文库"中的"北大中国史研究丛书"，得到同行的踊跃支持。

北大的中国史研究，可以追溯到 1899 年京师大学堂初设时的史学堂，作为新式教育的一科，包含中国历史研究。1903 年，史学堂改为中国史学门和万国史学门，相当于今天的中国历史和世界历史两个专业。1912 年京师大学堂改称国立北京大学，1919 年设立史学系。1952 年院系调整，新的北大历史系又接纳了清华大学历史系和燕京大学历史系许多著名学者，使北大历史系成为研究中国历史的重镇。在北大史学系到历史系的发展历程中，中国史学研究的队伍不断壮大，名家辈出，也产生了许多传世名著。

但是，由于在 20 世纪经历了多次国难、内战、政治运动，特别是"文革"的迫害，在处于政治旋涡中的北大，史学研究者也不免受到冲击甚至没顶之灾。而且，最近几十年来社会观念巨变，大学里政经法等社会科学越来越受到重视，文史哲则日渐萎缩，历史学科的规模更是受到较大的限制。

然而，历史学作为一个综合性大学的基础人文学科，是不可或缺的。而中国历史，更是居于中国大学首位的北京大学所不可或缺的。北大的中国史研究者，也有着比其他人更加厚重的义务，需要更加努力地做好自己的研究。中国近代学术起步要晚于西方和日本，所以在相当长的一段时间里，即便是中国历史研究领域，也有不少优秀的学者是西方或日本培养起来的，陈寅恪先生因而有"群趋东邻受国史，神州士夫羞欲死"的感叹。历次政治运动，也使国人的许多研究领域拉开了与国外优秀学者的距离。但改革开放以来，包括北大学人在内的中国学者奋起直追，在中国史的许多方面，我们已经走在了学科发展前列，产生出一批优秀的学术著作，为东西洋学者同行刮目相看。

过去，北大历史系学人的特点之一，就是单打独斗。一些优秀学者在各个出版社出版的著作，为弘扬北大学术，做出了极大的贡献。但这样的做法，也使得不少学术研究成果，变成各种丛刊的组成部分，显现不出北大的学术积淀。"北京大学人文学科文库"的想法之一，就是把北大学人的成果凝聚在一起，形成一个比较宏大的气势，推进北大的人文研究。这一做法，对于北大中国史研究，无疑有助于提振士气，凝聚力量，可以集中展现北大中国史学科的研究成果。相信北大历史系暨中国古代史研究中心的学者，有义务，有承担，把自己最满意的研究成果，在"北大中国史研究丛书"中陆续推出。

荣新江　张　帆

2018 年北大校庆前两日

目 录

绪言

三重滤镜下的契丹早期史

就研究范式而言，中国古代民族史堪称 21 世纪以来突破最为显著的学术领域之一。经典的民族史研究习惯于将分析对象视作相对稳定的血缘群体，"追溯""还原"其起源、迁徙、壮大乃至建立政权的发展历程。如此研究取向之形成，一方面根植于传统文献中民族史叙述本身所固有的一元线性的逻辑陷阱，另一方面则是由于研究者将近代以来方逐渐定型的"民族"概念推衍至古代。随着政治体视角的引入，越来越多的学者意识到既有历史文本及研究成果所隐含的根本性缺憾，转而将前现代"民族"的本质视作对政治体认同的建构过程，取得了一系列引人注目的成果，向学界揭示了古代民族史研究全新的可能性。然而具体到中古北方民族早期历史领域，资料的极度匮乏始终是寻求进一步突破的最大瓶颈。研究者面对的要么全是异域他者的记录，要么只有该民族集团自身的叙述，很少能遇到两类不同系统的文献同时独立存在且可相互质证的情况。因此，尽管已经意识到既有民族史叙述可能存在的种种问题，但如何在实证层面予以落实，仍需要漫长而艰辛的探索。怀揣此种问题意识，全面审视有关中古北族的文献记载就会发现，契丹早期史这一个案具有独特而珍贵的价值。

契丹自公元 4 世纪后段始见记载，10 世纪初叶建立王朝，至 14 世纪方告消亡，历经千年而名号不改，成为在长时段历史进程中观察草原与中原互动关系的绝佳样本，其中早期史对于从整体上把握、理解契丹的衍变轨迹尤其具有根基性的意义。所谓早期史的断限，始自"契丹"一名初见记载，迄于公元 916 年阿保机称帝，在时间上基本等同于契丹的建国前史。关于这段历史的文献记载大致分为两个系统：一方面，自《魏书》开始，中原历代正史皆设《契丹传》，形成一套五百余年赓续不断的文献谱系；另一方面，契丹人建立的辽王朝对其建国前史也有一套自我言说，较为隐晦地保留在元朝末年所修《辽史》之中。这样的史料条件为我们开展比较研究提供了难得的样本，只不过受制于固有叙述框架，既往研究对相关资料分析不足，致使契丹早期史所具有的典型意义遭到相当程度的低估。

本书的写作缘起是我参与中华书局点校本《辽史》的修订时，发现该书《营卫志》所述契丹建国以前的部族发展脉络存在系统性的问题。所谓"古八部—隋十部—大贺氏—遥辇氏—耶律氏"的衍变轨迹，被以往绝大多数契丹史研究者视作讨论基础和认识前提。[①] 然而，这一叙述框架实际上完全出自元朝史官之手，是将历代正史《契丹传》与当时所见辽金旧史两个不同系统的史料拼合、杂糅的产物。于是一个问题就此产生：元朝史官所总结的发展脉络是否符合辽朝当时人的历史记忆与叙述？辽朝契丹人究竟如何看待自己建国以前的历史？落实到具体操作层面，就是利用史源学的方法，将上

---

① 　关于既往契丹早期史研究的具体评述，参见本书附录《问题更新与范式转换：契丹早期史百年研究述评》。

述两个文献系统的材料从《营卫志》的叙述框架中剥离开来，二者之间诸多不可弥合的矛盾也就此得以呈现，从中看到的并非契丹作为"民族"的一元线性发展史，而是两种历史叙述彼此独立的流衍过程。

以此为基础，分别考察中原文献系统和辽朝自身叙述，可以进一步发现二者各自存在着不同层面的问题。中原正史《契丹传》绵延五百余年的完整叙述链条，是今人研究契丹早期历史的主要依据，其所隐含的华夏传统的建构与误解，也往往在不经意间幻化为研究者日用不觉的常识。与之形成鲜明对比的是，契丹王朝当时关于自身早期历史的叙述却一直湮没无闻，经过仔细爬梳清理方才发现，这其实是一副与以往所知完全不同的模样：在整套叙述中，几乎找不到中原文献所记早期契丹的影子，所有的历史都是从阿保机的祖先那里开始，属于以统治家族历史代替整个集团历史的典型案例，其中所呈现的断裂性和建构性，突显出政治权力对族群历史记忆的干预和塑造。

如此说来，我们今天所看到的契丹早期史实际上是三重滤镜下的图景。其一是中原史籍立足华夏本位而塑造的他者形象，其二是契丹王朝出于权力意志的自我建构，其三则是后世史官将前两者拼合、掺以己见而形成的线性追溯。每重滤镜都可能导致不同程度的扭曲与失真，而三者彼此之间又往往层累交叠，最终折射出的光影究竟在何种意义上反映着过往的真实？毫无疑问，没有人能完全丢弃滤镜而直抵历史现场，但至少我们可以通过拆解、分析这些滤镜本身的构成方式与运作机制，重新审视、质疑以往所看到的重重镜像。本书即基于对相关历史文献源流的批判性分析，透过权威经典文本的缝隙，探讨不同历史叙述复杂多元的生成、衍化过程，希望借此发掘出全新的历史情境。

上述三重滤镜对应三种不同主体、不同来源的文献系统。相较而言，中原文献最早、最独立、最直接，元修《辽史》最系统、最权威但其实也最庞杂、最混乱，而辽朝自身的叙述最隐晦、最零散，对于我们来说却又最核心、最重要。基于这种情况，本书不得不采取层层剥离、逐次推进的策略，通过对前两种显性文本的分析批判，来探求辽朝自身叙述这一隐性文本的面貌和内涵，尽力还原尘封已久的历史图景。具体而言，其一，中原文献系统关于契丹的记载无须与另外二者做过多切割，因而率先对其进行分析，重新检讨以往被视为常识的历史叙述，揭示、澄清其中隐含的建构和误解，以此作为进一步讨论之基础。其二，彻底清理元修《辽史》所述契丹早期史脉络，对相关史料"做减法"，将原本的线性叙述拆解、分离成源出不同文献系统的历史记载，剔除金、元两代史官根据中原文献及自身理解所新增的内容，只保留辽朝当时人的说法。其三，将《辽史》中经过删汰筛选后的辽朝史料单独列出，与出土的辽代汉文、契丹文石刻及五代、宋文献中辗转保留的辽人叙述相互质证发明，尽可能地还原契丹王朝的早期史记忆；并将这种记忆与历代中原文献所记契丹早期发展史做一比较，目的不在于拼接、弥缝，而是在差异与矛盾之中进一步明确辽朝建国前史叙述的特点、成因与衍变，揭出其背后的历史本相。前两者侧重对基础文献的考辨、质疑，属于文本批判层面的工作，分别对应上篇两章；后者则进入史实重建层面，在下篇两章中展开。

具体章节内容安排如下：

上篇第一章对中原史籍有关契丹早期史的若干经典叙述加以解构。选取三个案例，从文献源流和历史叙述切入，具体讨论以下问题：《魏书》的群类式叙述策略及其影响，《隋书》在列传归类上将契丹由东夷改入北狄的原因和背景，以《旧唐书》为代表的唐宋文献将契丹君长记为大贺氏的史料源流与致误之由。第二章对元修《辽史》所见契丹早期史料展开批判。首先从总体上判定《营卫志·部族》的史源状况，接着逐条考证史源、分析拼接过程中所出现的问题，进而将此方法推广到《辽史》其他部分的契丹早期史料，全面剖析元末史官的契丹早期史观。最终将辽朝当时的历史叙述从后世的线性追溯中剥离出来。

下篇第一章揭橥辽朝官方建国前史记忆的本相。从空间、时间两个维度发掘辽朝自身叙述的特点和问题，着重在与中原系统记载的差异面和断裂带上观察这种叙述背后的权力话语，揭示出罕为人知的契丹建国前史脉络，对与此息息相关的祖源传说和郡望观念作出新的诠释。第二章关注契丹开国史叙述曾经历过的转变和改造。《辽史》所记契丹开国年代与实际情况存在的矛盾绝非无心之误，而是辽朝后期史官有意改写的结果；与此同时，不同文献系统关于阿保机即位过程的记载大相径庭，其根源实亦在于文化转型后的重塑。

上篇构成本书论证的基础，下篇则是重心与落脚所在，其中一以贯之的追求是探索契丹早期史这一个案对于观察草原、中原历史叙述问题的典型性与普遍性意义。

上　篇
文　本　批　判

第一章

他者镜像：中原文献所记早期
契丹史考辨

　　契丹自初见史籍至建立王朝历经五百余年，在此期间历代中原文献对其活动轨迹或多或少都有所记录，构成了我们今天了解、研究契丹早期历史的主要素材，其中的种种叙述往往被奉为经典并逐渐内化成研究者的常识。然而，对于此类历史叙述本身的生成过程、内在特点及可能存在的缺陷和问题，目前的辽史、契丹史学界似乎还关注不多。华夏有关周边异族的历史叙述，在多大程度上等同于历史真实？其间存在多少想象与建构的因素？此种想象与建构又会如何影响和塑造后世的认识？这些都是研究古代非华夏族裔历史时不容回避的问题。有鉴于斯，本章拟选取三个案例，从文献源流和历史叙述的角度，对中原史籍有关契丹早期史的若干经典记载加以考辨，希望借此重新审视、反思既有的研究路径与问题意识。

第一节　《魏书·契丹传》的文本来源与叙述策略

一、《魏书·契丹传》的三个疑点

在现存史料中，最早专门、系统记载契丹历史者首推《魏书·契丹传》，其文曰：

> 契丹国，在库莫奚东，异种同类，俱窜于松漠之间。登国中，国军大破之，遂逃迸，与库莫奚分背。经数十年，稍滋蔓，有部落，于和龙之北数百里，多为寇盗。

> 真君以来，求朝献，岁贡名马。显祖时，使莫弗纥何辰奉献，得班飨于诸国之末。归而相谓，言国家之美，心皆忻慕，于是东北群狄闻之，莫不思服。悉万丹部、何大何部、伏弗郁部、羽陵部、日连部、匹絜部、黎部、吐六于部等，各以其名马文皮入献天府，遂求为常。皆得交市于和龙、密云之间，贡献不绝。太和三年，高句丽窃与蠕蠕谋，欲取地豆于以分之。契丹惧其侵轶，其莫弗贺勿于率其部落车三千乘、众万余口，驱徙杂畜，求入内附，止于白狼水东。自此岁常朝贡。后告饥，高祖矜之，听其入关市籴。

> 及世宗、肃宗时，恒遣使贡方物。熙平中，契丹使人祖真等三十人还，灵太后以其俗嫁娶之际，以青毡为上服，人给青毡两匹，赏其诚款之心，余依旧式。朝贡至齐受禅常不绝。①

这段记载常常被作为研究契丹早期历史的起点，其内容亦广为史家引用。文中首段所述为契丹之族属、居地及与北魏建立朝贡关系以前的历史。按照它的描述，契丹与库莫奚是"异种同类"，原本同处

① 《魏书》卷一〇〇《契丹传》，中华书局，2017年，第2408页。按原本为一段，兹为论述方便，分作三段。

松漠之间，登国年间（386—395）为北魏所败，与库莫奚分离，开始单独行动，历经数十年的发展，方才在和龙（今辽宁朝阳）以北站稳脚跟。次段缕叙自太平真君至太和年间契丹与北魏的历次朝贡，特别突出了其对招徕"东北群狄"的示范效应及南迁白狼水的内附之举。末段简述契丹在孝文帝以后直至东魏末年始终朝贡不断，重点记录了熙平年间北魏朝廷对其诚心款附的赏赐。

很长一段时间里，学界囿于中原文献，认为引文首段提到的"登国中，国军大破之"就是最早关于契丹的确切记载，因而对该传所述契丹发展初期的历史深信不疑，并以此为起点展开讨论。[①] 后来，研究者逐渐注意到高丽史籍《三国史记》中有关契丹更早的记载，但似乎仅仅将其作为一种零星的补充，而未能充分挖掘其价值，亦未能结合其他材料对《魏书·契丹传》的整体叙述提出有力质疑。[②]

在我看来，《魏书·契丹传》首段所记契丹初期发展史与其他文献所呈现的面貌存在重大抵牾。

其一，契丹之初现早于北魏，更非因登国兵败方开始独立发展。《三国史记·高句丽本纪》小兽林王八年（378）九月云："契丹犯北边，陷八部落。"[③] 这是目前所知关于契丹的最早记录，尽管《三国史记》成书已晚至 1145 年，但其所据史源之年代甚早，因而保

---

① 此类论述数量甚夥，兹不备举。表述较为明确、影响较大者见松井等：《契丹勃興史》，《满鲜地理历史研究报告》第 1 辑，東京帝國大學文科大學，1915 年；冯家昇：《契丹名号考释》，《燕京学报》第 13 期，1933 年，收入《冯家昇论著辑粹》，中华书局，1987 年；蔡美彪：《契丹的部落组织和国家的产生》，《历史研究》1964 年第 5—6 期，收入氏著《辽金元史考索》，中华书局，2012 年。

② 较早注意到这条史料的是杨家骆：《辽史世表长笺》，中国文化学院中国学术史研究所，1965 年，此据《辽史长笺》，新文丰出版股份有限公司，2006 年，第 3484 页（然杨氏以此不见于中原史籍而未取）；陈述：《契丹政治史稿·契丹部族的出现及其初兴地区》，人民出版社，1986 年，第 20—21 页。按陈书系其早年所著《契丹史论证稿》（国立北平研究院史学研究所，1948 年）之扩充，今检《论证稿》相应部分尚未提及此条。

③ 金富轼：《三国史记》卷一八，杨军校勘，吉林大学出版社，2015 年，第 222 页。

留下许多不见于中原史籍的珍贵材料。学界已有基本共识,《三国史记·高句丽本纪》长寿王（413—491 年在位）以前部分不见于中原典籍的记载主要源自类似编年体的古史《留记》,① 后者最初可能是高句丽建国初年开始使用汉字后对国家大事的记录,陆续积累,其间或经人整理,至 600 年时据说有一百卷。② 小兽林王八年九月这条关于契丹的史事很可能源自当时的官方记录。由此可知,早在登国年间以前,契丹即已作为独立的政治力量出现在高句丽北境,且主动发难,攻城略地,军事实力不容小觑;而当时北魏尚未建立,其前身代国则已灭亡,可见契丹之最初出现、发展与北魏并无关联。

其二,契丹初期居地始终在和龙东北,地近高句丽,并不属于北魏初年所谓的"松漠"地区,亦不存在由松漠"逃进"到和龙的变化过程。陈永志首次指出松漠之间并非北魏时期契丹的起源地,而是库莫奚居地的误植。③ 尽管对于松漠的理解容有偏差,论证过程亦不乏可商之处,但其基本结论值得信从。关于"松漠"在北魏初年的指代范围,陈氏忽略了一条最为关键的史料。《魏书·太祖纪》云:

> （登国二年）冬十月癸卯,幸濡源,遣外朝大人王建使于慕容垂。十一月遂幸赤城。十有二月,巡松漠,还幸牛川。三年春二月,帝东巡。夏四月,幸东赤城。五月癸亥,北征库莫奚。六月大破之,获其四部杂畜十余万,渡弱落水。班赏将士各有差。秋七月庚申,库莫部帅鸠集遗散,夜犯行宫。纵骑扑讨,尽杀之。其月,帝还赤城。④

---

① 参见卢泰敦:《高句丽史研究》,张成哲译,学生书局,2007 年,第 21—23 页。

② 《三国史记》卷二〇（第 243 页）婴阳王十一年（600）正月云:"诏太学博士李文真约古史为《新集》五卷。国初始用文字时,有人记事一百卷,名曰'留记',至是删修。"

③ 陈永志:《契丹族源地非"松漠之间"考辨》,收入氏著《契丹史若干问题研究》,文物出版社,2011 年,第 37—39 页。

④ 《魏书》卷二《太祖纪》,第 24—25 页。

拓跋珪于登国二年十一月至赤城（今河北赤城），十二月自赤城巡松漠，当月返回牛川（今内蒙古自治区凉城县附近），[①] 此为"松漠"一词之首见，应距赤城不远，且范围并不广大；三年四月拓跋珪又幸东赤城，次月即发动了对库莫奚的战争，此亦为库莫奚首次见诸记载。前后联系不难看出，登国二年末所谓"巡松漠"之举实际上正是为次年的北伐库莫奚打前站，换句话说，"松漠"一词在产生之初就是与库莫奚同时出现的，可以视作其当时居地的代名词，其核心区域应在弱落水（今西拉木伦河）上游及其西。[②] 而这一时期契丹的居地则与此存在相当的距离。《三国史记》高句丽广开土王元年（391）九月称"北伐契丹，虏男女五百口，又招谕本国陷没民口一万而归"，[③] 时当北魏登国六年，所谓"本国陷没民口一万"当即此前小兽林王八年契丹所获高句丽八部之民，知其居地固定在高句丽北境，并不存在因战败而"逃迸"至此的痕迹。关于此时期契丹居地，十六国末期其他中原史籍的记载亦可与《三国史记》相印合，《晋书·慕容熙载记》记载慕容盛在位时期（398—400），慕容熙曾"从征高句骊、契丹，皆勇冠诸将"，[④]《资治通鉴》义熙二年（406）正月云："燕王熙至陉北，畏契丹之众，欲还，苻后不听；戊申，遂弃辎重，轻兵袭高句丽。"[⑤]《资治通鉴》此条当出自崔鸿《十六国春秋·后燕录》，其中"陉北"盖指去龙城（今辽宁朝阳）四十里

---

① 参见毋有江：《拓跋鲜卑政治发展的地理空间》，《魏晋南北朝隋唐史资料》第 28 辑，上海古籍出版社，2012 年；收入氏著《北魏政治地理研究》，科学出版社，2018 年，第 1—38 页。

② 前田正名指出赤城附近应当时平城至东北地区的交通枢纽，而此处"松漠"当指多伦到西拉木伦河的中间地区，所论近是。参见氏著《平城历史地理学研究》，李凭等译，上海古籍出版社，2012 年，第 224—230 页。

③ 《三国史记》卷一八，第 223 页。

④ 《晋书》卷一二四《慕容熙载记》，中华书局，1974 年，第 3105 页。

⑤ 《资治通鉴》卷一一四，中华书局，1956 年，第 3588 页。汤球《十六国春秋辑补》卷四七《后燕录六》记事同（聂溦萌、罗新、华喆点校，中华书局，2020 年，第 601 页）。

之索莫汗陉以北，[①] 慕容熙于此处因畏契丹而改征高句丽，足见二者地望相近。《十六国春秋·北燕录》亦记载云："后燕帝光始中（401—406），丁灵民杨道猎于白鹿山，为契丹所获，流漂塞外。"[②] 白鹿山在今朝阳大凌河以南，知彼时契丹当在和龙以东至高句丽西北间活动，与西拉木伦河上源的松漠地区有相当的距离。

其三，遍检《魏书》其他部分，并未发现登国年间北魏曾与契丹作战的任何踪迹，有的只是登国三年北征库莫奚的记载。即实曾指出《契丹传》"登国中，国军大破之"一事不见于《魏书·太祖纪》，当系"征库莫奚事之误植"。[③] 上引《太祖纪》一条是关于登国之战最为直接的记录，而在跟随拓跋珪征战的开国将领传记中，亦不乏关于此次战役的记载。如长孙肥"登国初，与莫题等俱为大将，从征刘显，自濡源击库莫奚，讨贺兰部，并有战功"，[④] 尉古真"登国初，从征库莫奚及叱突邻，并有功"，[⑤] 穆丑善"太祖初……从击贺兰部，平库莫奚，拜天部大人"，[⑥] 三者皆明确记载当时作战对象为库莫奚，从中看不出丝毫与契丹有关的迹象。全面搜讨史料还会发现，甚至直到太延二年（436）北魏消灭北燕占领和龙以前，我们依然难以找到契丹与北魏政权有过任何接触的确切证据。

要之，《魏书·契丹传》所述初现时间、活动地域、具体史事皆与其他史料所记契丹初期历史大相径庭。我们不得不追问，作为首篇契丹史传，这一文本为何会呈现出如此蹊跷的面貌？

---

① 《资治通鉴》上文记隆安二年（398）后燕慕容宝"至索莫汗陉，去龙城四十里，城中皆喜"，兰汗遣其弟难可"见宝于陉北，拜谒已，从宝俱进"（卷一一〇，第3469页）。

② 《太平御览》卷一九二《居处部·城上》引崔鸿《十六国春秋·北燕录》，影印宋刻本，中华书局，1960年，第927页上栏。按此本原文首句作"后燕光帝始中"，此据《文渊阁四库全书》本及汤球《十六国春秋辑补》（第1098页）乙正。

③ 即实：《契丹国号解》，《社会科学辑刊》1983年第1期，第109页。

④ 《魏书》卷二六《长孙肥传》，第729页。

⑤ 《魏书》卷二六《尉古真传》，第733页。

⑥ 《魏书》卷二七《穆崇传》附《穆丑善传》，第757页。

二、李彪《国史》与《魏书·契丹传》的文本生成

要廓清上述疑点，不宜急于陷入细部的史事分析，而应首先从文本的整体脉络入手，明悉《魏书·契丹传》的史料来源与生成过程——该文本究竟成于何时，出自何人之手？唯有厘清这一基本问题，我们才可能从根源上对其中的重重疑点作出合理解释。

关于《魏书·契丹传》的史源，学界目前尚无专门研究，须结合《魏书》全书特别是其中"四夷传"的整体情况进行考察。今本《魏书》为魏收所著，始撰于北齐天保二年（551），至天保五年成书，后经大幅修改，至孝昭帝时（560—561）始行于世。据《北史·魏收传》可知，魏收修史所面对的原始材料有三类：其一为北魏国史，包括邓渊《代记》、崔浩始修高允继之的编年体"国书"以及李彪、崔光所修纪传体国史；其二为孝文、宣武两朝起居注；其三为元晖业《辨宗室录》。① 从体裁上判断，邓渊《代记》，崔浩、高允国史及起居注皆为编年记事，《辨宗室录》则为皇室专录，其中当皆无四夷传，唯一有可能设此传的就是李、崔二人所修纪传体国史。研究者指出，北魏纪传体国史之纂修始于太和十一年（487），李彪主其事，至十五年彪出使萧齐而止，改撰纪传体国史的工作稳定进行了五年左右，"史业竟未及就"，但篇目大要这类"区分书体"的工作已基本完成，② 其内容以崔浩、高允编年史为基础，下限当在太和十一年。孝文帝末年至孝明帝初年，崔光奉诏继修国史，至正光四年（523）光卒，其书"徒有卷目，初未考正，阙略尤多"，③内容下限续至宣武朝。此后，北魏修撰本朝国史之事几近停废，因此魏收修史时所面对的纪传体国史主要是李彪、崔光时代留下的面貌，其主要工作是对崔光时代以前的部分加以改补，而其后的部分

---

① 《北史》卷五六《魏收传》，中华书局，1974 年，第 2030 页。
② 《魏书》卷六二《李彪传》，第 1523 页。
③ 《魏书》卷六七《崔光传》附《崔鸿传》，第 1632 页。

则为新撰。①

作为魏收修史的主要依凭，李彪、崔光这部《国史》可曾设立四夷传，还需在具体的文本中寻找线索。由于《魏书》传世者残缺不全，四夷传仅卷一〇〇东夷部分系魏收原书，故而只能对此卷进行分析。该卷《勿吉传》的一段文字值得注意：

> 延兴中，遣使乙力支朝献。太和初……九年复遣使侯尼支朝献。明年复入贡。其傍有大莫卢国、覆钟国、莫多回国、库娄国、素和国、具弗伏国、匹黎尔国、拔大何国、郁羽陵国、库伏真国、鲁娄国、羽真侯国，前后各遣使朝献。太和十二年，勿吉复遣使贡楛矢方物于京师。②

这段文字疑点有二：其一，文中一头一尾记勿吉在延兴、太和年间的历次朝贡，但在太和十年、十二年两次之间，突然出现一段总括性文字，介绍了勿吉周边诸国及其入朝北魏的情况，其行文笔调颇似传末结尾收束之辞，与上下文极不协调；其二，此段上文已有太和年号，而在太和十二年处又一次出现，亦有乖体例。上文提到，李彪所著《国史》始作于太和十一年，其记事下限亦为是年，据此不难断定，引文中这段总括性文字原本应该是李氏当时所撰文本的结语，而太和十二年以下者则为崔光、魏收所增补，只不过其在增补时未能顾及体例的统一，留下了分次纂修的痕迹。这个例子提示我们，李彪《国史》不仅设立过四夷传，而且在具体内容上已颇有所成，后来崔光、魏收只是在此基础上稍加损益。

既然李彪《国史》确有东夷传，那么，它的基本面貌如何？该卷卷末"史臣曰"称：

> 夷狄之于中国，羁縻而已。高丽岁修贡职，东藩之冠，荣

---

① 聂溦萌：《从国史到魏书：列传编纂的时代变迁》，《中华文史论丛》2014 年第 1 期，第 130—135、140—141 页。

② 《魏书》卷一〇〇《勿吉传》，第 2405 页。

哀之礼，致自天朝，亦为优矣。其他碌碌，咸知款贡，岂牛马
内向，东风入律者也。①

其中强调卷内所记东藩夷狄对于中原的意义只在于羁縻、款贡，再
无其他。循此思路检核所有九篇传记，可以发现全卷仅有的四次关
于战争的记载，除上文提到的登国三年北魏主动进攻库莫奚之战外
（此战意义非凡，说详下文），其余三次皆在太和十一年以后，分别
为太和十四年地豆于入寇，太和十四年、二十二年库莫奚两次入
寇。② 也就是说，在太和十一年以前，全卷除族源、风土、道里等总
体介绍及登国年间主动北征库莫奚外，所记皆为诸夷朝贡、遣使、归
附之事，这种情况与"史臣曰"所述"夷狄之于中国，羁縻而已"
"其他碌碌，咸知款贡"可谓不差分毫、严丝合缝。由此判断，这段
"史臣曰"很可能出自李彪之手，崔光在补充后来史事时，夹杂了少
量诸族与北魏的战争，但并没改变传文的总体面貌，故而亦未对此
段文字进行调整，使其一直保留至魏收修史之时。这段文字显然是
李彪针对其当时所撰内容做出的概括和总结，同时也可以说，他当
时正是按照卷末所述的总体观感或理念，展开了整篇东夷传的写作。

从篇幅上看，东夷传中太和十一年以后的记事仅占全卷内容的
两成不到，可知李彪《国史》的旧文应该构成了今本《魏书》东夷
传的主体。具体解析该卷九篇传记，从史料来源和生成过程的角度
大致分为四组：第一组高句丽、百济。高句丽为"东藩之冠"，故其
传记最为详细，其中称世祖时李敖出使高句丽，"访其方事"并记录

---

① 《魏书》卷一〇〇，第 2409 页。
② 太和十四年库莫奚之战，《库莫奚传》（第 2407 页）云："太和四年，辄入塞内，
辞以畏地豆于钞掠，诏书切责之。"此事见于同书卷七《高祖纪》太和十四年（第 197
页）："夏四月，地豆于频犯塞。甲戌，征西大将军阳平王颐击走之……五月己酉，库莫
奚犯塞，安州都将楼龙儿击走之。"卷一〇五《天象志三》（第 2640 页）亦称"（太和）
十四年，地豆于及库莫奚频犯塞，京兆王废为庶人"，今本此卷非《魏书》原文，乃后人
据唐张太素《魏书》所补，此记事亦可信从。知传文"四年"为"十四年"之误。

下来，① 应该构成了此传的主要史源；《百济传》开首总述性文字称"其国北去高句丽千余里……衣服饮食与高句丽同"，② 记述以高句丽为参照，表明此段文字的史源或与高句丽方面存在关联，而此后主体内容则为延兴二年其王上表及孝文帝回书，当出自北魏官方记录。第二组勿吉、失韦、豆莫娄、地豆于，此四传在行文风格上十分近似，皆着重记载各国之山川道里、风土人情，而其中的枢纽就在于勿吉。孝文帝延兴、太和年间，勿吉使乙力支来朝，传中详细记载了此次朝觐的路线，可知当时使臣应留下了不少口述资料，这也构成了该传及其他各传的主要史源；《失韦传》称其晚至武定二年（544）方遣使朝献，但北魏对其了解却要早得多，此传开首称"在勿吉北千里，去洛六千里"，③ 而《勿吉传》则称"去洛五千里"，且两传皆记行程甚详，疑皆出于乙力支沿途见闻；同理，《豆莫娄传》全篇未及其遣使朝贡之事，而仅记其风俗，开首称"在勿吉北千里，去洛六千里"，④ 恐亦多出于勿吉使臣之口；至于《地豆于传》，记载最为简略，称其延兴二年遣使，开首称其"在失韦西千余里"，⑤ 难以断定其来源，或亦与勿吉有关，权且归入此组。第三组库莫奚、契丹，开首强调二者"异种同类"，因在登国三年被北魏击败方才分离，之后分别缕叙二者历次朝贡情况。第四组乌洛侯，太平真君四年（443）遣使称有"国家先帝旧墟"，⑥ 即著名的嘎仙洞，北魏遣李敞告祭，该传史源或即出于李敞之见闻。从四组记载史料来源的时代判断，九篇传记的主体内容在李彪《国史》中已经基本形成，目前所看到的排列次序，应该也是李彪精心考虑之后的结果。

---

① 《魏书》卷一〇〇《高句丽传》，第 2399 页。

② 《魏书》卷一〇〇《百济传》，第 2401 页。

③ 《魏书》卷一〇〇《失韦传》，第 2405 页。

④ 《魏书》卷一〇〇《豆莫娄传》，第 2406 页。

⑤ 《魏书》卷一〇〇《地豆于传》，第 2407 页。

⑥ 《魏书》卷一〇〇《乌洛侯传》，第 2409 页。

综上所述，孝文帝时期李彪所撰《国史》当已设立四夷传，且从东夷部分的情况来看，其内容颇具规模，体例谨严，主旨明确，安排有序，构成了今见《魏书》相关部分的主体内容。换句话说，首次为契丹设立专传的汉文典籍其实是北魏官修的纪传体本朝国史，魏收只不过是因仍其旧罢了。这样一番文本源流的整体背景，其实正是《魏书·契丹传》呈现种种疑团的症结所在。

三、《魏书》东夷传的群类化叙述

从以上论述可以看出，在李彪《国史》的文本安排中，契丹自出现之初即被与库莫奚捆绑在一起，而本节开首所论《魏书·契丹传》的三个疑点又无一不是围绕契丹和库莫奚的分合展开。毫无疑问，拆解、分析二者的关系，当为拨开迷雾的关键。

已有研究者注意到，《库莫奚传》开首段落与《契丹传》在文本方面似乎存在着某种渊源：

> 库莫奚国之先，东部宇文之别种也。初为慕容元真所破，遗落者窜匿松漠之间。其民不洁净，而善射猎，好为寇钞。登国三年，太祖亲自出讨，至弱洛水南，大破之，获其四部落，马牛羊豕十余万。①

此段文字与前引《契丹传》开首（"契丹国，在库莫奚东，异种同类，俱窜于松漠之间。登国中，国军大破之，遂逃迸，与库莫奚分背。经数十年，稍滋蔓，有部落"）在记事笔法、行文顺序及基本内容方面高度雷同，只是后者相对简略、含混。正是基于这一情况，陈永志提出《契丹传》关于松漠之间和登国之役的记载是"附会《库莫奚传》之衍句"。② 不过在我看来，两传的雷同特别是《契丹传》的矛盾丛生，绝非简单的"衍句"或"误植"所能解释，其中

---

① 《魏书》卷一〇〇《库莫奚传》，第 2407 页。
② 陈永志：《契丹族源地非"松漠之间"考辨》，第 37 页。

涉及较为复杂的叙述策略问题。

前引《库莫奚传》在记载登国之役的具体战果后，紧接着出现一段颇堪玩味的文字：

> 帝曰："此群狄诸种不识德义，互相侵盗，有犯王略，故往征之。且鼠窃狗盗，何足为患。今中州大乱，吾先平之，然后张其威怀，则无所不服矣。"既而车驾南还云中，怀服燕赵。十数年间，诸种与库莫奚亦皆滋盛。及开辽海，置戍和龙，诸夷震惧，各献方物。高宗、显祖世，库莫奚岁致名马文皮。高祖初，遣使朝贡。①

其中"帝曰"云云，首先将此次出兵的原因归咎于敌方的"互相侵盗"，企图用"德义""王略"之类的华夏文化符号来粉饰北魏的主动进攻，属于典型的欲盖弥彰；接着话锋一转，解释之后不再涉足此地的原因，一来此处不足为患，二来先定中原诸夷自服。而事态的后续发展果然不出拓跋珪所料：北魏灭北燕、占和龙、统一北方之时，"诸夷震惧，各献方物"。

要真正理解这段话背后的意义，须先明白登国年间北魏对外征战的总体局势以及库莫奚一役的实质。北魏建立之初，势单力薄，危机四伏，道武帝拓跋珪发动了一系列对外战争来巩固、发展新兴的政权。登国二年至八年间大小数十役，作战对象主要集中在三个区域：其一为阴山以北的贺兰及其属部，其二为漠北的柔然及高车诸部，其三为河套地区的刘卫辰部。② 拓跋珪当时的战略重点在于漠南、漠北和河套地区，涉及国都盛乐的北、西、南三面。在这样的背景下，登国三年征讨库莫奚之役就显得十分特别，这应该是拓跋珪在盛乐以东发动的唯一一战，③ 可见库莫奚所处松漠及其以东地区

---

① 《魏书》卷一〇〇《库莫奚传》，第2407页。

② 参见张金龙：《北魏政治史二》，甘肃教育出版社，2008年，第32—37页。

③ 参见张金龙：《北魏政治史二》"北魏初年征讨诸部示意图"，第35页。

并不在当时北魏的整体战略布局之内，因此登国三年五六月间的这次战争可以理解为一次临时性的掠夺战争。这一点从战争的结果亦可看出，"获其四部，杂畜十余万，渡弱落水，班赏将士各有差"，[①]为之后数年的征伐积累了力量。这样看来，史书所记此战之前登国二年末"巡松漠"、三年初"东巡"之举，[②]或许本身就是在相对陌生、主要敌人未曾控制的地域寻觅可供掠夺的对象，而库莫奚很可能就是在此时方才被拓跋政权所"发现"的。更需指出的是，大掠库莫奚后，北魏遂专心经略大漠南北、河套地区，继而挺进中原，无暇顾及东北。直至太延二年（436）消灭北燕占领和龙以前，拓跋政权再不曾涉足松漠及其以东地区，更未见与辽东塞外诸政治体有何接触。由此可知，登国三年这次战役其实是北魏占据辽海地区以前与所谓"群狄诸种"的唯一交集。

明乎此，再来回看上面的引文就别具兴味了。登国之役时，政权草创，危若累卵，拓跋珪谋求自保尚且未暇，遑论有此宏图、做此预言？这样一套华丽的说辞，显然不会出自北魏太祖之口，而只能视作史官基于后见之明而构建出的一种因果叙述。上节已指出，今本《魏书》东夷传的主体内容源自李彪《国史》，此段亦当出李氏之手。特别值得注意的是，在这套说辞中，原本唯一的、特定的作战对象库莫奚为"群狄诸种"这一集合概念所代替，而此概念又与后文"诸种""诸夷"云云一脉相承，巧妙地将登国三年对库莫奚的胜利与后来北魏统一中原后的诸夷来朝联系在了一起，无形中为这次单纯的、临时性的掠夺战争赋予了广泛而又深远的意义。

细细忖度不难发现，李彪的这段文字实际上采用了一种隐晦而高妙的叙述策略，或可称之为"群类化叙述"：将众多彼此独立、并无内在关联的记述对象通过某些外在因素（如地域等）分化、整合

---

① 《魏书》卷二《太祖纪》，第 24 页。

② 同上。

成大大小小不同的群类，同一群类内部往往互相捆绑，原本仅适用于个别对象的记载与群类内其他对象发生关联，不同对象间的前后史事亦可勾勒出看似合理的因果链条。"牵一发而动全身"，正是华夏史书记述周边异族时常见的思维习惯和叙述特点。具体到这段文本，正是由于将东北塞外诸族划归同一群体，登国一役方才不再只是对库莫奚的局部胜利，而摇身变为北魏威服"群狄诸种"的开端，"诸夷"从那时起就注定了归心向化的结局。

与《库莫奚传》一样，《契丹传》内也不乏这种群类化叙述的痕迹，二者的文本语境存在紧密关联。《库莫奚传》"十数年间，诸种与库莫奚亦皆滋盛"一语直接对应《契丹传》之"经数十年，稍滋蔓"，知契丹正是"诸种"之一；同时前引《契丹传》下文中出现的"东北群狄"之称，所指显与"群狄诸种"相同，且方位更加明确。那么，这一系列令人眼花缭乱的集合概念有没有一个相对固定规范而更具统摄性的说法呢？结合《魏书》其他部分的记载似乎不难找到答案。

《库莫奚传》称"及开辽海，置戍和龙，诸夷震惧，各献方物"，其相应史事见于《世祖纪》：太延二年（436）二月壬辰"遣使者十余辈诣高丽、东夷诸国，诏谕之"，五月灭北燕，次年二月"高丽、契丹国并遣使朝献"，三月"以南平王浑为镇东大将军、仪同三司，镇和龙"。[1] 上引《库莫奚传》十六字最初应该就是由此概括而来，所谓"诸夷震惧，各献方物"实指太延三年高句丽、契丹的朝贡。据此可知，在灭亡北燕前夕，北魏曾派遣十余位使者分别前往高句丽、东夷诸国，所谓"东夷诸国"显然与上引"诸种""诸夷""东北群狄"所指相同，范围应该包括当时东北边界之外的诸非华夏政治体，其中高句丽已于此前一年与北魏建交，故特别列出，非谓其独立于"东夷"之外。

---

① 《魏书》卷四《世祖纪》，第101、102页。

正如研究者所指出，以"东夷"指称东北诸族，是汉代以来经学所构建的四夷框架的重要组成部分，这种认知模式在魏晋时期逐步影响到史学著述，范晔《后汉书》始设《东夷列传》，至北朝隋唐时期得到空前的继承与发展。① 《魏书》虽未标举"东夷传"之名，但确有其实，库莫奚、契丹即在此传之中，同卷尚有高句丽、百济、勿吉、失韦、豆莫娄、地豆于、乌洛侯诸族，皆地处东北。其中《勿吉传》称"其人劲悍，于东夷最强"，② 《豆莫娄传》称"多山陵广泽，于东夷之域最为平敞"，③ 卷末"史臣曰"更明确地将此传所记诸族统称作"东藩"。由此可知，在《魏书》的认知系统及叙述策略中，东北诸族都被视作一体、归于一类，相对规范、固定的统称当为"东夷"，④ 而在具体表述中又可替换为"东北群狄""群狄诸种""诸夷"云云。

除了称呼上的类化统一，这种叙述策略的紧要之处更在于，文本创作者会努力找出或者赋予其分类对象以相同的属性，甚至为此而想象、建构出相同的事迹。《魏书》塑造东夷这一群类的目的究竟何在？或者说，在李彪看来，这类夷狄有何共同点？前引李氏所撰卷末"史臣曰"称："夷狄之于中国，羁縻而已。高丽岁修贡职，东藩之冠，荣哀之礼，致自天朝，亦为优矣。其他碌碌，咸知款贡，岂牛马内向，东风入律者也。"所谓"东藩"实际上本身就是对藩属性质的强调，与整段文字所刻意突出的"羁縻""款贡"构成一个完整的表义单元，共同规定了这类夷狄存在对于中原的唯一意义。值得注意的还有引文末"东风入律"一语。此句典出《海内十洲记》，

---

① 参见胡鸿：《能夏则大与渐慕华风——政治体视角下的华夏与华夏化》，北京师范大学出版社，2017 年，第 147 页。

② 《魏书》卷一〇〇《勿吉传》，第 2404 页。

③ 《魏书》卷一〇〇《豆莫娄传》，第 2406 页。

④ 始设于曹魏、用以镇抚东北边外异族的东夷校尉，在北魏一直延续，亦可见当时相对常用之称谓。参见范兆飞、房奕：《东夷校尉与汉晋东北亚国际秩序的变迁》，《社会科学战线》2009 年第 3 期。

该书述汉代周边异域风土、神异之事，托名东方朔所著，主体内容成于东汉，魏晋时期续有增补。① 其中记载西海聚窟洲月氏国王遣使向汉武帝进献神香、异兽时称："臣国去此三十万里，国有常占，东风入律，百旬不休，青云干吕，连月不散者，当知中国时有好道之君。"② 揆诸文义，所谓"东风入律"原本是指中原有道之君的声威教化乘东风波及西域，使得后者归心纳款。但这一典故到了李彪笔下，反被用来形容东藩之国西来朝贡，有意无意地忽略了原本的语境，其目的只在于突显夷狄向化款服之结果。这样的基本定位在此卷正文中有集中体现，除交代各族源流、风物道里外，该卷涉及与北魏交往的内容几乎全为朝贡、降附之事，而绝少提及战争，形成表里圆融、浑然一体的完整叙述，诸夷竞相来朝，北魏作为中原上国怀服四方的形象呼之欲出。

在整篇东夷传的叙述结构中，《库莫奚传》与《契丹传》无疑扮演着十分重要的角色，前文所论二者开首文字的雷同，特别是后者所存在的种种问题，正是为突显东夷群体归心向化的朝贡群像而有意建构的结果。从两传的具体内容看，《库莫奚传》力图呈现出的印象是：登国之役实因诸夷有犯王略，北魏顺应天意而讨之，太祖预言收服中原后，诸夷必来归附。而《契丹传》要完成的任务是：展示契丹率先朝贡，歆慕华夏，归而招徕，群狄继踵而至。③ 通览全文，与此叙述相关的基本史事其实只有两个：其一是登国三年北魏大掠库莫奚，致后者遭到重创；其二是契丹太延三年即开始向北魏"遣使朝贡"，在东夷诸国中仅晚于高句丽一年，此后十余年库莫奚

① 参见吴从祥：《〈海内十洲记〉成书新探》，《广西社会科学》2009 年第 10 期，第 93—97 页。

② 旧题东方朔：《海内十洲记》，收入《汉魏六朝笔记小说大观》，上海古籍出版社，1999 年，第 67 页。

③ 即前引《契丹传》所云："显祖时，使莫弗纥何辰奉献，得班飨于诸国之末。归而相谓，言国家之美，心皆忻慕。于是东北群狄闻之，莫不思服，悉万丹部、何大何部、伏弗郁部、羽陵部、日连部、匹絜部、黎部、吐六于部等，各以其名马文皮入献天府。"

方朝贡，又过十余年"东北群狄"入贡。那么，李彪是如何为互不相涉的两件事情建立联系的呢？其间的关节点正在于通过群类化的模糊叙述，将原仅属于库莫奚居地的松漠之间范围向东扩展，将本与登国之战无涉的契丹牵扯进来，说成是二者地域邻近、相伴相生，此役之后契丹方才独立发展。这样一来登国三年对库莫奚的胜利，也成了对契丹的威服，而契丹后来的率先归附、示范诸夷也就此找到了渊源，俨然形成了一个完整的叙述链条。《库莫奚传》假拓跋珪之口预言诸种不足为患、终将归附的结局，而《契丹传》所记契丹发展轨迹一如太祖所料，堪为诸夷向化之表率，前者的作用是做好铺垫，埋下种子，后者的任务则更像是兑现承诺，收获成果，二者看似彼此独立，实则交互配合，遥相呼应，共同制造出东藩竞相朝贡的形象。

李彪之所以选择库莫奚和契丹作为东夷的代表加以集中塑造，除了二者本身的突出事迹及彼此地缘上的邻近外，我想可能还有一个重要的因素，那就是当时所据原始材料的不同状况。将《契丹传》《库莫奚传》与同卷其他诸传进行对比，就会发现其间明显的差异：其他诸传多记载该国的风土人情、山川道里或奏疏表文，而此二传除却建构的东夷群像外，几乎只剩下历次朝贡、归附、交战的情况，其中绝大部分在本纪中可以找到相应的来源。也就是说，李彪在撰写其他诸传时都或多或少地参考了关于当地的一手材料，可能来自该地派至北魏朝贡者的转述，亦可能是北魏使节带回的即时情报，唯独至此二传时所能依据的似乎只有北魏官方编年史中对朝贡、赏赐等情况的单调记录。李彪因此只好采取群类化叙述，在文中增入大段与其本身无关的内容，通过夷狄来朝的烘托与映衬，最大限度地强调北魏政权作为中原宗主的正统地位。

综上所述，《魏书·契丹传》开首与库莫奚相关的一系列记事不能贸然看作真实存在过的契丹初期发展史，而很可能只是史官对东夷加以群类化描写的产物，是为突显北魏王朝的华夏正统身份而有意建构的历史叙述。孝文帝的汉化改革真正开启了北魏由游牧政权向中原王朝的转型，作为当时全面汉化浪潮中的重要一环，李彪《国史》开始树立北魏作为华夏王朝的历史观和正统观，将此书定位为一个中原王朝的王朝史而非拓跋或代国的发展史，[①] 而践行这种史观的重要手段之一正在于明华夷之别，举四夷而见中国。在这样的整体背景之下，《魏书·契丹传》以及整篇《东夷传》的核心内容应运而生。

第二节　从东夷到北狄：中古正史有关契丹的归类变化

契丹建立王朝以前，长期居处华夏帝国边界之外，介乎"东""北"之间，因而传统的四夷分类体系在对其定位、称呼方面常常出现模糊与混乱，这一问题反映到纪传体正史中就会直接表现为将契丹归入不同的类传。如上节所述，北魏时期李彪著《国史》将契丹列入东夷传中，为北齐魏收《魏书》所因袭，而至第二部为契丹设传的正史唐修《隋书》却以之入北狄传，稍晚修成的《北史》复列于《东夷传》，五代北宋修两《唐书》则又皆划入北狄传。这样看起来稍显复杂的归类变化，至今尚未引起研究者的关注。本节即对此略作探讨，发掘其中线索，阐明背后动因，借以反思传统四夷分类体系的易变性与建构性。

一、北魏至唐初契丹与中原方位关系之实态

《魏书》将契丹归入东夷传，在现存其他北朝乃至隋代史料中，

---

① 这种史观被李彪的继任者崔光所承袭，中间虽经历"代人修史"时期的反复，但随着魏齐革命后高洋一系对前朝汉化的全面肯定与继承，此中原王朝史观最终为魏收《魏书》所吸收。参见佐川英治：《東魏北齐革命と〈魏書〉の編纂》，《東洋史研究》第64卷1期，2005年；该文有刘啸汉译本，见陈峰、张建民主编：《中国古代社会经济史论——黄惠贤先生八十华诞纪念论文集》，湖北人民出版社，2010年，第426—448页。

似乎很难找到明确称契丹为北狄的记载。① 然而，这种情况至唐初所修《隋书》中却出现了显著的变化，契丹被改列入北狄传。欲探讨此次变化的原因，还须从《隋书》的编修情况特别是其史料来源入手。

《隋书》之编纂，始议于武德四年（621），未成而罢，贞观三年（629）魏徵始继其事，颜师古、孔颖达、许敬宗等人共同参与，最终成于贞观十年。当时史臣所依据的旧有史料主要包括《开皇起居注》《大业起居注》及王劭《隋书》三种。前两者一望而知乃是编年记事，当无四夷传之体裁，唯一值得略加分析的是王劭之书。开皇十三年（593）隋文帝下诏禁止私修国史，此后由王劭"专典国史"，② 研究者据此认为王氏之书具有隋代官修国史的性质。③ 但这部国史与众不同之处在于，既非纪传，亦非编年，而是模仿《尚书》的记言体。刘知幾《史通》有云，"当开皇、仁寿时，王劭为书八十卷，以类相从，定其篇目，至于编年、纪传，并阙其体"，④ "寻其义例，皆准《尚书》"。⑤ 此样的体例自然不会有四夷传之设。由此可知，唐初修《隋书》所面对的原始材料皆无四夷传，今本所见诸传之体例概出自唐人之手。现在，问题可以进一步明确为，唐初史臣为什么会将契丹由东夷传改入北狄传？

---

① 隋大业八年《韩暨墓志》（罗新、叶炜：《新出魏晋南北朝墓志疏证》，中华书局，2005 年，第 602 页）云："开皇四年，总管阳洛公以东北一隅，九夷八狄，绥怀抚慰，不易其人，自非雄略英谋，罕当斯寄。遂上表特奏君与北平总管府参军事刘季略往契丹国，奖导诸部。未几，敕授都督，宣扬皇化，夷狄倾心，屈膝稽颡，咸希朝贺。七年，领大将军。契丹国大莫弗入朝，在醴泉宫引客奉见，诏可东夷北狄安抚之宜，招怀利害。"这是目前所见较早在契丹与北狄之间建立关联的史料，然其中提到"东北一隅，九夷八狄"，以"东夷北狄"并举，亦未明确限定契丹为北狄，反映出传统四夷分类在民间历史叙述层面的模糊性和随意性。

② 《隋书》卷六九《王劭传》，中华书局，1973 年，第 1609 页。

③ 谢宝成：《隋唐五代史学》，商务印书馆，2007 年，第 18—19 页。

④ 刘知幾著，浦起龙释：《史通通释》卷一二，上海古籍出版社，2009 年，第 344 页。

⑤ 刘知幾著，浦起龙释：《史通通释》卷一，第 3 页。

我们首先需要考虑的是，契丹由北朝至唐初，居地、位置是否发生过大幅度变化。契丹在北魏时期始终活动于今辽宁朝阳东北数百里范围内，地近高丽，[①] 至北齐天保四年，文宣帝曾讨契丹于阳师水（今大凌河支流叶柏寿河）及青山（朝阳北票附近之大青山），[②]足见当时其仍在朝阳附近、白狼水流域；由齐入隋，折冲反复于隋、突厥、高丽之间，[③] 一度稍稍南下归附隋朝，后又北徙"当辽西正北二百里，依托纥臣水而居，东西亘五百里，南北三百里"，[④] 其中辽西亦即朝阳，正反映了隋末唐初的情况。可见，自北魏至唐初，尽管契丹多有南迁北徙之往复，然皆不出朝阳以北（东北）数百里之范围，活动中心位于辽水下游、大凌河流域，并无明显变化。这种情况一直延续到唐前期，上元二年（675）《阿史那忠墓志》明确记载"契丹在白狼之东，居黄龙之右，近侵卉服，外结岛夷"，[⑤]《通典》更详细记载了唐前期契丹地界距中原的具体道里："柳城郡东至辽河四百八十里，南至海二百六十里，西至北平郡七百里，北至契丹界五十里，东南到安东府二百七十里，西南到北平郡七百里，西北到契丹界七十里，东北到契丹界九十里，（界至）契丹衙帐四百里，去西京五千里，去东京四千一百十里。"[⑥] 严耕望据此指出，自

① 参见《魏书》卷一〇〇《契丹传》，第 2408 页；同卷《勿吉传》，第 2405 页；金富轼《三国史记》卷一八《高句丽本纪》小兽林王八年（378）九月，第 222 页等。

② 参见《北齐书》卷四《文宣帝纪》，天保四年九月、十月，中华书局，1972 年，第 57 页。

③ 《旧唐书》卷七五《韦云起传》（中华书局，1975 年，第 2361—2362 页）载，大业元年（605）"会契丹入抄营州，诏云起护突厥兵往讨契丹部落"，"云起既入其界，使突厥诈云向柳城郡，欲共高丽交易"；《隋书》卷四《炀帝纪下》（第 80 页）大业八年正月辛巳《征高丽诏》称高丽"乃兼契丹之党，虔刘海戍；习鞨鞨之服，侵轶辽西"；等等。

④ 《隋书》卷八四《契丹传》，第 1882 页。

⑤ 拓片及录文皆见赵文成、赵君平编选：《新出唐墓志百种》，西泠印社，2010 年，第 32—33 页。

⑥ 杜佑：《通典》卷一七八州郡八，王文锦等点校，中华书局，1988 年，第 4715 页。

北魏至唐初契丹衙帐始终在营州之北或东北，近或二百里，多或五百里，而唐初松漠都督府应在今内蒙古自治区通辽市库伦旗小库伦一带，其西境当与奚以努鲁尔虎山为界。[①]所论较为允当。

　　唐初修《隋书》时契丹的活动范围较北朝时期既无明显改变，那么，会不会是中原王朝本身疆域的盈缩引发二者相对位置的变化，进而导致史官观察基点有所偏移呢？答案似乎也是否定的。北魏至隋，中原王朝由分裂走向统一，版图发生巨大变化，但具体到东北边界却更动不大，基本维持在今朝阳境内大凌河下游流域，[②]直至隋炀帝东征前后方才稍有扩展。大业八年一月，炀帝发兵百一十三万征高丽，至七月败绩班师，[③]《隋书·高丽传》称"是行也，唯于辽水西拔贼武厉逻，置辽东郡及通定镇而还"，[④]关于武厉逻之具体方位，学界目前尚存争议，但大致范围可确定在今沈阳新民市东部辽河西岸，[⑤]可知此时隋朝东北疆界由于辽东郡及通定镇之设从大凌河下游东扩至辽河下游西岸。[⑥]自此以后直至贞观初年修《隋书》之时，再无明显变化。如此小规模的扩张显然不足以导致中原王朝与契丹等政治体间的相对位置发生实质性变化，因此这恐怕也并非契丹在正史中由东夷被改为北狄的主要动因。

---

　　①　严耕望：《唐代交通图考》篇五二《渝关通柳城契丹辽东道》，"中研院"历史语言研究所，1986年，第1757页。

　　②　参见谭其骧主编：《中国历史地图集》第四册《东晋十六国·南北朝时期》，中国地图出版社，1982年，第50—51、61—62、65—66页。

　　③　《隋书》卷四《炀帝纪下》，第82—83页。

　　④　《隋书》卷八一《高丽传》，第1817页。

　　⑤　主要不同观点参见谭其骧主编：《中国历史地图集释文汇编·东北卷》，中央民族学院出版社，1988年，第70页；冯永谦：《武厉逻新考》（上、下），《东北史地》2012年第1、2期；王绵厚、朴文英：《中国东北与东北亚古代交通史》，辽宁人民出版社，2016年，第238—241页。

　　⑥　参见谭其骧主编：《中国历史地图集》第五册《隋·唐·五代十国时期》，中国地图出版社，1982年，第19—20页。

二、前代正史的东夷叙述与《魏书》《隋书》的不同抉择

通过以上背景排查可知，观察对象及其与观察者的相对关系皆非问题的根由所在，因而我们不得不将焦点转向观察者自身视角的调适与改换：从《魏书》到《隋书》，正史四夷传的分类标准有无更易？其中对"东夷""北狄"的定义是否会有所不同？

《魏书》四夷传除东夷部分尚存外，其余皆已散佚，今本内容乃后人据《北史》所补，从中无法探得其分类标准。上节已述，就东夷传言之，《魏书》的历史叙述刻意强调称藩朝贡是东夷的唯一意义，而未过多涉及传中所收诸夷之共性，可以说是基于一种简单粗放的、现实主义式的分类标准。相比之下，唐修《隋书》对于东夷的定位就显得精细得多。该书《东夷传》卷末"史臣曰"开首云：

> 广谷大川异制，人生其间异俗，嗜欲不同，言语不通，圣人因时设教，所以达其志而通其俗也。九夷所居，与中夏悬隔，然天性柔顺，无犷暴之风，虽绵邈山海，而易以道御。夏殷之代，时或来王。暨箕子避地朝鲜，始有八条之禁，疏而不漏，简而可久，化之所感，千载不绝。今辽东诸国，或衣服参冠冕之容，或饮食有俎豆之器，好尚经术，爱乐文史，游学于京都者，往来继路，或亡没不归。非先哲之遗风，其孰能致于斯也？故孔子曰："言忠信，行笃敬，虽蛮貊之邦行矣。"诚哉斯言，其俗之可采者，岂徒楛矢之贡而已乎？[1]

此段首句即声称对于异俗之人，只需"圣人因时设教"，其俗即可通达，并无天然之障碍。以下大致分为四层：其一，点出东夷的特质在于"天性柔顺，无犷暴之风""易以道御"，这样的天性可以克服地理的阻隔达于王化；其二，说明当地得以开化的最重要契机：箕子由华夏赴朝鲜，行八条之禁，遗惠千年；其三，述当时所见礼俗，

---

[1]　《隋书》卷八一《东夷传》，第 1828 页。

特别举朝鲜半岛赴唐游学者为例，以见其渐染华风之盛，并将之归功于箕子之教；其四，引《论语·卫灵公》之言以证其说。最终的结论特别提到东夷风俗可采者多，其意义绝不限于朝贡。

这段"史臣曰"集中阐明了东夷在接受华夏文明方面所具有的优长之处，与上节所引《魏书·东夷传》末"史臣曰"形成鲜明对比，最后的反问"其俗之可采者，岂徒楛矢之贡而已乎"甚至让人怀疑是否就是直接针对《魏书》所发。不过如果对古人有关东夷群体的历史叙述演变源流稍加考察，不难发现，唐初史臣的这段议论其实并没有什么新意。

在早期有关四夷分类体系的解说中，东夷、南蛮、西戎、北狄四方并无明显优劣之分，对东夷亦未见有揄扬之辞。如《大戴礼记·千乘》曰"东辟之民曰夷，精以侥，至于大远，有不火食者矣"，[1]《礼记·王制》则称"东方曰夷，被发文身，有不火食者矣"，[2]反映了西汉时期定型的儒家经典对于东夷的基本定性，同时期的《淮南子·地形训》则将方位、环境与东夷特性相联系，所记更为具体："东方川谷之所注，日月之所出，其人兑形小头，隆鼻大口，鸢肩企行，窍通于目，筋气属焉，苍色主肝，长大早知而不寿；其地宜麦，多虎豹。"[3]《白虎通·礼乐篇》则记载了一种旧有说法，四夷之名乃"名其短而为之制名"，其中"夷者，僔夷无礼义，东方者，少阳易化，故取名也"。[4]从这些描述中我们丝毫看不出对于东夷有何褒美之意，仅作为四夷之一种，与其余三者无异。

---

①　王聘珍：《大戴礼记解诂》卷九《千乘第六十八》，王文锦点校，中华书局，1983年，第162页。

②　《十三经注疏》，中华书局影印上海世界书局本，1980年，第1338页中栏。

③　刘文典：《淮南鸿烈集解》卷四《地形训》，冯逸、乔华点校，中华书局，1989年，第145页。

④　班固撰，陈立疏证：《白虎通疏证》，吴则虞点校，中华书局，1994年，第114页。关于以上材料之详细解说，参见胡鸿：《能夏则大与渐慕华风——政治体视角下的华夏与华夏化》，第120—130页。

不过，上述情况至晚到东汉前期已开始发生变化。班固《汉书·地理志》云：

> 玄菟、乐浪，武帝时置，皆朝鲜、濊貉、句骊蛮夷。殷道衰，箕子去之朝鲜，教其民以礼义，田蚕织作。乐浪朝鲜民犯禁八条……其田民饮食以笾豆，都邑颇放效吏及内郡贾人，往往以杯器食……可贵哉，仁贤之化也！然东夷天性柔顺，异于三方之外，故孔子悼道不行，设浮于海，欲居九夷，有以也夫。①

其中不仅将此地接收华夏文化的起点溯至箕子，列举当地礼仪风尚作为教化之成果，更明确地提出"东夷天性柔顺，异于三方之外"，颜师古注此句曰："三方谓南、西、北也。"同时，孔子对于东夷的态度也被引为奥援，支撑其说。很显然，上引《隋书》"史臣曰"关于东夷的四个叙述要件——天性、箕子、礼俗、孔子，在《汉书》中都已出现，并被巧妙地编织在了一起。

班固之所以会作出如此描述，当与汉武帝设辽东四郡这一背景有着莫大的关联。元封三年（前108），"朝鲜斩其王右渠降，以其地为乐浪、临屯、玄菟、真番郡"。②四郡之设，将朝鲜半岛直接纳入汉帝国的行政版图，一方面极大地加快了当地的华夏化进程，另一方面也使得汉朝文化精英真正有机会深入了解当地的社会面貌，将其整合进已有的华夏政治文化秩序之中，进行必要的调适和补充，班固所论即由此而来。与这一叙述倾向类似的记载，亦见于时代稍晚的许慎《说文解字》："唯东夷从大，大，人也。夷俗仁，仁者寿，有君子、不死之国。孔子曰：'道不行，欲之九夷，乘桴浮于海。'有以也。"③说明对于东夷的推许某种意义上讲已经成为当时人的共识。

由于《汉书》对纪传体王朝史书写典范的确立影响巨大，其中

---

① 《汉书》卷二八下《地理志》，中华书局，1962年，第1658页。

② 《汉书》卷六《武帝纪》，第194页。

③ 许慎：《说文解字》卷四上，中华书局，1963年，第78页下栏。

有关东夷的定位和叙述也逐渐为后世史家奉为经典。陈寿《三国志》有《乌丸鲜卑东夷传》，其中对东夷的解说称"虽夷狄之邦，而俎豆之象存，中国失礼，求之四夷，犹信"，[①] 虽亦肯定其俗有礼仪之像，但言语之间仍颇有所保留。真正全面继承班固之说的是范晔《后汉书》，其《东夷列传》卷末有"论曰"：

> 昔箕子违衰殷之运，避地朝鲜。始其国俗未有闻也，及施八条之约，使人知禁，遂乃邑无淫盗，门不夜扃，回顽薄之俗，就宽略之法，行数百千年，故东夷通以柔谨为风，异乎三方者也。苟政之所畅，则道义存焉。仲尼怀愤，以为九夷可居。或疑其陋。子曰："君子居之，何陋之有！"亦徒有以焉尔。其后遂通接商贾，渐交上国。而燕人卫满扰杂其风，于是从而浇异焉。老子曰："法令滋章，盗贼多有。"若箕子之省简文条而用信义，其得圣贤作法之原矣！[②]

《后汉书》专设《东夷列传》，为纪传体正史之首创，其中对于东夷的解说、定位皆取《汉书》之义，且有所发展；同时此传开首在叙述本朝事迹之前称："东夷率皆土著，喜饮酒歌舞，或冠弁衣锦，器用俎豆。所谓中国失礼，求之四夷者也。"[③] 亦是对《汉书》《三国志》之说的糅合。范晔的这一番继承、强化与加工，使得《汉书》以来关于东夷的历史叙述固化为一种书写传统，成为给夷狄归类的基本标准之一，对后世影响深远。

明白了上述背景，我们再来回看前引《隋书·东夷传》卷末的"史臣曰"。不消说，这段文字从整体脉络到具体行文用字都脱胎于《汉书》《后汉书》所形成的叙述传统，唐人的工作只不过是在此基

---

① 《三国志》卷三〇《乌丸鲜卑东夷传》，中华书局，1959 年，第 840—841 页。

② 《后汉书》卷八五《东夷列传》，中华书局，1965 年，第 2822—2823 页。下划线为引者所加。下同。

③ 同上书，第 2810 页。

础上增加了当时所见东夷诸国游学京师等新现象罢了。中古正史专为东夷设传者，自《后汉书》至《隋书》，其间唯有《魏书》一家，如此看来，《魏书》东夷传以强调朝贡为唯一指归的实用主义标准，其实是对《汉书》《后汉书》固有书写传统的一次"背离"和"反动"，而《隋书》则是对这一传统的回归。

如研究者所指出，魏徵主修《隋书》，行文多比照《汉书》，处处以班固继承者自居，① 修史同侪如颜师古等人更是专治斯学，于东夷定义全踵孟坚之说似属自然而然之事。不过，这种回归显然不会是仅着眼于学理层面的被动接受，而是有着明确的现实指向。如果看看上引"史臣曰"最后的一段总结，我们或许能更容易体会史官的初衷所在：

> 自高祖抚有周余，惠此中国，开皇之末，方事辽左，天时不利，师遂无功。二代承基，志包宇宙，频践三韩之域，屡发千钧之弩。小国惧亡，敢同困兽，兵连不戢，四海骚然，遂以土崩，丧身灭国。《兵志》有之曰："务广德者昌，务广地者亡。"然辽东之地，不列于郡县久矣。诸国朝正奉贡，无阙于岁时，二代震而矜之，以为人莫若己，不能怀以文德，遽动干戈。内恃富强，外思广地，以骄取怨，以怒兴师。若此而不亡，自古未之闻也。然则四夷之戒，安可不深念哉！②

此段文字可以视作从反面对上引"史臣曰"开首"圣人因时设教，所以达其志而通其俗也"云云的照应，与前文所论一脉相承。从中可以看出，以魏徵为首的史臣之所以在上文引述前史关于东夷的褒扬性定义，其最终落脚点实际是劝诫君王切勿效仿隋朝二帝东征，劳民伤财以致亡国。传统模式的运用本质上是为"以史为鉴"而采

---

① 胡宝国：《南北史学异同》，收入氏著《汉唐间史学的发展（修订本）》，北京大学出版社，2014 年，第 193—199 页。

② 《隋书》卷八一《东夷传》，第 1828—1829 页。

取的一种叙述策略。只不过，魏徵的这一良苦用心最终还是未能阻止唐太宗在贞观十八年、二十二年两度出兵高丽。[①]

《隋书》既取《汉书》之义以行劝谏之实，将"天性柔顺，无犷暴之风""易以道御"作为东夷的基本标准，则其对传内收录者自然需要做一定的选择和过滤。《汉书》之论实针对朝鲜半岛而言，此地构成东夷一类的核心范围，不过由汉至唐，朝鲜政权与中原王朝时战时和，彼此间攻城略地并不鲜见，这显然与《汉书》所谓"天性"标准不尽相合，唐初史臣有意无意地忽略和弱化了这样的异质因素，尽量保持历史叙述的圆融、连贯。与此同时，对于其余周遭诸夷之甄选，则综合方位、"天性"、生业等因素予以考量。检《隋书·东夷传》，开首高丽、百济、新罗三国皆属朝鲜旧壤，殆无疑义；卷末流求、倭国则更远处东瀛，又与华夏并无利害冲突，自应列入；其稍可议者唯卷中所列之靺鞨，其方位处东、北之间，该传内又有"以溺洗手面，于诸夷最为不洁"，"其俗淫而妒"，"常作用兵意"这样的负面描述，但传内未见其侵扰中原之记载，文末又强调首领度地稽"悦中国风俗，请被冠带"，隋炀帝"嘉之，赐以锦绮而褒宠之"，[②] 可见唐初史臣对其归心向化最终还是予以了认可。经过一番甄别筛汰，这篇《东夷传》所呈现出的群类图景与《汉书》以降的叙述传统实现了表面上的对接，隐含其中的是不宜征伐的现实指向。

三、新晋的北狄：唐人对契丹的认知与定位

在上述筛选过程中，与靺鞨相邻、同样地处东北之间的契丹，

---

① 《太平御览》卷五八九"文部五·碑"引刘悚《国朝传记》（第 2654 页）云："魏文贞之薨也，太宗自制其碑文并自书，后为人所间，诏令捃之。及征高丽，不如意，深悔为是行，乃叹曰：'若魏徵在，不使我有此举也。'既渡辽水，令驰驿祀以少牢，复立碑焉。"类似的历史叙述都在试图呈现魏徵谏言与太宗征高丽之间的关联。

② 《隋书》卷八一《靺鞨传》，第 1822 页。

在史臣看来，似乎并不适用天性柔顺、倾心向化的标签，也就无法被纳入不宜征伐的范围。在他们的笔下，契丹"好为寇盗""无礼顽嚣，于诸夷最甚"，① 这显然与其概念中或曰所需要之东夷形象存在相当的距离。

更重要的是，在唐人看来，契丹更符合他们对于北狄的基本定位。《隋书·北狄传》卷末有"史臣曰"：

> 四夷之为中国患也久矣，北狄尤甚焉。种落实繁，迭雄边塞，年代遐邈，非一时也。五帝之世，则有獯粥焉；其在三代，则猃狁焉；逮乎两汉，则匈奴焉；当涂、典午，则乌丸鲜卑焉；后魏及周，则蠕蠕、突厥焉。此其酋豪，相继互为君长者也。皆以畜牧为业，侵钞为资，倏来忽往，云飞鸟集。智谋之士，议和亲于庙堂之上；折冲之臣，论奋击于塞垣之下。然事无恒规，权无定势，亲疏因其强弱，服叛在其盛衰。衰则款塞顿颡，盛则弯弓寇掠，屈申异态，强弱相反。正朔所不及，冠带所不加，唯利是视，不顾盟誓。至于莫相救让，骄黠凭陵，和亲约结之谋，行师用兵之事，前史论之备矣，故不详而究焉。

> 及蠕蠕衰微，突厥始大，至于木杆，遂雄朔野。东极东胡旧境，西尽乌孙之地，弯弓数十万，列处于代阴，南向以临周齐。二国莫之能抗，争请盟好，求结和亲。乃与周合从，终亡齐国。高祖迁鼎，厥徒孔炽，负其众力，将蹈秦郊。内自相图，遂以乖乱，达头可汗远遁，启民愿保塞下。于是推亡固存，返其旧地，助讨余烬，部众遂强。卒于仁寿，不侵不叛，暨乎始毕，未亏臣礼。炀帝抚之非道，始有雁门之围。俄属群盗并兴，于此浸以雄盛，豪杰虽建名号，莫不请好息民。于是，分置官司，总统中国，子女玉帛，相继于道，使者之车，往来结辙。自古蕃夷骄僭，未有若斯之甚也。

---

① 《隋书》卷八四《契丹传》，第 1881 页。

　　及圣哲膺期，扫除氛祲，暗于时变，犹怀旅拒，率其群丑，屡踬亭鄣，残毁我云代，摇荡我太原，肆掠于泾阳，饮马于渭汭。圣上奇谋潜运，神机密动，遂使百世不羁之虏一举而灭，瀚海龙庭之地画为九州，幽都穷发之民隶于编户。实帝皇所不及，书契所未闻。由此言之，虽天道有盛衰，亦人事之工拙也。加以为而弗恃，有而弗居，类天地之含容，同阴阳之化育，斯乃大道之行也，固无得而称焉。①

引文首段是对北狄特征的总括，可大致归纳为三点：其一，与中原政权对抗性最强，威胁最大，即"四夷之为中国患也久矣，北狄尤甚焉"；其二，生产生活方式的共性在于"畜牧为业，侵钞为资，倏来忽往，云飞鸟集"；② 其三，在与中原的关系上表现为叛服不常，唯利是图，无心向化，即"衰则款塞顿颡，盛则弯弓寇掠"云云。衡以《隋书》所记契丹之形象，一方面称其"好为寇盗""北徙逐水草""逐寒暑，随水草畜牧"，另一方面着重描述其依违于突厥、高丽与中原之间，时叛时降的过程。据史料记载，《隋书》纂成之前不久的武德年间契丹曾多次寇掠唐朝边境，③ 正好印证了隋代史料的记录。因此在唐初史臣看来，当时的契丹至少符合北狄的后两个特征，当然有理由将其归入此类。④ 随着势力的不断壮大，契丹对中原王朝的威胁亦愈加严重，第一点特征凸显无遗，因而《隋书》的归

① 《隋书》卷八四《北狄传》，第1883—1884页。原本为一段，兹为论述方便，分为三段。

② 这一点与上引《后汉书》所云"东夷率皆土著"形成鲜明对比，可见生活方式亦是唐人区别东夷、北狄的重要标准之一。

③ 《旧唐书·契丹传》（卷一九九，第5350页）云："武德初，数抄边境。二年入寇平州。"《资治通鉴》卷一九〇（第5956页）亦记载武德五年十月"契丹寇北平"。

④ 在《隋书》中，与契丹一同被由东夷移入北狄的还有奚、室韦。《奚传》称其"好为寇抄"，"每与契丹相攻击，虏获财畜，因而得赏"，"或通或绝最为无信"，显然也是基于北狄标准而产生的历史书写；而《室韦传》开篇即称"室韦，契丹之类也，其南者为契丹，在北者号室韦"，将室韦与契丹视作一类，自然亦入北狄传。

类方法更为后世史家所认可，发展成有唐以降史籍对于契丹的主流认识。

"史臣曰"的后两段以突厥为主要代表，具体阐发了北狄与中原王朝的关系。我们注意到，整部《隋书·北狄传》所收北族除突厥、西突厥本身外，其余铁勒、奚、契丹、室韦诸传，无一不在强调其各自与突厥存在密切的互动关系。如铁勒"并无君长，分属东、西两突厥"；[①] 奚"初臣于突厥"，"随逐水草，颇同突厥"；[②] 契丹"为突厥所逼"，"又与突厥相侵"，"背突厥来降"，"敕突厥抚纳之"，"突厥沙钵略可汗遣吐屯潘垤统之"；[③] 室韦"突厥常以三吐屯总领之"，"乘牛车，篷簟为屋，如突厥毡车之状"。[④] 可见，以上诸族之所以被纳入《北狄传》，很大程度上取决于其与修史者心目中最典型北狄之间的关联，而这种现实政治层面的互动又被史臣理想化地抽象、化约为心性的一致、族类的相同，使得《北狄传》呈现出形式上的圆融统一。

仔细分析引文的后两段，不难看出当时史臣设置、撰写《北狄传》的功能与意义。第二段缕叙北朝至隋历代与突厥和战，最终落脚点为突厥坐大，"总统中国"，"自古蕃夷骄僭，未有若斯之甚也"；第三段则盛赞唐朝建立之后，特别是唐太宗初年对突厥的军事胜利，将其称作"帝皇所不及，书契所未闻"之功业。一抑一扬，落脚于当下：在整段历史叙述中，以突厥为代表的北狄被塑造成华夏最强劲的敌手，彻底被推向中原政权的对立面上，能否控御征服他们，成为检验王朝统治成色的试金石，对比之下，唐王朝的威权与正统彰显无遗。从这个角度讲，对于突厥的战功俨然构成了一种关于唐朝合法性的历史叙述。这种对北狄的定位与上节所论对东夷当"怀

---

① 《隋书》卷八四《铁勒传》，第 1880 页。
② 《隋书》卷八四《奚传》，第 1881 页。
③ 《隋书》卷八四《契丹传》，第 1881、1882 页。
④ 《隋书》卷八四《室韦传》，第 1882 页。

以文德"，不可"遽动干戈"的劝谏方向呈现出巨大的反差，事实上形成了华夏之外、夷狄内部的进一步区分和等差。在由此构建出的帝国符号秩序中，华夏是毫无疑问的核心，周边异族亦非均匀地分布于核心周围，而可能呈现出一种同心圆式的差序格局。这里所说的东夷就是距离中心较近者，而北狄则相对更为疏远，甚至在必要时会被排挤到最边缘。一切在史臣的解释体系中似乎都可归因于天性的不同，而天性又被刻画成与生俱来、不可改变的东西，诸如此类的群类式描述在一定程度上遮蔽了这套话语背后的实际动因和政治诉求。就此而言，契丹从东夷传被改入北狄传，正折射出其在华夏文化格局中的地位变动，而这种印象也在后来局势的发展中愈加固化。

中唐时期杜佑《通典·北狄序略》中的一段话很能代表唐人对于契丹的认识变化：

> 自三代以还，北狄盛衰可略而纪。其小国者时有侵扰，不为大患者，则不暇录焉。唯契丹，武太后万岁通天初，其帅李尽忠、孙万荣陷营州，自称为可汗，司农卿麻仁节等二十八将，败于西峡石黄獐谷，仁节死焉。贼又陷冀州郡，刺史陆宝积死之。夏官尚书平章事王孝杰率兵十八万，又败没于东峡石。又令御史大夫娄师德率兵二十万拒之。万荣为家奴所杀，其党遂溃。[①]

这是《北狄序略》中最后一段，杜佑在前文缕叙匈奴、鲜卑、柔然、突厥对于历代中原王朝的进犯，最后特别强调了契丹作为本不足为患的"小国"，却给唐王朝带来了巨大的损失和威胁。从中明显可以感觉到李尽忠、孙万荣之乱对于唐人观念的冲击，更加强化了将契丹作为北狄甚至是北狄之代表的印象和理由。

这种观念上的强化在纪传体正史之中的表现就是两《唐书》皆

---

① 杜佑：《通典》卷一九四《北狄序略》，第5302页。

将契丹列于《北狄传》的显要位置，其中《旧唐书·北狄传》将其列之于次席，仅次于铁勒，而《新唐书·北狄传》则以其为首。当然，两《唐书》在东夷、西戎、南蛮、北狄四传之前皆单列突厥、回纥、吐蕃诸传（《新唐书》尚有沙陀传），以见其对唐朝威胁最大，但以契丹居于北狄类传之前列，仍然很能说明史官对其重视程度。这种分类和次序上的安排，显然不会仅仅出于五代、宋人之考虑，而应该源自唐朝当时人的判断。《旧唐书》以因袭唐朝国史、实录旧文著称，具体到《北狄传》亦不例外，其卷末有"史臣曰"：

> 北狄密迩中华，侵边盖有之矣；东夷隔碍瀛海，作梗罕常闻之。非惟势使之然，抑亦禀于天性。太平之人仁，空峒之人武，信矣。隋炀帝纵欲无厌，兴兵辽左，急敛暴欲，由是而起，乱臣贼子，得以为资，不戢自焚，遂亡其国。<u>我太宗文皇帝亲驭戎辂</u>，东征高丽，虽有成功，所损亦甚。及凯还之日，顾谓左右曰："使朕有魏徵在，必无此行矣。"则是悔于出师也可知矣。何者？夷狄之国，犹石田也，得之无益，失之何伤，必务求虚名以劳有用。但当修文德以来之，被声教以服之，择信臣以抚之，谨边备以防之，使重译来庭，航海入贡，兹庶得其道也。①

《旧唐书》此卷之前为《东夷传》，卷末并无"史臣曰"一类文字，因此上面这段议论实际上是对东夷、北狄两传的共同总结。其中称"我太宗文皇帝"云云，显系唐人旧文，以体裁论之，唐朝实录当无四夷传，《旧唐书》此传当本自国史。唐国史存于五代者仅韦述、柳芳一家，主体部分出于韦述之手，成书于安史之乱以前。② 由此推断，盛唐开天时期成书之韦述《国史》很可能已将契丹列为显要之

---

① 《旧唐书》卷一九九下《北狄传》，第5364页。

② 参见杜希德：《唐代官修史籍考》，黄宝华译，上海古籍出版社，2015年，第142—166页。

北狄，两《唐书》之归类、次序当均直接受其影响。另外值得注意的是，韦述的这段按语似乎体现出某种矛盾，即其中也提到东夷、北狄对中原的威胁程度不同，这不仅与地缘形势有关，更与天性密不可分，这可以说与《隋书》的叙述一脉相承；不过，韦氏在后面的评论中却仅袭取《隋书》关于东夷的怀柔策略，而全然未及对北狄的征伐，所谓"夷狄之国，犹石田也，得之无益，失之何伤，必务求虚名以劳有用"，似有将对于东夷的怀柔态度推广至所有夷狄之意。这或许一定程度上可以视作唐人认识的变化，但更为重要的是现实情境的改变，特别是武后、玄宗以来唐廷在北边的节节失利，使得史臣不得不调整叙述的重心，将原本对于北边战功的讴歌全面退缩为对文德、声教、边防的强调。

通过以上梳理可知，自《隋书》以降，以契丹入《北狄传》成为有唐一代史籍特别是纪传体正史归类之主流，但其中仍有一例外，即成书于显庆四年（659）李延寿《北史》仍将契丹列入《东夷传》，这又该如何解释呢？我们或许可以从以下两方面加以考虑。其一，编纂原则。如所周知，《北史》乃抄撮前代诸史而成，《东夷传》也不例外。该传所录诸国依次为高丽、百济、新罗、勿吉、奚、契丹、室韦、豆莫娄、地豆干、乌落侯、流求、倭，乃以《魏书·东夷传》所收为主体，补以《隋书》之新增者，从卷目到内容唯以合并删节、杂糅拼接为务，就连最后卷末"使臣曰"都全录《隋书》之文，文末唯增"其豆莫娄、地豆干、乌洛侯，历齐周及隋朝贡遂绝，其事故莫显云"[1]一语草草了事，其主要的编纂原则是以后补前，因而对于《魏书》所列契丹诸国，先入为主，并未做出调整。其二，历史背景。李延寿著《北史》，从搜集资料到最终成书凡三十载，历经唐太宗至高宗前期，这段时间契丹归附唐朝、任其驱遣，未见侵扰边境之举，李氏著史之时亦并未特别将其视为中

---

[1] 《北史》卷九四《东夷传》，第3138页。

原政权之威胁，因而在归类时一仍《魏书》之旧而未作改更。

至此，我们终于理清了北朝至唐五代正史中契丹从东夷到北狄的衍变脉络。孝文帝时李彪著《国史》举契丹为东夷朝贡之典范，借以树立北魏之正统，后为北齐魏收《魏书》所因袭；至唐初修《隋书》以其天性、生业、行迹合于北狄，且与突厥政治互动密切，而不符合东夷得中原教化、深染华风的经典形象，宜为征伐对象而非怀柔目标，故斥之于《北狄传》；李延寿作《北史》杂糅诸书，先入为主，未加改更，遂袭《魏书》之旧；至盛唐时韦述著《国史》，采《隋书》之说，且因应时局，突出其对中原之威胁日盛，乃以契丹居于《北狄传》显要位置，终为两《唐书》所继承。自宋修两《五代史》而下，历代正史不再为东夷、南蛮、西戎、北狄分类设传，但随着南北对峙格局的确立与长期延续，将契丹作为北狄代表的历史叙述最终在中原文献系统中固定下来。

表面看来，从东夷到北狄的改变系唐初修《隋书》所为，但问题真正的症结却首在《魏书》，或者更确切地说是李彪《国史》打破了自《汉书》以来正史中关于东夷的叙述传统。《魏书》中的东夷其实就是对东北地区活动的非华夏政治体的统称，而没有太多其他条件和标准，因为它所强调、所需要的只是诸夷皆来称藩、朝贡的结果，这可以说是广义上的东夷。而《汉书》《后汉书》形成的东夷叙述传统对后世的约束力恰恰在于，除了地域上的区别外，被列入《东夷传》者似乎还要经过天性、文化、政治态度诸方面的过滤，可以说是一种狭义上的东夷。以《隋书》、韦述《国史》为代表的唐朝纪传体史书正是恪守这一狭义标准，对《东夷传》进行了精心的筛选和编排：契丹、奚、室韦这些广义上的东夷在《隋书》中都被打入北狄之册，而如靺鞨这样地域介于东、北之间，天性、教化方面亦不明朗者，《隋书》权列之为东夷，但随着其不断发展壮大，对于中原威胁、对抗因素逐渐增多，至韦述《国史》亦将其归入北狄之列，最终使得《旧唐书·东夷传》仅剩高丽、百济、新罗、倭国、日本五篇。①

　　"东夷"在中古正史中的广狭义之分，或许还可以从帝国秩序的不同层次上加以理解。北魏由草原入主，得中原半壁疆土，急于通过塑造夷狄的他者形象来宣示自身的华夏属性，因而它所追求的是简单粗放的华夷二分秩序，只强调东夷朝贡这一外在共性，而忽略其内部的层次和差异；隋唐作为统一的华夏帝国，在其所构建的国际秩序中居于无可置疑的核心，而从与华夏核心远近亲疏的角度对夷狄世界做出进一步区分，形成一种更为精细、复杂的差序格局，这既是对汉代历史叙述传统的继承，也是对帝国秩序本身的建构性接续。从中可以看出，古史所见四夷体系绝非一成不变，亦非基于所记对象"心性"的客观归类，而是完全可能根据华夏帝国的政治需要与现实利益加以调适、改更，这样的易变性和建构性值得研究者予以足够关注与省思。

　　需要补充的是，纪传体正史对于四夷的归类与现实中的称谓往往并不完全同步、吻合。唐修《隋书》、韦述《国史》皆以契丹入北狄传，但在当时实际应用的语境中却并未如此严格，仍以广义之东夷称之。以唐东夷都护府之名为例，曹魏时于今朝阳设东夷校尉，历代承袭，唐贞观初年间亦置此官，至二十二年改名东夷都护府，由营州都督兼任，直至营州之乱以前一直存在，专门经略东北诸族，而契丹则日渐成为其重中之重。② 当时《隋书》早已以契丹入《北狄传》，而其直接管理机构犹以东夷名之，足见史书纂修与实际运用之区别。再如《安禄山事迹》记载天宝四载安禄山上奏："臣昨讨

---

　　① 《新唐书·东夷传》除高丽、百济、新罗、日本外，末有"流鬼"一国，内容多采《通典》，然《通典》列之于北狄，据此判断《新唐书》以之为东夷当出自宋祁之手，与唐人观念不符。

　　② 参见范兆飞、房奕：《东夷校尉与汉晋东北亚国际秩序的变迁》，《社会科学战线》2009 年第 3 期，第 102—112 页；石冬梅：《唐前期的东夷都护府》，《青海社会科学》2006 年第 1 期，第 97—100 页。

契丹，军次北平郡，梦见先朝名将李𪟝、李靖于臣求食。乃令立庙，兼伸祷祈。荐奠之日，神室梁生芝草，一本十茎，状如珊瑚盘迭。臣当重寄，誓殄东夷，人神协从。"① 知晚至天宝年间，玄宗君臣尚以东夷指称契丹。类似的例子还有很多，似皆表明东夷、北狄的严格区别作为帝国秩序一部分的正史叙述，与实际语境中的使用情况仍存在不小的距离。

四、东夷说之遗响：《辽史》所记"辽本朝鲜故壤"探源

10 世纪初叶以后，契丹建立王朝，长期雄踞北方，渐以华夏正统自居；与之对峙的中原政权则将其视作最主要的威胁，相关文献亦之为北狄渠首，而其在出现之初被视作东夷、归入东夷传的历史叙述似乎再无人提及。不过，我在元修《辽史》中注意到一段以往不大为人所重的文字，或许可以看作中古时期以契丹为东夷说的一点余绪。

《辽史·礼志序》有云：

> 辽本朝鲜故壤，箕子八条之教，流风遗俗，盖有存者。自其上世，缘情制宜，隐然有尚质之风。遥辇胡剌可汗制祭山仪，苏可汗制瑟瑟仪，阻午可汗制柴册、再生仪。其情朴，其用俭。敬天恤灾，施惠本孝，出于悃忱，殆有得于胶瑟聚讼之表者。太古之上，椎轮五礼，何以异兹。②

这段文字开首在追溯辽代礼制渊源时称"辽本朝鲜故壤"，受"箕子八条之教"，在现存《辽史》有关辽朝先世的历史叙述中实属罕见，此说的史料来源和产生背景值得稍加辨析。

关于《辽史·礼志》的史源，元朝史官称："今国史院有金陈大任辽礼仪志，皆其国俗之故，又有《辽朝杂礼》，汉仪为多。别得

---

① 姚汝能：《安禄山事迹》卷上，曾贻芬点校，中华书局，2006 年，第 75 页。
② 《辽史》卷四九《礼志一》，中华书局，2016 年，第 927—928 页。

宣文阁所藏耶律俨志，视大任为加详。存其略，著于篇。"① 所谓
"陈大任辽礼仪志"即金章宗时期陈大任奉敕官修《辽史》之《礼
仪志》，"皆其国俗之故"是指其中所载多为契丹本俗；《辽朝杂礼》
不知何人所作，所载多为汉地礼制；所谓"耶律俨志"即辽朝耶律
所著《皇朝实录》之《礼志》。那么，上面这段序文究竟从何而
来呢？

据我判断，此序当系元末史臣抄取陈大任《辽史·礼仪志序》
之旧文。理由有五：其一，文中所述辽朝先世与元朝史官之认识不
符，当非其所作。在《辽史》的其他部分，元朝史官认为契丹与奚
皆出于宇文，其始居之地在松漠之间或"奇首故壤"，② 即今西拉木
伦河、老哈河交汇之处，尽管这一看法与实际情况存在巨大差异，
但却是元修《辽史》贯穿始终的说法，《礼志序》"朝鲜故壤"之说
则与此明显不同，当非出于元人之手。其二，所谓"朝鲜故壤"说
与辽朝官方历史叙述全然不符，非出于《皇朝实录》。辽朝官修
《皇朝实录》称辽乃轩辕黄帝之后，③ 本书下篇表明，辽朝皇室阿保
机家族实际上是由大兴安岭南麓南下西拉木伦河流域，在开元年间
以后方才加入契丹集团的后来者，此前契丹由今朝阳东北、地近高
丽的区域西迁北徙的过程与其并无关涉，因而中原文献所记契丹由
北魏至唐前期的发展轨迹在辽朝官方的历史记忆中全无踪迹，更不
会出现"辽本朝鲜故壤"的说法。其三，此序文所述皆为契丹本俗，
与多载汉仪之《辽朝杂礼》并无关涉。序文之"遥辇胡剌可汗制祭
山仪，苏可汗制瑟瑟仪，阻午可汗制柴册、再生仪"综述契丹最重
要三项本族礼仪的创制之人，不见于礼志正文，史料价值很高，当
非出于《辽朝杂礼》。其四，《地理志·东京道》开首称："东京辽阳
府，本朝鲜之地。周武王释箕子囚，去之朝鲜，因以封之。作八条

① 《辽史》卷四九《礼志一》，第 928 页。
② 参见《辽史》卷三二《营卫志中》，第 428 页；卷六三《世表》，第 1053 页。
③ 参见《辽史》卷六三《世表序》引《皇朝实录》，第 1051 页。

之教，尚礼义，富农桑，外户不闭，人不为盗。"① 所述与《礼志序》完全吻合。按《地理志》此段之直接史源乃陈大任《辽史》旧志，② 可知以辽东为朝鲜故壤、契丹旧地，实为陈史一以贯之的观念。其五，元修《辽史》以陈大任《辽史》为主要蓝本，在志、类传之序文多袭陈氏旧文。如《辽史》之《兵卫志》《刑法志》《奸臣传》《逆臣传》等多篇序文皆可找到类似痕迹。

综上可知，上引《礼志序》当出于陈大任之手，所谓"辽本朝鲜故壤"云云很可能反映了金朝官修史书对于辽朝先世的定位。③金修《辽史》早已不存，这段记载是我们所见为数不多的金朝关于辽朝早期历史的叙述。揆诸史实，契丹在发展初期（北魏至唐前期）始终在今朝阳东北，地近高丽，且一度归附高丽或与其过从甚密，但无论如何契丹居地也很难与朝鲜故壤扯上关系，因而恐怕只能从知识建构或历史叙述的角度来理解它的含义。

以《礼志序》之说与本节前面所引《汉书》以来的东夷叙述对读，不难发现其中的源流关系，朝鲜半岛是东夷的核心，将其文化源头溯至箕子，并对此抱以颂扬、赞许的态度，皆可见其一脉相承之处；与此同时，在契丹与以朝鲜半岛为代表的东夷文化之间建立亲缘关系，显然又受到了《魏书》以契丹入东夷传的影响。由此言

① 《辽史》卷三八《地理志二》，第 517 页。

② 参见苗润博：《〈辽史〉探源》，中华书局，2020 年，第 205—231 页。

③ 近来有数位学者先后撰文，认为此序文将辽先世与朝鲜建立关系，是辽人为树立其在东北统治合法性而建构的说辞，然其所论与《辽史》之整体史源情况以及辽朝官方历史叙述的特点存在较大龃龉。参见吉本道雅：《辽史·地理志东京辽阳府条小考——10—14 世纪辽东历史地理的认识》，收入《辽金历史与考古国际学术研讨会论文集》，辽宁教育出版社，2011 年，第 222—230 页；姜维公：《〈辽史·地理志〉东京辽阳府条记事谬误探源》，《中国边疆史地研究》2011 年第 2 期，第 119—129 页；姜维公、姜维东：《"辽"国号新解》，《吉林大学社会科学学报》2014 年第 1 期，第 46—58 页。此外，李月新则提出《礼志序》之说系元朝史官受到唐人叙述和渤海史料的误导而产生的比附（《箕子八条之教与辽朝礼制渊源考论》，《内蒙古社会科学》2018 年第 5 期），亦因未明文献源流而难中鹄的。

之，"辽本朝鲜故壤，箕子八条之教"可以看作两种有关东夷的历史叙述共同作用、杂糅混合的产物。

　　作为后代所修前朝之史，金人这种历史叙述背后的文化立场值得玩味。首先，据《高丽史》记载，金太祖阿骨打曾致国书于高丽睿宗，称"高丽为父母之邦"。① 在金朝官方的历史叙述中，其王室完颜部的始祖来自高丽，② 即使是在后期高度汉化的背景下依然没有对这一叙述进行改写。三上次男指出金朝在建国以前与高丽保持着友好的关系，对高丽有倾心向化的感情，虽然金朝建立之后双方的政治地位发生逆转，但在历史叙述中对高丽的亲缘认同并未改变。③ 在这种背景下，体现王朝意志的金修《辽史》中出现对于朝鲜半岛文化的强调和揄扬也就不足为奇了。其次，将原本与朝鲜半岛文化并无明显亲缘关系的契丹也纳入同样的叙述脉络中来，似乎可以视作对华夏世界建立的夷狄谱系的接受。不过，就目前的材料而言，金代女真人关于自身来源的历史叙述留存很少，除皇室源于高丽外，只有金初使人招谕渤海时所谓"女直、渤海本同一家"④ 之说，再无相关记载。因此，将契丹归入朝鲜一脉的叙述，恐怕不宜理解为金代女真人对高丽、契丹、女真在族群、文化方面存在亲缘性的确认，而更多地只能看作以陈大任为代表的修史汉臣对于华夏传统历史叙述的融汇与变通。《礼志序》强调契丹作为东夷的"流风遗俗""尚质之风"，与唐宋文献所塑造之"北狄"形象迥然有别，从中隐约可以看到与契丹情况颇为类似的女真的影子。

---

① 《高丽史》卷一四《睿宗世家》十二年三月癸丑，朝鲜科学院，1957 年，第 209 页。

② 《金史》卷一《世纪》，中华书局，1974 年，第 2 页。

③ 参见三上次男：《金室完顏家の始祖說話について》，原刊《史學雜誌》52 编 11 号，1941 年 11 月，收入氏著《金史研究》第三卷《金代政治・社會の研究》，中央公論美術出版，1973 年，第 17—28 页。

④ 《金史》卷一《世纪》，第 2 页。《金史・世纪》开首一段述及女真源流，明确将之系于肃慎、勿吉、靺鞨一系，然此全出于元朝史官之手，不可贸然视为金人自身之认知。

第三节　唐代"大贺氏"契丹衍生史论

唐代中前期，契丹统治家族姓大贺氏，由此命名的大贺氏联盟时代构成了契丹早期发展史中一个至关重要的阶段，这大抵是治辽史、北方民族史者所习知的常识。不过，对于这一常识究竟是如何生成的，它在多大程度上反映了历史的真实，目前学界似乎罕有关注。本节拟从史源学的角度对此问题重加检讨，研究结果将会表明：所谓的"大贺氏"家族或许并未真正存在过，它的产生很可能植根于修史者对原始材料的一个误解；伴随历代正史编纂的陈陈相因，这一误解广为流布，最终对后世有关契丹历史的认知产生了深远影响。

一、唐宋文献所记"大贺氏"溯源

关于大贺氏契丹的记载，首先见于唐宋时期中原王朝的典籍，之后又在元末所修《辽史》中大量出现，最终广为世人所接受。表面上看，两方面的记载互有异同，自成体系，因此我们有必要分别检讨二者的内容及来源，判定其间关系，进而彻底弄清该问题的来龙去脉。本节先论唐宋文献系统。

综观唐宋文献有关大贺氏契丹的主要记载（见表 1.1），数量虽多，历时虽长，但都属于高度同质化的叙述，解决问题的关键自然在于探寻这些文本的最初源头。

表 1.1　五代至北宋前期史籍所记大贺氏简表

史料出处（成书年代）	相关记载
《册府元龟》引《后唐明宗实录》（936）	契丹之先大贺氏，有胜兵四万，分为八部。
《旧唐书·契丹传》（945）	其君长姓大贺氏，胜兵四万三千人，分为八部。

（续表）

史料出处（成书年代）	相关记载
《通鉴考异》引《后汉高祖实录》（949）	契丹本姓大贺氏，后分八族。
《唐会要·契丹》（961）	君长姓大贺氏，胜兵四万三千人，分为八部。
《五代会要·契丹》（961）	其族本姓大贺氏，后分为八部。
《旧五代史·契丹传》（974）	契丹之先大贺氏，有胜兵四万，分为八部。
《武经总要·北蕃地理》（1047）	姓大贺氏，有八部。
《新唐书·契丹传》（1060）	其君大贺氏，有胜兵四万，析八部……（阿保机）自号为王而有国，大贺氏遂亡。
《新五代史·契丹传》（1065—1072）	其部族之大者曰大贺氏，后分为八部。

　　据表 1.1 可知，现存文献最早记录契丹君长姓大贺氏者依次为后唐末年成书的《明宗实录》、后晋时所修《旧唐书》、后汉《高祖实录》以及宋初王溥之《唐会要》。四书又可分为两类，后唐《明宗实录》与后汉《高祖实录》皆为五代编年史，以附传形式记当时契丹事而稍稍追溯其历史；《旧唐书》与《唐会要》则是专门记载唐代史事的综合性典籍，直接本自唐朝官方文献。如表所示，两类文献所记"大贺氏契丹"虽同出一源，但详略有别。前一类我们可举《明宗实录》的相关上下文为例：

　　　　契丹之先大贺氏，有胜兵四万，分为八部。每部皆号大人，内推一人为主，建旗鼓以尊之，每二（引者按：当为"三"之讹）年第其名以代之。及保机为主，乃怙强恃勇，不受诸侯之代，遂自称国王。[①]

────────────

　　① 《册府元龟》卷一〇〇〇《外臣部·强盛》，中华书局影印明刻本，1982 年，第 11734 页。原书引此条未著出处，详细考证参见本书下篇第二章第二节。

此段原本应出自《明宗实录》记载阿保机死讯之后的附传，所记唐代契丹史事简略而不系统，成书时间虽早，却不易追索史源。相较而言，后一类文献所记更为具体，可资对比之材料更为丰富，以下即由此入手考察相关记载的源头。

兹先将《旧唐书》《唐会要》相关文本列表对比如下：

表 1.2 《旧唐书》《唐会要》"契丹"小叙对照表

《旧唐书·契丹传》	《唐会要·契丹》
契丹居潢水之南，黄龙之北，鲜卑之故地。在京城东北五千三百里，东与高丽邻，西与奚国接，南至营州，北至室韦。冷陉山在其国南，与奚西山相崎，地方二千里。逐猎往来，居无常处。其君长姓大贺氏，胜兵四万三千人，分为八部。若有征发，诸部皆须议合，不得独举，猎则别部，战则同行。本臣突厥，好与奚斗，不利，则遁保青山及鲜卑山。其俗死者不得作冢墓，以马驾车送入大山，置之树上，亦无服纪。子孙死，父母晨夕哭之；父母死，子孙不哭。其余风俗与突厥同。①	契丹居潢水之南，黄龙之北，鲜卑之故地。 君长姓大贺氏，胜兵四万三千人，分为八部。 好与奚斗。 死无服纪。子孙死，父母晨夕哭；父母死，子孙不哭。余风俗与突厥同。②

表 1.2 中两栏的总体内容、叙述顺序、文字风格完全一致，显然出自同一文本来源，只不过《唐会要》记载相对简省，保留主干而略去了一部分细节。那么，这一共同史源又是什么呢？

《旧唐书》向以因袭唐朝实录、《国史》旧文著称，从体裁判断，唐朝实录无四夷传，旧书所载当出自国史。唐《国史》自太宗至代宗屡有编纂而终未成书，安史乱后仅存一家，即玄宗时韦述始撰、柳芳续成之《国史》稿本一百三十卷，上起高祖、下至肃宗乾元，于上元元年（760）前后进奏，后经裴垍等人零星增补，最终定

---

① 《旧唐书》卷一九九《契丹传》，第 5349—5350 页。
② 王溥：《唐会要》卷九六《契丹》，上海古籍出版社，2006 年，第 2033 页。

格恐已在宪宗元和四年（809）以后。① 此书传至五代，遂成后晋官修《旧唐书》的主要蓝本。具体到《契丹传》，本章第二节已指出其所在《北狄传》卷末"史臣曰"有"我太宗文皇帝"云云显系唐人之语，由此判断《旧唐书》四夷传设置皆踵《国史》之故，而《契丹传》所在之卷确曾大量抄取旧本原文。

除了史臣论赞，《旧唐书》四夷传开首小叙呈现出相对固定的叙述模式，也反映出国史原本的模样。通检该书四夷部分，记述较为完整者一般会依次包括地点方位、距京师道里、四至、兵力、分部、风俗、物产等内容，之后方为正文之编年记录。各传小叙之具体用语亦颇为一致，如述其兵力皆称"胜兵"，记其道里皆称"在京师（或京城）"某方向若干里等。特别是后者，同样的道里，《通典·边防典》记作"在长安"云云，而《旧唐书》四夷传则皆作"在京师"云云，如龟兹、疏勒、于阗、罽宾等传；这种以"京师（或京城）"为基准坐标的定位方法，全同于《旧唐书·地理志》，而后者的主干史源正是韦述所著《国史》。② 由此看来，韦氏《国史》全书应该已经形成相对固定的体例与用词，今本《旧唐书》四夷传之开首小叙，特别是具有上述固定结构或出现特定字样的传记，当可确定出于其书，③ 我们这里所讨论的《契丹传》开首一段即属此类。

此外，《契丹传》文本本身的细节亦可与上述总体情况印合。该传在叙述开元间史事时三次用"上"指代玄宗，"（开元）六年，失

---

① 关于唐朝历次国史修撰、流传的大致情况，参见杜希德：《唐代官修史籍考》，第142—166 页。

② 参见谢保成：《〈旧唐书〉的史料来源》，《唐研究》第 1 卷，北京大学出版社，1995 年，第 363 页。

③ 以往关于《旧唐书》四夷传的史源，研究不够充分，仅谢保成前揭文有过简要分析，认为其来源较为复杂，不可一概而论。其实就总体而言，此部分内容仍当以韦述《国史》为主要蓝本，特别是每传开首小叙及玄宗、肃宗以前之记载；至于之后的部分，当系后晋史官据实录、会要等材料略加增补。

活死，上为之举哀"，"可突于立娑固从父弟郁于为主，俄又遣使请罪，上乃令册立郁于"，"十年，郁于入朝请婚，上又封从妹夫率更令慕容嘉宾女为燕郡公主以妻之"，① 则相关部分的直接史源当作于玄宗时，正与韦述创作年代相合。可知该传从开首小叙至玄宗朝记事均当源出于《国史·契丹传》。

《旧唐书·契丹传》的文本来源既已论定，《唐会要·契丹》相关记载的渊源则更易考出。王溥《唐会要》前身为唐朝会要旧本，即苏冕《会要》及崔铉《续会要》。苏书成于唐德宗贞元十四年（798）以前，之后或稍有增补，于十九年至二十一年之间进呈，构成了今本《唐会要》的主体；崔书成于宣宗大中七年（853），在内容上接续前者，王溥又在两书基础上稍加整合、损益，遂成今日所见之本。研究者曾根据《玉海》等书所存苏、崔二书遗文与今本《唐会要》对比，发现王溥对会要旧本的加工主要体现在总体体例的统一和局部文字的润色，在记事方面并无大规模删节、增补，基本保留了旧本的面貌。② 杜希德曾模糊指出，苏冕《会要》"几乎所有关于唐初至 758 年的资讯似乎都采自《国史》"，③ 值得注意的是，今本《唐会要》中仍有直接引用韦述《国史》的内容："按工部侍郎韦述《唐书》云：'贞观八年，唐皎为吏部侍郎……'"④ 所谓"唐书"即韦述《国史》，其中称韦氏为"工部侍郎"，显系唐朝当时人之口吻，当为旧本原文，可知《会要》旧本在创作过程中确曾参考过《国史》。此处所论该书《契丹》部分开首文字与《旧唐书》的同源关系，亦当由此得到解释。

---

① 《旧唐书》卷一九九《契丹传》，第 5352 页。

② 邢永革：《〈唐会要〉成书考略》，《古籍整理研究学刊》2004 年第 4 期，第 35—40 页；董兴艳：《〈唐会要〉研究》，花木兰出版社，2019 年，第 74—85 页。

③ 杜希德：《唐代官修史籍考》，第 101 页。

④ 《唐会要》卷七五《选部下·选限》"贞观十九年十一月，马周为吏部尚书"条注，第 1605 页。

综上所述，《旧唐书》《唐会要》所记契丹"君长姓大贺氏"的共同史源应为唐《国史·契丹传》。从文本的同源关系与文献流传的总体脉络看，后唐《明宗实录》及后汉《高祖实录》中的相关记载亦当由此而来。也就是说，现存史料所记大贺氏契丹的共同源头皆可上溯至唐玄宗时期韦述所著《国史》。我们需要进一步追问的是，韦氏书中的这一记载究竟是如何产生的？是对前人既有记载的继承，抑或是对时人知识的总结，还是一种由于某种原因而出现的全新叙述呢？

二、"大贺氏契丹"成因蠡测

细审上节所引《旧唐书·契丹传》开首一段，可以发现其中所记信息的时代断限有所参差。比如"黄龙之北""东与高丽邻，西与奚国接，南至营州，北至室韦，冷陉山在其国南，与奚西山相崎""不利则遁保青山及鲜卑山"云云，主要是指唐朝万岁通天年间营州之乱以前契丹的活动范围，而所谓"分为八部"则又是晚至玄宗初年方为唐朝官方所记录的信息。以往囿于元修《辽史·营卫志》所记古八部—隋十部—大贺八部—遥辇八部—阿保机建国这一发展脉络，研究者多认为契丹在唐初即有八部。如果排除元人叙述的干扰直接回到唐代文献，就会发现唐初契丹远不止八部，如贞观二十二年归唐之契丹主力就有九部十州，这还不包括此前零散归唐的诸部。中原官方文献关于契丹有八部的明确记载其实是晚到开元年间方才出现的，当时契丹重新归附，其内部结构为唐廷所知。① 由此可见，《旧唐书·契丹传》小叙的文本实际上是不同时段契丹信息的混杂和堆叠，而这样的文本特征正与唐朝国史的编纂过程相契合。

据刘知幾称，龙朔（661—663）中许敬宗领衔修国史，"高宗本

① 参见开元十二年三月赐奚及契丹敕书（《册府元龟》卷九七五《外臣部·褒异二》，第 11449 页）及开元四年（716）李失活归降赐诏（《旧唐书》卷一九九《契丹传》，第 5351 页，唯系年误作开元三年）。

纪及永徽名臣、四夷等传，多是其所造"，① 知《国史》系统于高宗前期始设四夷传。此后牛凤及、吴兢、韦述等人历次修国史当皆延续此体例。就《契丹传》言之，其中所记营州之乱以前的活动范围或系许敬宗首创四夷传之时即已收入，而"分为八部"云云则系开元时韦述根据修史时所得到的即时讯息整理而成。由此推断，唐《国史》所述契丹概况，最早可能肇端于高宗龙朔间，而至玄宗朝韦述之手基本定型，其中关于契丹"君长姓大贺氏"的记载，应该也是在这一过程中产生。

然而就现存文献看，契丹君长姓大贺氏对于唐朝当时人来讲应该是一个相当陌生的知识，除《国史》系统之外，似乎并未见有人提及。试以最可能记录契丹姓氏的《通典》及《元和姓纂》为例略加分析。

杜佑《通典》始撰于大历元年（766），成书于贞元十七年（801），其中《边防典》专设契丹一门，② 文中先叙契丹源流，次记唐朝与契丹和战，下限至开元年间。值得注意的是，在缕叙契丹渊源时，杜佑只是引述、糅合了《魏书》《隋书》中《契丹传》的记载，而未增加新的内容，丝毫看不到唐代官方史书对契丹的整体叙述。众所周知，杜佑作《通典》历时数十载，采摭颇为广泛，特别是关于唐代本朝的记载，多本诸实录等官方档案，史料价值极高。③ 其作《契丹传》当然也会尽可能参考当时所见到的各种官方文献，传中所记唐与契丹和战显然就源出于此。因此，《通典》中没有关于大贺氏的记载，恐怕只能证明这种历史叙述在杜氏所见的官方文献系统中并未形成。

成书于元和七年（812）的林宝《元和姓纂》是传世文献中最

---

① 刘知幾著，浦起龙释：《史通通释》卷一二《古今正史第二》，第346—347页。
② 杜氏在《北狄·序略》中特别提到，与其他"不为大患"的"小国"不同，契丹值得重点关注（《通典》卷一九四《边防十·北狄·序略》，第5302页）。
③ 参见黄永年：《唐史史料学》，中华书局，2015年，第63—66页。

为重要的唐代谱牒，其中备载当时所知天下姓氏，不仅包括中原姓氏，亦囊括历代周边政权之姓氏，如匈奴、鲜卑、突厥各姓皆与其列，独不见所谓"大贺"。按《元和姓纂》原书已佚，今传本乃四库馆臣自《永乐大典》辑出，据林宝序可知其体例为"自皇族之外，各依四声韵类辑"，[①] 倘"大贺"果为姓氏，属于复姓，在原书中当在"大"字或"贺"字目下，[②] 今辑本此二目皆存，全无"大贺"之踪迹。另外，南宋初年邓名世《古今姓氏书辩证》对汉唐以来姓氏谱牒之书进行过系统的清理和考订，其中大量引据林宝之书。此书卷三一"大贺"条云："唐《契丹传》：'其君长大贺氏。'契丹与唐俱兴亡，三百年间，乍臣乍叛，至阿保机灭之，大贺氏乃绝。"[③] 邓书征引前人之书，往往诸说并见，此处论及大贺氏，仅引《唐书·契丹传》而未及《元和姓纂》，亦可佐证林宝之书并无大贺一名。也就是说，林氏编纂其书时当亦未见到以"大贺"为姓氏的记载。

《通典》和《元和姓纂》成书皆在韦述《国史》之后，却都没有引及其书。如前所述，唐朝国史经安史乱后仅存韦述一家，而韦氏此书直至元和年间尚属不断增补的稿本，深居史馆之中，并未在外流通，这也许是其未得杜佑、林宝采纳的主要缘由。[④] 二书不载契丹姓"大贺氏"，说明此说在当时流行范围极为有限，尚未成为主流的历史叙述，很可能只存在于《国史》系统之中，后来为《会要》

①　林宝：《元和姓纂序》，《元和姓纂（附四校记）》，岑仲勉校记，郁贤皓、陶敏整理，中华书局，1994 年，第 1 页。

②　关于《元和姓纂》收复姓的体例，学界尚存争议，参陈尚君：《岑仲勉先生〈元和姓纂四校记〉的成就和整理本》，收入氏著《转益多师》，上海辞书出版社，2015 年，第 171 页。

③　邓名世：《古今姓氏书辩证》卷三一"十四泰·大贺"，王力平点校，江西人民出版社，2006 年，第 474 页。

④　关于《通典》所记唐代部分的具体史源，特别是其与国史系统的关系，目前学界似仅有模糊的描述，而缺乏切实的研究。就本节所论而言，至少在《边防典》部分，杜氏此书恐未及参考《国史》。

《旧唐书》所承袭。这样一番追索下来，我们发现，原本被认为是司空见惯的常识，在唐代竟是一种单线流传、缺乏旁证的说法。对于这样的说法，我们自当抱以审慎的态度：它究竟多大程度上反映了历史的本相？

关于"大贺氏"之渊源，《册府元龟》中保留了一条十分珍贵的记载，唐贞观二年（628）"四月，契丹太贺摩会率其部来降"。[①]其中"太贺"即"大贺"，"太贺摩会"之连称为现存唐代文献所仅见，也是契丹首领名号中唯一一次出现"大贺"字样。该段上下文皆逐年记录契丹朝贡之事，直接史源当为《唐太宗实录》，而此记事的最初源头自是当时的原始档案。相应的记载在《旧唐书·契丹传》中表述为："贞观二年，其君摩会率其部落来降。"[②]如上所述，此记载亦当出自韦述《国史·契丹传》。我怀疑负责撰修《国史》契丹部分的史官（或许是韦述，亦不排除此前历次纂修之人），正是由于看到《实录》所称"太贺摩会"之名，以"大贺"为其姓，摩会是其名，这才得出契丹君长姓大贺氏的论断，遂在传文开头介绍概况时称"其君长姓大贺氏"，又在后文的具体记事中将"大（太）贺"直接替换成了"其君"，最终形成了我们今天看到的文本。然而，史官对"契丹太贺摩会"的这种认识存在诸多漏洞，很可能是一种误解。

其一，新近刊布摩会之子墓志全然未及其姓大贺氏。该志名曰《大唐故左屯卫郎将李公墓志铭》，墓主名范，字弘则，契丹人，生于武德二年，九岁时随其父摩会降附后留在唐廷为质，再未返回契丹，卒于贞观十四年，享年二十一岁。墓志中称其先祖世为契丹君长，并缕叙曾祖缬、祖毕、父摩会之功业，全文涉及姓氏者仅开首

---

① 《册府元龟》卷九七七《外臣部·朝贡三》，第 11479 页下栏。
② 《旧唐书》卷一九九《契丹传》，第 5350 页。

"式隆前绪者，其唯郎将李君乎"一语，① 显为归降唐朝后所获赐姓。此志写作时间距离上引《唐太宗实录》之记载十分接近，倘若摩会家族本姓大贺而后改姓李氏，断不至于在志文中全无痕迹。

其二，契丹之有"姓氏"或已晚至阿保机建国以后。如研究者所指出，华夏文化语境下的"姓氏"并非天然广泛地存在、行用于周边各民族之中，② 历史上北族之所谓"姓氏"往往是在与汉文化接触过程中逐渐产生的，契丹即是如此。据《契丹国志·族姓原始》称，"契丹部族，本无姓氏，惟各以所居地名呼之"，"至阿保机变家为国之后，始以王族号为'横帐'，仍以所居之地名曰世里著姓"。③《契丹国志》为元朝商贾抄撮宋人之书而成，此条记载即出自赵至忠《阴山杂录》。赵氏乃长期居于契丹而后归宋之人，据他说契丹在建国以前并无姓氏，至阿保机建国方有所改变，这一记载至少提醒我们对唐人将"大贺"为姓氏的记载保持警惕。另外从后世的情况来看，契丹人的名字制度较为复杂，存在第二名、小名之分，在缺乏其他佐证的情况下未可遽以大贺为姓。

其三，"太贺摩会"连称，"太贺"很可能是摩会之官名或官号。澳大利亚学者霍姆格伦（Jennifer Holmgren）早在 20 世纪 80 年代就曾怀疑"大贺"一名起初更可能是一官号而非姓氏，但并未举出具体论据。④ 近来韩国学者李在成提出"大贺"（taiha）是汉语"大"与契丹语"呵"的合成词，"呵"见于《契丹国志》卷首三汗传说，有"君长"之意，该词可能源自濊貊系夫余语、高句丽语

---

① 拓片及录文见陕西省考古研究院编：《陕西省考古研究院新入藏墓志》，上海古籍出版社，2019 年，第 19、237—238 页。

② 参见纳日碧力戈：《姓名论》，社会科学文献出版社，2015 年，第 72—80 页。

③ 旧题叶隆礼：《契丹国志》卷二三"族姓原始"，贾敬颜、林荣贵点校，中华书局，2014 年，第 247 页。

④ Jennifer Holmgren, "Yeh-lü, Yao-lien and Ta-ho: Views of the hereditary prerogative in early Khitan leadership", *Papers on Far Eastern History*, 34 (Canberra, 1986), pp. 41-48.

"大加"（taika），意为大族长、部落联盟长。① 此说虽然尚待验证，但至少可以为我们提供一些新的思考角度。"大贺"很可能是中古北族官号加官称这一常见名号形制的又一典型案例，② 只不过其具体结构和义涵，还有待我们搜寻更多类似的北族名号资料作进一步的分析。

那么，《国史》此段文字的撰写者为什么会将摩会当作整个契丹的首领，进而以其名号所见"大贺"为契丹君长之姓氏呢？我想这应该与最初的史料状况有关。据中原文献记载，契丹君主间存在明确血缘关系者仅限自贞观二十二年（648）窟哥至开元十八年（730）邵固这一段时间。③ 除此之外，再无丝毫迹象。特别是在窟哥归附、赐姓李氏之前，契丹与中原交往尚不密切，两《唐书·契丹传》在贞观二年摩会至二十二年窟哥间并未记载其他首领名讳，反映出如《唐太宗实录》这类原始材料在系统的编年记事中缺乏相关记录。这样的史源情况或许容易造成一种错觉，即窟哥与摩会有某种联系，甚至是其直接继承者，进而推定二者属于同一姓氏。然而揆诸其他材料，事实恐怕并非如此。

首先是李范墓志提供的线索。该志记载了摩会死后墓主的处境："年十四丁父忧，寝伏苫庐，每欧王戎之血；哀号恸绝，泪尽羔柴之涕。率性逾乎子骞，因心过乎参也。国家以勋门之后，诏令起服。公以创巨之痛，殷勤固请，表章酸切，义感人神。虽复外顺皇情，而心哀内疚。授游击将军，仍令长上。"李范十四岁为贞观七年，其

---

① 参李在成：《'大贺契丹'에 관한 既存 學説의 批判과 새로운 見解（关于大贺契丹既成学说的批判和新见解）》，《東洋史學研究》第 95 辑，2006 年，第 73—74 页。吉本道雅曾根据这一研究，对唐代大贺氏表达过怀疑，参见氏著《辽史世表疏证》，收入爱新觉罗·乌拉熙春、吉本道雅《新出契丹史料的研究》，松香堂，2012 年，第 12 页。

② 对此形制的详细举例剖析，参见罗新：《中古北族名号研究》，北京大学出版社，第 2009 年。

③ 具体世次为窟哥—孙尽忠—从父弟失活—弟娑固—从父弟郁于—弟吐于—弟邵固，参见两《唐书·契丹传》。

父亡故，所谓"诏令起服"云云实指唐廷令其滞留，不得北归，此举很可能导致该家族汗权的衰落，志文称"悲门荫之不传，悼尊堂之落构"。由此略可窥见，后来继任之契丹首领或与摩会并非一脉相承。

此外，《册府元龟》有这样一段记载："薛万淑为右领军，镇黄龙。时突厥之乱也，万淑遣契丹渠帅贪没折讽谕北狄东国威灵，奚、霫、室韦等十余部，皆来降附。太宗下书褒美。"[①] 所谓渠帅，义同首领、君长，这才可以代表契丹招徕"北狄东国"。从上下文推断，此记载应源出唐《实录》或《国史》中的《薛万淑传》，惟其未明言时间，《通鉴》则系此事于贞观四年八月甲寅[②]，具体到干支记日，可见当有原始材料为据。从这则材料看，贞观四年之契丹君长为贪没折。又贞观十八年十二月甲寅，唐太宗征高丽诏书有云："契丹蕃长于句折，奚蕃长苏支，燕州刺史李玄正等各率众，绝其走伏。"[③] 这是在命令契丹、奚各部配合打击高丽，其中出现的于句折当即彼时契丹之君长。以上两则都是传记或诏书的零星记载，并未被纳入实录这类系统的编年记事之中，因而在撰修《契丹传》时就不容易被察觉、利用。但它们却反映出另外一番图景：从摩会到贪没折、于句折再到窟哥，贞观年间的契丹历经过多次最高权力的转移。当时契丹诸部林立，权力的具体更迭过程、不同统治者之间的关系皆难以考知，甚至连是否出于同一家族或部落都无法确定。在这种情况下，贸然将他们与先前归附唐朝的摩会建立联系，进而推定整个唐代契丹君长之姓氏，显然是有失审慎的。

综上所述，唐朝《国史》系统所仅见之契丹君长姓大贺氏的记载并非源自更为原始的史料，而是史官在纂修《国史》时根据《太

---

① 《册府元龟》卷四二六《将帅部·招降》，第 5079 页上栏。

② 《资治通鉴》卷一九三，第 6082 页。

③ 《册府元龟》卷一一七《帝王部·亲征二》，第 1400 页。又见《唐大诏令集》卷一三〇《亲征高丽诏》，中华书局，2008 年，第 704 页。

宗实录》所记贞观初年降唐契丹部落首领的名号推衍而得，很可能是一种由于误解而产生的知识，以此来概括有唐一代契丹的总体情况，恐与史实相去甚远。从《国史·契丹传》的文本生成过程判断，这一误解最早可能始于龙朔年间许敬宗所撰《国史》，但更可能是玄宗朝吴兢、韦述之辈对《国史》加以整理、定型时的产物。

三、元修《辽史》所见大贺氏考辨

中原文献所记"大贺氏"虽然年代较早，但毕竟只是片段性的异邦传闻，仅凭这一系统的记载或许尚不足以影响如此深远。真正将唐代契丹姓"大贺氏"经典化、固定化为读史者常识的，还是元末所修《辽史》。作为记录契丹历史最为权威的官修正史，《辽史》曾多次提及大贺氏，并将其作为契丹建国以前发展史的一个重要阶段。相比于中原文献，这些记载会不会有什么其他更加可靠的来源呢？答案是否定的，可由以下三端见之。

其一，在目前发现的所有辽代汉字、契丹文石刻材料中，从未出现过"大贺氏"字样。辽朝当时人述及契丹建国以前历史，只知有遥辇，不知有大贺。

其二，遍检《辽史》，"大贺氏"共出现二十一次，散见于《营卫志》《兵卫志》《地理志》《仪卫志》《世表》诸卷，而本纪、列传从未出现。笼统而言，《辽史》纪、传多录当时人语，而志、表往往为后世史臣所作。

其三，细审此二十一处"大贺氏"，无一为辽朝耶律俨《皇朝实录》之旧文，而皆出自金元史官之手。其中金人所作者共五条，分别见于《兵卫志序》（三次）、《地理志上》"上京临潢府"总叙及"宁州"条（两次）；元人所作者共十六条：《营卫志·部族上》（五次）、《地理志序》（两次）、《仪卫志》（三次）、《世表》（六次）。兹依照《辽史》出现顺序逐一确考其源如下：

1.《营卫志·部族上》：

　　（1）部族序：唐世大贺氏仍为八部，而松漠、玄州别出，亦十部也。（2）唐大贺氏八部：达稽部，峭落州。纥便部，弹汗州。独活部，无逢州。芬问部，羽陵州。突便部，日连州。芮奚部，徒河州。坠斤部，万丹州。伏部，州二：匹黎、赤山。（3）当唐开元、天宝间，大贺氏既微，辽始祖涅里立迪辇祖里为阻午可汗。（4）涅里相阻午可汗，分三耶律为七，二审密为五，并前八部为二十部。三耶律：一曰大贺，二曰遥辇，三曰世里，即皇族也。……大贺、遥辇析为六，而世里合为一。①

本书第二章将会详细论证《营卫志·部族》乃元朝史官杂糅中原文献与零星辽朝记载而制作的二手文献。具体到上述关于大贺氏的记载，（1）（2）两条本自《新唐书·契丹传》，所谓"松漠、玄州别出，亦十部也"云云是元人为弥合其所谓大贺氏八部与隋十部间的缝隙而加附会之语。据元朝史官称辽朝皇室之始祖，"耶律俨《辽史》书为涅里，陈大任书为雅里"，②因而（3）中"辽始祖涅里立迪辇祖里为阻午可汗"一语当为辽朝耶律俨《实录》的旧文。《辽史·太祖纪赞》称涅里系阿保机之七世祖，而《世表》引耶律俨《实录·本纪》云"太祖四代祖耨里思""大败安禄山于潢水"，此事发生在天宝十载，因知在辽朝文献的叙述中涅里不应活跃于开天之际。将涅里立阻午可汗事置于开元天宝之际，并将其与见诸中原文献的所谓"大贺氏衰微"联系起来，实际上是元人将两种不同系统的记载想当然地捏合在一起的产物。至于（4），与接下来所引《兵卫志序》有关，容后文一并讨论。

　　2.《兵卫志序》：

　　　　至唐，大贺氏胜兵四万三千人，分为八部。大贺氏中衰，仅

---

①《辽史》卷三一《营卫志上》，第426、429、430、431页。

②《辽史》卷六三《世表》，第1057页。

存五部。有耶律雅里者，分五部为八，立二府以总之，析三耶律
氏为七，二审密氏为五，凡二十部；刻木为契，政令大行，逊不
有国，乃立遥辇氏代大贺氏，兵力益振，即太祖六世祖也。①

此段中"至唐，大贺氏胜兵四万三千人，分为八部"出自《旧唐
书·契丹传》，其余文字则不见于中原文献系统。称辽始祖为"耶律
雅里"而非涅里，当出陈大任《辽史》。新近研究表明，《兵卫志
序》实乃元朝史官在金人陈大任《辽史·兵志》旧序的基础上，据
中原正史《契丹传》及辽金旧史本纪加以填充、杂糅的结果。② 上
引文自"耶律雅里者，分五部为八"以下至"太祖六世祖也"多为
陈史《兵志序》旧文，其中"大贺氏中衰，仅存五部""立遥辇氏代
大贺氏"两条当出金人之手，而非辽人之语。陈大任《辽史·兵志
序》所谓"三耶律氏为七，二审密氏为五"原本未详所指，前引元
人所作《营卫志·部族上》以"大贺、遥辇、耶律"为"三耶律"，
实属牵强附会，与史实相去甚远。③

3.《地理志》：

> （1）《地理志序》：至唐，大贺氏蚕食扶余、室韦、奚、靺
> 鞨之区，地方二千余里……以大贺氏窟哥为使持节十州军事。
> 分州建官，盖昉于此。（2）上京临潢府：勒得山——唐所封大
> 贺氏勒得王有墓存焉……宁州。本大贺氏勒得山，横帐管宁王
> 放牧地。④

---

① 《辽史》卷三四《兵卫志上》，第449页。

② 参见《〈辽史〉探源》第五章《兵卫志》，第163—171页。

③ 参见肖爱民：《"分三耶律为七，二审密为五"辨析——契丹遥辇氏阻午可汗二十
部研究之二》，《内蒙古社会科学》2005年第2期，第12—15页；《辽朝大贺氏考辨——
契丹遥辇氏阻午可汗二十部研究之四》，《内蒙古师范大学学报（哲学社会科学版）》2005
年第4期，第116—119页。其中后者专门论述辽朝皇族无大贺氏，但不否认唐朝大贺氏
本身的存在，与本节所论相关但主旨殊异。

④ 《辽史》卷三七《地理志一》，第496、497、509页。

（1）所引《地理志》此段序文显为元朝史官新作，结合前代正史
《契丹传》概述其地理范围的总体变化，其中两处大贺氏均本自两
《唐书》。值得注意的是（2），其中有关勒得山的两条记载不见他
处，需结合《地理志》的整体情况加以推定。关于《辽史》地理志
的史源，以往学界的认识存在一定偏差，多以其为元人整合耶律俨
《皇朝实录》及陈大任《辽史》两书之地理部分而成。全面梳理文
本自身的内证与元代文献所记契丹地理知识总体源流可知，该志实
以陈大任旧史《地理志》为主体框架与现成蓝本，稍增以《阴山杂
录》《契丹国志》等南朝文献；同时，遍检现存资料，我们找不到
任何关于耶律俨《皇朝实录》曾设有《地理志》的明确证据，将此
书视作今本《辽史·地理志》的来源之一，很大程度上只是一种出
于情理的推测。① 上引两条关于勒得山的记载，分别见于上京道总叙
所记山川及上京道宁州条，二者当皆为陈大任《辽史·地理志》旧
文（其中"唐所封大贺氏勒得王"显非以本朝为尊的辽人口吻，而
为后代史官的追述）。勒得山虽实有其地，但将之与唐代大贺氏建立
关联，乃拜金源史官所赐。

4.《仪卫志》：

（1）"符契"小序：自大贺氏八部用兵，则合契而动，不
过刻木为牌合。太祖受命，易以金鱼。（2）"国仗"：辽自大贺
氏摩会受唐鼓纛之赐，是为国仗。其制甚简，太宗伐唐、晋以
前，所用皆是物也。（3）"汉仗"：大贺失活入朝于唐，娑固兄
弟继之，尚主封王，饫观上国。开元东封邵固扈从又览太平之
盛，自是朝贡岁至于唐。②

《辽史·仪卫志》乃元朝史官新作，并无独立、现成之史源，其中描
述仪制的具体条目乃杂糅耶律俨、陈大任二书旧有《礼仪志》、佚名

---

① 参见《〈辽史〉探源》，第 203—260 页。
② 《辽史》卷五七《仪卫志三》，第 1017 页；卷五八《仪卫志四》，第 1020、1021 页。

所著《辽朝杂礼》及中原正史《舆服志》而成，编排框架及概述总结性质的文字则全出元人之手。① 以上三者即属元人所作概述之语，均可在中原文献中找到相应的来源。（1）本于《隋书·契丹传》"有征伐，则酋帅相与议之，兴兵动众合符契"，只是将其误植到大贺氏时期。（2）源自《新唐书·契丹传》贞观三年"摩会复入朝，赐鼓纛"之记载。（3）系据《旧唐书·契丹传》失活、娑固、郁于等人事迹约略而成，还增加了"尚主封王，钦观上国""览太平之盛"这类明显与辽人立场不符的评论。

5.《世表》：

> （1）序：隋、唐之际，契丹之君号大贺氏。武后遣将击溃其众，大贺氏微，别部长过折代之……世里氏与大贺、遥辇号"三耶律"。（2）"唐"栏：其君大贺氏有胜兵四万，析八部……自此，契丹中衰，大贺氏附庸于奚王，以通于唐，朝贡岁至。（3）卷末结语：今以唐史、辽史参考，大贺氏绝于邵固，雅里所立则怀秀也，其间唯屈列、过折二世。②

《世表》是《辽史》中关于契丹建国以前历史的集中说明，前人研究早已指出，此卷系元朝史官杂抄诸史《契丹传》而成，③ 其中所记大贺氏自然亦不例外。引文中（3）尤能说明问题，所谓"以唐史、辽史参考"云云，足见元人修史时所见到的材料明显分为两个系统，他们所做的工作正是将此二者加以拼合。在中原文献（即所谓"唐史"）中，大贺氏贯穿唐代之始终，至阿保机建国方灭，全然不知遥辇氏的存在；④ 而在辽朝文献（即所谓"辽史"）中，只记

---

① 参见《〈辽史〉探源》，第285—304页。

② 《辽史》卷六三《世表》，第1052、1054、1057、1059页。

③ 王吉林：《辽史世表探源》，《大陆杂志》33卷5期，1966年；吉本道雅：《辽史世表疏证》，第1—38页。

④ 唐、五代直至宋初的中原文献皆未见"遥辇"，逮及宋仁宗庆历年间契丹旧臣赵至忠归宋，将辽朝文献系统中的历史知识带入宋朝，此后《新五代史》《资治通鉴》等书方逐渐提及遥辇，但所记与辽朝自身叙述仍有较大偏差。

载了涅里（雅里）立遥辇阻午可汗，未载其具体时间。元朝史官认为中原文献中的大贺氏当绝于邵固，而将辽朝文献中的阻午可汗比附为邵固后三世之李怀秀，将原本泾渭分明的两种记载杂糅、拼接在了一起，构建出一套唐代契丹从大贺氏到遥辇氏的发展轨迹。①

综上可知，《辽史》所见二十一则关于大贺氏的记载皆出于金元史官之手，究其源头，无一不来自中原文献，与辽朝当时自身的历史叙述毫无关涉。前文已述，中原文献所谓"大贺氏"本就是莫须有的，那么《辽史》中由此衍生而来的种种记载自然也就成了无源之水、无本之木。

史源学考索表明，原本被奉为常识的大贺氏契丹，实际上很可能植根于唐朝国史修撰过程中对《唐太宗实录》原始记载的一个误解。它在唐代当时文献中只是单线传承、缺乏旁证的孤立说法，却由于韦述《国史》的幸存、流布及其在后来唐史纂修体系中的枢纽地位，顺理成章地进入官方正史的脉络，终为历代史书所因袭。而今本《辽史》所见大贺氏的记载，看似数量众多，但皆为金元史官基于中原文献进行的线性追溯，与契丹王朝当时自身的历史记忆毫无关涉，更不能作为大贺氏曾经存在的切实证据。

本章小结

作为记载契丹早期历史的主要文献系统，中原历代正史契丹传无疑具有重要的史料价值。正如越来越多的研究者所指出，历代正史所设周边"异族"传记的本质绝非对所述对象进行客观描述的古代民族志资料，而是作为与华夏帝国秩序相对应的一种文类而存在，② 其中蕴藏着强烈的华夏自我中心倾向以及由此产生的各种单方

---

① 详见本书上篇第二章第三节。

② 参见王明珂：《英雄祖先与弟兄民族——根基历史的文本与情境》，中华书局，2009 年，第 57 页。

面的知识建构。① 不过，关于这种文类会采用哪些具体的叙述策略，或者说它们究竟是如何完成单方面建构的，似乎还存在很大的掘进空间。分群归类是人类观察、认识、描述事物的基本逻辑和主要方法，但这种分化、整合在多大程度上反映被观察者的自身属性和内在关联，绝非不证自明。《魏书·契丹传》的个案告诉我们，正史中的群类化叙述，不仅会因强调群类的共同属性而忽视记述对象的实际情形，还可能打着群类的旗号生拉硬扯、张冠李戴，乃至制造出一套原本与记述对象并无关联的发展脉络，转而成为后人讲述这段历史的逻辑起点。至于契丹从东夷到北狄的分类变化，则突出地反映了古史所见四夷体系绝非一成不变，亦非基于所记对象"心性"的客观归类，而完全可能根据华夏帝国秩序的政治需要与现实利益加以调适、改更，其间的易变性和建构性值得充分关注。

除了主观上的建构，中原文献关于周边"四夷"的记载存在一个普遍性缺陷，即因原始资料阙不足征，修史者经常需要根据临时偶然之零星记录，对"异族"的长时段总体情况加以推断和概括，将一时一地之记载归纳为一代一族之通例，创造出关于他者的新知识，而这样的知识"创新"本身就伴随着诸多误解与扭曲。大贺氏契丹的个案表明，官修史体制基本确立之后，此种问题往往产生在由《实录》这类编年记事向"国史""会要"这类专题传记转变的节点上；同时，由于本朝的纪传体国史常常与后朝所修前代正史无缝对接，这样的误解又很容易成为后世官方历史叙述的主流元素，轻而易举地获得权威性和经典性。由此看来，在唐以后民族史资料所经历的"实录—国史—正史"这一衍化脉络中，当朝人所修纪传体国史的书写实居于核心枢纽地位，对后人有关彼时"四夷"之认知具有根基性的影响。

无论是有意的建构，抑或是无心的误解，所有问题都伴随着古

---

① 　参见胡鸿：《能夏则大与渐慕华风——政治体视角下的华夏与华夏化》，第133页。

代纪传体王朝史的绵延赓续而不断层累堆叠。时至今日，研究者早已无法脱离这套历史叙述去探求契丹历史本身，而且绝大多数情况下会将这种叙述等同于历史的真实，继而将其转化为无须验证的常识以及进一步研究的基础。这样一来，我们或许会在不经意间被正史构建的逻辑与制造的知识所牵引、驯化，沿着既定的轨道前行，最终成为这种历史叙述传统和知识谱系的继承者。如何才能真正意识到并逐渐走出这一困局，是当今契丹史、辽史学界亟须共同面对的课题。

第二章

元修《辽史》所见契丹早期史料批判

　　元修《辽史》有《营卫志》，在二十四史中独树一帜。该志凡三卷（卷三一至卷三三），包括宫卫、行营、部族三门，分别记载斡鲁朵、捺钵、部族三项特色鲜明的契丹政治军事制度。其中部族门分上下两部分，"部族上"记载契丹建国以前的部落发展史，与行营门共同组成卷三二，"部族下"则专记建国以后的部族制度，独居卷三三。

　　在以往众多关于契丹早期史的研究著作中，《营卫志·部族上》常常被看作最核心、最基础的材料，其中所述"古八部—隋十部—大贺氏八部—遥辇氏八部—阻午可汗二十部"的发展脉络也构成了人们讨论此问题的基本出发点，无论遵从抑或修正，都未曾跳脱这一叙述框架。这些讨论基于一个重要前提：《辽史·营卫志》部族门的史源来自辽朝的权威记载，能够直接反映当时的历史叙述乃至历史真实。那么，这一立论前提是否已成定谳甚至可以不证自明了呢？本章拟由此篇重要文献的材料来源、编纂过程等基本问题入手，全面检讨元修《辽史》中有关契丹早期史的记述，以期对研究该问题的基本材料状况有一个总体认识。

第一节　《营卫志》部族门文本生成过程考实

一、以往学界对于《营卫志·部族》的认识分歧

仔细爬梳学术史可知，有关《营卫志·部族》文本来源的正面探讨其实并不多见。最早全面研究《辽史》史源的冯家昇曾大略提出，这部分内容当出自辽人耶律俨《皇朝实录·部族志》（说详下文）。[①] 很长一段时间里，此说似乎成了研究者默认的常识，大家在讨论相关问题时都或明或暗加以因循，却并未见对冯说有所推进。直到近年杨军特撰专文，才进一步论述了《皇朝实录》与《辽史》之关系，力证《营卫志·部族》主体内容出于耶律俨书，实为研究契丹早期史领域最重要的材料，[②] 并以为基础发表了一系列相关论著。[③]

上述观点代表了目前学界关于部族门史源的主流看法，然而这并不意味着该问题已没有再加斟酌的余地。事实上，早在20世纪40年代，傅乐焕就曾对《营卫志·部族上》的文本做过较为深入的研究。[④] 通过逐一比对历代正史契丹传，傅氏指出"部族上"的内容实乃"元人杂糅旧史记录及南朝传说"而成。换句话说，元朝史官

---

① 冯家昇：《辽史源流考·今本辽史之取材》，收入氏著《辽史证误三种》，中华书局，1959年，第27—28页。本文初刊题为《辽史源流考与辽史初校》，《燕京学报》专号之五，哈佛燕京学社，1933年12月。

② 杨军：《耶律俨〈皇朝实录〉与〈辽史〉》，《史学史研究》2011年第3期，第78—82页。

③ 杨军：《契丹早期部族组织的变迁》，见余太山、李锦绣主编：《丝瓷之路——古代中外关系史研究Ⅱ》，商务印书馆，2012年，第102—120页；《契丹始祖传说与契丹族源》，《首都师范大学学报（社会科学版）》，2014年第6期。

④ 傅乐焕：《辽史复文举例》"耶律七部、审密五部、八部"，原刊《中央研究院历史语言研究所集刊》第16本，1948年1月，收入氏著《辽史丛考》，中华书局，1984年，第302—312页。据文末落款，此文作于1945年末。

修《辽史》时所掌握的契丹早期史资料并不丰富，只得将辽朝方面的零星记载与中原各朝正史契丹传拼合、杂糅。令人遗憾的是，或许由于傅氏此文并非专论《营卫志》，而只是其所谓"复文"研究的一个部分，如此有分量的研究成果竟然未能引起后来人的充分重视，讨论契丹部族者鲜少提及傅氏之说，遑论在此基础上做更为深入的回应与研究。①

以上二说，前者称《营卫志·部族》系辽朝官修实录之旧文，后者则谓其多出元末史官之手，可谓判然有别、扞格不入。由此看来，部族门的文本来源仍是一个远未达成共识的问题，实有必要做一彻底清算，以夯实研究契丹早期史、辽代部族制度等重大问题的史料基础。

二、辽朝旧文还是元人新作？——既有成说再检讨

欲知《辽史·营卫志》部族门的材料来源，须首先明了其文本结构。如本节开首所述，该门上下两篇分居卷三二、卷三三，"部族上"开首为总序，其下依次为"古八部""隋契丹十部""唐大贺契丹八部""遥辇氏八部""遥辇阻午可汗二十部"诸条，每条先列诸部名称，之后附以简单解说；"部族下"开篇又有一段序文，随后依次为"辽内四部族""太祖二十部""圣宗三十四部""辽国外十部"，其中"辽内四部族"仅列其名，太祖、圣宗诸部于每部之下则加以详细介绍，而"辽国外十部"除列名外亦稍有解说。乍看之下，此门结构完备、脉络清晰，似有浑然一体之势，然细绎其文，就会发

---

① 就管见所及，惟肖爱民曾注意到傅氏此说，并在其基础上有所推进，惜未能全面深入探讨部族门之史源。参见氏著《契丹遥辇氏阻午可汗二十部考辨》，（韩国）《宋辽金元史研究》第 11 号，2006 年 12 月；《"分三耶律为七，二审密为五"辨析——契丹遥辇氏阻午可汗二十部研究之二》，《内蒙古社会科学》2005 年第 2 期；《辽朝大贺氏考辨——契丹遥辇氏阻午可汗二十部研究之四》，《内蒙古师范大学学报（哲学社会科学版）》2005 年第 4 期。

现实际情况并非如此。

"部族上"开首总序云：

> 部落曰部，氏族曰族。契丹故俗，分地而居，合族而处。有族而部者，五院、六院之类是也；有部而族者，奚王、室韦之类是也；有部而不族者，特里特勉、稍瓦、曷术之类是也；有族而不部者，遥辇九帐、皇族三父房是也。

> 奇首八部为高丽、蠕蠕所侵，仅以万口附于元魏。生聚未几，北齐见侵，掠男女十万余口。继为突厥所逼，寄处高丽，不过万家。部落离散，非复古八部矣。别部有臣附突厥者，内附于隋者，依纥臣水而居。部落渐众，分为十部，有地辽西五百余里。唐世大贺氏仍为八部，而松漠、玄州别出，亦十部也。遥辇氏承万荣、可突于散败之余，更为八部；然遥辇、迭剌别出，又十部也。阻午可汗析为二十部，契丹始大。至于辽太祖，析九帐、三房之族，更列二十部。圣宗之世，分置十有六，增置十有八，并旧为五十四部；内有拔里、乙室已国舅族，外有附庸十部，盛矣！

> 其氏族可知者，略具皇族、外戚二表。余五院、六院、乙室部止见益古、撒里本，涅剌、乌古部止见撒里卜、涅勒，突吕不、突举部止见塔古里、航斡，皆兄弟也。奚王府部时瑟、哲里，则臣主也。品部有拿女，楮特部有洼。其余世系名字，皆漫无所考矣。

> 旧《志》曰："契丹之初，草居野次，靡有定所。至涅里始制部族，各有分地。太祖之兴，以迭剌部强炽，析为五院、六院。奚六部以下，多因俘降而置。胜兵甲者即著军籍，分隶诸路详稳、统军、招讨司。番居内地者，岁时田牧平莽间。边防纠户，生生之资，仰给畜牧，绩毛饮湩，以为衣食。各安旧风，狃习劳事，不见纷华异物而迁。故家给人足，戎备整完。卒之虎视四方，强朝弱附，东逾蟠木，西越流沙，莫不率服。

部族实为之爪牙云。"①

以上文字在百衲本《辽史》中原为一段，②兹为论述方便，依点校本分为四段。其中首段先论"部""族"之定义，并以此为标准将契丹部族划分为四类；次段简要勾勒契丹部族发展主线，从最初的奇首八部（即古八部）到建国后太祖、圣宗诸部，总括全门之内容；第三段交代所见部族材料中人名世系"可知""无所考"的部分；第四段引"旧志"序文，以与上文相区别。将以上引文合而观之，不难看出此序当出自元朝史官之手，其中第三段特别提到其在修史时所新作之《皇族表》与《外戚表》，③可见此序文应该是在统筹全书内容之后所写。元修《辽史》每撰一志，或志中每述一门，皆新撰序文于其端，此《营卫志》部族门亦不例外。

对于上述序文的来源，以往的研究者似乎未有太多争议，问题的关键在于"旧志曰"以下文字的归属。如所周知，元修《辽史》的主要史源是辽朝耶律俨所著《皇朝实录》与金人陈大任所修《辽史》，冯家昇根据《辽史·世表》中"泥礼，耶律俨辽史书为涅里，陈大任书为雅里，盖辽太祖之始祖"④的记载，率先指出此"旧志"当指耶律俨《皇朝实录》，又据卷三三《营卫志·部族下》序文所称"旧史有《部族志》"，⑤推知元人所据乃耶律俨书之《部族志》，进而认为"今本《营卫志》分部族上、部族下，即系旧目"，且此二节独有涅里，而无雅里，当即耶律俨志。⑥冯氏关于元人所引

---

① 《辽史》卷三二《营卫志中》，中华书局，2016 年，第 426—427 页。

② 《辽史》卷三二《营卫志中》，台湾商务印书馆影印百衲本，1988 年，叶 4a—5a。

③ 按元人修史时所据原始材料并无"表"这一体裁，今本《辽史》八表皆为元人所新设，其中《皇族表》《外戚表》系抄撮旧史纪、传部分而成。参见苗润博《契丹国舅别部世系再检讨——兼论〈辽史〉诸表的文献学与史学史价值》，《史学月刊》2014 年第 4 期。

④ 《辽史》卷六三《世表》，第 1057 页。

⑤ 《辽史》卷三三《营卫志下》，第 435 页。

⑥ 冯家昇：《辽史源流考·今本辽史之取材》，第 27—28 页。

"旧志"当指耶律俨《部族志》的判断合情合理，可谓不刊之论，但其仅据"有涅里而无雅里"径直论定部族门上、下的全部内容皆出于俨书，未免失之武断。

　　大概是受到冯氏的启发，杨军近年著《耶律俨〈皇朝实录〉与〈辽史〉》一文进一步明确提出，《营卫志》部族门自上引"旧志曰"以下直至次卷部族下卷末，皆抄自耶律俨《皇朝实录·部族志》旧文，只有卷三三开头之序文系元人重新分卷后所加。主要论据有三：其一，部族上"古八部"条见"今永州木叶山有契丹始祖庙"一语，而金朝陈大任或元末史臣修《辽史》时木叶山所在之永州早已不存，故此段文字当出自耶律俨之书；其二，根据"古八部"条体例与之后诸条吻合，推定全篇当同出一源；其三，部族门序文与正文"隋契丹十部"条存在重复雷同，如果二者同出于元人之手，这种写法就"无法理解了"。①

　　不难看出，第二、三条都属于附加性、推导性论据，而第一条即"今永州"云云才是杨文立论的基础，但这一基础其实并不稳固。试看古八部条之记载：

　　　　古八部：悉万丹部。何大何部。伏弗郁部。羽陵部。日连部。匹絜部。黎部。吐六于部。契丹之先，曰奇首可汗，生八子。其后族属渐盛，分为八部，居松漠之间。今永州木叶山有契丹始祖庙，奇首可汗、可敦并八子像在焉。潢河之西，土河之北，奇首可汗故壤也。②

正如傅乐焕所述，此段乃合《魏书·契丹传》记载及契丹民族固有传说而成。③ 其中八部之名源出《魏书》，而奇首可汗八子传说则取自辽方文献。杨文特别强调的"今永州"问题，亦可从文献源流的

---

① 杨军：《耶律俨〈皇朝实录〉与〈辽史〉》，第79—80页。

② 《辽史》卷三二《营卫志中》，第427—428页。

③ 傅乐焕：《辽史复文举例》，第304页。

角度重新加以审视。今本《辽史·地理志》永州条云："有木叶山，上建契丹始祖庙，奇首可汗在南庙，可敦在北庙，绘塑二圣并八子神像。"① 将此段与上引文中"今永州木叶山有契丹始祖庙，奇首可汗、可敦并八子像在焉"对比可知，二者当同出一源而详略有别，《地理志》所记更为具体（如提到可汗、可敦分居南、北两庙），"古八部条"则概括性更强。很明显，后者不会是原始记载的本来面目，而是剪裁加工之后的产物，只不过其中"今永州"一语保存了其所据史源的原文罢了。那么，今本《辽史·地理志》与《营卫志·部族》上述记载的共同史源又是什么呢？结合全书情况判断，它们很可能出自耶律俨《皇朝实录·本纪》中的先祖事迹。冯家昇曾根据今本《辽史·世表》引"耶律俨《纪》"有关阿保机四世祖的记载指出，《皇朝实录》原本在《太祖纪》前可能有类似《魏书·序纪》的先祖事迹。② 对《皇朝实录》所记先祖事迹的佚文、体例和结构加以详细考索后可知，这一部分内容构成了契丹王朝关于早期历史的权威叙述，今本《辽史》的相关内容多取资于此，此处所论两则关于永州木叶山契丹始祖庙的记载即是典型的例证。二者盖皆源自《皇朝实录》先祖事迹中有关奇首可汗的叙述，唯因各自需要采撷有所不同：《地理志》以"永州"为条目之名，其后叙该州风物，在行文中自然删去原本"今永州"字样而径称"有木叶山"云云；《营卫志·部族》则未作调整，照抄耶律俨旧文。今本《地理志》以陈大任旧志为蓝本，③ 上引内容由耶律俨书进入陈史旧志时当已遭改易，而元修《营卫志》"古八部"条"今永州"一语则直接摘录《皇朝实录》本纪所记先祖事迹，继而将其与《魏书·契丹传》相缀合。要之，上引"古八部"条并非《皇朝实录》旧文，当系拼接杂糅后的二手文献，以此为基点推定部族门整篇文

---

① 《辽史》卷三七《地理志一》，第 504 页。

② 冯家昇：《辽史源流考》，第 26 页。

③ 参见苗润博：《〈辽史〉探源》第六章，中华书局，2020 年，第 203—260 页。

献源出耶律俨《部族志》恐难成立，而此立论基础一旦遭到瓦解，其他两条论据自亦无所附丽。

从上面的分析可知，"辽朝旧文说"的主要论据在于对"涅里""今永州"等个别字眼进行溯源性研究，这样的路径可能存在着方法论层面的缺陷。作为孤立的、碎片的史料常常具有流动性和不稳定性，它们完全可能被史家从原本的文本环境中抽离出来，放入新的文本之中，从而形成全新的历史叙述。换句话说，常常存在这样一种情况，后世史官杂抄原始材料时没有进行彻底的划一统稿，因而保留了原本带有时代标识的字样，仅仅依靠这些局部特征来推定整体文本，特别是其中叙述框架的来源，往往会冒较大风险。事实证明，对于仓促成书、以杂糅抄撮为能事的《辽史》来说，此类风险尤甚。

不同于上述针对个别史料的溯源研究，傅乐焕更倾向于从文献的整体感觉切入问题。在将"古八部""隋契丹十部""唐大贺契丹八部""遥辇氏八部""遥辇阻午可汗二十部"诸条与历代正史契丹传加以逐一对比之前，他首先注意到《营卫志·部族下》开首有一段稍显奇怪的序文：

> 辽起松漠，经营抚纳，竟有唐、晋帝王之器，典章文物施及渤海之区，作史者尚可以故俗语耶？旧史有《部族志》，历代之所无也。古者，巡守于方岳，五服之君各述其职，辽之部族实似之。故以部族置宫卫、行营之后云。[1]

从行文起势、所述内容看，此段显然不只是部族门下半部分的序文，而更似部族门之总序，末句"故以部族置宫卫、行营之后云"越发表明此文原本紧接今本《营卫志》宫卫、行营二门之后，如今的模样应是经过再次调整的结果，不可能全出辽人之手。同时傅氏还指出，前引耶律俨《部族志序》谓"契丹之初，草居野次，靡有定

---

① 《辽史》卷三三《营卫志下》，第435页。

所，至涅里始制部族，各有分地"，知旧志叙部族仅上溯至涅里。根据《辽史》的记载，涅里的生活年代约在唐开元、天宝间，因此今本《部族上》所谓"古八部""隋十部""唐大贺八部""遥辇氏八部"诸条皆非其原本《皇朝实录·部族志》旧文，而系元人据前史契丹传敷衍而成，至于最末之"遥辇阻午可汗二十部"一条则系合抄旧史《契丹传》（八部之名）与旧《部族志》（有关涅里之事实）所致。

基于这些宏观把握，傅氏认为元朝史官纂修《营卫志》部族门经历过两个阶段，起初仅据耶律俨《部族志》旧文完成今《部族下》之内容，为第一次所修之全文，元人所加者仅上述"辽起松漠，经营抚纳"至"故以部族置宫卫、行营之后云"一段序文而已；后来又杂抄前朝诸史《契丹传》及零星辽人旧文汇成上卷，而以先成部分改为下卷，又新作总序，且将旧史序文移置于前，这才有了今天我们所看到的《营卫志·部族》。①

以上分析可谓鞭辟入里，寥寥数语就点出了问题的症结所在。"部族下"开首序言在整体结构和行文用语上的格格不入正是元朝史官留下的最大破绽，而"部族上"开篇所引旧志序文则是我们还原《皇朝实录·部族志》本来面貌的关键线索。依傅氏所言，今本《辽史·营卫志》"部族上"除引旧志序文之外的主体内容皆为元人新作，其方法正是"杂糅旧史记录及南朝传说"，而"部族下"除开首小序外皆属耶律俨《部族志》之旧文。在我看来，傅氏的整体思路几乎无懈可击，对于"部族上"的基本判断亦属真知灼见，唯其对"部族下"文本来源的甄别犹颇存未尽之义，实有待后来者展开更为深入、细致的探讨。下节的分析将会表明，除了一手炮制"部族上"文本之外，元朝史官还对"部族下"的内容动过手脚，且他们所作的工作也绝非剪裁、杂糅史料这样简单，而是对契丹部

---

① 傅乐焕：《辽史复文举例》，第303—304页。

族的概念和范围加以全新定义，进而重构了整个契丹部族发展史。

三、充凑篇幅的急就章：元朝史官对契丹部族的概念重构与文本制造

上文提到，《营卫志·部族下》自小序以下，分"辽内四部族""太祖二十部""圣宗三十四部""辽国外十部"四部分，窃以为其中首尾两条即"辽内四部族"与"辽国外十部"，亦非《皇朝实录》旧文，而系元朝史官所加。兹先引此二条原文，再述判断依据：

> 辽内四部族：遥辇九帐族。横帐三父房族。国舅帐拔里、乙室己族。国舅别部族。[①]
>
> 辽国外十部：乌古部。敌烈八部。隗古部。回跋部。崞母部。吾秃婉部。迭剌葛部。回鹘部。长白山部。蒲卢毛朵部。右十部不能成国，附庸于辽，时叛时服，各有职贡，犹唐人之有羁縻州也。[②]

之所以谓以上两条断非辽人旧文，理由有三。

其一，二者体例与《部族志》所记太祖、圣宗诸部不合。如上所述，太祖二十部及圣宗三十四部皆为每列一部之名，其后即附以解说，无一例外，可见此为《皇朝实录·部族志》之固定体例。而"辽内四部族"仅有名称而无解说，"辽国外十部"则是罗列十部之名后统一作一交代，后者体例恰与部族上"古八部"诸条完全一致，当皆为元人所作。

其二，二者统称之名与辽朝当时用语不协。辽朝当时人自称本朝多作"大辽""皇辽""皇朝""大朝"等，未见有直呼"辽"及"辽国"者，作为辽朝官修史书的《皇朝实录》当然不会在这种问

---

① 《辽史》点校本修订本曾指出，此处百衲本作"国舅别部"，明钞本、南监本、北监本、殿本皆作"国舅部族"（参见《辽史》卷三三校勘记一，第445页）。现在看来，原文极有可能写作"国舅别部族"，百衲本与其余诸本恐各夺一字，判断理由详下。

② 《辽史》卷三三《营卫志下》，第435—436、444—445页。

题上稍有差池，此类名称显出自后世史官之手。

其三，二者所反映的是元朝史官对"部族"的定义，而与辽朝当时文献的用法特别是耶律俨《部族志》的记载标准大相径庭。如果说前面两点尚属形式上、相对浅表的破绽，那么第三点显然就更为深入、更能触及问题的核心，实有必要稍加展开。

前引元人所作部族门总序开首即称"部落曰部，氏族曰族"，进而以此为标准将其所定义的"部族"分为有族而部者、有部而族者、有部而不族者、有族而不部者四类，其中第四类即以遥辇九帐、皇族三父房为例。由此可见，在元朝史官看来，部族首先应该包括部落和氏族两部分，像遥辇九帐、皇族三父房、国舅帐这样仅有氏族而非部落的帐族亦可纳入"部族"的范畴。同时，此总序第二段将古八部以下直至太祖二十部、圣宗三十四部、"外有附庸十部"等等都纳入同一叙述脉络中来，正与全门所记具体内容相合，知元人所谓"部族"除了是辽朝建立以后的部落、氏族的统称外，还包括建国以前的契丹部族以及辽朝直接统治之外、与辽有过羁縻朝贡关系的外族。

那么，元人对于部族的上述定义是否符合辽朝人当时的概念呢？正如以往研究者所指出，阿保机建国前后，对契丹传统的部族制度进行了重大改革，一方面将若干部落重新组合，将过去的部落联盟改造成帝国体制下的行政、军事组织，如太祖二十部，这种部落被称作部族；另一方面，则是将若干氏族独立出来，如遥辇九帐、横帐三父房、国舅帐、斡鲁朵，统称为宫帐或帐族。[1] 可以肯定的是，在辽代"部族"与"帐族"有着严格的区分，在契丹小字石刻中，部族、部落写作 伏丹夬，大致拼读作 no-ʋ-ur，[2] 表示帐族、宫帐的词则

---

① 参刘浦江：《辽朝横帐考》，收入氏著《松漠之间——辽金契丹女真史研究》，中华书局，2008 年，第 54 页。

② 出现具体位置及频率参见刘浦江、康鹏主编：《契丹小字词汇索引》，中华书局，2014 年，第 272 页；拟音参清格尔泰编著：《契丹小字释读问题》，東京外國語大學亞非語言文化研究所，2002 年，第 26—28 页。

因标识对象不同而有所差异，写作**叐化**、**曲公**等，但从未见有以**伏开夹**

称之者；与此相对应，通检《辽史》及辽代汉文石刻，亦未发现一例辽朝当时人以部族指称帐族者。[1] 由此可见，在辽朝当时人看来，"部族"的范围很明确，就是指普通的部落，而不包括帐族之属。

最能反映辽朝官方意志者自然当属前引《皇朝实录·部族志》的序文。此序开首云"契丹之初，草居野次，靡有定所，至涅里始制部族，各有分地"，可见其所记部族从一开始就是指各个居地相对固定的部落。其后又云："太祖之兴，以迭剌部强炽，析为五院、六院。奚六部以下，多因俘降而置。"这算是从纵向上对太祖、圣宗诸部的概括，而接下来"胜兵甲者""番居内地者""边防乣户"云云，则是从横向上将这些"部族"划为三类，有的部落归于军籍，有的在内地游牧田猎，而有的则在边疆驻守，太祖、圣宗诸部皆可对号入座，其共同点在于都被纳入契丹王朝的管理体制之内，因此在序文末尾在总结"部族"对于辽朝虎视四方的作用时，形象地将其比作"爪牙"。要之，耶律俨《部族志》所记"部族"在定义上与其他辽代文献并无二致，即指狭义之部落，同时此志所记仅为辽朝直接统辖范围内分守四方的各个部落，实为记录辽代部族体制的专志，正符合耶律俨书作为契丹王朝一代正史的内在要求。[2]

明乎此，判定所谓"辽内四部族"和"辽国外十部"两条并非《皇朝实录·部族志》原文就顺理成章了。"辽内四部族"皆属帐族，而非部落，且其并非各居分地，而是随当朝皇帝斡鲁朵四时捺

---

[1] 除上引元人所作部族门总序及"辽内四部族条"外，以"部族"指称帐族者，遍检《辽史》，仅见于《国语解》"常衮"所谓"官名，掌遥辇部族户籍等事"一条。按《国语解》整卷皆出于元朝史官之手，此条自不例外。

[2] 耶律俨书名称"实录"，实为纪传体国史，故有志、传之体例。参见《点校本辽史修订前言》，第5页。

钵,[1] 在辽人看来其为王朝之"腹心"而非"爪牙",显然不属耶律
俨所记范围。也正因如此,部族下"太祖二十部"条才会有这样的
记载:"太祖二十部。二国舅升帐分,止十八部。"[2] 意谓太祖时期
原有二十部,至太宗朝乙室己、拔里二部升为国舅帐,[3] 不再属于部
族,自不与《部族志》之列,故所谓的二十部其实在正文中只有十
八部。[4] 至于所谓"辽国外十部"这样"时叛时服,各有职贡"的
部族,始终游离于辽朝部族体制之外,显然也不会被纳入到《部族
志》中。

综上可知,《营卫志·部族下》"辽内四部族""辽国外十部"
两条实际上是元朝史官基于对契丹部族的重新定义所增加的内容,
与辽人当时的概念相去甚远。[5] 抓住这一关键的概念差异,我们可以
更加深入地剖析整个《辽史·营卫志》部族门的文本生成过程。

正如傅乐焕所正确指出,元朝史官曾先后两次纂修《营卫
志·部族》,第一次仅仅简单抄录旧志,开篇加一小序,而第二次则
进行了大幅的扩充。以上讨论可进一步证明,元人第二次纂修不仅
仅在篇幅上杂抄前史《契丹传》以补充建国以前的部分,更从概念
上对辽代部族做了重新定义,进而根据这一新的定义对全篇内容特
别是建国以后的部分进行了重构。前引卷三三"部族下"开首保存

---

① 参见杨若薇:《契丹王朝政治军事制度研究》第一篇第四节"释'辽内四部
族'",中国社会科学出版社,1991 年,第 74—90 页。

② 《辽史》卷三三《营卫志下》,第 436 页。

③ 《辽史》卷三《太宗纪》上,天显十年(935)四月丙戌,第 39 页。

④ 《辽史》卷三七《地理志上》"上京道·泰州"条(第 503 页)云:"本契丹二十
部族放牧之地。"同卷"静边城"条(第 509 页)曰:"本契丹二十部族水草地。"疑所谓
"契丹二十部族"即太祖二十部之别称,益可见辽人"部族"之所指。

⑤ 此外,在《辽史》其他部分及辽代石刻中,遥辇九帐、横帐三父房、国舅帐拔
里、乙室己及国舅别部虽可统称"帐族",但从未见其中具体某一帐、房、部名称之后直
接续以"族"字,而《营卫志·部族》所见"辽内四部族"每一名后皆有此字,显然也
是元人为符合其对"部族"的定义刻意所加,这正是前文所谓"国舅别部族"的由来。

的元人第一次纂修此门时所作小序云："古者，巡守于方岳，五服之君各述其职，辽之部族实似之。"其中"部族"所指尚局限于巡守四方之部落，而未包含居于统治核心之帐族，亦与建国以前之部族无涉。与此类似，在整个《营卫志》的开头部分也有一段总序，其文曰："有辽始大，设制尤密。居有宫卫，谓之斡鲁朵；出有行营，谓之捺钵；分镇边圉，谓之部族。"①此序显然亦为元人操觚，其中对部族的定位与耶律俨《部族志》所谓"爪牙"之论及"部族下"开首小序"巡守于方岳"可谓一脉相承。由此判断，史官在第一次纂修部族门时尚未萌生"部族"包含部落、氏族（帐族）两部分的概念，仅因袭旧志撰写小序、勒成一门，并完成了《营卫志》总序。可见直到整篇《营卫志》的初稿完成之时，元朝史官概念里的"部族"还与辽人旧文一致，只是到第二次纂修时才改弦更张。

这一观点还可以得到《辽史》其他部分中元人相关叙述的佐证。《辽史·地理志》开首《总序》在概括辽朝的管辖范围时云："总京五，府六，州、军、城百五十有六，县二百有九，部族五十有二，属国六十。"②此序为元人所作，其中称"部族五十有二"，显然是将太祖十八部和圣宗三十四部相加的结果，可见撰写《地理志序》的史官所据原始材料仅见太祖、圣宗诸部，而无其他内容，正与上文所论若合符契。这样的破绽正好反映出元修《辽史》之《地理志》与《营卫志·部族》非出一人之手，亦非同时完成：《营卫志·部族》曾经先后两次纂修，而《地理志》应该在《营卫志·部族》第二次纂修之前即已完成，全书最终告竣时也未及统筹划一。

现在的问题在于，元朝史官为什么要对本已完成的《营卫志·部族》再如此大费周折、加以补撰呢？对比《营卫志》宫卫、

---

① 《辽史》卷三一《营卫志上》，第409—410页。

② 《辽史》卷三七《地理志一》，第496页。

行营、部族三门的现有篇幅，不难想象元人修史时的具体情景：宫卫、部族两者因有辽、金旧志作为依托，内容充实，篇幅适当，皆可各占一卷，惟行营一门系其撮取宋代文献而成，过于单薄，不足以独立成卷，又不便与其他二门合并。据粗略统计，今本《营卫志》行营门全篇仅一千三百余字，而宫卫一门约三千字，"部族下"除却元人增补的"辽内四部族"及"辽国外十部"两条，加上部族上所引旧志序文，总数亦逾三千，可以想见第一次纂修成稿时，三者篇幅过于悬殊，才有了部族门的第二次增修。就这样，史官将旧志的序文和正文割裂开，又重新撰写了长篇序文，重新界定或者说曲解了辽代部族的概念，将原本没有的帐族、外族和建国以前的部族纳入进来。可以说，正是这次不得已的增修工作，彻底改变了《辽史·营卫志·部族》的整体面貌，也极大地影响、塑造了后人对契丹部族发展史的认知。

明白了上述稍显曲折的文本源流，我们再回头来看以往备受推崇的《辽史·营卫志》部族门，态度自然会有很大的不同。该门内容除开首所引旧志序文及太祖二十部、圣宗三十四部出自耶律俨《皇朝实录·部族志》外，其余文字当皆为元朝史官所新作；而这些新增文字的本质，其实就是元朝史官在情急之下为充凑篇幅而形成的急就章。在此过程中，元人对契丹部族加以重新定义，将部落与氏族（帐族）、外族皆混称部族，并加以间架分类，不仅与辽朝当时人的看法相去甚远，更给后来有关契丹部族制度的研究带来了很大的干扰；同时，史官杂糅中原文献系统和辽朝文献系统，勾勒出契丹自北魏至唐末的线性发展框架，竟构成了有关契丹早期历史的权威叙述。如此临时炮制出的二手文本，究竟在多大程度上反映了辽朝当时的历史叙述，又与历史的本相有几多距离，无疑都成为摆在契丹史研究者面前的崭新议题。

第二节 《营卫志·部族上》抉原匡谬

经过上节考证，我们对于《辽史·营卫志·部族》的史源及文本生成过程已经有了总体的认识，其中《部族上》这篇被多数契丹早期史研究者奉为圭臬的经典，实际上纯粹是元朝史官新作的二手文献。那么，其中究竟存在怎样的问题？元人在创作过程中对原始材料有无曲解或误读，对不同文献系统史料的拼接杂糅是理清了脉络还是带来了混乱？本节即针对"部族上"的记载逐条展开批判性研究，每则记载先列表排比其史料来源或可资参照之文本，进而征诸其他文献，重新检讨契丹早期史料的源流，为相关问题的进一步讨论奠定基础。

一、古八部

表 2.1 《辽史·营卫志》"古八部"条文本源流表

原文	史料来源或参照文本
悉万丹部。何大何部。伏弗郁部。羽陵部。日连部。匹絜部。黎部。吐六于部。	《魏书·契丹传》：真君以来，求朝献，岁贡名马。显祖时，使莫弗纥何辰奉献，得班飨于诸国之末。归而相谓，言国家之美，心皆忻慕。于是东北群狄闻之，莫不思服，悉万丹部、何大何部、伏弗郁部、羽陵部、日连部、匹絜部、黎部、吐六于部等，各以其名马文皮入献天府，遂求交市于和龙、密云之间，贡献不绝。
契丹之先，曰奇首可汗，生八子。其后族属渐盛，分为八部……今永州木叶山有契丹始祖庙，奇首可汗、可敦并八子像在焉。	《辽史·地理志》"永州"：有木叶山，上建契丹始祖庙，奇首可汗在南庙，可敦在北庙，绘塑二圣并八子神像……其后族属渐盛，分为八部。
居松漠之间。	《魏书·契丹传》：在库莫奚东，异种同类，俱窜于松漠之间。
潢河之西，土河之北，奇首可汗故壤也。	《辽史·地理志》"永州"：东潢河，南土河，二水合流，故号永州。

　　如傅乐焕所指出，此段乃合《魏书·契丹传》记载及契丹民族固有传说而成，其中八部之名源出《魏书》，而奇首可汗八子传说则取自辽方文献，但问题还远未结束。研究者们发现，《魏书·契丹传》所记八部之名存在种种错讹，[①] 其中最大的问题是所谓"匹絜部、黎部"二者在《魏书·显祖纪》《魏书·勿吉传》《册府元龟》《通典》等文献中皆为一部之名，曰"匹黎（尔）"，《魏书·契丹传》的记载实际上是将其误分为二。由于过分遵信元人所谓"古八部"的说法，在很长一段时间里，研究者们都理所当然地认为《魏书·契丹传》问题在于缺载一部，因而努力为之补缺、弥缝，提出了各种各样的八部组合与解释，[②] 但没有哪一种说法能够真正自圆其说。

　　事实上，日本学者小川裕人在八十多年以前就对所谓"古八部"的说法质疑，他认为这完全是《辽史》因袭《魏书·契丹传》之误而衍生出来的。[③] 中国学界直至晚近方有田广林发表《契丹古八部质疑》一文，明确指出所谓"古八部"或"奇首八部"在契丹早期发展史上根本不曾存在，乃元人约取《魏书·契丹传》所记"东北群狄"部族名称的结果，是一个缺乏史实支撑的虚幻概念。"契丹与这些部族之间的地望远近和血缘亲疏，目前还是一个未知数。"[④] 上述质疑可谓切中肯綮，然言语之间似仍存犹疑。现在我们已经确定，《营卫志·部族上》的整体架构全出元朝史官之手，其中每段记载的标目自系元人所题，所谓"古八部"纯粹是其基于《魏书·契丹

----

　　① 具体文字问题参见《辽史》点校本修订本卷三二校勘记八至十一，第432—433页。

　　② 详参蔡美彪：《契丹的部落组织和国家的产生》，收入氏著《辽金元史考索》，中华书局，2012年，第22—23页；孙进己：《辽以前契丹族的发展》，见穆鸿利等主编《辽金史论集》第7辑，中州古籍出版社，1996年；李桂芝：《关于契丹古八部之我见》，《中央民族学院学报》1992年第1期等。

　　③ 小川裕人：《魏初に於ける契丹勿吉間の諸部族について》，《史林》23卷1号，1938年，第141—143页。

　　④ 田广林：《契丹古八部质疑》，《社会科学战线》2008年第11期，第112—117页。

传》的错误文本而提出的臆说，悬之为鹄以循名责实，恐怕只能越走越远。

　　如果完全抛却元人叙述框架造成的先入之见，回到《魏书·契丹传》原本的语境，很容易看出所谓"东北群狄"并非契丹集团内部的部落组织，而是当时与契丹一同朝觐北魏的政治体，其性质与契丹无异。有关此次朝觐的原始记录见于《魏书·显祖纪》皇兴二年（468）四月："高丽、库莫奚、契丹、具伏弗、郁羽陵、日连、匹黎尔、叱六手、悉万丹、阿大何、羽真侯、于阗、波斯国各遣使朝献。"① 这条记载最初应该出自北魏官方的朝贡记录，并未经过太多润色，后经由北魏国史进入魏收《魏书》本纪。从中一目了然，当时契丹与其他诸部一样，都只是众多东北政治体中的一员。与此相关的记载尚见于皇兴元年二月"高丽、库莫奚、具弗伏、郁羽陵、日连、匹黎尔、于阗诸国各遣使朝贡"，② 皇兴二年十二月"悉万丹等十余国各遣使朝贡"，③ 其中提到具弗伏、郁羽陵、日连、匹黎尔、悉万丹五国，而无契丹，可见当时诸国彼此独立，各自与北魏通使，并不存在相互隶属关系。同书《勿吉传》可以为此提供更有力的论据，该传云："其傍有大莫卢国、覆钟国、莫多回国、库娄国、素和国、具弗伏国、匹黎尔国、拔大何国、郁羽陵国、库伏真国、鲁娄国、羽真侯国。"④ 知勿吉与具弗伏、匹黎尔、拔大何、郁羽陵诸国相邻，而同传上文称该国"去洛五千里"，从和龙北二百里之善玉山北行五十三日方至其国，而同一时期契丹最远仅去和龙以北数百里，且曾有南迁之举，则其与勿吉相去悬远，绝无毗邻之理。《勿吉传》记载其国使臣朝觐北魏几经辗转，水陆交替，最终"从契丹西界达和龙"，⑤ 正是这一距离及相对位置的体现。由此可知，

---

① 《魏书》卷六《显祖纪》，中华书局，2017 年，第 155 页。

② 同上书，第 154 页。

③ 同上书，第 155 页。

④ 《魏书》卷一〇〇《勿吉传》，第 2405 页。

⑤ 同上书，第 2405 页。

契丹与具弗伏、匹黎尔、拔大何、郁羽陵等国在地理空间上亦有明显区别，断不可将之混同，更不宜强加关联。

与《显祖纪》这样具有直接、独立史料来源的编年记事不同，《魏书·契丹传》则是史官再次加工的产物。如前所述，北魏孝文帝时期李彪所著纪传体《国史》已设立四夷传，其中契丹传正是李氏依托原本编年材料中的朝贡、赏赐记录，佐以"群类化叙述"的策略编排而成。我们自然有理由怀疑，李彪根据旧有实录中的原始记载编写《契丹传》时，将原本的"匹黎尔"误断为二，并分别著一"部"字，以七为八，后为魏收《魏书》所承袭，千年之后引发了元末史官的联想。所谓"东北群狄"云云是李彪对原始材料中的朝贡诸夷加以概括的结果，它们与契丹的关系是契丹先行归附，归言中原上国之美，于是其余群狄皆归心向化，这样的因果联系很大程度上只能看作李氏为突显北魏正统性而进行的一种建构。不过即便在这样的历史叙述中，我们仍然很难看到契丹与其他政治体间存在互相统属或联盟等关系的痕迹。

结合相关记载可以看出，由于原本拥有区域性霸权的宇文、慕容等部骤然崩解，十六国末期至北魏前期，东北地区涌现出众多新兴的政治体，一度呈现出诸国林立的局面，《魏书·契丹传》所谓诸夷朝贡的景象即由此而来。但这种局面并未维持太久，随着高丽、库莫奚、契丹等政治集团在博弈中逐渐胜出，其余弱小者被吞并、瓜分，其名号遂在中原文献中隐而不彰，这正是"东北群狄"在后来鲜见于记载的原因。至于唐初所设契丹十州中有"羽陵""日连""万丹""匹黎"四名，[①] 与皇兴年间向北魏遣使的"郁羽陵""日连""悉万丹""匹黎尔"四国有所重合，似乎表明此四者在后来为契丹所并（亦不排除唐人根据古传所载为新附诸州命名的可能），但其余诸国却未见与契丹有任何瓜葛，或早已归入其他集团。

---

① 《册府元龟》卷九七七《外臣部·降附》，影印明刻本，中华书局，1960 年，第 11480 页；《唐会要》卷七三《营州都督府》同。

综上所述，《魏书·契丹传》所记"东北群狄"与契丹性质相同，彼此间并不存在统属关系，更没有证据表明契丹在北魏时期已经形成部落联盟，"古八部"之说纯属无稽之谈。那么，元朝史官为何会产生契丹最初当有八部的观念，又为何会将与契丹本无关联的东北群狄视作其内部组织呢？

透过前引关于"古八部"的解说文字，我们可以看出问题的症结所在。元人应该是在辽朝官修史书《皇朝实录》关于契丹起源的记载中发现了奇首可汗八子衍生为八部的传说，而中原正史关于契丹的最早记载《魏书·契丹传》又恰好将"东北群狄"原本七个政治体名称误记为八，史官就此认为辽朝文献系统所记始祖传说可与中原文献系统所记契丹初期发展史相互印证，这才将两者进行了杂糅和对接，横生出子虚乌有的"古八部"。然而，这显然只是一种想当然的牵强附会，内在逻辑是将契丹看作一个一元线性、稳定不变的血缘群体。如本书下篇第一章所示，辽朝官方历史叙述的上限仅至唐开元年间，对于此前的历史则全无记忆，奇首可汗生八子而衍生为八部反映的应该是开元以后契丹的发展状况，与中原文献所记契丹的早期发展史存在着系统性的差异，未可贸然合并、勘同。从这个意义上讲，元人将之与北魏时期契丹相联系的逻辑基础就不存在，其所炮制的"古八部""奇首八部"这样的叙述无异于关公战秦琼。

二、隋契丹十部

表2.2 《辽史·营卫志》"隋契丹十部"史源表

原文	史料来源
元魏末，莫弗贺勿于畏高丽、蠕蠕侵逼，率车三千乘、众万口内附，乃去奇首可汗故壤，居白狼水东。	《魏书·契丹传》：太和三年，高句丽窃与蠕蠕谋，欲取地豆于以分之。契丹惧其侵轶，其莫弗贺勿于率其部落车三千乘、众万余口，驱徙杂畜，求入内附，止于白狼水东。

（续表）

原文	史料来源
北齐文宣帝自平州三道来侵，虏男女十余万口，分置诸州。	《北史·契丹传》：天保四年九月，契丹犯塞。文宣帝亲戎北讨，至平州，遂西趣长堑，诏司徒潘相乐帅精骑五千，自东道趣青山；复诏安德王韩轨帅精骑四千东趣，断契丹走路……虏十余万口，杂畜数十万头。相乐又于青山大破契丹别部，所虏生口，皆分置诸州。
又为突厥所逼，以万家寄处高丽境内。隋开皇四年，诸莫弗贺悉众款塞，听居白狼故地。又别部寄处高丽者曰出伏等，率众内附，诏置独奚那颉之北。又别部臣附突厥者四千余户来降，诏给粮遣还，固辞不去。部落渐众，徙逐水草，<u>依纥臣水而居</u>。在辽西正北二百里，其地东西亘五百里，南北三百里。分为十部，<u>逸其名</u>。	《隋书·契丹传》：其后为突厥所逼，又以万家寄于高丽。开皇四年，率诸莫贺弗来谒。五年，悉其众款塞，高祖纳之，听居其故地……其后契丹别部出伏等背高丽，率众内附，高祖纳之，安置于渴奚那颉之北。开皇末，其别部四千余家背突厥来降……敕突厥抚纳之，固辞不去。部落渐众，遂北徙逐水草，当辽西正北二百里，依托纥臣水而居。东西亘五百里，南北三百里，分为十部。

　　傅乐焕已指出，此条乃合《魏书》《北史》《隋书》三史《契丹传》而成。兹结合其考证成果，进一步分析如下。

　　表中左栏四处划线部分乃《辽史》与诸史主要的不同之处，第一处"元魏末"《魏书》原作"太和三年"（479），当孝文帝前期，距北魏末年尚远，元人抄取时疏忽致误。第二处"乃去奇首可汗故壤"，显为元人承接"古八部"条所加，类似的表达在《营卫志》部族门总序中作"奇首八部为高丽、蠕蠕所侵，仅以万口附于元魏"[1]，其实在南迁白狼水之前，契丹的活动范围集中于和龙东北数

---

[1] 《辽史》卷三二《营卫志中》，第426页。

百里，地近高丽，与潢、土二河之间的所谓"奇首可汗故壤"毫无关联，元人的这一强行对接同样属于时空错置的附会，可见这样杂糅不同文献系统所造成的错误具有系统性。第三处"依纥臣水而居"，在《隋书》中作"依托纥臣水"，托纥臣水又名吐护真水，即土河（今老哈河），《辽史》所记脱一"托"字。值得一提的是，本卷上文《部族志序》及本书《兵卫志序》《世表》诸文提及该地名时亦脱此字，[①] 似表明当出于同一文本来源，即元人修史时所依据的《隋书》文本已有夺文。第四处文末"逸其名"，正如傅乐焕所言，盖因《隋书》失载十部之名，元人无从抄袭，遂以此三字了事。

除了文本方面的问题，需要注意的还有契丹十部联盟的形成时间。根据《隋书》的记载，契丹在北朝后期至隋中前期，在中原政权、高丽、柔然、突厥诸政治体间折冲往复，历经分合，其"部落渐众，遂北徙逐水草，当辽西正北二百里，依托纥臣水而居"是在隋文帝开皇末年以后，具体时间暂难考确。如本书上篇第一章第二节所述，唐初修《隋书》所面对的原始材料皆无四夷传，今本《隋书·契丹传》乃唐初史臣所新作，内容当根据当时搜访所得零散材料编排而成，[②] 故其中有关契丹十部的记载可能反映的只是隋末甚至唐初的情况。《隋书》始撰于贞观三年（629），至十年成书，此时下距贞观二十二年窟哥降唐仅十余年，修史所访得的契丹分部情况或已与窟哥时期相去不远。因而，元朝史官以十部概括隋代契丹的总体发展状况，恐怕并不合适。

---

① 《辽史》卷三二《营卫志中》，第 426 页；卷三四《兵卫志上》，第 449 页；卷六三《世表》，第 1054 页。

② 王方庆《魏郑公谏录》卷四"对隋大业起居注"（《丛书集成初编》本，中华书局，1985 年，第 38—39 页）云："太宗问侍臣隋《大业起居注》今有在者否，公对曰：'在者极少。'太宗曰：'起居注既无，何因今得成史？'公对曰：'隋家旧史，遗落甚多，比其撰录，皆是采访，或是其子孙自通家传参校，三人所传者，从二人为实。'"这段材料很能反映唐初史臣所面对的材料状况。

三、唐大贺氏八部

表 2.3　《辽史·营卫志》"唐大贺氏八部"条史源表

《辽史·营卫志》	《新唐书·契丹传》
唐大贺氏八部	其君大贺氏，有胜兵四万，析八部
达稽部，峭落州。纥便部，弹汗州。独活部，无逢州。芬问部，羽陵州。突便部，日连州。芮奚部，徒河州。坠斤部，万丹州。伏部，州二：匹黎、赤山。	大酋辱纥主曲据又率众归，即其部为玄州，拜曲据刺史，隶营州都督府。未几，窟哥举部内属，乃置松漠都督府，以窟哥为使持节十州诸军事、松漠都督，封无极男，赐氏李。以达稽部为峭落州，纥便部为弹汗州，独活部为无逢州，芬问部为羽陵州，突便部为日连州，芮奚部为徒河州，坠斤部为万丹州，伏部为匹黎、赤山二州，俱隶松漠府。
<u>唐太宗置玄州，以契丹大帅据曲为刺史。又置松漠都督府，以窟哥为都督，分八部，并玄州为十州。则十部在其中矣。</u>	

　　傅乐焕已指出，此段乃摘取《新唐书·契丹传》而成，这里需要重点探讨的是其中所谓的"八部"问题。表中左栏划线部分为元朝史官所加，即谓唐太宗朝契丹归附时共有八部九州，加上先前归附唐朝的玄州，一共是十州，即所谓窟哥持节十州之意，并称隋朝的十部即散在这八部十州之中。然而，此种说法有乖于史实。

　　首先正如蔡美彪所指出，玄州与窟哥"持节十州"无关。[①] 据《资治通鉴》记载，曲据率所部归唐在贞观二十二年四月，[②] 早于窟哥半年，唐因此置玄州，隶营州都督府。此玄州从设置到隶属，与之前的契丹羁縻州如威州、昌州、师州、带州并无二致，是自唐初武德以来为陆续单独、零散归唐的契丹部落所设。而至窟哥时，率领契丹主体全部归附，唐朝因设松漠都督，统领十州，与此前零散

---

① 蔡美彪：《契丹的部落组织和国家的产生》，第30页。
② 《资治通鉴》卷一九九《唐纪十五》，中华书局，1956年，第6256页。

归唐者完全是两套管理系统。元人以窟哥所率契丹共有八部九州，不合十州之数，遂以玄州充数，实属强作解人。

接着来看所谓"持节十州"的原义及当时契丹分部的实际情况。现存关于窟哥归附的最原始记载见《唐会要》："贞观二十二年十一月二十三日，契丹酋长窟哥、奚帅可度者并率其部内属。以契丹部为松漠都督，拜窟哥为持节十州诸军事、松漠都督。又<u>以其别帅</u>达稽部置峭落州，纥便部置弹汗州，独活部置无逢州，芬问部置羽陵州，突便部置日莲州，芮奚部置徒河州，坠斤部置万丹州，出伏部置匹黎、赤山二州，各以其酋长辱纥主为刺史，俱隶松漠焉。"① 这段文字亦见于《册府元龟》，② 惟略去具体日期，首句"契丹酋长"作"契丹帅"。从日期的确切记录看，这段文字最初的源头当为《唐太宗实录》。对于同一史事，《旧唐书·契丹传》仅称："二十二年，窟哥等部咸请内属，乃置松漠都督府，以窟哥为左领军将军兼松漠都督府、无极县男，赐姓李氏。"③ 而未及分部置州之事。对比此二段与上表所引《新唐书》相关文字可知，后者乃是将《唐会要》《旧唐书》合并的结果。需要注意的是，《新唐书》删去了至关重要的"其别帅"三字，导致文义发生了巨大变化。在《唐会要》的语境中，"达稽""纥便""独活"等并非契丹部落的名称，而应理解为窟哥以外其他契丹诸部首领的名称，所谓"达稽部"即指达稽所带领的部落，其余七者亦同。八个首领中有名曰"伏"者，其所部被分置两州，故八部分置九州，而窟哥所部不在其列，另设松漠都督府。如此九部十州，才是贞观二十二年末契丹主力归唐时的真实面貌。

其实，上述理解可以在其他类似情况中得到佐证。如贞观二十

---

① 《唐会要》卷七三"营州都督府"，上海古籍出版社，2006 年，第 1564 页。

② 《册府元龟》卷九七七《外臣部·降附》，第 11480 页。

③ 《旧唐书》卷一九九《契丹传》，中华书局，1975 年，第 5350 页。

二年十一月与契丹同时归唐的奚，《唐会要》引《实录》云："以奚部置饶乐都督府，拜可度者为持节六州诸军事、饶乐都督，又以别帅阿会部置弱水州、处和部置祁黎州、奥失部置雊瓓州、度稽部置太鲁州、元俟析部置渴野州，亦各以其酋长、辱纥主为刺史，俱隶于饶乐焉。"① 与上引有关契丹的叙述口吻完全一致，时奚当共有六部，所谓"持节六州"即指弱水等五州加饶乐都督府。再如罽宾国，显庆三年"改其城为修鲜都督府，龙朔初，授其王修鲜等十一州诸军事兼修鲜都督"。② "国王居遏纥城，置修鲜都督府。罗曼城置毗舍州，贱那城置阴米州，和蓝城置波路州，遗恨城置龙池州，塞奔弥罗城置乌戈州，滥犍城置罗罗州，半掣城置檀特州，勃迸城置乌利州，鹡换城置漠州，布路犍城置悬度州。"③ 又如月氏都督府"于吐火罗国所治遏换城置，以其王叶护领之，于其部内分置二十四州，都督统之"，④ "龙朔元年，授乌泾波使持节月氏等二十五州诸军事、月氏都督"。⑤ 由此可见，唐在周边政权所设都督府，皆于所领诸州之外别有治所，本节所论窟哥部独立于八部之外另设松漠都督府正是这一原则的体现。

　　总之，即便只考虑贞观二十二年末降唐的契丹主力，已不止八部，而是至少九部。如果再考虑此前陆续归唐的几个零散部落，情况会更为复杂。窟哥降唐，史料仅记九部首领之名而非部落之名，我们无法获悉其与此前降唐诸部的关系，其中异同分合暂难确考，因而也不能确定《隋书·契丹传》所记隋末唐初契丹有十部的情况至贞观末年究竟发生了怎样的变化。新近刊布的贞观十四年《李范

---

① 《唐会要》卷七三"营州都督府"，第1564页。
② 《旧唐书》卷一九八《罽宾传》，第5309页。
③ 《唐会要》卷七三"安西都护府"，第1569页。
④ 《旧唐书》卷四〇《地理志三》，第1649页。
⑤ 《唐会要》卷九九"吐火罗国"，第2103页。

墓志》称墓主为贞观初年降唐之契丹君长摩会之子，留唐廷为质，其先祖世为契丹首领，自北齐时即为"八部落大蕃长"，至摩会时以"武德元年授本部八蕃君长"。① 此志所记当源出摩会一脉的家族记忆，有别于贞观十年官修《隋书》中的十部，不同叙述系统的差异反映出当时契丹权力结构的复杂情况。同时，志文显示贞观七年摩会去世后，唐留其子不返，致使该家族汗权衰落，② 窟哥方得以崛起，其间契丹最高权力归属发生剧变，部族结构当亦有相应调整，故有贞观二十二年九部十州之分，可见八部尚未成为当时唐廷关于契丹分部的固定认知。

从现有史料看，唐代官方文献出现关于契丹组织结构为八部的明确说法已晚至开元年间。据《旧唐书·契丹传》载，开元四年（716）契丹首领李失活归降，复置松漠都督府，"其所统八部落，各因旧帅拜为刺史"，③《册府元龟》中保留了开元十二年三月赐奚及契丹敕书，其中有云："契丹有八部落，宜赐物五万段。"④ 开元初年李失活降唐，是契丹自万岁通天元年（696）反唐之后的重新归附，其间历经李尽忠、孙万荣之败，契丹的部落结构应该发生了较大的变化，至此方重新整合为八部。现存关于所谓大贺氏有八部的记载（如《旧唐书》《唐会要》）的最初史源当为开元年间韦述所著《国史·契丹传》，八部之说或许就是根据当时的即时信息产生的。

---

① 拓片及录文见陕西省考古研究院编：《陕西省考古研究院新入藏墓志》，上海古籍出版社，2019年，第19、237—238页。

② 按《李范墓志》之家族史叙述未可尽信，如称自北齐至唐初契丹"蕃长"始终归属摩会一系，与中原官方文献所记多有龃龉，据《旧唐书》载，武德六年遣使贡献的契丹君长名为咄罗，并非摩会。此类差异不宜简单视作非此即彼的正误关系，而应从不同文献系统背后历史记忆的生成衍化过程中求得通解。

③ 《旧唐书》卷一九九《契丹传》，第5351页。系年原误作三年，据《册府元龟》卷九六四《外臣部·封册二》所载四年八月制书（第11342—11343页）及《新唐书·契丹传》改。

④ 《册府元龟》卷九七五《外臣部·褒异二》，第11449页。

只不过，由于唐朝《国史》系统将此一时之信息列入史传开首的总述性文字，遂被作为有唐一代契丹的常态，而对后世产生了误导。

四、遥辇氏八部

表 2.4　《辽史·营卫志》"遥辇氏八部"条文本对照表

《辽史·营卫志》	史源或参照文本
旦利皆部。乙室活部。实活部。纳尾部。频没部。纳会鸡部。集解部。奚嗢部。	《新五代史·四夷附录第一》：其部族之大者曰大贺氏，后分为八族。其一曰但皆利部，二曰乙室活部，三曰实活部，四曰纳尾部，五曰频没部，六曰内会鸡部，七曰集解部，八曰奚嗢部。
当唐开元、天宝间，大贺氏既微，辽始祖涅里立迪辇祖里为阻午可汗。时契丹因万荣之败，部落凋散，即故有族众分为八部。涅里所统迭刺部自为别部，不与其列。并遥辇、迭刺亦十部也。	《辽史·世表》：隋、唐之际，契丹之君号大贺氏。武后遣将击溃其众，大贺氏微，别部长过折代之。过折寻灭，迭刺部长涅里立迪辇组里为阻午可汗，更号遥辇氏。

傅乐焕指出此条乃据《新五代史》及旧史所记涅里立阻午之事拼合而成，并认为"涅里所统迭刺部自为别部，不与其列，并遥辇、迭刺亦十部也"云云乃元朝史官强作解人，一误再误。当属确论。然傅氏认为"时契丹因万荣之败，部落凋散"乃取自《新唐书》，并大段征引以明其源。实际上，此处元人自相矛盾，上文称"当唐开元、天宝间"，下文又称"时契丹因万荣之败，部落凋散"，万荣之败在武后神功元年，距开天之际四十余载，"万荣"当为"可突于"之误。按此误正与其所据史源有关。检《新唐书·契丹传》上下文，孙万荣之乱后称"契丹不能立，遂附突厥"，这无疑是契丹部族受到重创的显要节点，给元朝史官留下深刻印象，而至可突于作乱时，该书仅记契丹与唐朝征战而没有具体描述部族之凋零。尽管我们通过史实考证可以明悉后者曾给契丹部族带来沉重打击，直接

导致了契丹部族结构的重组以及最高权力的更迭（说详后文），但这些知识是仅仅面对《新唐书》的元朝史官所不可能知晓的。质言之，此处张冠李戴并非简单的无心之误，而反映了编纂者当时的认识。

更为严重的问题在于，所谓遥辇氏八部实与遥辇时代无关。如表所示，《营卫志》所谓遥辇氏八部之名抄自《新五代史》，更早的相关记载又见于苏逢吉《后汉高祖实录》及王溥《五代会要》，两者文字并无本质差别，欧公所记当出于此。《资治通鉴考异》引《后汉高祖实录》云："契丹本姓大贺氏，后分八族。一曰（旦）利皆部，二曰乙室活部，三曰实活部，四曰纳尾部，五曰频没部，六曰内会鸡部，七曰集解部，八曰奚嗢部。管县四十一，县有令。八族之长皆号大人，称刺史，常推一人为王，建旗鼓以尊之，每三年第其名以相代。"① 该书成于乾祐二年（949），是现存文献中关于此八部名的最早记录。而《五代会要》则更为详细："其族本姓大贺氏，后分为八族。一曰（旦）利皆部，二曰乙室活部，三曰实活部，四曰纳尾部，五曰频没部，六曰内会鸡部，七曰集解部，八曰奚嗢部。管县四十一，每部有刺史，每县有令。<u>酋长号契丹王，唐制兼松漠府都督，幽州置松漠府长史一人监之。其后诸姓不常。唐会昌中幽州节度使张仲武表其王屈成请赐印篆为'奉国契丹'之印，朝廷从之。</u>其八族长皆号大人，称刺史，内推一人为王，建旗鼓以尊之，每三年第其名以代之。"② 对比二者可知，《五代会要》当出自《后汉高祖实录》或与其同源，而多出的划线部分当系《资治通鉴考异》引用时有所删节，也就是说，《五代会要》之引文可能当更接近《后汉高祖实录》（或其史源）的原貌。

李桂芝率先指出，"旦利皆"等八部并非遥辇氏八部，而应为李

---

① 《资治通鉴》卷二六六《后梁纪一》开平元年五月《考异》引，第8677页。文字据《五代会要》校正。

② 王溥：《五代会要》卷二九《契丹》，上海古籍出版社，2006年，第455页。

失活重整后形成的"大贺氏联盟后期的八部",惜未举出过硬的证据。[①] 吉本道雅则注意到,《五代会要》引文中以刺史、县令指称契丹各级首领与《册府元龟》所载开元、天宝时期唐朝官方文献中的用法一致,[②] 并指出天宝十四载安史之乱爆发以后松漠都督府即已被废,此后唐廷再未对契丹君长授以官职,以后朝贡之人仅称"大首领"而非刺史、县令。进而据此判断,《后汉高祖实录》实际上是将开元、天宝年间契丹八部之名误认为辽朝建国以前的八部。[③] 上述观察颇具洞见,在此基础上,还可稍做补充和修正。

其一,唐朝获得八部名称的信息,很可能是开元四年李失活来降,封八部首领为刺史之时。据《旧唐书》载失活"所统八部落,各因旧帅拜为刺史,又以将军薛泰督军以镇抚之",[④] 八部之名当于此时为唐朝所知,这也是契丹的部落组织之名目首次系统性地进入中原文献系统。

其二,上述契丹八部结构与名称的时间下限应该在开元后期可突于之乱前,并未下延至天宝年间。开元十九年可突于率契丹反唐,二十年唐廷远征契丹至潢水上游,当时参与平叛的唐朝将领有墓志流传至今,如《麻令升墓志》曰:"先□□□此,宣慰使卢从愿奏,开元世□□内巡□乌知义河北间,破契丹□□□□□可突于等三

---

① 李桂芝:《契丹大贺氏遥辇氏联盟的部落组织——〈辽史·营卫志〉考辩》,《庆祝王钟翰先生八十寿辰学术论文集》,辽宁大学出版社,1993年,第400页。
② 《册府元龟》(卷九七五《外臣部·褒异二》,第11449页)载开元十二年三月敕:"契丹有八部落,宜赐物五万段,其中取四万段先给征行游奕兵士及百姓,余一万段与燕公主、松漠王衙官、刺史、县令。"又记开元十四年七月(第11450页)"癸卯,契丹部落刺史出利、县令苏固多等来朝,授出利将军,固多郎将,并放还蕃"。天宝二年正月丁卯,"契丹刺史匐从之等一百二十人、奚刺史达利胡等一百八十人并来朝册勋,皆授中郎将"(第11457页)。
③ 吉本道雅:《辽史世表疏證》,收入爱新觉罗·乌拉熙春、吉本道雅《新出契丹史料の研究》,松香堂,2012年,第15—17页。
④ 《旧唐书》卷一九九《契丹传》,第5351页。

部落，銜帐□□格酬勋，名成上柱国。"[1]　《刘思贤墓志》亦云："（开元）廿载，奉使与平卢等军截黄河而东注，凌黑山而北走，大破契丹三部落。"[2] 可知在此次大战中，唐军摧毁了契丹八部中的三部，此后契丹的部落结构发生了较大变化，对以后的契丹历史影响深远。

其三，开元二十二年冬张九龄《敕契丹王据埒、可突干等书》抬头称"敕契丹王据埒及衙官可突干、蜀活刺史郁捷等"，[3] 此"蜀活"当即《后汉高祖实录》所记乙室活部，此可为后者所记乃开元间部族添一佐证。

综上所述，《营卫志》所谓遥辇八部实际上是开元前后契丹的部落组织，至可突干之乱时遭到破坏，而与后来遥辇时代之八部相去甚远。真正的遥辇八部应该是《营卫志下》所载迭剌、乙室、品、楮特、乌隗、突吕不、涅剌、突举，容下文详论。

五、遥辇阻午可汗二十部

> 耶律七部。审密五部。八部。涅里相阻午可汗，分三耶律为七，二审密为五，并前八部为二十部。三耶律：一曰大贺，二曰遥辇，三曰世里，即皇族也。二审密：一曰乙室己，二曰拔里，即国舅也。其分部皆未详；可知者曰迭剌，曰乙室，曰品，曰楮特，曰乌隗，曰突吕不，曰捏剌，曰突举，又有右大部、左大部，凡十，逸其二。大贺、遥辇析为六，而世里合为一，兹所以迭剌部终遥辇之世，强不可制云。

这段文字可以说是《营卫志》部族部分最为混乱的记载，故长期以来争议颇多。元朝史官在上一条"遥辇氏八部"中称"辽始祖涅里立迪辇祖里为阻午可汗"时，"部落凋散，即故有族众分为八

① 吴钢主编：《全唐文补遗》第7辑，三秦出版社，2000年，第90页。

② 胡戟、荣新江主编：《大唐西市博物馆藏墓志》，北京大学出版社，2012年，第553页。

③ 张九龄著，熊飞校注：《张九龄集校注》卷八，中华书局，2008年，第550页。

部"，则谓涅里立阻午可汗后将契丹分为八部；而此条又称同一时期"分三耶律为七，二审密为五"，加上前面提到的所谓"遥辇八部"共有二十部。可谓叠床架屋，自相矛盾。研究者除少数完全遵信所谓二十部的说法并设法为之弥缝外，大部分都对此持怀疑态度。如前揭傅乐焕文认为阻午可汗所辖应只十二部而非二十部，遥辇八部应即在耶律审密十二部之中；李桂芝认为阻午可汗二十部并不存在，遥辇时代联盟始终为八部；[①] 日本学者爱宕松男则指出所谓阻午可汗二十部应该是阿保机建国后太祖二十部向过去的投影。[②] 近年来肖爱民在综合前人观点的基础上，将这一问题的研究向前推进了一大步，他明确指出耶律、审密这样的称谓都是辽朝建立以后才出现的，所谓"三耶律为七，二审密为五"实际上是元朝的修史者把辽朝分皇族为七个族帐、分后族为五个帐族的事情误置于遥辇阻午可汗时，所谓阻午二十部确为子虚乌有，乃元人杜撰。[③] 肖氏此论基本上在史实层面澄清了这一问题，但是从史料源流、知识生成的角度看仍有未安之处。"阻午可汗二十部"之误说缘何产生？是元朝史官凭空杜撰，还是其来有自？

今本《辽史·兵卫志序》云："至唐，大贺氏胜兵四万三千人，分为八部。大贺氏中衰，仅存五部。有耶律雅里者，分五部为八，立二府以总之，析三耶律氏为七，二审密氏为五，凡二十部。刻木为契，政令大行。逊不有国，乃立遥辇氏代大贺氏，兵力益振，即

---

① 李桂芝：《契丹大贺氏遥辇氏联盟的部落组织——〈辽史·营卫志〉考辩》，第405页。

② 爱宕松男：《契丹古代史の研究》，東洋史研究会，1959年，此据邢复礼中译本，内蒙古人民出版社，2014年，第52、172页。

③ 参肖爱民：《"分三耶律为七，二审密为五"辨析——契丹遥辇氏阻午可汗二十部研究之二》，《内蒙古社会科学》2005年第2期，第12—15页；《辽朝大贺氏考辨——契丹遥辇氏阻午可汗二十部研究之四》，《内蒙古师范大学学报（哲学社会科学版）》2005年第4期，第116—119页。

太祖六世祖也。"①《辽史·兵卫志》乃元朝史官对陈大任《辽史·兵志》进行拆分、大量填充的结果，其序文有采自陈氏旧志序文者，亦有据中原文献及旧史本纪补充者。上引一段自"有耶律雅里者，分五部为八"以下至"即太祖六世祖也"，多不见于中原文献，当本陈志旧序原文。② 换句话说，金人陈大任《辽史·兵志序》中很可能已经出现了"分三耶律为七，二审密为五"及阻午可汗时有二十部的说法，这应该正是元人纂修《营卫志·部族上》"遥辇阻午可汗二十部"一条时的资料来源。

诚如李桂芝所言，陈氏《兵志序》旧文所谓雅里"分五部为八"所对应的实际历史背景，应该是《营卫志·部族下》所记将迭剌、品、楮特、乌隗、突吕不五部分为迭剌、乙室、品、楮特、乌隗、涅剌、突举、突吕不八部的过程。③ 唯该序原本恐并未明言"分五部为八"之所指，致使负责纂修《营卫志·部族上》的元朝史官在抄撮时未解其义，只好在前一条模糊记作"部落凋散，即故有族众分为八部"，误以《新五代史》所见八部（即元人前文所谓遥辇八部）当之。

至于"分三耶律为七，二审密为五"，确当为辽朝建国后分析皇族后族之概括。这一说法最初应见于更为原始的辽朝史料，只是在金人编纂《辽史》时误将其混入遥辇阻午可汗时代雅里拆分部族的过程之中，但又同样未明所指。至元人修史时，更不知其奥义，竟以"一曰大贺，二曰遥辇，三曰世里，即皇族也"附会"三耶律"，纯属臆解；④ 为充"七"加"五"之总数，史官搜罗《营卫志·部族下》所见迭剌、乙室等八部（史源为《皇朝实录·部族志》），又

---

① 《辽史》卷三四《兵卫志上》，第449页。
② 参见《〈辽史〉探源》，第171—183页。
③ 《辽史》卷三三《营卫志下》，第436—439页。
④ 类似的解释尚见于《世表序》："至耨里思之孙曰阿保机，功业勃兴，号世里氏，是为辽太祖。于是世里氏与大贺、遥辇号'三耶律'。"显亦出自元人之手。

据志、传所见之右大部附会出左大部，① 仅得十部，终无法凑足，只能以"逸其二"草草收场。

综上，所谓"阻午可汗二十部"之误说当肇端于金人陈大任《辽史》，唯其原本并未交代诸部之具体所指，元人在因袭旧文时只能"循名责实"，强作解人：既据《新五代史》而作"遥辇八部"条，又杂糅其与《皇朝实录》所见迭剌、乙室等八部之名以凑成"二十部"之数，终致捉襟见肘、破绽百出。

本节的考证可从反、正两方面稍加总结：

其一，元修《辽史·营卫志·部族上》所谓"古八部—隋十部—唐大贺氏八部—遥辇八部—遥辇阻午可汗二十部"的契丹早期史叙述，几乎每一部分都与史实存在巨大抵牾。"古八部"纯属子虚，奇首可汗亦与北魏契丹无关；"十部"并非隋代契丹常态，末年方成之情况难称一代之制；唐代君长不姓大贺氏，前期亦非固定为八部；"遥辇八部"实与遥辇无关；阻午二十部更系无稽之谈。

其二，契丹部族发展的基本脉络是：北魏时期契丹只是朝贡中原的诸国之一，与所谓"东北群狄"性质相同，尚无形成部落联盟之迹象。隋末唐初，首次出现十部之制，具体分部未详；至贞观二十二年主力为九部十州，即《唐会要》《册府元龟》所载之窟哥等部；历经李尽忠之败，至开元初年前后整合为八部，即《后汉高祖实录》所见旦利皆等部；可突于与唐交战时期，契丹遭遇重创，被摧毁三部，仅存五部，阻午可汗进行部落重组，分五部为八，即《辽史·营卫志下》所载迭剌、乙室等部，直至阿保机建国之前，再无变化。

通过对《营卫志·部族》进行逐条批判、考源辨误，我们发现元人所重构的契丹早期史几乎每一条都经不起推敲，根本无法反映

---

① 《辽史》卷三七《地理志一》"上京道·仪坤州"条（第505页）、卷七一《淳钦皇后传》（第1319页）皆称述律氏原居地为右大部，而未见有左大部之称。傅乐焕已指出后者乃据前者推测所得，非别有依据。

历史发展的实态，更与辽朝自身的历史叙述相去甚远。从中可以看出，金人陈大任《辽史》即已对契丹早期史叙述有过零星的建构，至元人修史时则更将其推向细化、深化、系统化，最终形成了我们今天所看到的模样。

第三节　元修《辽史》契丹早期史观解构

以上两节从史源学的角度探讨了《营卫志·部族上》的文本性质与存在的错谬，与此相类，《辽史》中另有一篇专门记载契丹早期历史的文献名曰《世表》，以朝代为序，缕叙契丹建国以前与中原王朝和战之事，亦为元人抄撮杂糅敷衍而成，此点已为学界所知。[①] 不过既有研究主要着眼于具体条目的比对与溯源，而没有过多关注在此之外的编纂因素，亦未遑对其中可能隐含的整体叙述框架加以反思。事实上，元朝史官将不同文献系统的材料榫接拼合在一起，本身就是对契丹早期史的重构，与其将《辽史》所记看作史料的集合，毋宁视之为史官对这段历史的理解、一种后世的契丹史观。本节即拟从叙述更为连贯整全的《世表》入手，兼与《营卫志·部族上》比较，提炼此种史观中若干关键榫卯之处，逐一加以拆解。

一、契丹与宇文

元修《辽史》认定契丹与宇文鲜卑存在密切的亲缘关系，进而将北周宇文氏所宣称之先世视为契丹祖源，构成了书中最为绵长邈远的族群发展谱系。《世表序》云："庖牺氏降，炎帝氏、黄帝氏子孙众多……考之宇文周之书，辽本炎帝之后，而耶律俨称辽为轩辕后。俨志晚出，盍从《周书》。盖炎帝之裔曰葛乌菟者，世雄朔陲，

---

① 杨家骆：《辽史世表长笺》，中国文化学院中国学术史研究所，1965 年；王吉林：《辽史世表探源》，《大陆杂志》33 卷 5 期，1966 年；吉本道雅：《辽史世表疏证》，第 1—38 页。

后为冒顿可汗所袭，保鲜卑山以居，号鲜卑氏。既而慕容燕破之，析其部曰宇文，曰库莫奚，曰契丹。契丹之名，昉见于此。"① 所谓"耶律俨称辽为轩辕后"是指辽末耶律俨奉敕所修《皇朝实录》自诩为轩辕黄帝之后，而元朝史官则根据《周书》所记否定了这一说法，改为炎帝之后，《辽史·太祖纪赞》称"辽之先，出自炎帝"，②当亦出元人之手。"炎帝之裔曰葛乌菟者"以下，勾勒出一幅契丹渊源图：葛乌菟为匈奴所败，创号鲜卑，后为慕容燕所破，一分为三。这一脉络在《世表》正文中有更为具体的解说："（汉）冒顿可汗以兵袭东胡，灭之。余众保鲜卑山，因号鲜卑。（魏）青龙中，部长比能稍桀骜，为幽州刺史王雄所害，散徙潢水之南，黄龙之北。（晋）鲜卑葛乌菟之后曰普回，普回有子莫那，自阴山南徙，始居辽西，九世为慕容晃所灭，鲜卑众散为宇文氏，或为库莫奚，或为契丹。"③ 其中"汉""魏"两栏乃照抄《新唐书·契丹传》之文，简单描述从东胡到鲜卑的衍变，自"葛乌菟之后"至"九世为慕容晃所灭"抄自《周书》开首关于宇文氏先世的解说（详见下文），末句"鲜卑众散为宇文氏，或为库莫奚，或为契丹"则为元朝史官所增，与序文相合。在此图景中，契丹与宇文被捆绑在一起，相伴相生，且上溯炎帝，构成经典的民族起源叙述。时至今日，这种叙述仍然对契丹早期史研究有着重要的影响，绝大部分学者讨论契丹族源问题都会从宇文氏讲起，将其视作宇文后裔。④ 然而，此种叙述实际上颇有可商之处。

在《辽史》成书之前，从未有文献在契丹与宇文之间建立直接

---

① 《辽史》卷六三《世表》，第1051—1052页。

② 《辽史》卷二《太祖纪下》，第26页。

③ 《辽史》卷六三《世表》，第1052—1053页。

④ 此类研究数量甚夥，兹不备举，比较新近的论说参见杨军《契丹始祖传说与契丹族源》，《首都师范大学学报（哲学社会科学版）》2014年第6期，该文将辽朝文献所记始祖奇首可汗对应于率宇文氏东迁之莫那。

联系。《魏书·契丹传》称契丹与库莫奚"异种同类",① 并未明确记载其族属,此后无论唐之《隋书》《北史》《通典》,② 抑或宋之《武经总要》《资治通鉴》,皆照抄其文,③ 未有进一步解说。更值得注意的是《魏书》之说并未得到所有后世史书的采纳,如《旧唐书》《唐会要》即仅称契丹居"鲜卑之故地",不言其种类,此二书之记载同出于唐韦述《国史·契丹传》,反映了唐代官方文献对这一问题的认识。④ 殆至五代,史籍开始对契丹族属做出明确判定,大致有三种说法。其一为鲜卑说,如《五代会要》称其为"鲜卑之种",而称奚为匈奴别种。⑤ 其二为匈奴说,如清辑本《旧五代史》称契丹为匈奴之种,未言及奚;⑥《新五代史》兼采《魏书》《五代会要》之说,称"或曰与库莫奚同类而异种","又以为鲜卑之遗种",而记奚为"匈奴之别种";⑦《宋会要辑稿》亦取匈奴说,一定程度上反映了宋朝官方文献的口径。⑧ 其三为东胡说,《新唐书》将契丹与

---

① 《魏书》卷一〇〇《契丹传》,第 2408 页。

② 《隋书》卷八四《契丹传》,第 1881—1882 页;《北史》卷九四《契丹传》,中华书局,1974 年,第 3127 页;杜佑:《通典》卷二〇〇《边防十六·契丹》,王文锦等点校,中华书局,1988 年,第 5485 页。

③ 曾公亮:《武经总要》前集卷二二《北蕃地理》,《中国兵书集成》影印明万历金陵书林唐富春刻本,解放军出版社、辽沈书社,1988 年,第 1081 页;《资治通鉴》卷一〇七《晋纪二十九》太元十三年(388)七月,第 3384 页。

④ 《旧唐书》卷一九九《契丹传》,第 5349 页;王溥:《唐会要》卷九六《契丹》,第 2033 页。

⑤ 王溥:《五代会要》卷二九《契丹》,第 455 页;卷二八《奚》,第 452 页。

⑥ 《旧五代史》卷一三七《契丹传》,中华书局,2015 年,第 2129 页。按今本《旧五代史》自《永乐大典》辑出,其中并无奚之专传,盖因《大典》收录正史列传多散入诸韵部之下,收录《旧五代史·奚传》的相应部分在清人辑佚时或已残缺。

⑦ 《新五代史》卷七二《四夷附录第一》,中华书局,2015 年,第 1002 页;卷七四《四夷附录第三》,第 1029 页。

⑧ 《宋会要辑稿》蕃夷一,中华书局影印本,1957 年,第 7673 页上栏。

奚记皆记为"东胡种",① 这是唯一将二者视为同种的史籍；南宋王称撰《东都事略》、陈均《皇朝编年纲目备要》亦称契丹为"东胡之种"。②

以上诸说纷纭，均系基于自己的理解与想象将契丹纳入某古族谱系之中，这种分类和归纳本身就是一种知识建构，在我看来，探讨其建构过程本身比纠结于契丹的所谓族源问题更有意义。这里想要强调的是，无论上述哪种说法，均未曾在契丹与宇文间建立直接联系，更没有出现用宇文的先世史充当契丹先世史的倾向。以唯一将契丹与奚视作同种的《新唐书》为例，其《契丹传》开首云："契丹，本东胡种，其先为匈奴所破，保鲜卑山。魏青龙中，部酋比能稍桀骜，为幽州刺史王雄所杀，众遂微，逃潢水之南，黄龙之北。至元魏自号曰契丹。"《奚传》开首云："奚亦东胡种，为匈奴所破，保乌丸山。汉曹操斩其帅蹋顿，盖其后也。元魏时自号库莫奚，居鲜卑故地。"③ 其中未及宇文之事，而是总述鲜卑早期历史，将契丹、奚之先世分别追溯到三国时轲比能、蹋顿两支，此后直接跳到北魏建号，可见《新唐书》将二者皆视作东胡，实际上是认为二者皆属东部鲜卑大人之后，与宇文部并无关联。

既然史无先例，那么元修《辽史》为何要将契丹与宇文捆绑在一起呢？上文已述，《世表》前三栏文辞多从《新唐书》化出，又加入《周书》所记宇文先世，事实上完成了两种不同历史叙述的对接，而如此对接的依据和过程亦不难考出。《世表》"元魏"栏云："契丹国在库莫奚东，异族同类，东部鲜卑之别支也，至是始自号契

---

① 《新唐书》卷二一九《契丹传》，中华书局，1975 年，第 6167 页；同卷《奚传》，第 6173 页。

② 陈均：《皇朝编年纲目备要》卷二九宣和七年正月，许沛藻等点校，中华书局，2006 年，第 757 页；王称：《东都事略》卷一二三《附录一》，影印南宋绍熙间眉山程舍人宅刻本，台北："中央图书馆"，1991 年，第 1894 页。

③ 《新唐书》卷二一九《契丹传》，第 6167 页；同卷《奚传》，第 6173 页。

丹，为慕容氏所破，俱窜松漠之间。"① 此句透露出元人的逻辑起点。《魏书·契丹传》称"契丹国，在库莫奚东，异种同类，俱窜于松漠之间"，似谓契丹与库莫奚关系密切，而同书《库莫奚传》称"库莫奚国之先，东部宇文之别种也，初为慕容元真所破，遗落者窜匿松漠之间"，② 则又牵出奚与宇文的渊源，元朝史官认为既然二者"同类"，而库莫奚为宇文别种，契丹自然也应如此。循此线索，元人又检得专记宇文氏政权之《周书》述先祖"九世至侯豆归，为慕容晃所灭，其子陵仕燕，拜驸马都尉，封玄菟公"云云，慕容晃即《魏书·奚传》之慕容元真，遂将契丹、奚与北周宇文氏之出现皆视为慕容征伐的结果，进而得出了三者同出一源的判断。不过，这样的逻辑推衍存在诸多漏洞。

首先，对《魏书·契丹传》的理解有所偏差。前文已指出，所谓"异种同类"是指契丹与库莫奚同属东夷或东胡这样的大类，而具体种属则不同。库莫奚既为"东部宇文之别种"，而契丹与其"异种"，那么至少在《魏书》文本的创作者看来，契丹具体为何种并不明确，但知其非宇文之种。此前历代文献从未有如《辽史》之说，也可从这个角度得到解释。同时，《魏书·契丹传》称契丹在库莫奚之东，"俱窜于松漠之间"，仅表示二者在活动范围上有某种共性，而未提及契丹亦为慕容部所攻击后方才出现，③ 不可遽断其与宇文、库莫奚同源。

其次，对《周书》的文本改写失当。《周书》开首原文云："其（引者按：指宇文氏）先出自炎帝神农氏，为黄帝所灭，子孙遁居朔野。有葛乌菟者，雄武多算略，鲜卑慕之，奉以为主，遂总十二部落，世为大人。其后曰普回，因狩得玉玺三纽，有文曰皇帝玺，普

---

① 《辽史》卷六三《世表》，第1053页。

② 《魏书》卷一〇〇《库莫奚传》，第2407页。

③ 《隋书·契丹传》称"契丹之先，与库莫奚异种而同类，并为慕容氏所破，俱窜于松、漠之间"，反映出唐初史臣已有类似理解，然揆诸《魏书》原文，并无此义。

回心异之，以为天授。其俗谓天曰宇，谓君曰文，因号宇文国，并以为氏焉。普回子莫那，自阴山南徙，始居辽西，是曰献侯，为魏舅生之国。九世至侯豆归，为慕容晃所灭。其子陵仕燕，拜驸马都尉，封玄菟公……"① 对比此段与前引《辽史·世表》相关文字可知，二者存在两大差异：其一，葛乌菟之时代。《周书》称葛乌菟为鲜卑所慕，奉以为主，谓葛乌菟在鲜卑出现以后，而《辽史》则称葛乌菟"世雄朔陲，后为冒顿可汗所袭，保鲜卑山以居，号鲜卑氏"，则谓其出现在鲜卑建号以前，乃鲜卑之始祖。其二，宇文氏出现之时间。《周书》称葛乌菟之后普回得玉玺，号宇文国，因以为氏，传九世为慕容所灭，其后人陵即北周宇文氏之先祖，而在《辽史》的叙述中则是鲜卑为慕容所灭后，散众分化为宇文、库莫奚和契丹，似谓宇文亦是至此时方才出现。元朝史官的这些改动全无实据，差可视为弥缝不同记载而作出的臆断。

再次，《周书》所记宇文先世存在明显的建构问题，与辽朝官方叙述的衍生脉络全不相涉。《周书》中出现的鲜卑共祖葛乌菟，未见于他书，与《魏书》《晋书》等处所记鲜卑系谱迥异，意在强调北周宇文氏方为鲜卑正胤，真实性大可怀疑；所谓"炎帝之后"的表达，则可能是着眼于黄帝代炎帝而立的古典，为北周代魏提供合法性依据。② 而耶律俨《皇朝实录》称辽乃轩辕后裔，与寿昌元年（1095）《永清公主墓志》所记"原其姓耶律氏，景宗孝彰（成）皇帝之嗣女也，圣宗孝宣皇帝之侄孙，盖国家系轩辕黄帝之后"③ 云云相合，反映出辽朝后期汉化渐深时攀附华夏先世的祖源记忆，与《周书》所见宇文先世属于完全不同的历史叙述系统。作为出于明显

---

① 《周书》卷一《文帝纪上》，中华书局，1971 年，第 1 页。

② 参见温拓：《多重层累历史与双重正统构建：宇文部、北周与契丹先世史叙述的考察》，《民族研究》2020 年第 2 期，第 124—126 页。

③ 录文见向南、张国庆、李宇峰辑注：《辽代石刻文续编》，辽宁人民出版社，2010 年，第 226 页。

政治意图的攀附，这类叙述本身无所谓对错之别，试图做出非此即彼的裁断和替代，进而编织成看似整饬的源流链条，只能归于徒劳。

综上，元修《辽史》将契丹、宇文的不同历史叙述拼接在一起，事实上完成了一次对契丹先世史的重构，而这种重构并不可靠，现代研究者受其误导，在此基础上探讨契丹的族源、早期迁徙等重大问题，恐怕均有重新斟酌的余地。

二、奇首与北魏

将辽朝文献系统所见始祖奇首可汗的年代对应于北魏时期，是《辽史》所记契丹早期史的一大关节，这一对应关系在书中存在明显的参差之处。《世表序》末段云："名随代迁，字传音转，此其言语文字之相通，可考而知者也。其所不可知者，有若奇首可汗、胡剌可汗、苏可汗、昭古可汗，皆辽之先，而世次不可考矣。摅其可知者，作辽世表。"[1] 此段文字最值得注意之处是称奇首可汗为"不可知者"，"世次不可考矣"，《世表》正文中也确未出现奇首的踪迹。与此形成鲜明对照的是，在同样记述契丹先世历史的《营卫志·部族上》中，元朝史官却明确将奇首可汗系于北魏时期，如开首序文称"奇首八部为高丽、蠕蠕所侵，仅以万口附于元魏"，又在对应北魏时期的"古八部"条下云："契丹之先，曰奇首可汗，生八子，其后族属渐盛，分为八部，居松漠之间……潢河之西，土河之北，奇首可汗故壤也。"[2] 同样出于元人之手，《世表》与《营卫志》扞格若此，究竟该如何解释呢？

通览全书可知，这一问题当与《辽史》的编纂情况及元朝史官对契丹早期史的次第建构过程有关。关于契丹始祖奇首可汗，今本《辽史》主要有以下三条相对原始可靠的记载：（一）《太祖纪赞》：

---

① 《辽史》卷六三《世表》，第 1052 页。
② 《辽史》卷三二《营卫志中》，第 426、428 页。

"奇首生都庵山，徙潢河之滨。"① （二）《地理志》"永州"："有木叶山，上建契丹始祖庙，奇首可汗在南庙，可敦在北庙，绘塑二圣并八子神像。"② （三）《地理志》"龙化州"："契丹始祖奇首可汗居此，称龙庭。"③ 元修《辽史》的主要史源为耶律俨《皇朝实录》和金陈大任《辽史》，以上三条中第一条或出《皇朝实录》本纪部分的先祖事迹，而后两者则出自陈氏《辽史·地理志》，三者皆十分简陋，并无多少实际事迹可言，亦未透露出奇首可汗的明确时代信息，想来元人修史时所面对的原始史料亦无非如此，这也正是《世表》在序文中称"不可考"而在正文中亦未提及的原因。

　　情况到编纂《营卫志》时发生了变化。如前所述，《营卫志》部族部分经历过前后两次编纂，第一次仅仅因袭《皇朝实录·部族志》之旧文，而冠以小序，即成今本"部族下"之内容，但在全书初稿完成后，史官大概是觉得当时所成之《营卫志》三部分内容多寡悬殊，第二部分"行营"篇幅太短，不足以独立成卷，遂抄撮前代正史契丹传所述部族变迁而成今本"部族上"之内容，与原有之"行营"共同凑成一卷。正是在这第二次纂修中，元人对契丹部族发展史特别是其早期历史做了进一步建构，将奇首可汗与北魏对接应该就是在这期间完成的。

　　那么，元人为何会在《营卫志》后期增纂时一改此前《世表》中的判断呢？我想其中一个重要环节是，史官在梳理历代正史《契丹传》所记契丹发展史时重点关注了部族的数量问题，特别是在最早记载契丹历史的《魏书·契丹传》中发现了八个部落的名字，刚好可与辽金文献中始祖奇首生八子而演化为八部的说法对应，史官想当然地把二者联系在了一起，遂将此八部之名列为"古八部"，又

① 《辽史》卷二《太祖纪下》，第 26 页。
② 《辽史》卷三七《地理志一》，第 504 页。
③ 同上书，第 505 页。

称"奇首八部"。上节已指出，北魏契丹并无八部之说，奇首八子传说则承载了辽朝建立以后对唐代开元年间以后契丹集团重组的记忆，二者可谓风马牛不相及。元末史官在抄撮之际，认定辽朝文献记载的契丹始祖奇首理所当然要对应于中原文献有关契丹记载的起点，正是这种典型的线性思维使得他们有意无意地忽略了原文的语境，更无暇去考证此八名实乃七个部落的讹误，欣然将出自不同文献系统的记载杂糅在一起，由此认定契丹自发展初期即有八部的传统，将其作为重要线索贯穿到整个契丹部落发展史中，这才有了古八部、大贺八部、遥辇八部这样形式高度划一的叙述框架。

从以上分析可以看出，元朝史官对契丹早期史的建构并非一蹴而就，而是存在一个渐变的发展过程。《世表》所体现出的是其前期成果，相对粗糙，而《营卫志·部族上》则是其后期重新系统思考的结果，故更为精细。

三、大贺与遥辇

中原文献称唐代契丹君长姓大贺氏，辽朝文献则谓建国以前统治者为遥辇氏，如何将二者拼合起来，是《辽史》纂修者面对的一大难题。《世表序》云："隋、唐之际，契丹之君号大贺氏。武后遣将击溃其众，大贺氏微，别部长过折代之。过折寻灭，迭剌部长涅里立迪辇组里为阻午可汗，更号遥辇氏。唐赐国姓，曰李怀秀。既而怀秀叛唐，更封楷落为王。而涅里之后曰耨里思者，左右怀秀。楷落至于屈戌几百年，国势复振。"[①] 这段序文概括了元朝史官关于所谓大贺、遥辇易代之际的基本认识，涅里（又译作雅里）立阻午可汗标志着大贺时代的终结、遥辇时代的开始。《营卫志·部族上》"遥辇氏八部"下云："当唐开元、天宝间，大贺氏既微，辽始祖涅里立迪辇祖里为阻午可汗。时契丹因万荣之败，部落凋散，即故有

---

①　《辽史》卷六三《世表》，第1052页。

族众分为八部。"① 与《世表序》所述完全吻合，则此当为元朝史官的一贯判断。《世表》正文末尾交代了这一判断的依据："萧韩家奴有言，先世遥辇可汗洼之后，国祚中绝，自夷离堇雅里立阻午可汗，大位始定。今以唐史、辽史参考，大贺氏绝于邵固，雅里所立则怀秀也，其间唯屈列、过折二世。屈列乃可突于所立，过折以别部长为雅里所杀。唐史称泥里为可突于余党，则洼可汗者，殆为屈列耶？"② 所谓"以唐史、辽史参考"再明白不过地点出其将两个不同系统材料进行对接的事实。

关于大贺氏，本书第一章第三节已详细考证，现存文献中较早的记载见于《旧唐书·契丹传》与《唐会要》："君长姓大贺氏，胜兵四万三千人，分为八部。"③ 此二书的共同史源当为韦述《国史》，是书记有唐一代契丹史事，仅称大贺氏而未见遥辇氏之名。《册府元龟》引《后唐明宗实录》曰："契丹之先大贺氏，有胜兵四万，分为八部。每部皆号大人，内推一人为主，建旗鼓以尊之，每三年第其名以代之。及保机为主，乃怙强恃勇，不受诸侯之代，遂自称国王。"④《五代会要》与《旧五代史》所记事件脉络略同，⑤ 皆称阿保机建国乃承自大贺氏，全然不见遥辇之痕迹。《新唐书·契丹传》的表述则更为明确："其君大贺氏，有胜兵四万，析八部……其八部大人法常三岁代，时耶律阿保机建鼓旗为一部，不肯代，自号为王而有国，大贺氏遂亡。"⑥ 径以阿保机建国作为大贺氏终结之标志。

---

① 《辽史》卷三二《营卫志中》，第 430 页。

② 《辽史》卷六三《世表》，第 1059 页。

③ 《旧唐书》卷一九九《契丹传》，第 5349 页；王溥：《唐会要》卷九六《契丹》，第 2033 页。

④ 《册府元龟》卷一〇〇〇《外臣部·强盛》，第 11734 页。其中"三"原误作"二"，据《五代会要》《旧五代史》相应文字校改。

⑤ 王溥：《五代会要》，第 455 页；《旧五代史》卷一三七《外国列传一》，第 2129 页。

⑥ 《新唐书》卷二一九《契丹传》，第 6167、6173 页。

直到宋朝官方所修《会要》依然延续了这样一种脉络，① 可见在唐宋文献关于契丹建国以前历史的主流叙述中，大贺氏贯穿唐代始终，根本没有遥辇氏的位置。

　　遥辇氏主要最集中见于《辽史》，构成了辽朝官方历史叙述的起点。如兴宗朝史官萧韩家奴云："臣闻先世遥辇可汗洼之后，国祚中绝；自夷离堇雅里立阻午，大位始定。然上世俗朴，未有尊称。臣以为三皇礼文未备，正与遥辇氏同。"② 是以遥辇氏比附华夏文明之起点。重熙十三年（1044）六月，"诏前南院大王耶律谷欲、翰林都林牙耶律庶成等编集《国朝上世以来事迹》"。③ 此次纂修之书亦名"辽国上世事迹及诸帝实录"或"遥辇可汗至重熙以来事迹"，④ 将遥辇作为建国前史的时间上限。除《辽史》外，遥辇还散见于辽朝汉文及契丹文墓志，如大安六年（1090）《萧袍鲁墓志》称："自遥辇建国以还，洎太祖开国而下，文武奕代，将相盈门。"⑤ 遍检辽朝文献关于建国以前的叙述，丝毫看不到所谓大贺氏的记载，所有明确可考的历史皆从遥辇氏开始。⑥

　　不难看出，中原文献所记唐代契丹姓大贺氏与辽朝文献所记建国以前为遥辇氏，原本是两个泾渭分明的叙述系统。随着人员、信息与文本的流通，从北宋中期开始，个别史家有机会同时面对这两种叙述，并作出弥合二者的尝试。欧阳修《新五代史·四夷附录》记唐代契丹史事曰："其部族之大者曰大贺氏，后分为八部……部之长号大人，而常推一大人建旗鼓以统八部。至其岁久，或其国有灾疾而畜牧衰，则八部聚议，以旗鼓立其次而代之。被代者以为约本

---

① 《宋会要辑稿》蕃夷一，第 7673 页上栏。

② 《辽史》卷一〇三《萧韩家奴传》，第 1597 页。

③ 《辽史》卷一九《兴宗纪二》，第 263 页。

④ 《辽史》卷一〇四《耶律谷欲传》，第 1605—1606 页；卷一〇三《萧韩家奴传》，第 1598 页。

⑤ 向南：《辽代石刻文编》，河北教育出版社，1995 年，第 423 页。

⑥ 详细举证见本书下篇第一章第一节。

如此，不敢争。某部大人遥辇次立，时刘仁恭据有幽州，数出兵摘星岭攻之，每岁秋霜落，则烧其野草，契丹马多饥死，即以良马赂仁恭求市牧地，请听盟约甚谨。八部之人以为遥辇不任事，选于其众，以阿保机代之。"① 其中出现的"遥辇"为中原正史之首见，只不过此处的遥辇被描述成契丹八部中一部之君长，因不任事而被阿保机取代。欧公这一全新信息的来源当为舍辽入宋的归明人赵至忠，此人于庆历元年（1041）南归，多次进献与契丹历史、现实有关的书籍舆图，构成了宋仁宗朝关于北方知识急剧更新的主要原因。《通鉴考异》引赵氏《虏庭杂记》云："太祖生而智，八部落主爱其雄勇，遂退其旧主遥辇氏归本部，立太祖为王。"② 所谓"旧主遥辇氏"云云显即《新五代史》所本，③ 只不过赵至忠原意为阿保机以前的契丹可汗统称遥辇氏，到欧阳修笔下则变成了另一番模样，足见中原史家对辽朝建国以前史事隔膜之深。

如果说《新五代史》的尝试只是北宋人偶尔猎奇之举，那么对于辽朝灭亡之后负责纂修《辽史》的后世史官而言，如何调和两种不同叙述间的矛盾，就成为不得不首先解决的难题。从现存资料的史源分析可知，金章宗时期成书的陈大任《辽史》就已经开始尝试解决这一问题。本书上篇第一章第三节指出，今本《辽史》所见"大贺氏"有三处当出陈氏旧文，其中《兵卫志》序文曰："至唐，大贺氏胜兵四万三千人，分为八部。大贺氏中衰，仅存五部。有耶律雅里者，分五部为八，立二府以总之，析三耶律氏为七，二审密氏为五，凡二十部；刻木为契，政令大行，逊不有国，乃立遥辇氏

---

① 《新五代史》卷七二《四夷附录一》，第 1002 页。

② 《资治通鉴》卷二六六《后梁纪一》开平元年五月《考异》，第 8677 页。其中"遥辇"点校本误作"阿辇"，据《四部丛刊》影印宋刻本改正。

③ 《虏廷杂记》于嘉祐二年（1057）成书进呈，《新五代史》则为欧阳修晚年所作（1065—1072），完全可以参考赵氏之书。

代大贺氏，兵力益振，即太祖六世祖也。"① 即将中原文献所见大贺氏拦腰截断，并与辽朝文献之遥辇相衔接。由是可知，元修《辽史》将大贺与遥辇对接的历史叙述实承自陈大任旧本，且陈氏将雅里"逊不有国"作为"遥辇氏代大贺氏"之开端，事实上奠定了元人修史以接受雅里让位的阻午为遥辇首任可汗的逻辑基础。只不过金修《辽史》的对应尚处于模糊的初级阶段，至元末再修之时又作了进一步细化，并以此贯穿全书，最终定型为我们今天所看到的总体框架。

　　为明确元修《辽史》的细化过程，可将当时所见两个文献系统的大致情况概括如下。中原文献（主要为《新唐书》《旧唐书》《唐会要》）梗概：② 开元十八年（730）契丹衙官可突于杀契丹王邵固叛唐，另立屈列为王，二十二年末另一衙官李过折杀可突于、屈列降唐，二十三年过折又为可突于余党泥礼所杀，天宝四载（745）契丹王李怀秀（节）降唐，继而叛唐，安禄山征讨。辽朝文献包括：《皇朝实录》称阿保机七世祖涅里立迪辇组里为阻午可汗；耶律俨《纪》称"太祖四代祖耨里思为迭剌部夷离堇，遣将只里姑、括里，大败范阳安禄山于潢水"；《萧韩家奴传》称"臣闻先世遥辇可汗洼之后，国祚中绝；自夷离堇雅里立阻午可汗，大位始定"。元人在此基础上的比定对应工作主要有二：其一是将辽朝文献所记阿保机先祖涅（雅）里比附为《旧唐书》所记可突于余党泥礼，"泥礼，耶律俨辽史书为涅里，陈大任书为雅里，盖辽太祖之始祖也"；③ 其二是将辽朝文献中的阻午可汗迪辇组里对应于降唐复叛之李怀秀，太

---

① 《辽史》卷三四《兵卫志上》，第449页。

② 《世表》在可突于首见处有小注（第1056页）云："韩愈作'可突干'，刘昫、宋祁及《唐会要》皆作'可突于'。"所谓"韩愈作"云云当指韩愈《乌氏庙碑铭》一文所记乌承玭破契丹事，可见元朝史官作此表时所采史源之范围除两《唐书》《会要》外尚旁及韩集。

③ 《辽史》卷六三《世表》，第1057页。

祖四代祖耨里思"适当怀秀之世，怀秀固遥辇氏之首君，为阻午可汗明矣"。①

通览《辽史》全书可知，大贺与遥辇的对接是金元史家契丹早期史观的核心枢纽。为了弥合不同系统的记载矛盾，其主要工作分为三步，而三者皆难称允当。（一）将阻午可汗设为遥辇首任可汗显然与萧韩家奴之说不符。萧氏称雅里立阻午之前有"先世遥辇可汗洼"云云，可知辽人关于遥辇的记忆绝不始于阻午之立。（二）泥礼与涅礼读音虽近，但事迹、时代不无龃龉。在辽朝官方记载中，涅里为阿保机七世祖，②耨里思为四世祖，依此则二人相去恐近百年，然元人既称涅里立阻午可汗，又称"涅里之后曰耨里思者左右怀秀"，且均系于开元、天宝之间，诚可谓自相矛盾。（三）阻午可汗与李怀秀的对接并无实据。据中原文献记载，李怀秀于天宝四载九月叛唐，安禄山讨破之，五载四月唐廷已立楷落为契丹王，至十载方有潢水大战，当时契丹可汗早已不是李怀秀，将其与阻午可汗对应更是不着边际。

宋、金、元三朝史家皆试图将辽代文献与中原文献原本互不兼容的内容拼合起来，反映出传统史家的某种思维共性。实际上，中原文献与辽朝文献完全是两种不同的、彼此独立的历史叙述系统，有着迥异的线索和逻辑，各自又都存在深层次问题：中原文献所记"大贺氏"本就是莫须有的，而辽朝文献少之又少，背后还可能隐藏着契丹王朝的自我建构因素，使得简单的线性拼接变为几乎不可完成的任务。

四、遥辇可汗与中原文献

除以上所论三大对接外，元修《辽史》还在辽朝文献所记建国

---

① 《辽史》卷六三《世表》，第 1058 页。
② 《辽史》卷二《太祖纪下》，第 26 页。

前夕的遥辇可汗与中原文献所记契丹君长的具体对应上下过功夫，其间亦有值得稍作考辨的问题。《世表》正文末段述及安史之乱以后的情况云：

> 自禄山反，河北割据，道隔不通，世次不可悉考。
>
> 契丹王屈戌，武宗会昌二年授云麾将军，是为耶澜可汗。幽州节度使张仲武奏契丹旧用回鹘印，乞赐圣造，诏以"奉国契丹"为文。
>
> 契丹王习尔，是为巴剌可汗。咸通中，再遣使贡献，部落浸强。
>
> 契丹王钦德，习尔之族也，是为痕德堇可汗。光启中，钞掠奚、室韦诸部，皆役服之，数与刘仁恭相攻。晚年政衰。八部大人，法常三岁代，迭剌部耶律阿保机建鼓旗，自为一部，不肯受代，自号为王，尽有契丹国，遥辇氏遂亡。①

所谓"道隔不通，世次不可悉考"，实际上是指中原文献在安史之乱以后很长一段时间里未曾记载契丹君长的名字，故而无从查考。由此可知，当时所见辽朝史料关于这段历史记载极不明晰，元朝史官的叙述完全依赖中原文献之多寡，故《世表序》称"其所不可知者，有若奇首可汗、胡剌可汗、苏可汗、昭古可汗，皆辽之先，而世次不可考矣"。不过，唐末文献再次出现的三个契丹王名，还是给了元人将辽朝文献所见遥辇可汗嵌入其中的机会，但这一次的对接亦不成功。

姑从耶澜可汗说起。《世表》将此人对应于会昌二年（842）请印于唐的契丹王屈戌，同书《仪卫志·符印》开首云："遥辇氏之世，受印于回鹘。至耶澜可汗请印于唐，武宗始赐'奉国契丹印'。"② 二者相合，似说明耶澜的生活年代当在 9 世纪中叶，然而《辽史·兵

---

① 《辽史》卷六三《世表》，第 1058 页。
② 《辽史》卷五七《仪卫志三》，第 1015 页。

卫志序》中关于此汗的另一处记载却使该问题呈现出更为复杂的面相。《兵卫志》此段内容与《太祖纪》开首一段文字密切相关，兹列表对比如下：

表 2. 5　《辽史·兵卫志》《太祖纪》遥辇可汗纪年对照表

《兵卫志》	《太祖纪》
遥辇耶澜可汗十年，岁在辛酉，太祖授钺专征，破室韦、于厥、奚三国，俘获庐帐，不可胜纪。十月，授大迭烈府夷离堇，明赏罚，缮甲兵，休息民庶，滋蕃群牧，务在戢兵。	唐天复元年，岁辛酉，痕德堇可汗立，以太祖为本部夷离堇，专征讨，连破室韦、于厥及奚帅辖刺哥，俘获甚众。冬十月，授大迭烈府夷离堇。
十一年，总兵四十万伐代北，克郡县九，俘九万五千口。	明年秋七月，以兵四十万伐河东代北，攻下九郡，获生口九万五千，驼、马、牛、羊不可胜纪……
十二年，德祖讨奚，俘七千户。	明年……冬十月，引军略至蓟北，俘获以还。先是德祖俘奚七千户……
十五年，遥辇可汗卒，遗命逊位于太祖	明年……明年……明年……十二月，痕德堇可汗殂，群臣奉遗命请立太祖。曷鲁等劝进。太祖三让，从之。

两段文字记事基本相同而系年有异，《辽史》点校本及其修订本皆以《世表》等处载耶澜可汗年代在会昌间，而断定《兵卫志》纪年有误，《太祖纪》当是。[①] 在我看来，这恐怕不是简单孰是孰非的问题，而应从文献生成的角度予以解释。两者记事显出同一史源，唯纪年方式不同，一个以耶澜可汗纪年，一个以痕德堇可汗纪年，说明在原始资料中（无论是耶律俨《皇朝实录》本纪还是陈大任《辽史·兵志序》）并没有出现可汗纪年的形式，而仅有干支纪年（如作唐天复元年，岁辛酉……明年……明年……明年……）。纂修

---

① 参见《辽史》点校本卷三四校勘记一，中华书局，1974 年，第 400 页；点校本修订本卷三四校勘记三，第 454 页。与此不同的是，吉本道雅认为两者皆不误，耶澜可汗十年就是痕德堇可汗元年，但却又对《世表》《仪卫志》之说未加解释，亦未说明《兵卫志序》在既已易主的情况下为何仍用耶澜纪年，参见《遼史世表疏證》第 29—30 页。

《兵卫志》的史官系之于耶澜可汗十年,①而纂修《太祖纪》者则以其为痕德堇可汗元年,都是元人抄录之时所增,恐怕没有太充分的证据。这种矛盾与混乱实际上反映出元朝史官所据史源在记载遥辇可汗世系方面十分匮乏且语焉不详,《辽史》相关记载的可靠性值得重新审视。

再来看所谓巴剌可汗。蔡美彪最早根据时间、史事和译音,将中原文献所载咸通末之契丹王习尔之比定为鲜质可汗,并指出《世表》采《新唐书》误"习尔之"为"习尔",又以巴剌可汗当之,显出附会,不足为据。②所论甚为确当。这里可以补充一则史料,《辽史·耶律敌剌传》称其为"遥辇鲜质可汗之子","太祖践阼,与敌稳海里同心辅政",知鲜质约当为阿保机之父辈,阿保机生于咸通十三年(872),而中原文献记习尔之于咸通(860—873)末年在位,③刚好与此吻合。

痕德堇可汗与中原文献中钦德的比定并无疑问,不过关于钦德即位时间的矛盾记载,却需再加解释。如上所述,《辽史·太祖纪》称痕德堇可汗即位于天复元年(901),而《世表》则称钦德于"光启中,钞掠奚、室韦诸部,皆役服之,数与刘仁恭相攻"。后者的直接史源当为《新五代史·四夷附录》,更早的记载则见于后唐官修《庄宗列传》:"咸通末,其王曰习尔,疆土稍大,累来朝贡。光启中,其王曰钦德,乘中原多故,北边无备,遂蚕食诸部,达靼、奚、室韦之属咸被驱役。"④有论者提出"光启中"(885—888)当为"光

---

①　在天复元年(901)的前一个辛酉年为会昌元年(841),据《仪卫志》耶澜可汗受印于唐则在会昌二年,不知这一巧合与《兵卫志序》文本的生成有无关系。

②　蔡美彪:《契丹的部落组织和国家的产生》,收入氏著《辽金元史考索》,中华书局,2012年,第41页。

③　上引《世表》称"咸通中"乃据《新唐书》,然更早之《庄宗实录》等五代史书皆作"咸通末"。

④　《资治通鉴》卷二六六《后梁纪一》开平元年五月《考异》,第8677页。

化中"（898—901）之误，如此则与《辽史·太祖纪》相合。① 然而，这种弥缝式的解释恐怕并不妥当。

关于钦德在光启中任契丹王，更为详细的记载见于《旧五代史》：

> 光启中，其王钦德者……族帐浸盛，有时入寇。（1）刘仁恭镇幽州，素知契丹军势情伪，选将练兵，乘秋深入，逾摘星岭讨之，霜降秋暮，即燔塞下野草以困之。马多饥死，即以良马赂仁恭，以市牧地。（2）仁恭季年荒恣，出居大安山，契丹背盟，数来寇钞。（3）时刘守光戍平州，契丹舍利王子率万骑攻之，守光伪与之和，张幄幕于城外以享之，部族就席，伏甲起，擒舍利王子入城。部族聚哭，请纳马五千以赎之，不许，钦德乞盟纳赂以求之，自是十余年不能犯塞。②

按此段文字时序稍有颠乱：（1）所述刘仁恭镇幽州事在乾宁元年（895），（2）所谓仁恭季年在天祐三年（906），而（3）所述刘守光戍平州实亦为刘仁恭初镇幽州之事。也就是说（1）（3）两者本为同一时期之事，而（2）则为编纂之时所插入，其中所谓"背盟"者实指（3）中钦德乞盟之"盟"。此问题或与今本《旧五代史》列传部分逐条自《永乐大典》辑出有关，如将（2）（3）位置对调，则可发现此段叙述脉络立时清晰：光启年间（885—888），契丹王钦德开始入侵中原，至乾宁时（895）刘仁恭镇幽州，予契丹以重创，同时其子刘守光亦在平州擒舍利王子，钦德乞盟，十余年不敢犯，至刘仁恭晚年（906），契丹背盟又来寇抄。如此一来，钦德担任契丹可汗应始自光启至于天祐，约二十年，下限正与《辽史》所记阿保机即可汗位之年相接。《辽史·太祖纪》所谓天复元年（901）痕德堇可汗方才即位之说当属元人之误判。

----

① 爱新觉罗·乌拉熙春、吉本道雅：《大中央胡里只契丹国　遥辇氏発祥地の点描》，松香堂，2015年，第125页。

② 《旧五代史》卷一三七《契丹传》，第2129—2130页。

总结本节的讨论。从整体上看，元朝史官构建的契丹早期史有两个最为重要的环节，其一是辽朝文献所记遥辇时代与中原文献所记大贺时代的对接，其二是辽朝文献中的始祖奇首可汗与中原文献契丹初现的北魏时期的对接。第一个对接在陈大任《辽史》中当已露出端倪，元朝史官直接继承并全面扩展；第二个对接则在元人修《世表》时尚未显现，至增纂《营卫志》时方才完成。前者是支撑整套叙述的核心，而后者则为这条脉络找到了源头，至于宇文与契丹的对接完成了族群谱系的勾连，遥辇可汗与中原文献的对应则是细部的补充。这样的建构过程，不仅在具体细节上漏洞百出，更可能在基本方向上存在巨大偏差，对后人产生了诸多误导，某种意义上已经成为研究契丹早期史所必须打破的桎梏。

本章小结

元修《辽史》所见契丹早期史料一直被视作相关研究的立论基石和基本框架，其中尤以《营卫志》部族门最为学界所重。本章的研究表明，这一部分记载除开首所引旧志序文及太祖二十部、圣宗三十四部出自耶律俨《皇朝实录·部族志》外，其余文字皆为元朝史官新作。在此过程中，元人不仅对契丹的部族加以重新定义和分类，还将中原文献系统和辽朝文献系统做了拼接，勾勒出契丹自北魏至唐末的发展框架。通过对《营卫志·部族》的逐条批判、考源辨误，我们发现元人所编织的契丹早期史叙述几乎每一条都经不起推敲，根本无法反映历史发展的实态，更与辽朝自身的历史叙述相去甚远。以此为突破口，全面检讨《辽史》的叙述，可以发现金陈大任修《辽史》时即已对契丹早期史叙述进行过零星的建构，至元人修史时则更将其推向细化、深化、系统化，最终固化为我们今天所看到的模样。金元史官重构契丹早期史的核心方法是杂糅、拼接不同文献系统的材料。这种重构方法的内在逻辑是站在后来人的立场上进行追溯、归纳，将契丹集团原本多元复杂的衍变轨迹简单化约为一元线性的发展脉络，忽略了不同时代、不同主体所作的历史叙述可能存在的根本性矛盾。

古人修胜朝之史，述前代之事，往往成为今人研究过往的重要依凭，但与此同时，这些历史叙述所隐含的建构、误解与歪曲也如影随形般成为我们必须正视与反思的问题。近年来，怎样看待宋人的"唐史观""五代史观"等问题屡屡被论者所提及，相关断代史的诸多研究正是在这样一种关切之下才取得不断的进步与突破。同理，辽史、契丹史研究者似乎也应该思考如何走出元人的"辽史观""契丹史观"的问题。与宋人关于唐五代历史形形色色、连篇累牍的叙述评说相比，辽史研究者可以利用的资料的确少得可怜，但即便如此，我们还是可以通过对元修《辽史》这一集中而系统的文本加以全面深入的批判和检讨，重新审视、质疑乃至解构以往被视作理所当然的历史叙述，这样的研究路径或许可以为常常被喻作"无米之炊"的辽金史研究开拓出崭新的局面。

下 篇

史 实 重 建

第一章

遗忘与再造：契丹王朝建国前史发覆

前章的文本批判显示，以往被奉为权威经典的《辽史·营卫志》部族门纯属元朝史官新作的二手材料，看似整饬实则漏洞百出，几乎每一个环节都经不起推敲，许多原本至关重要且饶有兴味的问题也在不经意间遭到了遮蔽与隐藏。例如，辽代契丹人对其建国以前的历史有着怎样的记忆？他们头脑中的早期史是否真如中原文献所记载的、元朝史官所归纳的那般模样？考虑到政治体对其成员历史记忆与族群认同的决定性作用，上述问题又可转化为：契丹王朝是如何叙述本朝建国前史的？其中对辽以前历代文献关于契丹的记载究竟是何态度？辽朝官方的权威叙述到底反映了怎样的历史实态？本章首先从时空两个维度勾勒契丹王朝官方建国前史叙述的核心特征，揭示其背后罕为人知的历史本相，继而以此为突破口，对契丹历史记忆的其他载体如祖先传说、郡望观念做出全新的阐释和解读。

第一节　王朝记忆的时空表征与历史情境

一、辽朝建国前史叙述的结构与脉络

经过上一章对史料做减法以及在此基础上的系统清理筛查，我们发现今本《辽史》保留的未经金元史官拼接重构的契丹早期史零星材料，虽然数量不多，但基本脉络清晰，内在逻辑一致。其中最为集中的叙述见于《太祖纪》卷末赞语对始祖奇首可汗以下历史的记录：

> 奇首生都庵山，徙潢河之滨。传至雅里，始立制度，置官属，刻木为契，穴地为牢，让阻午而不肯自立。雅里生毗牒。毗牒生颏领。颏领生耨里思，大度寡欲，令不严而人化，是为肃祖。肃祖生萨剌德，尝与黄室韦挑战，矢贯数札，是为懿祖。懿祖生匀德实，始教民稼穑，善畜牧，国以殷富，是为玄祖。玄祖生撒剌的，仁民爱物，始置铁冶，教民鼓铸，是为德祖，即太祖之父也。世为契丹遥辇氏之夷离堇，执其政柄。德祖之弟述澜，北征于厥、室韦，南略易、定、奚、霫，始兴板筑，置城邑，教民种桑麻，习织组，已有广土众民之志。太祖受可汗之禅，遂建国。①

此段文字的直接史源为陈大任《辽史》，② 而其源头则可溯至辽朝当时的官修史乘。

关于辽朝官方文献所记先祖事迹的具体形式，《辽史·世表》引耶律俨《皇朝实录·本纪》云："太祖四代祖耨里思为迭剌部夷离

---

① 《辽史》卷二《太祖纪下》，中华书局，2016 年，第 26—27 页。

② 据《辽史》卷六三《世表》，阿保机七世祖之名"耶律俨《辽史》书为涅里，陈大任书为雅里"（第 1057 页），是为判断《辽史》相关部分史源的重要依据。

董，遣将只里姑、括里，大败范阳安禄山于潢水。"① 此事未见于他处。冯家昇指出："今《辽史》本纪断自太祖，太祖以前事不提，此处所见俨史则远追唐之中叶，岂《太祖纪》前亦有序纪，如魏收《魏书》者耶？"② 作为元修《辽史》的主要史源，《皇朝实录》在《太祖纪》前原本可能有记载先祖事迹的"序纪"，此说颇可信从，不过从今本《辽史》的引用情况判断，耶律俨书中此内容之篇幅恐不会太长，未必能如《魏书》般独立成卷、名曰"序纪"，而更可能是冠于全书之首的一段独立记载。

无论是否以"序纪"命名，辽末官修《皇朝实录》曾专门集中记载先祖事迹，这一事实本身就值得高度重视，其中有关建国前史的"权威叙述"，更构成研究契丹王朝历史记忆问题的核心材料。全面爬梳《辽史》，除上述《世表》的直接征引外，以下四部分亦当出自耶律俨《皇朝实录》所记先祖事迹。（一）前引《太祖纪赞》第二部分显然即是金人根据《皇朝实录·本纪》所记先祖事迹删节而成，其中阿保机四世祖"耨里思"之名与《世表》所引完全契合，唯改"涅里"为"雅里"，应该基本保留了俨书先祖事迹的梗概。（二）《营卫志中》有云"辽始祖涅里立迪辇祖里为阻午可汗"，③《世表》则亦称"迭剌部长涅里立迪辇组里为阻午可汗"，④二者当同出一源，其中用"涅里"之名，显本自耶律俨《实录》，而从所记内容判断，亦出于先祖事迹，只不过原文中应仅记涅里立阻午之事而无"辽始祖""迭剌部长"之称，上引《太祖纪赞》称雅里（涅里）"让阻午而不肯自立"当即据此改编。（三）《营卫志中》云："今永州木叶山有契丹始祖庙，奇首可汗、可敦并八子像在

---

① 《辽史》卷六三《世表》，第 1058 页。
② 冯家昇：《辽史源流考》，收入氏著《辽史证误三种》，中华书局，1959 年，第 26 页。
③ 《辽史》卷三二《营卫志中》，第 430 页。
④ 《辽史》卷六三《世表》，第 1052 页。

焉。"①《地理志》"永州"条则称："有木叶山，上建契丹始祖庙，奇首可汗在南庙，可敦在北庙，绘塑二圣并八子神像。"② 二者的最初源头当系《皇朝实录·本纪》中关于奇首可汗的记载。（四）《世表序》云："考之宇文周之书，辽本炎帝之后，而耶律俨称辽为轩辕后。俨志晚出，盖从周书。"③ 此序文出于元人之手，其称"辽为轩辕后"一说出处为"俨志"，冯家昇认为当指耶律俨《皇朝实录·部族志》，④ 根据本书上篇第二章第一节，耶律俨《部族志》的原有文本已完全明确，首为序文，其下仅记辽太祖二十部及圣宗三十四部，结构完整，脉络清晰，并无叙述辽朝先世的文字。元人所引"辽为轩辕后"的文字应该亦出自《皇朝实录》所记先世事迹，所谓"俨志"或指该书"礼（仪）志"，⑤ 或系行文泛称。要之，这套叙述的基本脉络包括：（1）辽乃轩辕之后；（2）始祖奇首可汗事迹，包括其出生、迁徙及辽朝立庙祭祀等事；（3）阿保机七世祖涅（雅）里事迹，称其立遥辇阻午可汗，创设各项制度；（4）阿保机六世祖毗牒、五世祖颏领仅记姓名，全无事迹；（5）阿保机四世祖以下至其父，每代简述其功业。其中核心构件有三：始祖奇首、七世祖涅里、轩辕后裔；实际上牵扯出三方面的问题：辽朝历史叙述的本质特征、辽朝统治家族与契丹最高权力之间的关系、辽朝统治者与华夏文明的关系，每一方面都值得详细讨论。本节主要围绕第

---

① 《辽史》卷三二《营卫志中》，第 428 页。

② 《辽史》卷三七《地理志一》，第 504 页。

③ 《辽史》卷六三《世表》，第 1051 页。

④ 冯家昇：《辽史源流考》，第 27 页。

⑤ 《辽史·礼志序》（第 928 页）云："今国史院有金陈大任《辽礼仪志》，皆其国俗之故，又有《辽朝杂礼》，汉仪为多。别得宣文阁所藏耶律俨志，视大任为加详。存其略，著于篇。"其中"耶律俨志"当即《皇朝实录》关于礼仪的专志，从内容相关性判断，有可能提及辽与轩辕黄帝之渊源。

一方面展开，必要时适当涉及另外两者。①

二、始祖奇首与契丹王朝的空间记忆

在今本《辽史》的叙述框架中，元朝史官视奇首可汗为全体契丹人之共同始祖，并将其时代附会到契丹初见史籍的北魏时期，故有所谓"奇首八部""奇首故壤"之说。② 受此影响，研究者或以奇首为契丹起源初期的神话人物，或将其对应于鲜卑大人轲比能、宇文始祖莫那这样的历史原型。③ 其实回到辽朝当时的历史叙述不难发现，奇首的首要定位本来就是统治家族的始祖，涅里系其一脉相承的后代，再传数世至于阿保机。前引《太祖纪赞》称"奇首生都庵山，徙潢河之滨。传至雅里，始立制度"，从奇首到雅里用一"传"字，显示出家族内部的自然传承；《太祖纪》在记载阿保机平定诸弟之乱后云："上登都庵山，抚其先奇首可汗遗迹，徘徊顾瞻而兴叹焉。"④ 所谓"其先"显指阿保机家族先祖，当时统治集团内乱频仍，最高权力屡遭诸弟觊觎，阿保机抚奇首遗迹而徘徊兴叹，当是希望通过凭吊先祖的"记忆之场"来凝聚家族内部的认同。

仅凭个别字句当然不足以说明问题，我们需要考察奇首可汗的活动范围来证实上述判断。《太祖纪赞》称"奇首生都庵山"，都庵山的所在是须首先敲定的问题。早先的研究者受元朝史官误导，试

---

① 关于七世祖涅里的情况，详见下篇第二章第二节；关于辽与轩辕皇帝的关系，详见本章附录。

② 《辽史》卷三二《营卫志中》，第 426、428 页。

③ 如李德山：《"奇首可汗"小考》，《博物馆研究》1989 年第 3 期，第 30—33 页；舒焚：《契丹族始祖奇首可汗》，收入氏著《辽史涉步》，湖北人民出版社，2000 年，第 52—67 页；吉本道雅：《遼史世表疏證》，收入爱新觉罗·乌拉熙春、吉本道雅《新出契丹史料的研究》，松香堂，2012 年，第 5 页；杨军：《契丹始祖传说与契丹族源》，《首都师范大学学报（社会学科版）》2014 年第 6 期，第 1—7 页。

④ 《辽史》卷一《太祖纪上》，第 8 页。以下正文中引用《辽史》各卷，均直接用卷名。

图在中原文献所记契丹早期的活动区域内寻找，以致众说纷纭；[①] 晚近论者则遵循《辽史》本身的线索，逐渐接近鹄的。太祖七年（913）阿保机平定诸弟之乱的行军路线中涉及都庵山：

> （三月）其（引者按：指刺葛）党神速姑复劫西楼，焚明王楼。上至土河，秣马休兵……夏四月戊寅，北追刺葛。己卯，次弥里，问诸弟面木叶山射鬼箭压禳……（五月）甲寅，奏擒刺葛、涅里衮阿钵于榆河，前北宰相萧实鲁、寅底石自到不殊……壬戌，刺葛、涅里衮阿钵诣行在，以稿索自缚，牵羊望拜。上还至大岭……丙寅，至库里，以青牛白马祭天地……六月辛巳，至榆岭，以辖赖县人扫古非法残民，磔之。甲申，上登都庵山，抚其先奇首可汗遗迹，徘徊顾瞻而兴叹焉……壬辰，次狼河，获逆党雅里、弥里，生埋之铜河南轨下……庚子，次阿敦泺……秋八月己卯，幸龙眉宫，辗逆党二十九人。[②]

此段所涉诸地已难一一详考，但通过关键位置的确定及对征程的总体把握，还是可以勾勒出大致路线：三月末阿保机在土河（今老哈河）、临潢府（今巴林左旗）附近，四月初启程北追刺葛，五月初在榆河（今科尔沁右翼前旗西北海勒斯台郭勒）擒获刺葛等人后开始南归，下旬回至大岭（今大兴安岭山脉），六月中旬途经都庵山，下旬至狼河（今乌里吉木伦），至八月十日方回到上京临潢府龙眉宫，征程结束。

　　任爱君首先分析过这一路线，认为奇首最初生息之地靠近大兴

---

　　① 如舒焚《契丹族始祖奇首可汗》认为在今河北迁安附近都山；王民信以都庵山为木叶山（《辽"木叶山"考》，收入氏著《王民信辽史研究论文集》，台大出版中心，2010年，第398—399页）；陈永志以其在今丹东市古西安平县境内（《契丹族源地非"松漠之间"考辨》，收入氏著《契丹史若干问题研究》，文物出版社，2011年，第30页）。

　　② 《辽史》卷一《太祖纪上》，第7—8页。

安岭山脉，位于今巴林右旗赛汗罕山（契丹黑山）一带，[①] 其论证过程虽有瑕疵，但所指大致区域并无差误。[②] 杨军亦据此路线指出"都庵山在乌里吉木伦河上源以北，更可能是在科右前旗的海勒斯台郭勒和乌里吉木伦河上源之间，在辽上京北略偏东方向"，"在庆州黑山附近"，进而推定《熙宁使虏图抄》之"犊儿山"及《辽史》之"兔儿山""吐儿山"很可能就是都庵山，在今内蒙古自治区扎鲁特旗西北霍林河（呼林河）源处。[③] 此定位更为具体，最后以都庵山即犊儿山乃据现代汉语发音立论，与辽代汉语音韵实际情况恐有龃龉，[④] 但将都庵山定在庆州黑山山系北部当无疑问。

　既知奇首出生地在辽庆州黑山山系北部（今大兴安岭南麓），由此"徙潢河之滨"，那么他在潢水流域的具体居所又在何处？《地理志》"上京道·龙化州"条云："契丹始祖奇首可汗居此，称'龙庭'。"[⑤] 关于该州位置，《辽史》仅称"城龙化州于潢河之南"，[⑥]

---

① 任爱君：《关于契丹族源诸说新析》，《蒙古史研究》第7辑，内蒙古大学出版社，2003年，第42页。

② 如任氏据阿保机六月九日"至榆岭，以辖赖县人扫古非法残民，磔之"，四日后到达都庵山，认为辖赖县即阿保机所属的迭剌部霞濑益石烈，在辽上京临潢府附近，榆岭及都庵山均在辖剌县附近。按辖赖县确即霞濑益石烈，然当时尚未建国，石烈系部落组织而未改为行政地理建置，此处称县恐系后世润饰之辞；阿保机亲征，迭剌部人当亦随行，故不可认为该石烈位于榆岭，亦未可据以判断都庵山之位置。与此类似，爱新觉罗·乌拉熙春（《从满文辽史的误译谈起——以"都庵山"和"陶猥思氏族部"为中心》，《沈阳故宫博物院院刊》2007年第4期，收入氏著《愛新覺羅烏拉熙春女真契丹學研究》，松香堂，2009年，第213—220页）亦根据其对霞濑益石烈位置的判断推定都庵山即契丹大小字墓志所谓拽剌里山、今之朝格图山，恐难凭信。

③ 杨军：《契丹始祖传说与契丹族源》，第3—4页。

④ "儿"为日母字，在辽代汉语中音值并非 [ə]，而是 [ʐ]，其变为 [ə] 当在元明以后（参见孙伯君：《从番汉对音看宋元时期北方汉语的日母字》，《语言学论丛》第34辑，商务印书馆，2006年，第50—68页），而庵则始终为影母，故儿、庵二字当时读音差异较大，在没有旁证的情况下，未可遽而勘同。

⑤ 《辽史》卷三七《地理志一》，第505页。

⑥ 《辽史》卷一《太祖纪上》，第2页。

范围模糊，招致研究者种种猜测。《中国历史地图集》将其标于今内蒙古自治区奈曼旗八仙筒镇，位于土河下游以东、潢河以南，[①] 这是目前学界最为通行的观点；冯永谦则结合城址调查情况认为当在库伦旗扣合子镇，其地更在谭图所示区域之东南方向；[②] 新近又有论者根据新见墨书题记将该州定在通辽市开鲁县境内。[③] 这些观点的共同之处在于试图去潢水中下游流域寻找龙化州的位置，但又无法提出有力证据支持其说。[④] 我在宋人语录中找到一条前人忽视的记载，或可证明以上思路存在方向性问题。

宋英宗治平四年（辽道宗咸雍三年，1067）陈襄使辽，辽方以萧好古、杨规中为接伴使、副。陈氏归朝后作《使辽语录》，详载沿途见闻，其中有云：

> （五月十六日）宿望京馆……规中云："今日甚热，接伴观察住龙化州，不识此热也。"……（六月）七日，至广宁馆。道过小城之西，居民仅二百家。好古云："此丰州也。"又经沙陀六十里，宿会星馆。九日，至咸熙毡馆……十日，过黄河。好古云："黄河上源，出于龙化州界。"将至黑崖馆，臣坦问：

---

① 谭其骧主编：《中国历史地图集》第 6 册《宋辽金时期》，中国地图出版社，1982 年，第 7 页。

② 冯永谦：《辽上京道州县丛考》，《辽金史论集》第 8 辑，长春：吉林文史出版社，1994 年，第 144—148 页。余蔚《中国行政区划通史·辽金卷》亦采此说（复旦大学出版社，2012 年，第 160 页）。

③ 李鹏：《辽代永州、王子城、龙化州与木叶山通考》，《内蒙古民族大学学报（社会科学版）》2016 年第 6 期，第 1—8 页；连吉林：《内蒙古开鲁县辽墓发现的墨书题记与辽之龙化州》，《北方文物》2019 年第 2 期，第 74—77 页。

④ 如开鲁县新近发现的墨书题记，研究者声称其文字拼合之后可连读为"葬于龙化州西□二里"，就此认定龙化州当在此墓地东不远处。然细审其所公布的题记，残损严重，仅可辨识出"于龙化州西"五字本为一体，最为关键的"葬"字与此四字不易缀合，"于龙化州西"之前亦可能是表达"卒"之类含义的字眼，如此则龙化州为墓主卒地而非葬地。目前看来，仅根据该墓位置确定龙化州所在恐有失审慎，将此潢水下游北岸之地与潢水南岸之奇首龙庭对应起来则更显牵强。

"此去上京几何？"指东北曰："三百里。"①

对照同时期使辽的沈括所著《熙宁使虏图钞》，可以清楚地获知陈襄等人的行进路线：六月七日，路过丰州，经停会星馆、咸熙毡馆，十日渡潢水（黄河），②此时接伴使萧好古告知陈襄等人"黄河上源，出于龙化州界"。五月中接伴副使杨规中所言"接伴观察"即指时任泰州观察使的萧好古，可知萧好古本人长期住在龙化州，则其称此州边界在潢水上源附近，必得其实。据《地理志》载，此州治下有一刺史州、一县，辖区不小，结合本纪建州"潢河之南"的记载可知，作为奇首龙庭、阿保机神册元年（916）受禅之所的龙化州，大致范围应在潢水上游南岸、丰州西北一带，具体方位有待详考。③结合都庵山的大致位置，我们认为《太祖纪赞》"奇首生都庵山，徙潢河之滨"反映的很可能是奇首从庆州黑山北部迁至潢水上游南岸的过程。

据《地理志》载，永州木叶山"上建契丹始祖庙，奇首可汗在南庙，可敦在北庙，绘塑二圣并八子神像"，④可见在辽朝的历史记忆中，永州地区也是与奇首可汗有关的一个重要地点。史称"东潢河，南土河，二水合流，故号永州"，则该州当在潢水西南、土河西北，二者交汇处附近。从相对位置推断，奇首可能是从潢水上游的龙化州顺流而下到达永州。

辽朝的历史叙述中始祖奇首的活动轨迹是由庆州黑山北部迁至

---

① 陈襄：《神宗皇帝即位使辽语录》，顾宏义、李文整理、标校：《宋代日记丛编》，上海书店出版社，2013年，第29、32页。

② 具体方位参见谭其骧主编：《中国历史地图集》第6册《宋辽金时期》，第7页。

③ 宋辽文献所称龙化州至少对应二个不同地望：其一即此处所论阿保机因奇首龙庭于潢水南岸所建者；其二则指渤海扶余府，天显元年（926）阿保机卒于此，改名为龙州黄龙府，赵至忠《虏廷杂记》等又称其为龙化州，即所谓东楼之所在，地近高丽。元修《辽史·地理志》"龙化州"条杂糅不同系统之材料，将二者混为一谈，故所述矛盾丛生，贻误后人。

④ 《辽史》卷三七《地理志一》，第504页。

潢水上游南岸，后沿潢水而至于永州。稍加对比即可发现，这种空间记忆与辽以前历代文献所记早期契丹的活动范围、迁徙路线相去悬远。

三、先辽历代文献所见契丹居地变迁

元朝史官在纂修《辽史·营卫志》时，想当然地认为辽人所记始祖一定对应于中原文献所记契丹初现的北魏时期甚至更早。以往辽史学界关于契丹早期居地的认识，多受《营卫志·部族上》误导，认为其一开始即活动于"奇首可汗故壤"即潢、土二河之间，而忽略了契丹居地存在一个明显的变化过程，将在潢、土流域的活动时间大大提前，许多重要问题也因此被遮蔽。

与此不同的是，研治中古史地者则注意到另外一种面相。严耕望综合《魏书》《隋书》《通典》《新唐书》诸书指出，自北魏至唐前期，契丹衙帐始终在营州之北或东北二百里至五百里，唐初松漠都督府应在辽泽源头今库伦旗小库伦一带，东邻高丽，西与奚以努鲁尔虎山（唐称松陉）为界。[①] 此时长期统治潢水上游、土河下游区域（即后来辽朝腹地）的是奚，其衙帐位于潢水北岸石桥一带（今巴林桥），潢水上游又名弱落水、饶乐水，北魏登国三年（388）曾大破库莫奚于弱落水附近，[②] 唐初奚"理饶乐水北"，[③] 故以其衙帐为饶乐都督府，即辽代饶州。[④] 新近更有学者具体指出唐前期奚人居地四至为：东至努鲁儿虎山一带，东南拒大凌河，西至滦河上源，

---

① 严耕望：《唐代交通图考》篇 52《渝关通柳城契丹辽东道》，"中研院"历史语言研究所，1986 年，第 1757 页。

② 《魏书》卷二《太祖纪》，中华书局，2017 年，第 24 页。

③ 《通典》卷二〇〇《边防十六·库莫奚》，王文锦等点校，中华书局，1988 年，第 5484 页。

④ 严耕望：《唐代交通图考》篇 51《历代卢龙塞道》，第 1737 页。

南抵滦河以北，北达西拉木伦河以北。① 以上论说极具洞见，我们曾全面搜罗涉及十六国末至唐初契丹具体活动地点的史料，所得范围与严氏所论完全吻合，竟无一例显示契丹曾出没于潢、土二河之间及潢水上游。那么在中原文献中，契丹究竟是何时西迁至土河以西潢水上游地区的呢？

天宝十载（751）安禄山讨契丹，"过平卢千余里，至土护真水，遇雨，禄山引兵昼夜兼行三百余里，至契丹牙帐"，② 《旧唐书》称此战发生于"潢水南契丹衙"。③ 时契丹衙帐在土河以北三百里外，处潢、土二河之间及潢水上游区域。严耕望据此指出，最晚在天宝之前，契丹渐强，西侵奚境夺其衙帐，而自迁于奚衙故地，唐因饶乐府故地置松漠府以羁縻之，而奚人则南迁五百里至土河上游另立新衙，④ 故《新唐书·地理志》蓟州条才会出现"至奚王帐六百里，又东北行，傍吐护真河五百里，至奚、契丹衙帐"⑤ 的记载。严氏又据《资治通鉴》武周神功元年（697）三月孙万荣"于柳城西北四百里依险筑城"，后为突厥所败的记载，⑥ 推测契丹此时或已西迁潢水上游，占领奚地。今按《新唐书·地理志》此条本自贞元时贾耽《皇华四达记》，大致反映了唐后期契丹、奚居地的位置关系，严氏天宝前契丹已西迁之说当可信从。不过关于西迁的具体时间节点，还有再加斟酌的余地。

李尽忠、孙万荣兴兵时，契丹确有西进之举，然其势力恐未达于土河以西、潢水上游。《资治通鉴》记孙万荣所筑新城在营州西北

①　毕德广：《唐代奚族居地的变迁》，《中国历史地理论丛》2014 年第 1 期，第126—135 页。

②　《资治通鉴》卷二一六，中华书局，1956 年，第 6908 页。详见姚汝能：《安禄山事迹》卷上，曾贻芬点校，中华书局，2006 年，第 83 页。

③　《旧唐书》卷一九九《契丹传》，第 5353 页。

④　严耕望：《唐代交通图考》篇五一《历代卢龙塞道》，第 1737 页。

⑤　《新唐书》卷三九《地理志》，中华书局，1975 年，第 1022 页。

⑥　《资治通鉴》卷二〇六，第 6521 页。

四百里，其地最多至于土河中游，距潢水上游的奚人衙帐甚远。考张说《为河南郡王武懿宗平冀州贼契丹等露布》记神功元年突厥攻契丹事，称突厥大军"掩集柳城"，致使契丹"巢穴是空，胎卵皆覆"，[①] 知当时契丹统治中心仍在营州附近。

更须注意的是，此后约三十年间，除稍稍西进外，契丹不仅未出现在北方的潢水上游，反有明显的南移迹象。唐廷经略多年的东北防线因"营州之乱"而崩坏，此后至开元四年（716）重新降唐以前，文献所见契丹主要活动范围在蓟州、檀州（渔阳）以北地区。中宗神龙三年（707），"沧州刺史姜师度于蓟州之北涨水为沟，以备契丹之寇"；[②] 先天元年（712），"奚、契丹二万骑寇渔阳，幽州都督宋璟闭城不出，虏大掠而去"。[③] 最能反映当时契丹居地的是唐廷的一次主动出击："开元二年夏，诏与左监门将军杜宾客、定州刺史崔宣道等率众二万，出檀州道以讨契丹等……六月，师至滦河，遇贼，时既蒸暑，诸将失计会，尽为契丹等所覆。"[④] 所谓出檀州道当即取古北口过摘星岭而东走，[⑤] 两万大军于滦河遭敌军全歼，足见彼时契丹主力当在滦河上游一带。结合前引孙万荣筑城土河中游一事，似可推断"营州之乱"至归唐以前，契丹活动范围当已西扩南侵至滦河上游、土河中上游地区。

上述情况在开元中后期发生了显著变化，直到此时，契丹才开始与潢水上游地区产生交集。开元四年八月，契丹王李失活、奚王李大酺因突厥败亡重新归唐，玄宗仍封以松漠、饶乐二郡王，[⑥] 名称

---

① 《文苑英华》卷六四七，中华书局，1966 年，第 3329 页下栏。

② 《册府元龟》卷四九七《邦计部·河渠二》，中华书局影印明刻本，1960 年，第 5950 页下栏。

③ 《资治通鉴》卷二一〇，先天元年十一月乙酉，第 6678 页。

④ 《旧唐书》卷九三《薛讷传》，第 2984 页。

⑤ 参见严耕望：《唐代交通图考》图 22《唐代幽州东北塞外交通图》。

⑥ 封赐诏书见《册府元龟》卷九六四《外臣部·封册二》，第 11342—11343 页。

一依其旧至少在一定程度上说明两蕃统治中心较唐初尚无太大更动，潢河上游（饶乐水）仍属奚地。十八年五月，契丹军事统帅可突于胁奚叛唐，归降突厥。二十年初唐朝出塞击两蕃，"以礼部尚书信安王祎率兵讨契丹……三月，信安王祎与幽州长史赵含章大破奚、契丹于幽州之北山"，[1] 此"幽州之北山"又被记作"白山"或"白城"，[2] 当即妫州北百里之白云城。是役契丹惨败，《旧唐书·契丹传》称"可突于率其麾下远遁，奚众尽降"，[3]《通鉴》称"余党潜窜山谷，奚酋李诗、琐高帅五千余帐来降"。[4] 曾成指出所谓"奚众尽降"实仅指李诗所部，而非全体奚人，此役后奚人分裂，一部分归唐，一部分留居塞外。[5] 所论甚确。而我注意到，此战结果在《新唐书·乌承玼传》中作"斩首万计，可突于奔北奚"，[6] 则可突于兵败后所谓"远遁"乃投奔留居塞北之奚人。与此相应，樊衡《为幽州长史薛楚玉破契丹露布》记载了可突于兵败后的逃遁路线："残凶游魂，假气绝徼，自以为黄河泾山可以保天险，悬塞沙漠可以逃灵诛。陆梁穷荒，迷肆不复。我王师远略，是以有黑山之讨。"[7] 此黄河即潢水，与所谓"奔北奚"合观，知当时奚人确有残部存于潢河上游，固守饶乐都督府之旧地，可突于战败北逃至此。换句话说，直至开元二十年，契丹方才首次进入潢水上游地区。

---

① 《旧唐书》卷八《玄宗纪上》，第 197 页。

② 参见《资治通鉴》卷二一三开元二十年三月（第 6797 页）、《新唐书》卷一三六《乌承玼传》（第 4596 页）。

③ 《旧唐书》卷一九九《契丹传》，第 5353 页。

④ 《资治通鉴》卷二一三，开元二十年三月己巳，第 6797 页。

⑤ 曾成：《归义都督府的兴废与唐代奚人的分化》，《中国边疆史地研究》2017 年第 1 期，第 72—82 页。

⑥ 《新唐书》卷一三六《乌承玼传》，第 4596 页。

⑦ 樊衡：《为幽州长史薛楚玉破契丹露布》（以下简称《露布》），《文苑英华》卷六四七，第 3331 页上栏。"黑山"原误"墨山"，据《全唐文》改，"泾山"亦或为"陉山"之讹。

可突于北奔奚地后不久，唐军追袭而至，即上引《露布》所称"黑山之讨"，此战在新近公布的《刘思贤墓志》中被明确记作"（开元）廿载，奉使与平卢等军截黄河而东注，凌黑山而北走"，① 此黑山正是位于潢水以北、后来辽代庆州北部之黑山，此战应该也是这座辽代圣山首次与契丹发生关联。可见契丹当时不仅占据了潢水上游的饶乐都督府，其活动范围还可能已拓展至庆州黑山地区。

契丹北逃后虽连受重创，但却并未被彻底摧垮，而是逐渐在此区域站稳了脚跟，继续与唐军周旋。开元二十一年闰三月，双方战于都山（今辽宁建昌县南大青山）之下，② 此战中可突于纠集余众，联合突厥、渤海、奚各部协同作战，③ 大败唐军。《露布》称该年四月唐军再次远征，"陵赤山，下塞谷，绝泱渧，横大漠，以四月二十三日夜，衔枚渡黄河，质明顿夫松漠漠庭"，此"松漠漠庭"显即潢水北岸的原饶乐都督府，只不过到彼时早已易主。以往研究《露布》者并未注意到的是，开元二十二年《张休光墓志》有一段可与之参证的记载：

> 以良家子调补清夷军仓曹兼本军总管，后以军功，有诏赏绯鱼袋。憬彼东胡，独阻声教；蹂践沙漠，蒸涌嚣氛。皇灵远铄，爰整其旅。君躬摄甲胄，属当戎行。短兵既交，摧然陷没。④

① 胡戟、荣新江主编：《大唐西市博物馆藏墓志》，北京大学出版社，2012 年，第 553 页。曾成首次指出《露布》中黑山之讨当即唐军白城战后之远征，并结合墓志对《露布》所记进行了考证（《唐代幽营地域的族群与政治——以唐与奚、契丹的互动为中心》，武汉大学博士学位论文，2015 年，第 73—78 页）。

② 《旧唐书》卷八《玄宗纪上》，第 199 页。

③ 《旧唐书》卷一〇三《郭知运附子英杰传》称"契丹首领可突干引突厥之众拒战于都山之下"（第 3190 页），《露布》则称可突于"西连匈奴，东构渤海，收合余烬，窥我阿降……四蕃云屯，十万雨集"（《文苑英华》卷六四七，第 3331 页上栏）。

④ 《张休光墓志》，吴钢主编《隋唐五代墓志汇编·陕西卷》，天津古籍出版社，1991 年，第 3 册，第 158 页。

其中"东胡"即指契丹，墓主张休光携子随军远征，父子双双阵亡，"以开元廿二年十月廿二日归葬于河南北山平乐乡之原"，从归葬时间、作战地点及背景描述看，此战当即《露布》所记二十一年四月远征"松漠漠庭"一役；志文所谓"蹂践沙漠"，正是书写者对契丹本不居于此地而攘夺侵占的描述，与上文所论若合符契。

开元二十二年末可突于为部将李过折所杀，余党泥（涅）礼旋又杀过折，契丹政权几度易主，但还是保持了可突于时代所占奚人旧地，并渐得唐廷默许，此可在张九龄《曲江集》所收诏书抬头的微妙变化中略窥端倪。二十三年七月，涅礼斩过折，八月两蕃再度归顺，唐廷封册后赐诏称"敕松漠都督、右金吾卫大将军涅礼"，封号依旧而辖境已与唐初有别。与此同时，赐奚王诏曰"敕奚都督、右金吾卫大将军归诚王李归国"，① 既为正式官名却未称"饶乐都督"，正好反映出契丹夺占奚地、饶乐府易主的尴尬局面。是年九月，唐廷遽改奚饶乐都督府为奉诚都督府，② 个中缘由恐怕也在于此，即从事实层面承认了契丹对潢水上游地区的控制权。

行文至此，我们终于理清了辽朝建立以前历代文献中所见契丹居地的变迁过程：自十六国末期至唐初，契丹的活动中心始终位于今朝阳以北、以东，辽水、白狼水之间，地近高丽，西界最远达土河中游东岸；李尽忠、孙万荣时期始有西进之意，至开元初年拓展至土河中上游及滦河流域；可突于时方迁至潢水上游地区，占据奚人衙帐，进而以此为根据地开启了契丹发展的新纪元。不言而喻，这样一条变化轨迹与上节辽朝官方文献所记始祖奇首的迁徙路线存在巨大矛盾（见下图），不仅证实了辽朝历史记忆中奇首的首要定位并非契丹共祖而是皇族始祖，更重要的是启发我们从空间的角度重新思考整个王朝的历史记忆问题。

---

① 张九龄著，熊飞校注：《张九龄集校注》卷九《敕松漠都督涅礼书》《敕奚都督李归国书》，中华书局，2008年，第564、562页。

② 《旧唐书》卷八《玄宗纪上》，第201页。

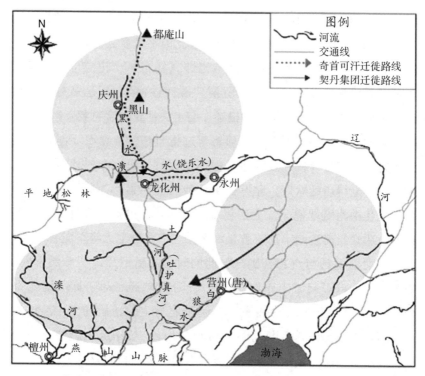

北魏至唐契丹集团迁徙路线与奇首可汗活动轨迹对比示意图

说明：本图系据严耕望《唐代交通图考》图 22《唐代幽州东北塞外交通图》（第 1792 页）及谭其骧《中国历史地图集》第 6 册《宋辽金时期》"临潢府附近"（第 7 页）改绘。

辽朝官方的空间记忆与中原文献所见契丹集团的迁徙轨迹呈现出明显断裂。官方记忆中的始祖奇首从庆州黑山北部迁至潢水上游流域，进而到达潢、土交汇之处，与之相应，辽方文献系统所记契丹建国以前的活动地点亦全部限于这一范围（即辽上京道）。剔除《地理志》中金元史官根据中原记载增加的追溯文字，可以考见凡涉及契丹建国以前居地的条目皆在上京道，分别为祖州、庆州、永州、仪坤州、龙化州、降圣州、饶州、丰州、松山州、宁州，零星记述了阿保机历代祖先及同时期其他部族的活动情况；① 原本契丹长期驻帐的朝阳以北、辽水以南地区反而丝毫不见建国以前的踪迹，所记均为太祖以下的开土建置。以最著名的中京道兴中府（即今朝阳）为例，《地理志》此条先述历代沿革，叙唐以后情况云：

> 唐武德初，改营州总管府，寻为都督府。万岁通天中，陷李万荣。神龙初，移府幽州。开元四年复治柳城。八年西徙渔阳。十年还柳城。后为奚所据。太祖平奚及俘燕民，将建城，命韩知方择其处，乃完葺柳城，号霸州彰武军，节度。②

其中自"十年还柳城"以上，显系金元史官拼凑而成，提及契丹占营州仍称"陷"字，全袭唐人立场，可知辽朝文献并无相关叙述；③自"太祖平奚"以下最初来源当为辽方记载，所述建置始于阿保机时期。《地理志》其他关于契丹西迁潢水上游以前居地的记载皆与此类似，剥除后人追述，所剩辽方记录似乎给人以阿保机建国前契丹从未在此出没的印象。由此可知，辽皇室祖先的活动区域从根本上框定了契丹王朝建国前史叙述的空间范围，故而其他契丹旧地在这套叙述中几乎全无印记。换言之，辽朝官方叙述所反映的只是阿保机家族的记忆，断不可与整个契丹集团的历史等量齐观。

结合《辽史》中其他零散资料，我们还可以从空间记忆的断裂中提取到始祖奇首传说所蕴含的时代信息。《地理志》"庆州"条有云："辽国五代祖勃突，貌异常，有武略，力敌百人，众推为王。生于勃突山，因以名；没，葬山下，在州二百里。"④ 所谓"辽国五代

---

① 《辽史》卷三七《地理志一》，第500—509页。其中"丰州""松山州"两条均称"本辽泽大部落"，似表明其所居部乃自辽泽（即今辽河下游）契丹旧地迁来，这也是辽方文献中关于契丹旧地仅存的线索。

② 《辽史》卷三九《地理志三》，第550页。

③ 元修《辽史·地理志》，实以金人陈大任旧志为蓝本，稍增以宋代文献。参见苗润博：《〈辽史〉探源》第六章《地理志》，中华书局，2020年，第203—260页。

④ 《辽史》卷三七《地理志一》，第502页。

祖勃突"显指阿保机五世祖，但奇怪的是，前引《太祖纪赞》称阿保机五世祖名颏领，且毫无事迹可言，二者当来源于不同的历史叙述系统，未可贸然勘同。《地理志》此条的直接史源为陈大任《辽史》，而其最初源头或许是金代尚存的区别于《皇朝实录》先祖事迹的其他辽朝史料。这样游离于权威叙述之外的记忆碎片折射出别样的历史光影：晚至阿保机五代祖时代，其家族尚主要活动在庆州附近山区，当处大兴安岭山脉南段。[①] 据《地理志》"祖州"条，阿保机四世祖耨里思以下先祖皆出生于潢水以北不远的临潢府地区，号曰祖州，[②] 可知该家族由庆州山区南迁至潢水流域当完成于五世祖时期，这一路线与奇首的活动轨迹基本吻合。由此看来，所谓始祖奇首由都庵山迁至潢水之滨的记忆，很可能浓缩了唐开元以前该家族的发展史，从中既可看到阿保机五世祖的影子，亦可理解为契丹历代先祖不断迁徙、最终在勃突之世完成这一漫长历史过程的曲折反映。

上引《皇朝实录》称"太祖四代祖耨里思为迭剌部夷离堇，遣将只里姑、括里，大败范阳安禄山于潢水"，当即前述天宝十载安禄山北征契丹败绩之事，由此四世祖的生活年代上溯二十年，知阿保机五世祖当活动于开元二十年前后，恰与契丹败逃潢水的时间相合。也就是说，阿保机家族由庆州山区南迁潢水流域，很可能正当可突于北遁后纠集诸蕃对唐作战之时。经过战争洗礼与部落重组，该家族融入契丹政治集团，并逐步成为其核心力量。如此时代特征隐约又与辽人记忆中的奇首可汗有几分关联。《辽史·耶律曷鲁传》载"及太祖为迭剌部夷离堇，讨奚部"，曷鲁前往游说曰："汉人杀我祖奚首，夷离堇怨次骨，日夜思报汉人。顾力单弱，使我求援于奚，

[①] 文末称勃突山"在州二百里"，"州"字下当脱方位词。按庆州以北、以东皆有山，同属大兴安岭山脉南段。

[②] 《辽史》卷三七《地理志一》："以高祖昭烈皇帝、曾祖庄敬皇帝、祖考简献皇帝、皇考宣简皇帝所生之地，故名。"（第500页）

传矢以示信耳。"① 曷鲁为阿保机同族，其中"我祖奚首"显即奇
首，从"夷离堇怨次骨，日夜思报汉人"的叙述来看，奇首距离阿
保机时代似不会太过邈远，且该家族先祖曾与汉人发生过战争，受
到重创。由此言之，始祖奇首传说蕴含的历史信息或许较为模糊，
但其实际指向的时间下限当在唐开元之世。

四、先世遥辇与辽朝历史记忆的时间上限

辽朝历史记忆在空间方面的断裂性已如上述，本节将着眼于这
种断裂在时间维度的表现，即历史叙述的时间上限。相比曲折隐晦
的空间表达，辽朝历史记忆的时间上限较为直观，唯因受元修《辽
史》干扰，学界迄未充分留意。经过史源学的清理不难发现，元朝
史官实际上是将中原文献所记贯穿整个唐代的所谓"大贺氏"时代
拦腰截断，与辽人口中的遥辇时代对接，拼合成一条线性发展的叙
述脉络。剔除这类拼合成分可以清楚地看到，辽朝记忆的时间断限
与中原文献所见长达五百多年的契丹建国前史大相径庭。

关于历史记忆的上限，最直接的表达见于辽兴宗朝史官萧韩家
奴的谏言："臣闻先世遥辇可汗洼之后，国祚中绝；自夷离堇雅里立
阻午，大位始定。然上世俗朴，未有尊称。臣以为三皇礼文未备，正
与遥辇氏同。"② 其中提到遥辇首任可汗洼死后，契丹衰微，阿保机
先祖涅（雅）里立阻午为可汗方重振国运。所谓遥辇时代共九任可
汗，其后裔在辽朝被称作遥辇九帐。③ 值得注意的是，萧韩家奴将遥
辇比作华夏之三皇，亦即历史叙述的起点。又如《辽史·礼志序》
云："自其上世，缘情制宜，隐然有尚质之风。遥辇胡剌可汗制祭山
仪，苏可汗制瑟瑟仪，阻午可汗制柴册、再生仪。其情朴，其用俭。"④

---

① 《辽史》卷七三《耶律曷鲁传》，第 1346 页。

② 《辽史》卷一○三《萧韩家奴传》，第 1597 页。

③ 遥辇九可汗名称详见《辽史》卷四五《百官志一》，第 800 页。

④ 《辽史》卷四九《礼志一》，第 927 页。

此段的直接来源当系陈大任《辽史·礼仪志》，而原始内容则应本自辽时相应志书，其中亦称遥辇为"上世"，辽朝各项契丹本族礼俗皆为当时所立。这种记忆范围更突出地体现在官方史书的命名上。辽兴宗重熙十三年（1044）六月，"诏前南院大王耶律谷欲、翰林都林牙耶律庶成等编集《国朝上世以来事迹》"。① 此次纂修之书亦名《辽国上世事迹及诸帝实录》或《遥辇可汗至重熙以来事迹》，② 再明白不过地将遥辇作为建国前史的时间上限。

与官方口径一致，辽代契丹人传记资料追述先祖事迹，上限亦最多达于遥辇时代。如《萧敌鲁传》云："五世祖曰胡母里，遥辇氏时尝使唐，唐留之幽州。"《萧塔列葛传》则云："八世祖只鲁，遥辇氏时尝为虞人。唐安禄山来攻，只鲁战于黑山之阳，败之。"③ 其中提到大败安禄山一役，即前引《皇朝实录》所记耨里思"遣将只里姑、括里，大败范阳安禄山于潢水"，只里姑当即只鲁。大安六年（1090）《萧袍鲁墓志》更明确称："自遥辇建国以还，洎太祖开国而下，文武奕代，将相盈门。"④ 此志文作者乃辽末著名史官王师儒，对当时官方历史叙述自然十分熟稔；墓志称遥辇"建国"、太祖"开国"，二者在汉语中原本词义差别不大，但此处显然试图有所区分，来表现两个时代的不同特征，或许"建国"是将遥辇作为契丹集团建立的起点及初始阶段，而"开国"则指发展到最高阶段开创王朝。此外，近年来陆续在契丹文碑刻中发现的阿保机家族先祖习撚·涅里及遥辇可汗鲜质、痕德堇的踪迹，⑤ 所反映的记忆上限亦与

---

① 《辽史》卷一九《兴宗纪二》，第 263 页。

② 《辽史》卷一○四《耶律谷欲传》，第 1605—1606 页；卷一○三《萧韩家奴传》，第 1598 页。

③ 《辽史》卷七三《萧敌鲁传》，第 1349 页；卷八五《萧塔列葛传》，第 1451 页。

④ 向南：《辽代石刻文编》，河北教育出版社，1995 年，第 423 页。

⑤ 刘浦江：《再论契丹父子联名制——以近年出土的契丹大小字石刻为中心》，《清华元史》创刊号，商务印书馆，2011 年，收入氏著《宋辽金史论集》，中华书局，2017 年，第 121 页；爱新觉罗·乌拉熙春、吉本道雅：《大中央胡里只契丹国 遥辇氏発祥地の点描》，松香堂，2015 年，第 135—193 页。

上述汉文文献完全相符。

历史叙述的时间上限在涅可汗开启的遥辇时代，但其所对应的具体时期，辽人却并未给出明确线索。遥辇首位可汗涅仅见于上引《萧韩家奴传》，继任者阻午及所谓阿保机先祖涅里记载又极含混。元修《辽史》曾试图将此三人嵌入中原文献所见契丹史中，拼成由大贺氏到遥辇氏的过渡，但其中一系列比定的主要依据，仅仅是辽方文献中涅（雅）里与《旧唐书》所记"泥礼"读音的近似，且自相矛盾之处颇多。小川裕人、田村实造等学者曾多有质疑，但又无法提出新的证据。① 看来要彻底弄清遥辇时代的实际上限，还须另辟蹊径。

解决问题的关键实在于阻午可汗。《辽史·兵卫志序》称："大贺氏中衰，仅存五部。有耶律雅里者，分五部为八。"② 这一记载的史源当为金陈大任《辽史·兵志序》。③ 如李桂芝所论，其中"分五部为八"的实际所指，应该是《营卫志·部族下》所记阻午可汗将迭剌、品、楮特、乌隗、突吕不五部分为迭剌、乙室、品、楮特、乌隗、涅剌、突举、突吕不八部的过程。④ 只不过陈大任根据自己的理解对原始材料进行了加工，将中原文献所谓大贺氏契丹与辽朝文献之遥辇氏对接，这才有了"大贺氏中衰，仅存五部"的说明，恐与史实相去甚远。但无论如何，阻午可汗"分五部为八"确非虚语，那么此次分析部族的背景又是什么呢？

与元修《辽史》基于先入之见称契丹自北魏以来即有八部的误说不同，中原王朝官方文献明确记载契丹有八部实已晚至开元年间。

---

① 小川裕人：《遥辇氏伝説成立に関する史的考察》，《滿蒙史論叢》第 3 辑，"日滿文化協會"，1940 年；田村实造：《中国征服王朝の研究》上册，東洋史研究會，1964 年，第 91 页。

② 《辽史》卷三四《兵卫志上》，第 449 页。

③ 参见《〈辽史〉探源》第五章《兵卫志》，第 161—171 页。

④ 《辽史》卷三四《营卫志下》，第 436—439 页。参见李桂芝：《契丹大贺氏遥辇氏联盟的部落组织——〈辽史·营卫志〉考辨》，《庆祝王钟翰先生八十寿辰学术论文集》，辽宁大学出版社，1993 年，第 405 页。

据《旧唐书·契丹传》，开元四年契丹首领李失活归降，复置松漠都督府，"其所统八部落，各因旧帅拜为刺史"；① 《册府元龟》中开元十二年三月赐奚及契丹敕书云："契丹有八部落，宜赐物五万段"，② 知开元前期契丹确为八部。这种情况在可突于时期发生了变化，近年公布的唐朝平叛将领或其后裔墓志中保留了的珍贵线索。《麻令升墓志》曰："先□□□此，宣慰使卢从愿奏，开元世□□内巡□乌知义河北间，破契丹□□□□□□可突于等三部落，衔帐□□格酬勋，名成上柱国。"③ 志文虽残，然大意可通，所记当为麻氏先祖从乌知义破契丹三部而官拜上柱国之事。《刘思贤墓志》亦云："（开元）廿载，奉使与平卢等军截黄河而东注，凌黑山而北走，大破契丹三部落。"④ 二者皆记唐军破契丹三部落之事，前者称在可突于时，后者更明确提到时间、地点，所指正是上节所论开元二十年可突于率契丹北奔潢水上游以后发生的激战。曾成最先注意到这些记载，并据此指出："契丹本有八部，如果可突于之乱造成其中三部落被摧破的话，则正好与《辽史》所谓'仅存五部'的说法相合。"⑤ 将墓志所记大破契丹三部与《辽史》"仅存五部"之说联系起来，洵具卓识。就本书所论而言，这种印合最重要的价值在于直接证实了阻午重新划分部族是契丹迁至潢水上游、遭遇重创后的结果，因知阻午实际年代当在开元二十年之后，这就为探讨契丹早期历史的诸多问题提供了可靠的时间坐标，契丹王朝历史记忆的上限亦由此确定。

除了辽朝文献与中原墓志的难得印证外，作为时代名称的"遥辇"一词的音义本身也很能说明问题。辽人多称建国前契丹统治者

① 《旧唐书》卷一九九《契丹传》，第 5351 页。"四年"原误系作"三年"，据《册府元龟》卷九六四《外臣部·封册二》所载四年八月制书（第 11342—11343 页）改。

② 《册府元龟》卷九七五《外臣部·褒异二》，第 11449 页。

③ 吴钢主编：《全唐文补遗》第 7 辑，三秦出版社，2000 年，第 90 页。

④ 胡戟、荣新江主编：《大唐西市博物馆藏墓志》，第 553 页。

⑤ 曾成：《唐代幽营地域的族群与政治——以唐与奚、契丹的互动为中心》，第 59 页。

为"遥辇氏"，但关于此所谓"姓氏"的起源却未有明言。《契丹国志》有一条重要记载：

> 契丹部族，本无姓氏，惟各以所居地名呼之，婚嫁不拘地里。至阿保机变家为国之后，始以王族号为"横帐"，仍以所居之地名曰世里著姓。世里者，上京东二百里地名也。（原注：今有世里没里，以汉语译之，谓之耶律氏。）复赐后族姓萧氏。番法，王族惟与后族通婚，更不限以尊卑；其王族、后族二部落之家，若不奉北主之命，皆不得与诸部族之人通婚；或诸部族彼此相婚嫁，不拘此限。（原注：汉人等亦同此。）故北番惟耶律、萧氏二姓也。①

《契丹国志》乃元朝书贾抄撮宋代史料而成，此条亦不例外。《资治通鉴考异》引赵至忠《虏廷杂记》曰："阿保基变家为国之后，始以王族号为横帐，姓世里没里，以汉语译之，谓之耶律氏，赐后族姓曰萧氏，王族惟与后族通婚。其诸部若不奉北主之命，不得与二部落通婚。"② 对比可知，《契丹国志》即出自赵氏之书，且较温公所引更为详细，而其中多出的内容恰恰包含重要的历史信息。尤其是开首所称"契丹部族，本无姓氏，惟各以所居地名呼之，婚嫁不拘地里"，对于解决"遥辇氏"的来源问题十分关键。赵至忠在辽为官多年，据他说契丹之有姓氏始自阿保机建国后分耶律、萧二姓，此前一直是"各以所居地名呼之"，甚至就连耶律氏也是根据阿保机家族当时所居地来命名的。

循此线索，我们发现所谓"遥辇"最初很可能也是由地域之名衍化而来。遥辇在汉文文献又被称作"遥里"，③ 而在契丹文墓志中

① （旧题）叶隆礼：《契丹国志》卷二三"族姓原始"，贾敬颜、林荣贵点校，中华书局，2014年，第247页。

② 《资治通鉴》卷二六六《后梁纪四》贞明二年十二月《考异》，第8809页。

③ 《金史》卷八二《耶律涂山传》，中华书局，1975年，第1835页。

也有𤤊、𤤊两种形态，前者为阳性，后者为阴性，分别对应遥辇、遥里两个读音。值得注意的是，契丹发展史上一个至关重要的地名正与后者读音十分相近，那就是西拉木伦河在唐代的名称"饶乐"。按"遥"为以母效摄开口三等平声宵韵，"饶"为日母效摄开口三等平声宵韵，二者除声纽有异外，其余全部相同。敦煌变文和六祖坛经中有不少日、以二母互代的用例，[①] 晚至金代仍有以"遥"字对译饶乐水之"饶"的用例，《金史·世宗纪》及《兵志》皆称当时之契丹人有"遥落河猛安"，[②] 显即源出于此，足见"饶乐""遥里"二词完全可以勘同，而遥辇只是增加一个词尾后缀而已。更重要的是，这一音韵上的契合正与上节所论历史情境互为表里。所谓遥辇时代，应始于开元年间可突于率契丹残部北逃潢水上游侵夺奚地，当时的潢水正唤作饶乐水，而契丹所占原属奚人的统治中心恰好又是唐朝所封的饶乐都督府。为标识在饶乐水重新组建的部落联盟，当时的契丹集团遂以此大河为名代指汗族，至辽朝建立以后方才逐渐衍化为所谓"遥辇氏"。

总之，辽朝历史记忆的上限当不早于可突于时期，正与上节所论空间记忆所蕴含的时代性完全吻合。同时，与空间方面对迁至潢水上游以前的区域全无印象一致，辽朝官方叙述的时间谱系亦呈现出断崖式的面貌，从中很难找到中原文献所记十六国北朝直至唐开元以前契丹历史的痕迹。时空二维的齐齐断裂，体现出历史叙述的整体性和内在一致性，也促使我们对其生成背景与衍化过程加以深思。

五、契丹王朝历史记忆的生成背景与衍化过程

将空间、时间两条线索合观，钩稽相关文献，我们可以梳理出

---

① 参见邵荣芬：《敦煌俗文学中的别字异文和唐五代西北方音》，《中国语文》1963年第 3 期；梅祖麟：《敦煌变文里的"熠没"和乩（举）字》，《中国语文》1983 年第 1 期。

② 《金史》卷七《世宗纪》，第 175 页；卷四四《兵志》，第 995 页。

契丹王朝历史记忆的生成背景：

其一，开元二十年三月幽州以北白城之战，契丹大败，可突于率余众北逃至潢水上游；同年唐军远渡大漠，战于黑山，大破契丹三部落。经此一役，契丹的组织结构遭到破坏，原本跟随可突于征战的契丹旧部损失惨重。可突于收拾残部，纠合突厥、奚、渤海等部继续与唐军周旋。二十二年末，可突于与其所立契丹王屈列因内讧被杀。这大概就是萧韩家奴所谓"遥辇可汗洼之后，国祚中绝"的实际背景。

其二，连年交兵之际，原本来自不同地域、属于不同游牧政治体的成员在可突于领导下共同对唐作战（如前引《露布》称可突于率"四蕃兵十万"云云），大量融入契丹集团。这些后来者在战争中逐步凝聚对契丹的认同，集团内部彼此间原本的边界日渐模糊，来自大兴安岭南麓的阿保机家族（辽皇族）及来自回鹘的糯思—述律平家族（辽后族），很可能都是在此过程中加入契丹集团的。

其三，阿保机家族自庆州黑山地区到潢水上游的迁徙最终完成于五世祖勃突时期。前引《地理志》"庆州"条称勃突"貌异常，有武略，力敌百人，众推为王"，描绘的似乎是一位出身草莽、白手起家的英雄人物，所谓"众推为王"之"王"当然并非契丹之王，而应指其成为一低级政治体的领袖，此后率部加入契丹集团。战争过后，阻午可汗重组部落，"分五部为八"，据后来情况推断，阿保机家族当时应是被划归迭剌部。《辽史》称阿保机七世祖涅里立阻午可汗，自为迭剌部夷离堇，其中存在明显破绽：阿保机四世祖耨里思活跃于天宝年间，而五世祖勃突当开元之世，约与阻午可汗同时，所谓七世祖涅里立阻午云云与此扞格不入，当出于辽朝后期史官的建构。[①] 据《营卫志》可知，阻午可汗时期迭剌部长名"益古"，[②]

---

① 详细分析参见本书下篇第二章第二节。

② 《辽史》卷三三《营卫志下》，第436页。

丝毫看不出与阿保机家族有何关联，恐怕当时该家族尚未取得迭剌部的领导权。前引《皇朝实录》称"太祖四代祖耨里思为迭剌部夷离堇"，倘此言不虚，则该家族掌握迭剌部权柄最早当在耨里思时代，至阿保机世代沿袭，并以此为基盘建立契丹王朝。

其四，据《辽史》淳钦皇后述律平本传，"其先回鹘人糯思，生魏宁舍利，魏宁生慎思梅里，慎思生婆姑梅里，婆姑娶匀德恝王女，生后于契丹右大部"；《地理志》"仪坤州"条则称"本契丹右大部地……回鹘糯思居之，至四世孙容我梅里，生应天皇后述律氏，适太祖"。① 知此家族之历史记忆始自糯思，而述律平系其五世孙。述律后与阿保机同时，则其五世祖糯思与阿保机五世祖勃突时代较为接近，当亦于开元前后加入契丹集团，后来逐渐发展为其中的核心力量。

概言之，开元间可突于率众迁至潢水流域后，后来的辽朝统治者阿保机、述律平两家族方才真正加入契丹集团，逐渐产生契丹认同，此前的契丹历史可谓与之毫无关涉。阿保机建国后，并未改易"契丹"之名号，而是以自身的家族史作为整个契丹集团的历史，这才是辽朝历史记忆在空间和时间都呈现明显断裂的根源所在。

细绎《辽史》所记建国前史之源流，可以发现辽朝历史叙述的生成、衍化过程可大致分为三个阶段：

首先，辽朝前期变家族始祖为契丹共祖，以统治家族史作为整个契丹集团的历史。

上引《耶律曷鲁传》称"我祖奚首"，时"太祖为迭剌部夷离堇"，尚未即可汗位，仅称"我祖"而非"始祖"，则尚无尊其为契丹共祖之举。至太祖即可汗位之第七年（913），平诸弟乱后"登都庵山，抚其先奇首可汗遗迹"，仍是以家族始祖凝聚皇族认同。天显

---

① 《辽史》卷七一《淳钦皇后传》，第1319页；卷三七《地理志一》，第505页。

六年阿保机长子耶律倍南逃后唐后绘有《吉首并驱骑图》，① 其中吉首即奇首，可见奇首为始祖已成为契丹皇族重要的认同符号和记忆表达。关键的变化发生在太宗会同四年（941）："诏有司编《始祖奇首可汗事迹》。"② 此书内容不详，是否纂成亦未可知，但此行为本身就是通过官方修史将辽朝皇室始祖确立为整个契丹集团的共祖。次年所刻《耶律羽之墓志》称"公讳羽之，姓耶律氏，其先宗分佶首"，③ 佶首即奇首。该志作者自署"蓟门邢明远"，显为汉人，未系官衔，或仅布衣，正反映出官方宣传对历史书写立竿见影的影响。前引《地理志》称永州木叶山"建契丹始祖庙，奇首可汗在南庙，可敦在北庙，绘塑二圣并八子神像"，应该也是同一背景的产物。④ 在此阶段，作为后来者的阿保机家族忙于理顺现实中统治集团内部的权力关系，尚无暇系统修纂建国前史；加之汉化尚浅，在历史叙述中与遥辇时代契丹最高权力建立关联以解决自身统治合法性的问题，亦未见提上议程。

其次，辽朝中期利用华夏政治文化对建国前史进行全面重塑。

圣宗后期至兴宗前期，辽朝兴起一股正统化潮流，至重熙中期达到高峰。重熙十一年，辽朝借宋夏战争之机大兵压境，索取关南地，迫使宋廷大幅增加岁币。或许在契丹方面看来，此举打破了澶渊之盟以来双方的平等体制，进一步激发了兴宗君臣的正统性诉求。这种诉求对外表现为与宋争正统，对内则表现为通过官修史书来解决自身的合法性问题，后者的主要成果正是《遥辇可汗至重熙以来事迹》。重熙修史除将辽朝历史叙述的起点限定在遥辇时代、进一步

---

① 《宣和画谱》卷八"李赞华"，王群栗点校，浙江人民美术出版社，2012年，第88页。

② 《辽史》卷四《太宗纪下》，第53页。

③ 录文见向南、张国庆、李宇峰辑注：《辽代石刻文续编》，第3页。

④ 《辽史》卷一二《圣宗纪三》记载和七年（989）四月，"皇太后谒奇首可汗庙"（第145页），则供奉奇首的始祖庙必建于此前，具体时间待考。

确立阿保机家族史作为契丹集团历史的独尊地位外，至少还对建国历史作了三方面的改造（详见本书下篇第二章结语），从根本上重塑了契丹建国前史的面貌，标志着辽朝官方历史叙述的基本定型。

再次，辽朝后期以皇室为轩辕黄帝后裔，攀附华夏先祖。

耶律俨《皇朝实录》称"辽为轩辕后"，此书始作于道宗末年，成于天祚帝初年。其中所谓轩辕后裔为"辽"，首要所指当为辽朝皇族即阿保机家族，而非泛指所有契丹人。与之相对应的是，寿昌元年（1095）《永清公主墓志》称"原其姓耶律氏，景宗孝彰（成）皇帝之嗣女也，圣宗孝宣皇帝之侄孙，盖国家系轩辕黄帝之后"，[1] "国家系轩辕黄帝之后"亦就辽皇室而言。除此之外，迄未发现更早的以辽为黄帝后裔的确证（详见本章附论），因而目前只能认为辽的历史叙述至道宗时期方出现以阿保机家族攀附华夏先祖的迹象，最终通过《皇朝实录》确立为官方口径。除以皇室先祖对接轩辕外，这一时期的历史编纂应该还对兴宗朝所制造的以涅里为中心的皇族世系做过进一步加工，使其最终定格为我们今天在《辽史》中看到的模样。

以上三阶段分别对应本节首节所称辽朝历史叙述的三大核心构件，每一阶段皆以官方史书的编纂为节点：太宗朝《始祖奇首可汗事迹》、兴宗朝《遥辇可汗至重熙以来事迹》及天祚朝《皇朝实录》。修史本身是对现实关系的固化、意识形态的凝缩，统治家族历史始终作为唯一独尊的主体，吞没了集团内部、王朝上下其他成员的历史记忆，而逐渐凸显的华夏化色彩，正是政治权力在巩固地位、塑造正统过程中不断强化、渗透的表征。

综上所述，契丹自4世纪即见记载，阿保机家族则晚至8世纪中叶方加入，该家族的逐步崛起、僭升汗族直至10世纪初建立王朝，对于契丹集团而言不啻为天翻地覆的变革，但这一切在以往的历史叙述中却完全湮没无闻，其根源还在于辽朝本身对契丹历史记

---

[1]　录文见向南、张国庆、李宇峰辑注：《辽代石刻文续编》，第226页。

忆的塑造。经过一场记忆与遗忘的竞争，辽朝建国以前的契丹汗族
"遥辇氏"沦为历史的失语者。契丹旧部在新的历史叙述和现实秩序
中经历了怎样的整合与清理？辽朝统治家族之外的契丹人对开元以
前的契丹还残存多少记忆，又能保有何种认同？进一步推想，这样
由权力更迭带来的记忆洗牌在契丹集团数百年的发展史中当然不会
只有一次，那么，辽朝的契丹人与北魏至唐不同阶段的契丹人究竟
存在什么意义上的关联？我们究竟应该如何定义"契丹"？这些问题
庶可成为契丹早期史研究"再出发"的新起点。

第二节　青牛白马传说源流新论

如前所示，断裂性、二元性以及浓厚的家族史特征，构成了契
丹王朝历史记忆的底色和基调，这些特质皆深深植根于开元二十年
以后潢水流域族群政治关系的重大变动，又在辽朝建立后的祖先传
说与郡望观念中留下了深刻印记。在诸多契丹祖源传说中，最广为
人知的当属青牛白马说，从上节新发掘的历史情境出发，我们可以
对此说的来龙去脉给出新的阐释。

一、《辽史》所记青牛白马传说的文本来源

关于青牛白马传说，最通行的记载见于元修《辽史·地理志》
"上京道·永州"条：

> 有木叶山，上建契丹始祖庙，奇首可汗在南庙，可敦在北
> 庙，绘塑二圣并八子神像。相传有神人乘白马，自马盂山浮土
> 河而东，有天女驾青牛车由平地松林泛潢河而下。至木叶山，
> 二水合流，相遇为配偶，生八子。其后族属渐盛，分为八部。
> 每行军及春秋时祭，必用白马青牛，示不忘本云。①

---

① 《辽史》卷三七《地理志一》，第504页。

曾有前贤将此段文字推为"有关青牛白马传说的最权威、最准确的记述",① 这在某种程度上代表了很长时期内学界的普遍认识。研究者多倾向于将上述文字看作铁板一块、来源相同的文本,将首句有关奇首可汗的记载与青牛白马的传说视为一体,以奇首可汗为后文所见乘白马之神人(男性始祖),可敦为驾青牛车之天女(女性始祖)。然而,此说的立论前提并不成立。杨军曾指出,以"相传"为界,此前所述奇首可汗事与其后所记青牛白马传说原为两个不同的文本,前为旧史所有,而后者为元朝史官据《契丹国志·契丹国初兴本末》所增入。② 此分析大体合理,然元人所据以抄入之史源是否为《契丹国志》,则须再加斟酌。

兹引《契丹国志》原文如下:

> 本其风物,地有二水。曰北乜里没里,复名陶猥思没里者,是其一也,其源出自中京西马盂山,东北流,华言所谓土河是也。曰袅罗个没里,复名女古没里者,又其一也,源出饶州西南平地松林,直东流,华言所谓潢河是也。至木叶山,合流为一。古昔相传:<u>有男子乘白马浮土河而下,复有一妇人乘小车驾灰色之牛</u>,浮潢河而下,遇于木叶之山,顾合流之水,与为夫妇,此其始祖也。是生八子,各居分地,号八部落……立遗像(始祖及八子)于木叶山,<u>后人祭之</u>,必刑白马杀灰牛,用其始来之物也。③

范镇《东斋记事》云:"契丹之先,有一男子乘白马,一女子驾灰牛,相遇于辽水之上,遂为夫妇。生八男子,则前史所谓选为君长

---

① 刘浦江:《契丹族的历史记忆——以"青牛白马"说为中心》,收入氏著《松漠之间——辽金契丹女真研究》,中华书局,2008年,第100页。

② 杨军:《契丹始祖传说与契丹族源》,《首都师范大学学报(社会科学版)》2014年第6期。

③ 《契丹国志》卷首《契丹国初兴本末》,第3页。

者也。此事得于赵志忠。志忠尝为契丹史官，必其真也。前史虽载八男子，而不及白马、灰牛事。契丹祀天，至今用灰牛、白马。"[1]可知赵至忠入宋后之记述实为南朝文献系统所见灰牛白马传说之源头，《契丹国志》上引文当即出于其书。

对比《辽史》与《契丹国志》的上述记载，后者保留的传说文本显然更为完整。"古昔相传"以前文字，是独见于《契丹国志》的珍贵记载；自"古昔相传"之后则与上引《辽史·地理志》"相传"以下文字大旨相同而仅三处细节略有出入：第一，《辽史》作青牛白马，《契丹国志》作灰牛白马；第二，《辽史》记传说的主角是神人、天女，《契丹国志》作男子、妇人；第三，《辽史》将使用青牛白马祭祀的场合具体表述为"每行军及春秋时祭"，而《契丹国志》则仅笼统写作"后人祭之"。关于前两点，《东斋记事》所记与《契丹国志》完全相同，知赵至忠原文当即如此，元修《辽史》改"灰牛"为"青牛"应该是基于辽代旧有文献中频频出现以青牛白马为祭祀牲礼的记载，[2] 而改"男子""女子"为"神人""天女"则或许是为了渲染契丹始祖传说的神秘、悠远。最关键的是第三处，《辽史》所记较《国志》更为具体明确，恐非随意篡改所能解释。考虑到《辽史》其他部分曾引述赵至忠《阴山杂录》，[3] 因而此处所记传说完全可能出自赵氏原书。如此看来，《辽史·地理志》与《契丹国志》的上引两段传说文本当属于同源异流而非线性传抄的关系，就文本的完整性而言，《契丹国志》所引当更接近赵至忠记载的原貌。

---

① 范镇：《东斋记事》卷五，汝沛点校，中华书局，1980 年，第 43 页。

② 类似的改动尚见于《辽史》其他部分，如《兵卫志·兵制》（卷三四，第 451 页）："凡举兵，帝率蕃汉文武臣僚，以青牛白马祭告天地、日神，惟不拜月，分命近臣告太祖以下诸陵及木叶山神。"此处乃元朝史官据宋《两朝国史·契丹传》敷衍而成，然国史原作"将举兵，必杀灰牛白马，祠天、地、日及木叶山神"（见《文献通考》卷三四六《四裔考二十三·契丹下》，上海师范大学古籍整理研究所、华东师范大学古籍研究所点校，中华书局，2011 年，第 9607 页），其中"灰牛"亦被改作"青牛"。

③ 见《辽史》卷一一六《国语解》"堂帖"条，第 1706 页。

综上，《辽史·地理志》关于青牛白马传说最权威的文本实乃元朝史官拼合不同史源的产物。该志以金人陈大任《辽史·地理志》为蓝本稍加附益，此段文本即是典型。以"相传"为界，之前当系陈大任旧文，记奇首可汗之祀，而其后则出自赵至忠《阴山杂录》，述青牛白马之说。由此可知，青牛白马与奇首可汗本为不同传说，都是对木叶山契丹始祖庙设有一男一女及八子塑像这一现象的解释，但具体内容大相径庭；元末史臣注意到陈大任旧志所记"绘塑二圣并八子神像"之情形刚好可与赵至忠笔下立始祖及八子遗像于木叶山的记载相合，遂将两个彼此独立的契丹祖源传说杂糅起来。唯有破除元人所作二手文本的影响，单独审视青牛白马传说，才有可能真正揭开其中的奥秘。

二、青牛白马传说的原生情境

上引《契丹国志》的文本详细交代了传说产生的地理背景，即潢水与土河这两条不同来源、朝向的河流至木叶山汇合，构成了青牛白马传说的核心脉络。很长一段时间里，学界通行的说法是将传说中白马一支对应于奇首可汗或是辽朝皇室阿保机家族，代表男性、天神，而将青牛一支解释为女性、地祇，对应辽朝后族之审密氏或回鹘述律后家族。此类观点受到元修《辽史·地理志》将奇首可汗与青牛白马两说混杂的误导，因而存在较大偏差。

值得注意的是，在辽人有关祖源传说的叙述中，当朝统治者无论皇族、后族，都是以女性始祖形象出现的。在现存辽代石刻文献中，有两条材料与青牛白马传说直接相关：其一为咸雍八年（1072）《耶律宗愿墓志》："越自仙轵下流于潢水，肇发瑶源；神幄梦霓于玄郊，有蕃宝胤。"[1] 其二为大康二年（1076）《兴宗仁懿皇后哀册》：

---

[1] 录文见向南、张国庆、李宇峰辑注：《辽代石刻文续编》，第 148 页。

"昔年偶圣，仙轷从水以下流；今日辞凡，龙辔拂霄而高驾。"① 刘浦江首次发现并正确指出二者的前半部分皆用青牛白马典故，所谓"轷"是一种妇人所乘有帷盖之车，"仙轷"即指天女所驾青牛车。② 然而问题到此并未完结，需要进一步追问的是，当时人谈及青牛白马传说，为何会不约而同地仅强调自潢水而下的青牛一支，而绝口不提白马一支？《耶律宗愿墓志》墓主为辽朝皇室家族的男性成员，《兴宗仁懿皇后哀册》则为后族女性，系阿保机皇后述律平之后裔，③ 其先出自回鹘。如此看来，辽朝的两大统治家族，族属不同、男女有别，时人记述却均将其先祖追溯至契丹的女性始祖青牛一脉，这显然是既往以辽朝皇族对应白马、后族对应青牛的观点所无法回避的问题。

与此相应的是，在另外一则反映契丹来源二元性的祖源传说中，得到契丹统治者推尊、祭祀的也是女性始祖。武珪《燕北杂录》记载了辽道宗清宁四年（1058）柴册仪上祭祀的先祖有唤作"赤娘子"者，并解释云："赤娘子者，番语谓之'掠胡奥'，俗传是阴山七骑所得黄河中流下一妇人，因生其族类，其形木雕彩装，常时于木叶山庙内安置。"④ 本章第三节将对此传说进行全面分析，此处只需指出，在武珪所述辽朝国家祀典中只有赤娘子的位置，至于阴山七骑云云则是其得自民间俗传。赤娘子作为自黄（潢）河上游漂流而下的女性始祖形象得到推崇，与上面两方墓志对青牛女子的强调可谓异曲同工，反映出辽朝统治阶层的传说叙述侧重、突显自潢水而下的女性始祖，而有意无意地忽略另外一支。

将此类文本表征与上节所发掘出的历史情境相结合，可以对青

---

① 录文见向南：《辽代石刻文编》，第 376 页。

② 刘浦江：《契丹族的历史记忆——以"青牛白马"说为中心》，第 100—101 页。

③ 据《辽史》卷七一《兴宗仁懿皇后传》（第 1325 页），仁懿为圣宗钦哀后侄，而钦哀则为淳钦皇后述律平阿古只五世孙。

④ 收入陶宗仪《说郛》卷三八，中国书店影印涵芬楼本，1986 年，叶 16a。原误题王易《燕北录》，参见苗润博《〈说郛〉本王易〈燕北录〉名实问题发覆》，《文史》2017年第 3 期。

牛白马的内涵及产生背景给出新的解释：此传说很可能反映的是开元后期曾居于土河中上游、滦河流域的契丹旧部与此前即处潢水上游一带的诸政治体交汇融合的历史。当是时，可突于所率契丹旧部为唐军击败，北奔至潢水上游，构成了后来所谓遥辇时代的汗族，这一支力量在传说中被描述成"乘白马浮土河而下"的男性始祖；在此之前即居于潢水上游包括阿保机、述律氏家族在内的诸低级政治体被整合进契丹集团，正是传说中"驾青牛车由平地松林泛潢河而下"女子形象的原本指涉。[1] 作为承载记忆的实体，在地处潢土二河交汇的木叶山设立祭祀场所，最初功能应该也是纪念新旧两种势力的交融开启了契丹发展史的新纪元。只不过在漫长的政治博弈中，作为传说中女性始祖的代表，阿保机、述律后两大家族后来居上，最终胜出并建立王朝，掌握了历史叙述的话语权，他们的后裔谈及此说时偏执一端自在情理之中。

正因为产生时代的历史情境是不同政治力量的联合，青牛白马传说呈现出突出的二元性，与此相对应，青牛白马祭仪在草创之时亦当具有明显的会盟、盟誓功能，所谓"刑牲而盟"。青牛、白马的本义正是盟誓上象征不同势力来源的牺牲，这一精神内核在后来的衍变过程中时隐时现，影响深远。既往研究者常将青牛、白马视作契丹理所当然的图腾，比之于蒙古的苍狼、白鹿，但正如日本学者蒲原大作所指出，传说中的契丹八部为神人、天女所生，白马、青牛只是其坐骑，仅起到陪衬作用，不能混同于典型的兽祖传说。[2] 更

---

[1] 杨军《契丹始祖传说与契丹族源》亦曾提到青牛白马传说反映了两支不同来源的力量的融合，认为奇首可汗传说反映的是白马一支的早期迁徙，奇首可汗即宇文鲜卑奉为始祖的莫那，但后来却被出自青牛一支的迭剌部首领耶律家族篡为始祖。此说具有启发性，惜囿于元修《辽史》的线性叙述，仍将奇首可汗视为整个契丹集团的始祖，将契丹先世与并无关联的宇文氏混同，未能彻底揭出这一传说的意蕴。

[2] 蒲原大作：《契丹古伝説の一解釈：シャーマニズム研究の一環として》，《民族學研究》49卷3号，1982年；此据赵东辉、冯继钦中译本，见《契丹女真辽金史译文集》第1辑，吉林文史出版社，1990年，第297页。

重要的是，从本节的解读可以看出，整个青牛白马说的核心信息在于潢水、土河、木叶山，提示了遥辇时代契丹的两大来源，是特定历史阶段的反映，而青牛、白马的定位是多方会盟时所用牺牲，恐不能贸然冠以"民族图腾"的名头，其象征意义亦不宜高估。[1]

三、"青牛白马"在辽朝的改造与定型

青牛白马传说是契丹北迁后新旧两股力量汇合的反映，这种二元叙述在遥辇时代为后起的阿保机家族提供了认同依据，对其发展壮大以至建立王朝起到过积极作用。然而整套叙述中，阿保机家族只是作为青牛一支的一部分出现，这在建国之后自然就显得不合时宜。从《契丹国志》所引赵至忠记载来看，青牛白马较原始的面貌应为：契丹始祖是有着不同来源的一对男女，后人为纪念他们在木叶山立始祖庙，以其坐骑青牛、白马进行祭祀；青牛白马既是承载了二元会盟历史记忆的祖先传说，同时又是祭祀仪典所用牺牲，属于密不可分的一体两面。辽朝建立以后，对二者加以切割，一方面在官方叙述中不再强调作为传说的青牛白马，舍弃原本的集团祖先记忆，淡化二元会盟的精神内核；另一方面则保留了青牛白马作为牺牲的形式，并将之定格为对天神、地祇的祭祀，赋予了新的政治文化意义。

在传说层面，辽朝独尊皇族自家先祖，遥辇时代二元融汇的痕迹逐渐隐没。以太宗会同四年（941）纂修《始祖奇首可汗事迹》为标志，[2] 辽朝正式将阿保机家族先祖奇首可汗奉为整个契丹集团之

---

① 如以往多有学者将"马"的突厥语、蒙古语发音与辽朝统治家族之姓氏"耶律"及后来金人所改译之"移剌"相联系，但立论基础仍在于将白马简单对应于辽朝皇族，恐与实际情况存在不小距离。见爱宕松男：《契丹古代史研究》，第77—86页；Igor de Rachewiltz, "Some Remarks on the Khitan Clan Name Yeh-lü～I-la", *Papers on Far Eastern History* 9/1974, pp. 187—204；钟焓：《评刘浦江〈松漠之间——辽金契丹女真史研究〉》，《唐宋历史评论》第2辑，社会科学文献出版社，2016年，第56—57页。

② 《辽史》卷四《太宗纪下》，会同四年二月丁巳，第53页。

始祖，原本遥辇时代纪念白马男子与青牛女子二元融汇的祭祀场所木叶山，也被改造为祭祀奇首可汗、可敦的地方。如此一来，辽朝皇族不再只是原本传说中女性始祖的一员，而是唯我独尊的存在，彻底用家族历史取代了整个集团的历史，重塑了族群记忆。正因如此，在耶律俨《皇朝实录》及源出于此的陈大任《辽史》中，木叶山始祖庙供奉的是奇首可汗夫妇及其八子，代表了辽朝官方的口径。与之相对，赵至忠则称此始祖庙所供奉的是白马男子、青牛女子，很大程度上保留了当时的民间记忆，从中亦可窥见，契丹王朝虽未将青牛白马传说纳入官方叙述，但并未禁绝此说，这也是其在辽人墓志中仍偶有出现的原因。

祭祀方面，青牛白马作为二元会盟牺牲的象征意义在官方叙述中隐而不彰，具体祭祀的内容与形式也发生了变化。兹先将《辽史》所见青牛白马祭祀的情况列于表 1.1，再作分析。

表 1.1 《辽史》所见青牛白马祭祀简表

时　间	史　料	背　景
太祖七年（913）五月	丙寅，至库里，以青牛白马祭天地	平诸弟之乱后
天赞四年（925）闰十二月	壬寅，以青牛白马祭天地于乌山	亲征渤海途中
天显元年（926）二月	壬辰，以青牛白马祭天地	平渤海后
应历十三年（963）九月	庚戌朔，以青牛白马祭天地。饮于野次，终夕乃罢	
保宁三年（971）二月	己丑，以青牛白马祭天地	
保宁三年十二月	癸酉，以青牛白马祭天地	
保宁五年二月	戊申，以青牛白马祭天地	
保宁七年二月	丙寅，以青牛白马祭天地	
保宁九年二月	甲寅，以青牛白马祭天地	
乾亨二年（980）十月	庚寅，次固安，以青牛白马祭天地	将南伐
统和元年（983）三月	壬午，以青牛白马祭天地	

（续表）

时 间	史 料	背 景
统和元年五月	丙子，以青牛白马祭天地。戊寅，幸木叶山	
统和四年五月	己卯，次固安南，以青牛白马祭天地	南伐
统和四年十一月	丁亥，以青牛白马祭天地	南伐
统和六年八月	丙辰，以青牛白马祭天地	南伐
统和七年正月	丙午，以青牛白马祭天地	
统和九年十一月	己亥，以青牛白马祭天地	
统和十九年五月	辛卯，以青牛白马祭天地	
统和十九年十月	壬子，以青牛白马祭天地	南伐
统和二十二年闰九月	甲子，以青牛白马祭天地	南伐
统和二十三年七月	辛酉，以青牛白马祭天地	
保大三年（1123）二月	甲午，以青牛白马祭天地、祖宗，整旅而西	耶律大石自漠北西征之前
延庆三年（1126）三月①	以青牛白马祭天，树旗以誓于众	西辽自虎思斡耳朵东征之前

（一）祭祀对象。表中所列祭祀凡23次，除末栏外，皆表述为以"以青牛白马祭天地"，可见祭祀对象为天、地二神。那么，这里的天神、地祇与原本传说中的白马男子、青牛女子有何关系？

《辽史·淳钦皇后传》记载了一则颇显离奇的故事："（淳钦皇后）尝至辽、土二河之会，有女子乘青牛车，仓卒避路，忽不见。未几，童谣曰：'青牛妪，曾避路。'盖谚谓地祇为青牛妪云。太祖即位，群臣上尊号曰地皇后。神册元年，大册，加号应天大明地皇后。"②

---

① 《辽史》记耶律大石史事系年每与实际不合，学者多有考证，此处权据原文标识。

② 《辽史》卷七一《淳钦皇后传》，第1319—1320页。

以往研究者多据此认为地祇即青牛妪，象征契丹女性始祖，[①] 而述律后编造这一传说就是要将自己等同于契丹的女性始祖，为回鹘与契丹的结合提供依据。[②] 与此不同的是，康鹏指出在早期的传说版本中，契丹女性始祖都是比较含糊的女性形象，没有任何迹象表明青牛妪与地祇有什么瓜葛，青牛妪即地祇应当是比较晚出的说法。淳钦皇后正是通过青牛妪避路宣示自己就是新的地祇，取代了原先的旧地祇青牛妪。[③]

康氏所论颇具有启发意义。不过在我看来，辽朝建国后的改造并非局部的调整，而是整体的替换。既然原本就没有所谓地祇，何来新旧之别？阿保机建国前后，基于契丹本身的信仰，糅合华夏政治文化，自称天皇帝，以述律氏为地皇后，将二人打造成天神、地祇的象征，实现了自我神圣化。《周易·说卦》曰："乾为马，坤为牛……乾为天、为圜、为君、为父……坤为地、为母……"契丹王朝以青牛白马祭天地的对应关系与《说卦》完全一致；与此相类，天皇帝、地皇后与人皇王（阿保机长子突欲）的称号，亦与《周易·系辞下》天、地、人三才的理念正相契合。这些显然都是精心设计的结果，种种迹象表明，阿保机变家为国前后，韩知古、韩延徽等汉人谋臣曾起到重要的引导作用，一个主要表现就是利用华夏政治文化元素为其鼓噪宣传，如建国前夜"君基太一神数见"即是典型（详见本书下篇第二章第一节）。所谓"青牛妪，曾避路"，实际上意味着以阿保机（天神）、述律后（地祇）为代表的全新信仰体系的确立，旧的祭祀对象白马男子、青牛女子退出历史舞台，这

---

① 田村实造：《中国征服王朝の研究》，東洋史研究會，1964年，第59—112页；刘浦江：《契丹族的历史记忆——以"青牛白马"说为中心》，第100—109页。

② 王民信：《契丹古八部与大贺遥辇迭剌的关系》，收入氏著《契丹史论丛》，学海出版社，1973年，第46—47页。

③ 康鹏：《契丹小字"地皇后"考》，《西北师范大学学报（社会科学版）》2016年第5期，第110页。

一系列改造绝非淳钦皇后个人所能完成，而是新生的契丹王朝权力意志的集中体现。信仰体系改换之后，青牛白马在国家祭祀的层面只剩下形式上的延续，而原本的历史情境和象征意义则被完全抽空。

（二）使用场合与规程。表1.1中约半数的祭祀皆与征战有关，其余具体背景不详；祭祀场所并无一定之规，往往临时随地而祭，与祭拜木叶山始祖庙绝大多数情况下并不重合。前引《地理志》文本称"每行军及春秋时祭，必用白马青牛"，《辽史·兵卫志·兵制》亦称"凡举兵，帝率蕃汉文武臣僚，以青牛白马祭告天地、日神，惟不拜月"，[①] 后者的直接史源为宋《两朝国史·契丹传》，[②] 两处志文皆谓青牛白马祭祀主要在战时使用。《辽史·礼志》"皇帝亲征仪"条曰："将出师，必先告庙。乃立三神主祭之：曰先帝，曰道路，曰军旅。刑青牛白马以祭天地。其祭，常依独树；无独树，即所舍而行之。"[③] 所谓"独树"是北族祭祀用来悬挂牺牲的常见物什，[④] 出现在这里当是为了放置切割好的青牛、白马。关于以牺牲祭祀天地的详细情形，《礼志》所记"祭山仪"叙述较详："设天神、地祇位于木叶山，东向，中立君树……牲用赭白马、玄牛、赤白羊，皆牡。仆臣曰旗鼓拽剌，杀牲，体割，悬之君树。太巫以酒酹牲……执事郎君二十人持福酒、胙肉，诣皇帝、皇后前……皇帝、皇后一拜，饮福，受胙……"[⑤] 其中所用牺牲除马、牛外尚有赤白羊，与皇帝亲征仪略有不同，然"君树"即对应"独树"，而"杀牲，体割"的最终结果则是由帝、后受胙，两者合观不难推想青牛白马祭天地的大致流程。总体而言，青牛白马祭仪在辽乃国之重典，

---

① 《辽史》卷三四《兵卫志上》，第451页。

② 《〈辽史〉探源》，第172—179页。

③ 《辽史》卷五一《礼志三·军仪》，第941页。

④ 罗新：《拓跋祭天方坛上的木杆》，《云冈研究》第1卷第2期，2021年6月，第56—68页。

⑤ 《辽史》卷四九《礼志一·吉仪》，第928—929页。

不轻易使用，且规制隆重，就现有资料判断，多与行军出征有关，或亦部分保留了凝聚、整合不同力量的原始功能。

（三）使用时段。冯家昇指出，自统和二十三年（1005）以后至辽末，《辽史》中看不到青牛白马祭祀的相关记载，认为当与契丹信仰佛教后减少甚至禁止杀生有关。[①] 刘浦江从辽朝佛教的整体情况出发，对这一判断表示认可。[②] 是说大体不误，不过如果考虑此种仪式所适用的场合，可能会有更为周严的解释。统和二十二年末澶渊之盟以后，契丹对外用兵骤然减少，主要作为行军仪的青牛白马祭祀自罕有用例，但并不意味着彻底禁绝，一旦情势需要仍会施行。此外，《辽史》记载多有疏漏，上述统计恐不足以涵盖全部。前引范镇《东斋记事》记载称"此事得于赵志忠……契丹祀天，至今用灰牛、白马"，赵氏入宋已在兴宗重熙十年（1041），"至今"云云显然不会是指向三四十年前，可见晚至兴宗前期仍会行此祭仪。辽中期以后有可能沿用青牛白马祭天地，构成了辽季耶律大石复兴此礼的现实基础，更深刻地影响了该文化在后世的下移。

经过祖先传说的改换、祭祀对象的替代，遥辇时代青牛白马文化的核心内涵在辽朝官方的意识形态话语中难觅踪迹，只能在民间传说和祭祀礼仪中沉淀下来，而祭祀形式与规程则亦由此确定。就青牛白马的文化形态而言，契丹建国以前来源的二元性所带来的联盟、盟誓性质可谓其"神"，辽朝建立以后的改造与定格则可谓其"形"。神形俱毕的青牛白马，并未随着契丹王朝的覆灭而烟消云散，而是逐渐下沉、渗入历史的深处，甚或成为某种社会文化基因，对中原汉地与草原北族都产生了深远的影响。[③]

---

① 冯家昇：《契丹祀天之俗与其宗教神话风俗之关系》，收入氏著《冯家昇论著辑粹》，中华书局，1987年，第51—70页。

② 刘浦江：《契丹族的历史记忆——以"青牛白马"说为中心》，第109页。

③ 关于此种文化形态在后世的衍变与影响，参见苗润博：《"青牛白马"源流新论——一种契丹文化形态的长时段观察》第三、四节，《北京大学学报（哲学社会科学版）》2022年第3期。

第三节 阴山七骑赤娘子传说意蕴表微

相比声名赫赫的青牛白马传说，另外一则契丹祖源传说——阴山七骑赤娘子传说长期以来并未得到太多的关注，甚至不被当作独立的传说系统。不过，本节的分析将会表明，这一传说中所承载的契丹早期历史信息或许并不亚于青牛白马传说。

该传说见于由辽入宋的归明人武珪所作《燕北杂录》：

> 清宁四年戊戌岁十月二十三日……行柴册之礼……先望日四拜，次拜七祖殿、木叶山神，次拜金神，次拜太后，次拜赤娘子，次拜七祖眷属，次上柴笼受册，次入黑龙殿受贺……七祖者，太祖、太宗、世宗、穆宗、景宗、圣宗、兴宗也。赤娘子者，番语谓之"掠胡奥"，俗传是阴山七骑所得黄河中流下一妇人，因生其族类，其形木雕彩装，常时于木叶山庙内安置，每一新戎主行柴册礼时，于庙内取来作仪注，第三日送归本庙。①

从中可以看出，辽道宗清宁四年（1058）的柴册礼上有一个重要环节是祭拜赤娘子，这位赤娘子被供奉在木叶山的契丹始祖庙中，民间传说将她描绘成契丹的女性始祖，而传说中的男性始祖则是被称作"阴山七骑"的群体概念。刘浦江认为"所谓的赤娘子，显然就是青牛白马传说中驾青牛车泛潢河而下的天女"，② 似乎是将阴山七骑赤娘子说与青牛白马说看作同一个传说，并未对二者的明显差异加以解释。任爱君则认为这是两个不同的传说，阴山七骑说出现较早，较为原始，而青牛白马说则是辽朝建国以后制造的。③ 钟焙则在

---

① 收入《说郛》卷三八，中国书店影印涵芬楼本，1986 年，叶 16a—17a。
② 刘浦江：《契丹族的历史记忆——以"青牛白马"说为中心》，第 111 页。
③ 任爱君：《关于契丹族源诸说新析》，第 35—38 页。

注意到任说的基础上列表分析、对比了两个传说中的各种主题要素，发现二者彼此重合的部分极少，仅集中在两个地理名称上，即潢河与木叶山。钟焓进而认为二者并非由同一个祖源传说发展而来，而是各有渊源，到晚期才稍稍出现合流之势。[①] 依我之见，仅对二者进行文本比对及边缘性描述恐怕不足以真正解决问题。要想对两个传说的关系做出更明确的判断，需要首先弄清阴山七骑赤娘子传说中各个要素的内涵，进而综合分析其总体所反映的时代背景，之后方可以之与青牛白马说比较。

一、书画戏文中阴山七骑的形象与族属

关于阴山七骑，现存最早的记录是胡瓖所作《阴山七骑图》。胡瓖以画蕃马著名，此图是其代表作之一。宋神宗时郭若虚《图画见闻志》在记载唐末画家时提及："胡瓖，范阳人，工画蕃马，虽繁富细巧而用笔清劲……有《阴山七骑》《下程》《捉马》《射雕》等图传于世。"[②] 徽宗时官修之《宣和画谱》亦称其为唐范阳人。[③] 苏颂在熙宁年间的诗作中则称"世传阴山七骑图乃唐胡瓖创造，后人多模揭，及别为变态，然皆不及旧制"。[④] 皆以胡瓖为唐人。唯早于上述三者的仁宗朝刘道醇所作《五代名画补遗》收录胡瓖之名，并称其为："山后契丹人（或云瓖本慎州乌索固部落人），善画蕃马。"[⑤] 按"山后"成为独立地理概念，始于唐末五代初年刘仁恭据幽州时

---

① 钟焓：《评刘浦江〈松漠之间——辽金契丹女真史研究〉》，第57—58页。

② 郭若虚：《图画见闻志》卷二"唐末二十七人"，黄苗子点校，人民美术出版社，1963年，第33—34页。

③ 《宣和画谱》卷八"唐"，王群栗点校，浙江人民美术出版社，2012年，第85页。

④ 苏颂：《苏魏公文集》卷一三《观北人围猎》，王同策等点校，中华书局，1988年，第173页。

⑤ 刘道醇：《五代名画补遗·走兽门第三》，《四库提要著录丛书》影印汲古阁影宋抄本，北京出版社，2010年，子部第149册，第466页下栏。

（895—907）设"山后八军"，① 与刘氏所谓五代略合，而小注所称"慎州乌索固"系指粟末靺鞨乌素固部。按照此说，胡瓌当为五代由契丹或靺鞨归化之人。以上记载矛盾并非不可调和，大致说来胡瓌约为唐末五代时人，自东北蕃部归化中原，居于范阳。

很长一段时间里，辽史学界倾向于认为胡瓌《阴山七骑图》与上引契丹祖源传说有关，甚至声称此图"应是包含了七人七骑和一位在黄河中顺流而下的妇女的形象"。② 然而根据目前美术史学界的研究，将现存《出猎图》与《回猎图》合观很可能就是一幅《阴山七骑图》，③ 其中丝毫不见赤娘子的踪迹，贸然将此画与契丹传说建立关联显然不妥。更重要的是，从宋人当时记载来看，此图与契丹之间并不存在必然的对应关系。

胡瓌《阴山七骑图》在五代、宋流传甚广，影响甚大，仿作、改作者众多，④ 同时亦有诸多诗文与此图有关。如梅尧臣皇祐四年所作（1052）《观史氏画马图》云："往闻胡瓌能画马，阴山七骑皆戎奚。或牵或立或仰视，闲暇意思如鸣嘶。风吹裘带旗脚展，沙草一向寒凄迷。凤瓶挈酒鞍挂获，毡庐氋帐半隐堤。观此二图诚亦好，欲比瓌笔犹云泥。"⑤ 此诗将一史姓画家所绘胡马与胡瓌《阴山七骑

---

① 参见李鸣飞：《"山后"在历史上的变化》，《陕西理工学院学报（社会科学版）》2007 年第 1 期；李翔：《关于五代"山后八军"的几个问题》，《中南大学学报（社会科学版）》2016 年第 4 期。

② 任爱君：《契丹史实揭要》，哈尔滨出版社，2001 年，第 39 页。

③ 彭慧萍《台北故宫藏〈出猎图〉、〈回猎图〉之画题源流析探》（《台湾历史博物馆馆刊》2002 年第 8 期）首次指出台北故宫博物院所藏名画《出猎图》与《回猎图》，一为三人三骑，一为四人四骑，笔墨风格、绢质规格及画面布景诸要素皆高度一致，认为二者原始装裱形式可能并非册页，而是来自同一手卷，或即《阴山七骑图》。

④ 黄休复《益州名画录》卷中（人民美术出版社，1964 年，第 40—41 页）云："周行通者，蜀人也，攻画人物、鬼神、蕃马、戎服器械毡帐鹰犬羊雁之类，及川原放牧，尽得其妍，有《李陵送苏武图》《夺马图》《三困图》《射雕图》《阴山七骑图》。"周氏为后蜀时人，足见胡瓌此图在五代后期已有仿作。

⑤ 梅尧臣著，朱东润编年校注：《梅尧臣集编年校注》卷二二，上海古籍出版社，2006 年，第 609 页。据校记知此诗仅见于梅集残宋本。

图》相较，其中自"往闻胡瓌能画马"以下直至"凤瓶挈酒鞍挂
获，毡庐毳帐半隐堤"皆指胡图，称其较史氏所画高妙甚多。值得
注意的是，梅诗称"阴山七骑皆戎奚"，似谓胡瓌所画七骑乃是奚
人。无独有偶，时代稍晚的孔武仲《刘器之阴山七骑图》诗在详细
描写此画内容时同样提到其与奚人有关："北风飕飕边云黄，飞沙瞹
日天惨苍。驾鹅鸣哀雁不翔，七骑正出阴山傍。胡中阴尘岁无阳，
鸟飞堕翼人立僵。犯寒跨鞍知悍强，以此决战谁能当。面颜虽在姓
莫详，一一胡帽胡衣裳。马蹄涩缩弓不张，但见旗旆随飞扬。**凤瓶
倒酒进奚王**，仰天意气骄雪霜。横斜道路深浅冈，想见射获多麏
麚……"[1] 诗题之"刘器之"即刘安世，字器之，乃孔氏好友，此
画当为其收藏。此诗所述意境与梅尧臣言颇相契合，将其中"凤瓶
倒酒进奚王"一语与梅氏所谓"阴山七骑皆戎奚""凤瓶挈酒鞍挂
获"对读可知，二人所见《阴山七骑图》中应皆出现了"凤瓶"这
一意象，此或许就是奚、契丹社会中特有的凤首瓶，所谓"倒酒进
奚王"云云当然不是指画中有觥筹交错的场景，而是诗人由马上所
挂凤瓶产生的联想和发挥。

　　以上二诗是目前所见关于《阴山七骑图》内容最为详细的描述，
在这两位北宋中期诗人的笔下，胡瓌此画只塑造了七人七骑在苍茫
风沙中伫立的形象，完全不见所谓"黄河中流下一妇人"（即赤娘
子），而且二人皆明确声称此图所画乃奚人之事，丝毫未及契丹。在
吟咏此图的其他诗作中，我们再也找不到关于其中所画七骑的族属
情况，或着重赞赏蕃马，或描摹总体意境，皆未认为其与契丹有关。[2]

---

　　① 孔武仲：《宗伯集》卷三，《豫章丛书》本《清江三孔集》，叶22a—b。《文渊阁
四库全书》本此诗多有讳改。

　　② 参见沈遘：《西溪集》卷一《得胡瓌马》，《四部丛刊三编》影印明翻宋刻本，叶
5a—6b；李石：《方舟集》卷二《题阴山七骑图》，《景印文渊阁四库全书》本，台湾商务
印书馆，1986年，第1149册，第551页下栏；周孚：《蠹斋铅刀编》卷一一《金山海书
记寄七骑》，《景印文渊阁四库全书》本，第1154册，第612页下栏。

由此判断，胡瓌《阴山七骑图》中并未留下关于所画内容的具体解说，诸诗所述或许未必就是画之原义，但至少说明在宋人心目中所谓"阴山七骑"与契丹并非直接对应，更不会将此图与契丹始祖传说建立联系。事实上，在武珪《燕北杂录》于嘉祐六年（1061）传入宋朝之前，[①] 宋人恐怕连契丹有阴山七骑、赤娘子这样的先世传说都不知晓，即便在其书传入之后，亦始终未见有人将此传说与《阴山七骑图》联系在一起。更重要的是，如前所述，胡瓌在唐末居于范阳及其东北地区，周边契丹、奚人长期共存杂处，两者在族属、形貌、风俗等方面颇多近似之处，胡氏所绘完全有可能是奚人，而不一定指向契丹。换句话说，所谓"阴山七骑"的族属并非专门特定之范畴。

除了胡瓌的《阴山七骑图》，其实还有一类不大为研究者所注意的材料提到了阴山七骑，那就是杂剧戏曲。孔武仲之弟孔平仲曾有《阴山七骑》一首："青毡作帽黑药靴，进退飒飒生风沙。胡歌胡舞胡两跪，问胡何为乃至此。象胡之人假为之，朱颜的皪秀两眉。手操弓矢仰视天，如见飞雁驰平川。主称此乐直万钱，坐客竞饮黄金船。世人见识无百年，追欢收快贵目前。当时被发祭于野，自非辛有谁知者。"[②] 以往论者或以此诗亦是题咏《阴山七骑图》而作，[③] 或认为此系孔平仲出使契丹时根据所见祭祀活动所写，[④] 皆试图将其与契丹建立联系。其实稍加细审即可明白，此诗与契丹毫无关涉，不过是孔氏看完一场傩戏演出的观后感罢了！诗中开首两句描写表演者的着装和动作，特别指出了一派胡人模样，之后"象胡之人假

---

① 陈振孙：《直斋书录解题》卷五"伪史类"，徐小蛮、顾美华点校，上海古籍出版社，2006 年，第 139 页。

② 孔平仲：《朝散集》卷二，《豫章丛书》本《清江三孔集》，叶 18a。《文渊阁四库全书》本多有讳改。

③ 参见陈晓伟：《图像、文献与文化史：游牧政治的映象》，河北大学出版社，2017年，第 176 页。

④ 任爱君：《关于契丹族源诸说新析》，第 38 页。

为之"一句明确点出此胡乃是汉人假扮,接着又写其假意射雁的表演,最后抒发了诗人对及时行乐这种生活态度的看法。孔平仲从未出使过契丹,[①] 这场演出自然是其在宋朝所见,诗题作"阴山七骑"当即傩戏之名。可见最晚在北宋中后期,已经出现了以"阴山七骑"为题的戏曲演出,主角为七个胡人的形象,并未专指是何族属。南宋末年成书的《西湖老人繁胜录》记载庆元年间元宵节之演出剧目曰:"全场傀儡:阴山七骑、小儿竹马、蛮牌狮豹、胡女番婆、踏跷竹马、交衮鲍老、快活三郎、神鬼矻刀。"[②] 其中名为"阴山七骑"的傀儡戏,刚好可与孔平仲诗相印证,说明此戏在两宋时期都颇为流行。

通过后世流传的类似剧本,我们可以约略窥见宋代"阴山七骑"戏的端倪。现存元明之际杂剧有一名唤《阴山破虏》者,其中保留了如下唱段:

> 柴绍云:"军师将胡寇追入阴山后,止存的七人七骑,他逃命走了也。"张公谨云:"杀胡人遍野斩首万余级,得男女十余万,追至阴山大境也。"正末云:"今得全胜之功,露布旗张天下以闻,可以班师而回也。"李世勣云:"这胡虏怎出的军师计策也呵。"【尾声】今日个剿除番虏边尘静,直赶至阴山地境,他则有七人七骑硬逃生,俺正是千战千赢正纲领。[③]

此杂剧所述乃贞观三年(629)李靖与突厥战于阴山之事,其中所谓"军师"即指李靖,而阴山七骑则指突厥被唐朝军队所败,仅剩七人七骑。该剧的其他版本还有一段与此有关:"房玄龄云:'俺军师统领众将,灭绝番寇,止存七人七骑,追至阴山,乘胜施威,众将都

---

① 遍检史籍未见孔氏出使契丹之记载,亦可参阅傅乐焕:《宋辽聘使表稿》,《辽史丛考》,中华书局,1984年,第179—285页。

② 《西湖老人繁胜录》,《永乐大典》卷七六〇三"杭"字韵,中华书局影印本,1986年,第3515页上栏。

③ 《脉望馆钞校本古今杂剧58》,文学古籍刊行社,1957年,原书无页码。

得成功也。’”① 很明显，此剧是将阴山七骑塑造成被唐军打败的突厥人，从阴山逃窜而走。

与《阴山破虏》所述相似，另一部元杂剧《十样锦诸葛论功》也提到李靖与阴山七骑之事：“【外扮李靖上】【云】并国相吞事可图，扶持社稷古今无。杀尽虏寇犹未舍，阴山七骑战匈奴。某姓李名靖字药师，京兆三原人也……”② 此杂剧主体内容乃是宋初修建武庙论功入祀，李昉与张齐贤议定座次；玉帝遣使敕知太公望，令其召集范蠡、诸葛亮、韩信、李靖等十三人议之，引文即为李靖出场自述其功。研究者指出，此剧本成形较早，当系元人尚仲贤旧本，③ 很可能出于金代院本《十样锦》。④ 其中所谓“杀尽虏寇犹未舍，阴山七骑战匈奴”即指大破突厥之事，“匈奴”不过是其代称。这段戏文说明阴山七骑在当时并不限于某一特定剧本，而是成为民间文化中一个为人熟知的意象，不需要过多解释，听众早已了然于胸。

以上爬梳结果显示，从唐五代直至宋元时期，阴山七骑的形象一直被中原作为北方胡族的模糊代表，其具体所指并不明确，时而被视作奚人，时而化身为突厥，时而又可能与契丹有关。由此看来，阴山七骑实际是一个渊源深远、流传较广且包容性较强的叙述模式或曰故事母题，由此衍生出不同的具体内容和表现形式。

二、阴山七骑的象征意蕴

既然阴山七骑在很长一段时间里是华夏语境下北族意象的代表，那么，这一叙述模式本身究竟蕴藏了怎样的内涵呢？我们或许可以从阴山、七骑两方面入手分别考察，然后再合而观之。

---

① 《阴山破虏》，涵芬楼藏《孤本元明杂剧》，中国戏剧出版社，1958 年，叶 8a。

② 《十样锦诸葛论功》，涵芬楼藏《孤本元明杂剧》，叶 5b。

③ 严敦易：《元剧斟疑》，中华书局，1960 年，第 30—34 页。

④ 王国维：《宋元戏曲史》，上海人民出版社，2014 年，第 58 页。

　　首先来看阴山。阴山原本是指今内蒙古自治区中部到河北北部东西走向的山脉，自秦汉以后即成为中原王朝与塞外北族的分界，对于双方都有着重要的地理意义和文化意涵。自魏晋北朝时起，阴山开始从实体的山脉衍化为部分北族的象征，如庾信称武川代人侯莫陈道生"本系阴山，出自国族，降及于魏"，[①]《周书·贺拔胜传》记"其先与魏氏同出阴山"，[②] 北齐《库狄业墓志》也称墓主为"荫（阴）山人也"，[③] 贺拔胜与库狄业同属铁勒一系。及至唐代，阴山所代表的北族范围更加扩大，有称突厥者"本姓阿史那氏，阴山人也"；[④] 称宇文者"阴山贵公子，来葬五陵西"；[⑤] 称回鹘者"阴山贵女，来迓天孙"；[⑥] 称黠戛斯者"国王阴山雄劲，朔野英雄"；[⑦] 称吐谷浑者"河东阴山郡安乐王慕容神威迁奉墓志并序"；[⑧] 称沙陀者"代漠强宗，阴山贵胤"。[⑨] 有研究者指出，北朝隋唐时阴山对于以突厥语族为代表的北族上层来说逐渐具有了类似"郡望"的意义，并开始有向东北辐射的趋势。[⑩] 此说极具洞见，但对晚唐以后的情况关注不足。史料显示，至晚在唐中期开始，阴山

---

　　① 庾信著，倪璠注：《庾子山集注》卷一五《周骠骑大将军开府侯莫陈道生墓志铭》，许逸民点校，中华书局，1980 年，第 946 页。

　　② 《周书》卷一四《贺拔胜传》，中华书局，1971 年，第 215 页。

　　③ 罗新、叶炜：《新出魏晋南北朝墓志疏证》，中华书局，2005 年，第 187 页。

　　④ 《阿史那思摩墓志》，见周绍良、赵超《唐代墓志汇编续集》，上海古籍出版社，2001 年，第 38 页。

　　⑤ 刘禹锡著，瞿蜕园笺证：《刘禹锡集笺证》卷三〇《故相国燕国公于司空挽歌》，上海古籍出版社，1989 年，第 991 页。

　　⑥ 《册府元龟》卷八一《帝王部·庆赐三》，第 945 页下栏。

　　⑦ 李德裕著，傅璇琮、周建国校笺：《李德裕文集校笺·补文·与黠戛王书》，河北教育出版社，2000 年，第 713 页。

　　⑧ 《慕容神威墓志》，周绍良编《唐代墓志汇编》，上海古籍出版社，1992 年，第 1091 页。

　　⑨ 《旧唐书》卷二〇《昭帝纪》，第 743 页。

　　⑩ 钟焓：《"唐朝系拓跋国家论"命题辨析——以中古民族史上"阴山贵种"问题的检讨为切入点》，《史学月刊》2021 年第 7 期。

已经逐渐成为北方少数族裔的普遍代称，契丹女真皆不属于突厥语族，其早先居地亦与阴山相去甚远，但唐宋文献多有以"阴山"指称此二族者。

唐永泰二年（766）《李过折墓志》开首云："府君讳过折，字过折。其先阴山王之种，即虏族也。"[1] 细忖文义，其中"即虏族也"其实就是对"其先阴山王之种"的直接解释，非谓其先世必与阴山有何关联；开元二十二年（734）末李过折杀可突于归唐，次年初唐赐其诏书称契丹兵马官李过折"蕃中贵种，塞下雄才"，[2] 显与墓志"阴山"云云所指相同。《太平广记》记载赵延寿在契丹时作诗有云"黄沙风卷半空抛，云动阴山雪满郊"，[3] 段末注出处为《赵延寿传》，此当系薛居正《旧五代史》佚文，可见五代之用例。治平四年（1067）陈襄使辽途中有《墨崖道中作》诗曰："阴山沙漠外，六月苦行人。"[4] 除了诗文以"阴山"指称契丹外，更有以此命名的史书，最著名者莫过于赵至忠《阴山杂录》（又名《虏廷杂记》），[5] 可见阴山在宋代某种意义上已成为契丹的代名词。[6] 与指称契丹类似，宋人亦以阴山指称女真。曹勋《回銮》一文即称"启五城之銮驭，荡阴山之妖尘"，[7] 属蒙难余生，尚强作夸饰之辞；被金朝拘禁多年的洪皓有诗云"阴山趺坐匪逃秦，杖锡聊充观国宾"，[8] 从内容判

---

① 葛承雍：《考古新发现唐长安一方契丹王墓志的解读》，收入氏著《唐韵胡音与外来文明》，中华书局，2006 年，第 148—156 页。

② 《册府元龟》卷九六四《外臣部·封册二》，第 11345 页下栏。

③ 《太平广记》卷二〇〇"赵延寿"，中华书局，1961 年，第 1508 页。

④ 陈襄：《古灵先生文集》卷二三《黑崖道中作》，《宋集珍本丛刊》影印南宋刻本，线装书局，2004 年，第 8 册，第 685 页下栏。

⑤ 陈振孙：《直斋书录解题》卷五"伪史类"，第 139 页。

⑥ 任爱君《契丹史实撮要》（第 36—43 页）曾注意到宋人以阴山指称契丹的现象，认为此举乃是因为宋人曾以契丹为匈奴，同时受到《阴山七骑图》之影响。

⑦ 曹勋：《松隐文集》卷一《回銮》，《宋集珍本丛刊》影印傅增湘校《嘉业堂丛书》本，线装书局，2004 年，第 41 册，第 472 页下栏。

⑧ 洪皓：《鄱阳集》卷二《次督洗泥韵》，《洪氏晦木斋丛书》本，叶 5a。

断，当系其在金朝时所作；范成大谓"愿挽灵旗北指，为君直捣阴山"，[①] 以阴山代指金人巢穴。

综上可知，由唐到宋，阴山早已超越了其地理限制，而成为汉语文献对于北族及其统治区域的广泛代称，这也是阴山七骑可以成为这一时期北方蕃族形象代表的基本前提和背景。

接着来看"七骑"。近年不断有学者注意到，内亚历史叙述传统中存在着与数字七有关的祖先蒙难叙事。党宝海注意到《元典章》中"往常时汉儿皇帝手里有两个好将军来，杀底这达达剩下七个，走底山洞里去了"的记载，将其与《柏朗嘉宾行纪》《纳昔儿史话》中的类似故事进行了比较，认为这反映了蒙古人早先曾被统治汉地的金朝残杀，结果仅余七人幸免的受难型传说。[②] 钟焓则进一步指出七个蒙古人逃难的祖先传说广泛存在于11—16世纪的汉文、拉丁文、阿拉伯文、察哈台文多种文献中，认为数字七在隐喻部族苦壮成长的政治叙事中具有某种象征基数性质的特定含义。[③] 这些研究对于重新理解"阴山七骑"中七骑的内涵具有重要启发意义。

除蒙古外，这里还可以补充两个七人七骑的祖先蒙难故事。其一是流传于辽宁抚顺等地的锡伯族神话传说：元朝张士诚起义杀"鞑子"，锡伯"鞑子"也在被杀之列，最后只剩下七人七马逃到草塘。后来七人给人放牛，遇到七个仙女洗澡，其中两人藏了两个仙女的衣服，遂结为夫妻，一对生了男孩，一对生了女孩，后来这两个孩子皆为夫妻，成了锡伯族的祖先。锡伯族供奉的祖先七人七骑，

---

① 范成大：《范石湖集·诗集》卷九《冬祠太乙六言四首》，富寿荪标校，上海古籍出版社，2006年，第107页。

② 党宝海：《外交使节所述早期蒙金战争》，《清华元史》第3辑，商务印书馆，2015年，第159—187页。

③ 钟焓：《中古时期蒙古人的另一种祖先蒙难叙事——七位幸免于难的脱险者传说解析》，《历史研究》2016年第3期，第59—76页。

就是那七个锡伯"鞑子"。① 其二是辽宁新民律氏家谱记载的家族起源的传说：辽宁律氏是耶律楚材后裔，元朝灭亡之际，此耶律氏家族七人七骑从元大都逃到天津小王庄隐居，改耶律为律姓，乾隆年间又迁至辽宁新民。② 这些传说当然不能看作历史的真实，但却反映出七人七骑作为一种常见的蒙难先祖叙事，在北族传统中具有经久不衰的生命力。

综合以上内容可知，所谓"阴山七骑"应该也是一种祖先蒙难逃亡的叙事模式，它并不局限于某一特定北族，而是草原上同类历史叙述的集合与隐括。前引元杂剧中将其描绘成被唐朝打败、几近灭族的形象，正是这种叙述传统的曲折反映。

三、阴山七骑赤娘子传说与契丹王朝的历史记忆

作为上述母题最著名的用例，具体到契丹的祖源传说，阴山七骑这样一种祖先蒙难的叙事又是指什么呢？如何与契丹的先祖事迹产生联系？

前文已述，在开元二十一年可突于之乱时，契丹集团遭到重创，损失殆尽，可突于率残众北奔奚地，首次到达潢水、木叶山地区，与来自潢水上游方向以阿保机家族为代表的部族融合重组，获得新生。祖源传说所呈现出的契丹集团来源的二元性，很可能正反映了开元后期曾居于土河中上游、滦河流域的契丹旧部与此前即居于潢水上游一带的诸政治体交汇融合的历史情境。武珏笔下"阴山七骑"所代表的蒙难先祖很可能就是指被唐军打败的契丹旧部，而传说中顺潢河漂下的赤娘子正是阿保机家族的象征，这也是后者保留在国

① 国家民族事务委员会全国少数民族古籍整理研究室编：《中国少数民族古籍总目提要·锡伯族卷》，中国大百科全书出版社，2007年，第221页。该书记载此条史料来源为："1988年依老太太讲述，胡玉新记录整理。收入《抚顺锡伯族志》，2003年内部印刷。"

② 转引自陈宝勤、戈晶晶：《北方少数民族复姓名字单音化历史研究（上）》，《新国学》第10卷，四川大学出版社，2014年，第110页。

家祭祀体系里的根由所在。

关于赤娘子，"番语谓之'掠胡奥'"，这种说法近来已经得到了契丹文字研究的证实："掠胡"为契丹小字 𘭶 或 𘭶 之音译，义为红、赤，而"奥"则为契丹小字 𘬿 之音译，义为女性亲属、姐姐。[①] 武珪又称"其形木雕彩装，常时于木叶山庙内安置，每一新戎主行柴册礼时，于庙内取来作仪注，第三日送归本庙"，可见其与奇首可汗一样，平时都被供奉在契丹始祖庙内。但同时也应看到，道宗朝柴册仪的典礼规程是"先望日四拜，次拜七祖殿、木叶山神，次拜金神，次拜太后，次拜赤娘子，次拜七祖眷属"，赤娘子在整个祭祀体系中排序非常靠后，远逊于木叶山神即奇首可汗，这应该是辽朝建立以后独尊统治家族背景下，赤娘子作为原本二元祖先传说的一部分逐渐式微但又未彻底消亡的表征。

由此看来，阴山七骑赤娘子传说与青牛白马传说，都是遥辇时代契丹北迁潢水上游后新旧两部分交融重组的历史写照。阴山七骑象征的蒙难先祖与白马一支一样，均指向因辽朝建立而汗权永久旁落的契丹旧部，作为历史的失败者与失语者，它们在辽朝统治阶层的历史叙述中逐渐隐没，而只能在民间的传说以及异国的传闻中沉淀下来。与此同时，二者又有明显差异，不容混同。

其一，后者所述交汇双方即男、女始祖的来源都是明确的，而前者只强调女性始祖来自潢河，对男性始祖的交代则较为模糊。其二，后者中双方地位和作用看不出明显的差别，前者则有突显女性始祖作用的倾向，即在先祖蒙难之际，仰赖此女方才有族类之再造。其三，后者所述男女始祖数量相同，而前者则相差悬殊。其四，后者关于双方具体情况的表述更为整齐对称、相对精细复杂，且与契

①　参见爱新觉罗·乌拉熙春：《契丹語言文字研究》，東亞歷史文化研究會，2004年，第197页；傅林：《论契丹语中"汉儿（汉人）"的对应词的来源》，《辽金历史与考古》第4辑，辽宁教育出版社，2013年，第139—140页。

丹人生活常见之物建立关联，更具有现实的宣传力和影响力，主要表现在青（灰）牛、白马作为坐骑的出现；而前者的意象则十分简单粗糙，并没有太多的修饰和润色。

　　结合辽朝至道宗时期的国家祭祀中仍有赤娘子的位置，我们推测阴山七骑赤娘子传说很可能也产生于遥辇时代，起初仅为阿保机家族内部之传说，强调自身对于契丹的作用，进而凝聚对于契丹集团的认同，故而表现出力量、地位对比不均衡的特征，而且流传范围较小，故相对粗糙。而青牛白马传说则是契丹北奔潢水之后新旧两股力量博弈、妥协之后对集团历史的重新书写，在一定程度上可以视作遥辇时代契丹集团共享的历史记忆，故内容相对均衡、精致。换个角度看，赤娘子更像是在青牛白马说的框架内加以改造的结果，时代上当稍晚一些。在青牛白马说中，阿保机家族只是青牛一支中的一员，而赤娘子传说中则将自身直接比附成契丹的女性始祖。同时，从其内容看，这一传说的产生应该是阿保机家族取得迭剌部的领导权以后的事情。如我们在上一章所论，在阻午可汗重新划分部族之时，迭剌部的部长名曰益古，[①] 并非阿保机之族，可见该家族在刚刚加入契丹政治集团之时，尚未成为迭剌部的领导者。据《世表》引耶律俨《实录》称，阿保机四世祖耨里思为迭剌部夷离堇，[②] 如此说不误，则当时的阿保机家族已攫取了迭剌部的领导权。迭剌部在当时契丹八部中实力强劲，只有在这之后，该家族才有可能与以遥辇可汗为代表的契丹旧部相提并论。因此我怀疑，阴山七骑赤娘子这样的二元传说，最初很可能正是后加入的阿保机家族为强调其与契丹集团的亲缘关系而制造出来的，是该家族统治迭剌部以后不断发展壮大的结果。

---

① 《辽史》卷三三《营卫志下》，第436页。
② 《辽史》卷六三《世表》，第1058页。

第四节　耶律氏漆水郡望探赜

如果说祖源传说是流衍在口耳之间的历史记忆，那么郡望则可视作这种寻根意识在现实层面的凝缩。郡望之兴，始于魏晋，与士族门阀制度相伴生，成为区别氏族身份地位的标识，是中古时期最为重要的历史现象之一；中唐以后，士庶之别日弛，同姓冒认望族者渐多，郡望开始向姓望转变；至晚唐五代，随着世家大族在战乱中遭到毁灭性打击，经典意义上的郡望观念在中原地区趋于消亡；逮及宋朝，只剩下天下同姓共享的姓望，而完全失去了原有的区隔意义。[①] 值得注意的是，在同一时期地处北方的辽金王朝，晋唐式郡望不仅得到了一定程度的延续，还在新的历史条件下展现出有别于此前中原旧制的独特面相，本节所要讨论的契丹漆水郡望问题便是其中典型。

一、有关漆水地望的种种猜测

学界早已注意到，辽金时期契丹人之郡望，耶律氏多封漆水，偶封混同、柳城，萧氏则多为兰陵：其中兰陵采自汉姓萧氏郡望，封混同、柳城者除耶律氏外还包括萧氏、完颜氏乃至汉人，唯封漆水郡（县）者均为耶律氏，自辽至元史不绝书，因而被视作契丹耶律氏的独特郡望。[②] 与以往汉人郡望皆得名于历史上某一行政区划不同，历代皆无漆水郡或漆水县之设，则此郡望并非源出行政建置，

<hr />

① 参见郭峰：《郡望向姓望转化与氏族政治社会运动的终结——以清河张氏成为同姓共望为例》，《中国社会历史评论》第 3 卷，中华书局，2001 年，第 74—87 页；魏峰：《宋代迁徙官僚家族研究》，上海古籍出版社，2010 年，第 149—154 页。

② 参见刘浦江：《契丹族的历史记忆——以"青牛白马"说为中心》，原刊《漆侠先生纪念文集》，河北大学出版社，2002 年，此据《松漠之间——辽金契丹女真史研究》，中华书局，2008 年，第 118—119 页。

而确系一水之名。但奇怪的是，遍检辽代文献，始终无法找到以"漆水"为名的河流，这自然引发了研究者的种种猜测。

李文田《元史地名考》对"漆水郡"有一条简短的考证："《金志》利州，属北京路，龙山县有漆河镇。《西游录序》云：'湛然居士漆水移剌楚材晋卿序。'"① 其中所谓《金志》即《金史·地理志》，李氏认为金代利州龙山县所设漆河镇当与辽之漆水有关。与此相仿，张相文作《湛然居士年谱》谈及谱主耶律楚材"集中常自署漆水"时称："固耶律族望也，然考辽金地志皆无漆水郡，即秦汉唐世于东北诸所建置亦无之。惟金义州所领有漆河镇，其地亦近大凌河滨，所称漆水殆即辽金人大凌河之别名耳。"② 此称漆水即金代漆河镇附近之大凌河，唯误"利州"为"义州"。至 20 世纪 80 年代，孟广耀在并未注意到前人论说的情况下，也根据《金史·地理志》的记载得出了同样的结论：漆水即指大凌河。③

与以上观点不同，日本学者松浦茂将辽漆水郡望比定为《元史》《大清一统志》中所见漆河、漆水，即今滦河下游支流青龙河，称当为纪念阿保机曾于此处置汉城。④ 都兴智则认为耶律氏郡望可能是源于渭水支流漆水，在今陕西岐山附近，为周人勃兴之地，契丹人以此为郡望是为了借助周室攀附轩辕黄帝之后。⑤ 刘浦江曾对上述两种意见有过批驳：无论滦河支流的漆水还是渭河支流的漆水都与契丹

---

① 李文田：《元史地名考》，《续修四库全书》影印光绪二十四年（1898）胡玉缙抄本，上海古籍出版社，1996 年，第 294 册，第 91 页。

② 张相文：《湛然居士年谱》，《辽金元名人年谱》影印《地学丛书》本，北京图书馆出版社，2005 年，第 293 页。

③ 孟广耀：《试探耶律楚材的几个主要称号》，《内蒙古师院学报（哲学社会科学版）》1982 年第 3 期，第 96—97 页。

④ 松浦茂：《金代女真氏族の构成について——『金史』百官志にみえる封号の规定をめぐって》，《东洋史研究》36 卷 4 号，1978 年 3 月，第 13、33 页。

⑤ 都兴智：《辽代契丹人姓氏及其相关问题考探》，《社会科学辑刊》2000 年第 5 期。

早期发展史无关，应该到契丹人早期的活动区域内去寻找漆水的所在。①

受到刘氏上述意见的启发，研究者逐渐将视线集中到元修《辽史》所记早期契丹的活动区域，即所谓"奇首故壤"——潢河、土河交界地区。如王小甫提出，漆水与奇首一样，都是同一个回鹘语 eki sub/ekii süw 的音译，义为两河、两水，即指潢河、土河二水。②葛华廷新近又撰文表示，漆水当在木叶山附近，与契丹的始祖崇拜有关。③

以上诸说表面看来分歧较大，但其预设前提及内在逻辑却基本一致，那就是将漆水作为所有耶律氏契丹人乃至整个契丹族的郡望，进而希望在契丹出现初期的活动范围中寻觅其踪迹，只不过学者们各自参照的文献所记契丹早期居地不同，这才导致众说纷纭。这里想要追问的是，既有研究的逻辑起点本身是否牢不可破？漆水究竟是代表全体耶律姓契丹人或曰整个契丹集团的郡望，还是仅仅承载了其中特定一部分人的历史记忆？

二、揭橥漆水郡望之真相

要回答上述问题，应首先明确在辽代拥有漆水封号或自称漆水后裔者都包括哪些人，他们分别在辽代社会中出于什么氏族、部落或家族。兹搜罗《辽史》及辽代汉文、契丹文石刻所见以漆水为郡望者列为表 1.2：

---

① 刘浦江：《契丹族的历史记忆——以"青牛白马"说为中心》，第 120—122 页。

② 王小甫：《契丹建国与回鹘文化》，《中国社会科学》2004 年第 4 期，此据氏著《中古中国的族群凝聚》，中华书局，2012 年，第 130 页。

③ 葛华廷：《辽宗室郡望漆水郡之"漆水"考》，《辽金史论集》第 14 辑，中国社会科学出版社，2016 年，第 123—131 页。

表 1.2 辽代文献所见以漆水为郡望者简表

		获封漆水郡者	
	姓 名	所属房帐或家族	受封时间
1	耶律颓昱	孟父房	天禄三年（949）
2	耶律琮	季父房	保宁间
3	耶律迪列	六院司夷离堇房	不详
4	耶律延宁	某父房	统和三年（985）以前
5	耶律抹只	仲父房	统和间
6	耶律景（海里）	季父房	统和十二年
7	耿延毅妻耶律（韩）氏	玉田韩氏（隶季父房）	统和二十五年
8	耶律隆运（韩德让）	玉田韩氏（隶季父房）	统和间
9	耶律（韩）宗业	玉田韩氏（隶季父房）	统和间
10	耶律（韩）隆祐	玉田韩氏（隶季父房）	统和间
11	耶律元宁	六院夷离堇房	统和间
12	耶律霞兹	孟父房	统和间
13	耶律（韩）制心	玉田韩氏（隶季父房）	开泰间
14	耶律宗政	景宗孙	开泰三年（1014）
15	耶律合葛	不详	太平三年（1023）
16	耶律（韩）遂正	玉田韩氏（隶季父房）	太平年间
17	耶律（韩）敌烈	玉田韩氏（隶季父房）	太平间
18	耶律（韩）遂忠	玉田韩氏（隶季父房）	重熙七年（1038）以前
19	耶律苏撒	景宗孙	圣宗、兴宗时
20	耶律敌鲁古（韩涤鲁）	玉田韩氏（隶季父房）	重熙十二、十九年
21	耶律庶几	大横帐	重熙间
22	耶律昌允	季父房	清宁八年（1062）以前
23	耶律（杨）兴公	不详（汉人赐姓）	咸雍七年（1071）
24	梁国太妃父查剌	仲父房	兴宗时
25	耶律石笃	兴宗孙	大康七年（1081）

（续表）

		获封漆水郡者	
	姓　名	所属房帐或家族	受封时间
26	耶律元佐（韩谢十）	玉田韩氏（隶季父房）	大康九年以前
27	耶律琪	六院夷离堇房	大安三年（1087）
28	耶律阿思	六院夷离堇房	大安四年
29	耶律斡特剌	季父房	寿昌元年（1095）
30	耶律（李）俨	不详（汉人赐姓）	乾统六年（1106）
31	耶律撒剌	六院夷离堇房	乾统间追封
32	耶律挞不也	季父房	乾统间追封
33	耶律固	不详	天庆五年（1115）以前
		自称漆水后人者	
	姓　名	所属房帐或家族	墓志刊刻时间
34	耶律元宁	六院夷离堇房	统和二十六年
35	陈国公主耶律氏	景宗孙	开泰七年
36	秦国太妃耶律氏	季父房	重熙十四年
37	萧阁妻耶律骨欲迷已	仲父房	咸雍五年
38	耶律仁先	仲父房	咸雍八年
39	耶律庆嗣	仲父房	大安十年
40	耶律智先	仲父房	大安十年
41	萧德恭妻耶律氏	提不里太师之女	乾统十年

　　表 1.2 所列凡 41 例，出自《辽史》者 15 例，出自辽代汉文石刻者 22 例，出自契丹大字、小字石刻者 4 例。[①] 此外汉文石刻尚见

---

　　① 汉字石刻材料主要依据向南《辽代石刻文编》及向南、张国庆、李宇峰辑注《辽代石刻文续编》，必要时参校拓本；契丹文石刻材料依据刘凤翥：《契丹文字研究类编》，中华书局，2015 年；人物世系归属以《辽史》所记为基础，参考爱新觉罗·乌拉熙春：《遼史皇族表の再構成》，收入爱新觉罗·乌拉熙春、吉本道雅《新出契丹史料の研究》，松香堂，2012 年，第 139—172 页。

少量获得漆水封号而未具名者，因记载过于简陋，无从考证，故未列入。表中除第 15、33、41 三例暂未考得其所属帐族外，其余三十八例皆可基本确定。从中不难看出，辽代获得漆水封号或以漆水后人自居者，可分为两类：其一，辽朝皇族成员。包括阿保机四世祖耨里思（肃祖）子孙所属之二院皇族（五院司、六院司），其父德祖兄弟三人（岩木、释鲁、撒剌的）子孙所属之三父房（孟父、仲父、季父）以及阿保机后人。[①] 其二，汉人赐姓耶律者。包括自圣宗朝权倾朝野、盛极一时的韩德让以下玉田韩氏家族成员（表中第 7、8、9、10、13、16、17、18、20、26 诸栏），道宗时赐国姓之耶律（杨）兴公（第 23 栏）以及承其父赐姓的耶律（李）俨（第 30 栏）。[②] 据《辽史》知玉田韩氏隶横帐季父房后，[③] 既与皇室连宗，自当以皇族视之，至于杨、李二氏是否如此史无明载。由此观之，除极个别汉人赐国姓者暂不可考外，辽朝以漆水为郡望者皆可归入皇族成员。

在传统汉文记载中，辽朝契丹人仅有两种汉姓，皇族姓耶律，后族姓萧，这大抵是人所共知的常识。[④] 但这个常识往往会让人忽略另外一个重要事实：辽朝的耶律氏不都是皇族，以萧为汉姓者不都是后族。请以《辽史》列传所记耶律氏为例略加说明。今本《辽史》列传的篇目、内容，究其根源实际上主要出自辽朝官方文献，其中记载围绕辽朝统治者及其家族展开，列传所收自然以皇族、后

①　《辽史》卷七三《耶律颇德传》（第 1351 页）："旧制，肃祖以下宗室称院，德祖宗室号三父房，称横帐。"另参同书卷六四《皇子表》"子孙"栏，第 1064—1075 页。

②　《辽史》卷二二《道宗纪二》咸雍七年十二月丁巳（第 307 页）："汉人行宫都部署李仲禧、北院宣徽使刘霂、枢密副使王观、都承旨杨兴工各赐国姓。"其中杨兴工即杨兴公，李仲禧即为耶律俨之父。

③　《辽史》卷八二《耶律隆运传》，第 1422 页；卷三一《营卫志上》，第 419 页。

④　新近研究表明，辽朝后族在契丹文墓志中由多个不同姓氏构成，读音皆与"萧"相去甚远。参见爱新觉罗·乌拉熙春：《契丹文墓誌より見た遼史》，松香堂，2006 年；吴翔宇：《双重语境下的辽代契丹姓氏研究》，《史学月刊》2021 年第 1 期，第 53—64 页。

族为主，其他普通契丹人除少数出类拔萃者外实难入选。但经过逐一排查、筛选，我们还是可以找到不少皇族之外姓耶律的契丹人，列为表1.3：

表1.3　《辽史》列传所见非皇族耶律氏简表

所属部族或先世	名　讳
五院部	耶律八哥、耶律乙辛、耶律阿息保
六院部	耶律石柳、耶律室鲁、耶律世良、耶律谷欲
乙室部	耶律撒合
品部	耶律引吉
突吕不部	耶律欲稳、耶律解里
突举部	耶律谐理
奚迭剌部	耶律斡腊
遥辇鲜质可汗之后	耶律弘古、耶律玦、耶律敌剌
遥辇昭古可汗之裔	耶律海里、耶律阿没里
宫分人	耶律遥质、耶律铎轸、耶律喜孙、耶律夷腊葛
遥辇相之后	耶律沙
惕隐涅鲁古之后	耶律盆奴

毋庸讳言，表1.3所收24人在《辽史》全部耶律氏列传中属于很少的一部分，但丝毫不影响其所具有的代表性，包括契丹建国以前旧有八部、太祖新设之部族、前朝遥辇可汗后裔、遥辇及建国初名臣后人、各斡鲁朵宫分人，可见当时耶律氏之范围绝不局限于辽朝皇室，而是遍布契丹政权的各个层级，只不过由于王朝历史编纂的需要和局限，绝大部分无法被列入传记而已。如果进一步考虑现存辽代石刻中大量出现的以耶律为姓的普通契丹人，这个数量无疑会十分庞大。

将表1.2、表1.3合观，我们可以提取到一个宝贵线索：漆水并不如既有研究所设想的那样，代表所有耶律氏契丹人的共同记忆，而很可能只是阿保机家族的专属郡望。这一线索正与前文所揭示的历史背景完全契合：作为辽朝统治者的阿保机家族实际上是在开元时期契丹北迁至潢水上游地区之后方才加入的，是一个十足的后来者，有着不同于原本契丹旧部的族群来源与历史记忆。在取得最高权力以后，该家族用自身的历史取代了整个契丹集团的历史，这也是辽朝官方的历史叙述与中原历代文献所记契丹早期发展史迥然有别的根本原因。如此看来，想要弄清漆水郡望的真正所指，正确的追寻方向应该是在阿保机家族的发源地而非整个契丹集团的早期活动区域。

如前所论，《辽史·太祖纪赞》"奇首生都庵山，徙潢河之滨"反映的应该是阿保机家族的先祖从庆州黑山北部，迁至潢水上游南岸的过程，在这条迁徙路线上，有一条重要的河流值得特别关注，那就是黑河或曰黑水，正处于黑山北部到潢水上游区域的必经之地（相对位置关系见第138页示意图）。正如葛华廷所指出，重熙十四年《秦国太妃墓志》"宗望肇开，大郡疏于漆水；仙源浚发，洪流贯于绛河"一语对仗工整，其中以"漆水"对"绛河"，"绛"义为深红色，则"漆"当表黑色，漆水当即黑水之义，[①]窃以为此黑水（黑河）很可能就是辽朝皇族漆水郡望的所在。

从地理条件判断，阿保机家族的先祖从其发源地庆州黑山北部出发，或许正是顺黑水河而下至于潢水上游地区，这才有了后来融入契丹集团并最终建立辽朝的一系列壮举。换句话说，黑水在阿保机家族发展史中实际上充当了从龙兴之地走向创业之所的联结和纽带，占据无可争议的重要地位。辽朝建立以后，统治者既欲仿效中原汉式郡望，首先想到的应是对其家族发展具有深远影响的地望，黑水自然成为了最佳选项。结合中原历代郡望用字的总体情况判断，

_____

① 葛华廷：《辽宗室郡望漆水郡之"漆水"考》，第124页。然该文随即否定了庆州黑水与漆水郡望的对应关系，有关该说之辩证，详见下文。

辽朝郡望的最初设计者可能是出于文辞雅驯的考虑，曾对黑水这一稍显俚俗的名称进行了同义美化，易"黑"为"漆"，使得郡望名称与实际地望产生了距离，这也是后世研究者在当时地理记载中难觅其踪迹的根由所在。①

三、漆水郡望的功能与意义

着眼于实际的涵括范围及阿保机家族的迁徙路线，我们发现辽朝上京道庆州附近的黑水（河）当即契丹漆水郡望之所指，接下来有必要对此河在辽朝的实际地位及该郡望的象征意义略加申说。

关于黑水（河），辽朝当时留下了不少记载。据《辽史·本纪》及《游幸表》，辽代皇帝经常巡幸黑河，如应历十七年（967）冬，"驻跸黑河平淀"；统和四年九月"甲戌，次黑河，以重九登高于高水南阜，祭天，赐从臣命妇菊花酒"；统和十二年九月，"猎于黑河南山"；统和十八年"九月乙亥朔，驻跸黑河"；重熙二十年，"三月壬子朔，幸黑水"；咸雍七年三月，"幸黑水"。可见黑河是契丹皇帝捺钵、祭祀的重要场所。不唯如此，辽朝还以黑河为名设立行政机构，如《地理志》称庆州"本太保山黑河之地，岩谷险峻。穆宗建城，号黑河州，每岁来幸，射虎障鹰，军国之事多委大臣，后遇弑于此"。② 新近披露的寿昌四年《故大横帐小父将军耶律公（公迪）墓志》，称墓主葬于黑河州松山前，据悉此墓志出土于巴林右旗大板南翁根山南，由此不仅可以判定黑河州之大致方位，还可确知其名一直至辽末仍然沿用。③ 此外，辽朝还设有"黑水河提辖司"，

---

① 契丹文墓志中所见"漆水"皆为汉语借词之音译，可见其始终作为一个抽象的汉式文化符号而存在，与现实语境中用作地名的黑水有明显区别。

② 《辽史》卷三七《地理志一》，第502页。

③ 此志现藏巴林左旗契丹博物馆，录文见刘凤翥、葛华廷、王玉亭、王青煜、王未想：《辽耶律公迪墓志考》，《辽金历史与考古》第12辑，科学出版社，2021年，第239—243页。

管理中京道黔州等地。① 综合以上信息，黑水河地区终辽一代皆受到高度重视。

赴辽的北宋使节如薛映、沈括等人所作《语录》都曾提到黑水，② 特别是后者详细记载了此地周边的情况："保和馆西南距咸熙馆九十里，自馆北行数里，有路北出走上京。稍西又数里，济黑水，水广百余步。绝水有百余家，墁瓦屋相半，筑垣周之，曰黑河州……过庆州东北十里，经黑水镇，济黑河，至大河帐，帐之东南有大山，曰黑山，黑水之所出也。水走西南百余里，复东出保和帐之北大山之间。大河毡帐东南距锅窑帐七十里。自帐复度黑水，乃东北出两山之间……牛心山毡帐西南距黑河帐八十里。"③ 沈括多次途经黑水，可见其水域较为宽阔，周边州县多依此而建；另外，辽朝曾于此设置馆驿供宋使休憩，称黑河帐或黑河馆，刘敞使辽至馆曾有诗作。④ 现存宋代古地图《墜理图》和《舆地图》描绘辽朝地理时，都在醒目的位置中标识了黑河的所在，足见此河当时在中原声名之盛。⑤

提到辽朝黑水，论者常常会将之与附近著名的庆州黑山联系在一起。如沈括在其名著《梦溪笔谈》中云：

> 昔人文章用北狄事多言黑山，黑山在大幕之北，今谓之"姚家族"，有城在其西南，谓之庆州。予奉使尝帐宿其下，山长数十里，土石皆紫黑，似今之磁石。有水出其下，所谓黑水

---

① 《辽史》卷三九《地理志三》"黔州"条（第 551 页）："太祖平渤海，以所俘户居之，隶黑水河提辖司。"

② 薛映：《辽中境界》，贾敬颜校注《五代宋金元人边疆行记十三种疏证稿》，中华书局，2004 年，第 106—107 页。

③ 沈括：《熙宁使虏图抄》，贾敬颜校注《五代宋金元人边疆行记十三种疏证稿》，第 163—166 页。

④ 刘敞：《公是集》卷九《黑河馆连日大风》，《宋集珍本丛刊》影印光绪间覆刻聚珍本，线装书局，2004 年，第 9 册，第 418 页下栏—419 页上栏。

⑤ 曹婉如等编：《中国古代地图集（战国至元）》，文物出版社，1990 年，图版 72、83。

也。<u>胡人言黑水原下委高，水曾逆流，予临视之，无此理，亦常流耳</u>。山在水之东，大底北方水多黑色，故有卢龙郡。北人谓水为龙，卢龙即黑水也。黑水之西有连山，谓之"夜来山"，极高峻，契丹坟墓皆在山之东南麓。[①]

划线部分之"胡人"显即指契丹人，所谓"原下委高，水曾逆流"，是说黑水曾经从低处向高处逆流，沈括亲临视之，发现并非如此。无论黑水是否真有过逆流现象，这一传说存在本身就表明该河流在当时契丹人眼中具有某种神秘的色彩。沈氏称"昔人文章用北狄事多言黑山"，继而又述黑水之异闻及契丹坟墓所在，在他的眼中，黑水的神秘色彩似与当时黑山的玄冥意义密不可分。沈括这样的观察视角或在一定程度上影响至今。《辽史·礼志·岁时杂仪》云："冬至日，国俗，屠白羊、白马、白雁，各取血和酒，天子望拜黑山。黑山在境北，俗谓国人魂魄，其神司之，犹中国之岱宗云。每岁是日，五京进纸造人马万余事，祭山而焚之。俗甚严畏，非祭不敢近山。"[②] 前引葛华廷文即据此认为黑山神执掌契丹人魂魄，使得发源于黑山的黑水带有某种冥界的意味，故而不可能成为辽朝宗室漆水郡望之所指。[③]

　　按葛氏此说恐须再酌。元修《辽史·礼志》这段文字的直接史源当为《契丹国志》卷二七《岁时杂记》，而《契丹国志》此条则抄自陈元靓《岁时广记》。[④] 《岁时广记》相应条目作："《燕北杂记》：'戎人冬至日杀白马、白羊、白雁，各取其生血代酒。戎主北望拜黑山，奠祭山神，言契丹死魂为黑山神所管。又彼人传云：凡死人悉属此山神。'《嘉泰事类·辽录》云：'虏中黑山如中国之岱宗，云虏人死，魂皆归此。每岁五京进人、马、纸各万余事，祭山

---

① 沈括：《梦溪笔谈》卷二四《杂志一》，金年良点校，中华书局，2015年，第228页。

② 《辽史》卷五三《礼志》，第975页。

③ 葛华廷：《辽宗室郡望漆水郡之"漆水"考》，第124页。

④ 《〈辽史〉探源》，第271—274页。

焚之，其礼甚严，非祭不敢近山。'"① 知此段文字原本分属《燕北杂记》《嘉泰事类·辽录》两书，《契丹国志》抄录时隐去出处，合而为一，为《辽史》所袭。不过，《岁时广记》所引后一记载实乃张舜民《使辽录》之文，② 所谓《嘉泰事类·辽录》云云当有讹误。③由此可知，黑山掌管契丹人魂魄之说的原始出处为武珪《燕北杂记》及张舜民《使辽录》，其中武珪为嘉祐六年（辽清宁七年，1061）归明人，张舜民则于绍圣元年（辽大安十年，1094）出使。武、张二人与熙宁年间出使的沈括一样，所描述的黑山、黑水已是辽道宗朝之景象，彼时庆州黑山已成圣宗、兴宗连续两代契丹皇帝葬所，道宗亦早已选定其为陵寝所在，此区域被民间视为契丹死后魂魄归宿亦在情理之中。然而此等观念应是在圣宗选定陵寝地后方才逐渐形成，④ 又随着黑山、黑水区域皇家墓园这一功能的固定化而不断得到加强。换句话说，辽中期以后形成的特定观念印象并不足以反映这一区域在有辽一代特别是早期的地位和意义，如果考虑到漆水郡望至晚在世宗朝即已出现，自然不可据此否定庆州黑水与漆水的对应关系。

　　如上节所论，阿保机家族先祖正是从庆州黑山山系北部南迁至潢水上游的。《辽史·地理志》庆州条称："辽国五代祖勃突，貌异常，有武略，力敌百人，众推为王。生于勃突山，因以名；没，

---

① 陈元靓：《岁时广记》卷三八"冬至·莫黑山"，许逸民点校，中华书局，2020年，第705—706页。标点有改动。

② 见曾慥《类说》卷一三引，中国国家图书馆藏明天启六年（1626）刻本，叶39a；又见陶宗仪《说郛》卷三引，涵芬楼藏百卷本，《说郛三种》，上海古籍出版社，2012年，第49页上栏。

③ 所谓《嘉泰事类》又名《嘉泰条法事类》，即人所熟知的《庆元条法事类》，该书今存残本，乃对南宋法令的分类胪载，并无"辽录"之设，其中卷七八"蛮夷"门所记皆为外夷入贡、归明等事项之处置条例，与契丹习俗无涉。

④ 《辽史·地理志》"庆州"条（第502页）曰："庆云山，本黑岭也。圣宗驻跸，爱羡曰：'吾万岁后，当葬此。'兴宗遵遗命，建永庆陵。"

葬山下。"① 所谓"辽国五代祖"即阿保机五世祖，也是辽朝官方文献所记首位事迹明确可考的先祖。前引《梦溪笔谈》在"黑水之西有连山，谓之'夜来山'，极高峻，契丹坟墓皆在山之东南麓"后尚有"近西有远祖射龙庙，在山之上，有龙舌藏于庙中，其形如剑"一语，可知辽朝曾在黑水附近设庙纪念皇族先祖。此"远祖"指代不明，从《辽史》等他处记载看，故事原型或与太祖阿保机有关，②而从立庙的方位看，又可能包含了对于建国以前先祖的追念。由此看来，辽前期黑山、黑水区域所具有的象征意义可能更多的是对皇室家族的起源记忆及对创业先祖筚路蓝缕的缅怀，承担了凝聚统治家族内部力量的功能，同一时期所创设的漆水郡望用意也正在于此。

辽朝皇族以耶律为汉姓约始于太宗天显六年（931），③ 此后逐渐将其他契丹部众亦划归此姓，形成以皇族为核心、其他部族为从属的耶律氏内部格局。如此格局之下，汉姓耶律已非皇族之专属，想要在汉式制度中强化皇族内部的自我认同与凝聚管控，自然需要另辟他途。太宗会同四年（941）编纂《始祖奇首可汗事迹》，④ 即是用官修史书的形式对家族记忆加以固化，至少在皇族内部形成一种共同的历史叙述，从该书编纂次年出现的皇族《耶律羽之墓志》中强调"宗分佶首"即可窥测这种叙述的影响力和约束力。⑤ 漆水郡望的问题也要放在这样的历史脉络之下才显得更加顺理成章。该郡望首见于世宗天禄三年（949）"惕隐颏昱封漆水郡王"，⑥ 正是辽朝建国以来增进皇族凝聚，强化内部控御这一基本策略的延续和发

---

① 《辽史》卷三七《地理志上》，第 502 页。

② 《辽史》卷二《太祖纪下》神册五年庚辰，"有龙见于拽剌山阳水上，上射获之，藏其骨内府"（第 18 页），其事亦见元好问《续夷坚志》卷二"内藏库龙"（常振国点校，中华书局，2006 年，第 42 页）。拽剌山或即《梦溪笔谈》所称"夜来山"。

③ 详细考证见本书下篇第二章第二节。

④ 《辽史》卷四《太宗纪下》，会同四年二月丁巳，第 53 页。

⑤ 会同五年《耶律羽之墓志》称"公讳羽之，姓耶律氏，其先宗分佶首"，录文见向南、张国庆、李宇峰辑注：《辽代石刻文续编》，第 3 页。

⑥ 《辽史》卷五《世宗纪》，天禄三年六月己卯，第 73 页。

展。通过创制专属于皇族的身份标识，将皇族与同为耶律氏的其他普通契丹人加以区分，带来了两个层面的影响：

一方面，强化家族起源记忆，提升礼遇与尊荣，增进内部认同。辽代墓志中自称漆水后裔者，往往会强调此郡望与皇室的同源关系：如保宁十一年（979）《耶律琮神道碑》称"姓耶律氏，世为漆水人也，与国同宗"，[①] 清宁八年《耶律宗政墓志》有"昔我太祖，创业称皇，漆水源浚，银河派长"[②] 之说，咸雍五年《萧閣妻耶律骨欲迷己墓志》则云："漆水之郡望，与皇国同姓。著族之间，甲而不乙。"[③] 显而易见，在私家历史叙述层面，漆水早已被作为标榜墓主自身血统纯正，宣示其与国家最高统治者具有亲缘性的重要纽带。这种通过漆水郡望来突显自身高贵血统的方式，一直到辽亡以后金元时期的契丹遗民中仍有余响，以最典型的耶律履家族为例：该家族自称系阿保机长子东丹王耶律倍之后，耶律履为其七世孙，第八世辨才、善才、楚材，第九世耶律钧、耶律铸，第十世耶律有尚、耶律希亮，此四世八人以漆水为郡望明见史乘，特别是耶律楚材，其诗文对漆水郡望更是念兹在兹。这种刻意的强调当然不会是仅表明自己为契丹人，而是借此突出作为辽朝皇族后裔、天潢贵胄的身份认同。相比辽朝当时人，金元时人对漆水郡望的标举或许蕴藏了更多的故国之思。[④]

---

① 录文见盖之庸：《内蒙古辽代石刻文研究（增订本）》，内蒙古大学出版社，2007年，第61页。

② 录文见向南：《辽代石刻文编》，第308页。

③ 录文见向南、张国庆、李宇峰辑注：《辽代石刻文续编》，第126页。

④ 值得一提的是，金元两朝出现过给非契丹人封赐漆水郡望的情况。如金熙宗皇统元年（1141）曾封女真宗室完颜昂为漆水郡王（《金史》卷四《熙宗纪》，中华书局，1975年，第76页；同书卷六五《昂传》，第1553页），元朝曾封耶律有尚之妻汉人杨氏、蒙古伯德氏为漆水郡夫人（苏天爵：《滋溪文稿》卷七《耶律文正公神道碑铭》，陈高华、孟繁清点校，中华书局，1997年，第105页），可见金元统治者或已不知漆水郡望的核心内涵。在此背景下，类似耶律楚材家族这样对辽朝皇族血统的执着坚守和自我标榜，更显得别具意味。

另一方面，标举内外亲疏之别，客观上是对契丹社会等差、层级的再度确认与固化。得以漆水为郡望者皆为皇族，即辽朝政权之核心利益集团，作为体制的最大受益者，同时也构成了契丹王朝最为仰赖、倚重的阶层。而对于无法分享漆水这一政治符号的其他耶律氏成员来讲，这无疑是一种排斥、疏离乃至贬抑。《辽史》中有皇族"以罪夺官，绌为庶耶律"[1] 的记载，宋人余靖亦称辽朝"常衮司掌庶姓耶律氏，其宗室为横帐，庶姓为摇辇"，[2] 其中所反映的耶律氏内部嫡疏、高下的分化，正好可以和漆水郡望专属皇族互相印证。

如对以上论述稍作延展不难看到，契丹王朝可能也存在类似同心圆式的"圈层结构"，其基本形态是以漆水为郡望的皇族居于中心，次为诸后族，次为汉族等契丹之外的功臣集团，次为以遥辇为代表的契丹旧部贵族、宫分人，次为普通的辽代契丹部众，最后为汉人、渤海、奚中的普通民众，如此划分的主要标准是政治关系而非血缘关系。[3] 同时，在共享漆水郡望的族群内部，又可细分为辽朝历代皇帝子孙—三父房—二院皇族，这样划分的标准则是与太祖阿保机一支的血缘远近。从这个意义上讲，漆水郡望构成了辽朝皇室最大的共同血缘单位，也是皇族与其他族群加以区分的明确边界。这与拓跋鲜卑"帝之十族"及蒙古"黄金家族"等概念或有共通之处，都旨在强调草原政权统治中坚力量的内部认同，客观上又都催

---

① 《辽史》卷八九《耶律庶成传》，第 1486 页。

② 余靖：《武溪集》卷一八《契丹官仪》，《北京图书馆古籍珍本丛刊》影印明成化九年（1473）刻本，书目文献出版社，1998 年，第 85 册，第 175 页下栏。

③ 舒焚《辽史稿》曾以同心圆示意图来表示辽朝部族的"统治圈"（湖北人民出版社，1984 年，第 351 页），然此图乃依据《辽史·营卫志·部族下》所记辽朝部族制度为基础，将所谓"辽内四部族"（遥辇九帐，横帐三父房，国舅拔里、乙室己，国舅别部）同列于最内一层的核心统治圈。本书上篇第二章第一节已指出，《营卫志·部族下》所谓"辽内四部族"及"辽国外十部"的概念系元朝史官所捏造，立足于此的讨论恐与辽朝当时的实际情况相去甚远。

生或助长了当时整体社会的分化。由此看来，圈层式的政治结构在北族王朝的社会体系中或隐或显，绝非孤例，值得加以深入而系统的比较研究。

最后需要指出的是，透过漆水郡望还可以约略窥测辽朝接受华夏制度、文化方面的一些特点。毫无疑问，漆水郡望的产生当然受到了汉文化的影响，其外在形态照搬自中原王朝。契丹大字、小字石刻中的"漆水"均为汉语借词，可见当时应是先在汉语中完成了对黑水的雅化，形成漆水之名，进而直接将其音译为契丹语，这甚至可以看作辽朝前期主动吸收汉文化的一个典型案例。如研究者所指出，中原郡望之制经历了一个发展衍变的过程，逐渐由本望主体士族独自享有的门第标志蜕变成社会上各同姓家族共享冒认的姓望，其中所蕴含的群体身份、社会地位的区别标识意义日渐淡薄直至消失。① 从这个角度看，与同时代的五代北宋相比，辽朝皇室的漆水郡望显然更好地保有了这种身份区隔意义，是以往研究中古郡望制度并未注意到的一个重要案例。

然而，问题的另一面在于，中原郡望制度本身在辽朝也发生了某些变化，可由以下二端见之。（一）如所周知，郡望观念根植于中古时期士族门阀制度以及与此相关的社会文化，实际上是当时整体社会氛围的一部分，身份认同、地位象征并不具备实质的强制力和约束力，而更多是一种潜移默化的影响力，因此才会出现形形色色的虚报郡望、攀附名门。逮至契丹王朝，这种社会文化的土壤早已不复存在，郡望却以另外一种形态得到了发展和变异：辽朝皇室通过创制、规定、颁赐的国家行为，将漆水郡望塑造成皇族的专属，使其得到权力的确认，具有了独一无二的排他性。如此一来，郡望就从一种社会文化转变为一种政治关系，直接适应、服务于契丹王

---

① 参见郭峰：《郡望向姓望转化与氏族政治社会运动的终结——以清河张氏成为同姓共望为例》，第 75 页。

朝的统治现实。（二）在中原传统的郡望制度中，婚姻关系可以弱化、改变既有的郡望归属，女性出嫁后或随夫家郡望，这在封爵时体现得比较明显，倘若夫君受封"清河郡公"，其妻则常有封"清河郡夫人"者；而辽代漆水郡望的情况则有所不同，遍检辽代石刻可知，夫封"漆水郡王"，其妻仍授"兰陵郡夫人"等其他郡望，未见有随夫进封漆水者，反之倘其夫封"兰陵"，而其妻仍称"漆水"。①由此看来，辽代漆水郡望始终严格限定在皇族内部，并未随婚姻关系而扩大范围，较之传统中原之制，似乎更加注重郡望的专属、区隔意义，这恐怕亦与最高权力干预下发生的政治异化不无干系。华夏旧制在北族王朝的嫁接与变异，呈现出不同文化交汇、碰撞过程中丰富而复杂的历史图景，相比于抽象的文化比较与抉择，现实的政治需求与利益驱动或许是观察此类问题时更值得首先思考的向度。

附论： 辽朝前期自称轩辕后裔说献疑

北族王朝的华夏认同是近年来学界热议的话题，契丹人所建立的辽朝自称轩辕黄帝后裔，就是其中一个引人瞩目的重要个案。元修《辽史·世表》引耶律俨《皇朝实录》称"辽为轩辕后"，②《皇朝实录》乃辽末官修史书，契丹王朝官方曾以轩辕后裔自居并无疑义，目前学界争议的焦点在于这种说法出现的时间。一种观点认为此说出现于道宗、天祚时期，是辽朝后期汉化渐深以后追逐中原正统的表现之一；③另一种观点则力主契丹王朝官方自辽朝前期开始即

① 前引元朝封耶律有尚之妻汉人杨氏、蒙古伯德氏为漆水郡夫人，正反映出时过境迁以后，元人对辽代漆水郡望的专属性与特殊性早已不甚了了。

② 《辽史》卷六三《世表》，中华书局，2016年，第1051页。

③ 高井康典行：《〈皇朝实录〉に見える契丹黄帝起源説の背景》，《史滴》第15号，1994年；刘浦江：《契丹族的历史记忆——以"青牛白马说"为中心》，第118、122页。

已自称轩辕黄帝之后，以说明其华夏认同形成甚早。① 前者主要着眼于《皇朝实录》的成书时间及辽朝汉化的总体进程，立论相对谨慎而应者寥寥；后者则为众多论者所秉持，甚或有渐成定说之势，然细检其主要论据无不存在明显缺憾，实有必要予以厘清。

通览既往研究，用以论证辽朝前期已自称轩辕黄帝后裔的史料主要有五条，其中两条为直接证据，另外三条为间接证据，兹逐一考辨、驳议如下。

史料一，陈述《全辽文》著录开泰二年（1013）辽圣宗《赐圆空国师诏》曰："朕闻上从轩皇，下逮周发，皆资师保，用福邦家，斯所以累德象贤，亦不敢倚一慢二者也。今睹大禅师识超券内，心出环中，洒甘露于敬田，融葆光于实际，总持至理，开悟众迷，朕何不师之乎。"文末注出处为《圆空国师胜妙塔碑》。② 论者多以诏文首句乃辽圣宗自诩轩辕后人之明证，然而如果对其文本源流稍加考察就会发现，此说与史实相去甚远。

《全辽文》称此诏出自"圆空国师胜妙塔碑"，按是碑现存韩国江原道原州市居顿寺废址，原题"赠谥圆空国师胜妙之塔碑铭"，开首曰"高丽国原州贤溪山居顿寺故王师慧月光天遍照至觉智满圆默寂然普化大禅师赠谥圆空国师胜妙之塔碑铭并序"，次曰"中枢直学士宣议郎尚书吏部郎中知制诰兼史馆修撰官赐紫金鱼袋臣崔冲奉宣撰"，内文称"师讳智宗，字神则"云云，其中记载传主事迹时提

① 冯继钦、孟古托力、黄凤岐：《契丹族文化史》，黑龙江人民出版社，1994年，第246页；武玉环：《论契丹民族华夷同风的社会观》，《史学集刊》1998年第1期；都兴智：《契丹族与黄帝》，韩世明主编《辽金史论集》第10辑，中国社会科学出版社，2007年，第1—6页；赵永春：《试论辽人的中国观》，《文史哲》2010年第3期；赵永春：《契丹自称"炎黄子孙"考论》，《西南大学学报（社会科学版）》2012年第6期；刘扬忠：《辽朝中国化的历史进程及文学书写》，收入氏著《刘扬忠学术论文集》，江西教育出版社，2016年，第953—956页；吴凤霞：《辽金元史论思想研究》，黑龙江人民出版社，2016年，第60页等。

② 陈述：《全辽文》卷一，中华书局，1982年，第15页。

到"开泰二年秋有诏曰",即前述诏文,碑末系年为"太平纪历岁在旃蒙赤奋若秋七月二十七树",即太平五年（1025）乙丑岁,碑文除见辽朝太平、开泰年号外,尚有广顺、开宝、淳化、天禧等后周、北宋年号。综合以上信息不难看出,此碑乃是高丽王朝为著名高僧智宗所立,所谓开泰二年诏书自应当时高丽的统治者显宗王洵所发,而与辽圣宗并无干系。高丽曾长期奉五代、北宋正朔,统和十二年（994）辽圣宗征高丽告捷,高丽始奉辽正朔,然其后多有反复,如开泰五年"复行宋大中祥符年号",开泰七年"行宋天禧年号",至太平二年以后方才完全接受作为辽朝属国的现实。此碑文中南北不同年号的交错使用正是这段历史的忠实记录,而所谓的开泰二年诏书也只有放在这个背景下才能得到充分的理解。

那么,这样一件高丽诏书缘何会被陈述误当作辽圣宗所下呢?这就需要考虑《全辽文》的资料来源。据该书卷首《序例》可知,《全辽文》乃就陈氏《辽文汇》扩充而来,而《辽文汇》则以缪荃孙《辽文存》、王仁俊《辽文萃》、黄仁恒《辽文补录》、罗福颐《辽文续拾》为蓝本,芟汰校补而成。换句话说,陈书所收辽文多有未见原书而自前人著录转引者,上述诏书亦应属于这种情况。《序例》又称:"邻国高丽,与当时割据势力西夏,虽臣辽称藩,皆自为一国,亦皆曾称臣于宋。缪、黄二氏以其系辽年者编入,则滥收也。王氏于高丽则编入,于西夏则别编,尤嫌失据。兹悉删去之,容当别为专录。"[1] 陈述对前人将高丽、西夏两国系辽年号之文视作"辽文"的做法颇为不满,特悉数删去,由此判断上引开泰二年诏书实出高丽的信息在陈氏所据史源中很可能已然泯灭,这才被其误收入书中。检缪荃孙《辽文存》,此碑全文俱在且明著出处,末有小注曰"拓本,碑在朝鲜原州",[2] 尚未见有何误解;逮及王仁骏作《辽文

---

① 陈述:《全辽文·序例》,第4页。

② 缪荃孙:《辽文存》卷三《圆空国师圣妙塔碑铭》,影印缪氏云自在庵刻本,成文出版社,1967年,第73—82页。

萃》，选录高丽文献中系辽年号之文，方从《圆空国师胜妙塔碑》中截取出此所谓《赐圆空国师诏》，仅记开泰二年之号而未著作者；至陈述编纂《辽文汇》《全辽文》时，先是将缪书所载高丽碑文尽行删去，其后又因尽信王书所截诏书而未加比对、甄别，想当然地将其记在辽圣宗名下。①

由于《全辽文》在很长一段时间内被辽金史学界当作可以直接引用的一手材料，这一张冠李戴的问题也自然而然地进入并长期隐伏在众多研究者的论述之中，并从根本上影响了相关成果的可靠性。除本节所论辽为轩辕后裔外，研究者亦常以此诏文为据讨论辽朝的华夷正统观念、佛教政策等问题，现在看来恐怕都有重新检讨的必要。②

史料二，厉鹗《辽史拾遗》云："（统和十三年）秋八月壬辰，诏修山泽祠宇先哲庙貌，以时祀之。《宣府镇志》曰：'契丹统和十三年，帝在炭山，诏归化等处守臣修山泽祠宇、先哲庙貌，以时祀之，于是诸州孔子庙及奉圣黄帝祠、儒州舜祠、大翮山王次仲祠俱为一新。'"③ 论者以为辽圣宗修缮黄帝祠庙也是其尊轩辕为祖的表现，然此说亦与文本原义不符。按厉鹗此条开首所录为《辽史·圣

---

① 近年所出陈述《辽史补注》（中华书局，2018 年，第 597 页）在《圣宗纪》开泰二年下注"是岁圣宗曾颁诏，师事圆空国师"，继而征引诏书全文，并称"见《全辽文》卷一《赐圆空国师诏》，该诏引自《圆空国师圣妙塔碑》"。可知陈氏始终视此诏为圣宗所发。

② 与此类似，误将高丽文献视作辽朝文献的另一典型案例是关于《开宝藏》入辽时间的论断。吕澂《契丹大藏经略考》（《现代佛学》1 卷 5 期，1951 年）认为辽圣宗太平元年曾得到宋朝颁赐《开宝藏》一部，根据为《辽文存》卷四所收太平二年《大慈恩玄化寺碑阴记》："昨令差使纸墨价资去入中华，奏告事由，欲求《大藏经》，特蒙许送金文一藏。"此说一度影响较大，然是碑实乃高丽显宗朝所立，作者蔡忠顺为参知政事，《高丽史》有传，唯因系辽年号而被缪荃孙收录，实与契丹藏经史事无涉。详细考证参见刘浦江：《文化的边界——两宋与辽金之间的书禁及书籍流通》，《宋辽金史论集》，中华书局，2017 年，第 219—220 页。

③ 厉鹗：《辽史拾遗》卷七，孔祥军、张剑点校，《厉鹗全集》，浙江古籍出版社，2019 年，第 5 册，第 152 页。

宗纪》原文，① 其下所引志文见于《（嘉靖）宣府镇志》卷一七。②
《（嘉靖）宣府镇志》之文以"于是"为界分为两段，前一句是明人
修志时根据《圣宗纪》所改写，其中"帝在炭山"一语实出自该纪
同年四月甲午"如炭山清暑"条，③ 所谓"诏归化等处"则是将原
本针对更大范围的诏令聚焦于志文所记载的区域（明代宣府在辽即
属归化州，炭山亦在归化州境内）；后一句则是介绍诏令颁布后，本
地区的实际执行情况及效果。换句话说，辽廷之诏是面向全国范围
内的山泽祠宇、先哲庙貌所发，并非针对黄帝祠，修黄帝祠只是奉
圣州根据本地实际（即今河北涿鹿县黄帝陵）所为，与圣宗的普遍
政策无关，以此证明辽朝官方自诩黄帝后裔显然缺乏说服力。

以上两则史料皆直接提到轩辕黄帝，是既往辽前期自称轩辕后
裔说最核心、最常用的论据，而我们考证的结果表明二者实与契丹
王朝的自我认同毫无关涉，是说的立论根基并不稳固。如此一来，
附着于此的另外三则间接论据的可靠性就更值得怀疑了。

史料三，辽世宗天禄三年（949）"惕隐颓昱封漆水郡王"④，此
为耶律氏漆水郡望之首见。都兴智等学者认为此漆水当指今陕西岐
山县附近渭水支流漆水，此为周人勃兴之地，而周人乃黄帝苗裔，
辽人以此为郡望，是为了将自身附会为轩辕之后。⑤ 刘浦江已指出此
说的牵强之处，远在关中的渭水支流漆水与契丹人毫无关系，契丹
人是否听说过这条河流都是问题，不可能以此作为耶律氏独特的郡
望。⑥ 如前所述，漆水郡望并非所有耶律氏契丹人的集体记忆，而是

① 《辽史》卷一三《圣宗纪四》，第 159 页。

② 孙世芳：《（嘉靖）宣府镇志》卷一七"祠祀考"，《中国方志丛书》影印嘉靖四
十年刻本，成文出版社，塞北地方第 19 号，第 165 页上栏。

③ 《辽史》卷一三《圣宗纪四》，第 158 页。

④ 《辽史》卷五《世宗纪》，天禄三年六月己卯，第 73 页。

⑤ 都兴智：《辽代契丹人姓氏及其相关问题考探》，第 101—105 页。

⑥ 刘浦江：《契丹族的历史记忆——以"青牛白马"说为中心》，第 118—119 页。

专属于最高统治家族的身份标识，实乃辽庆州附近黑水之雅称，承载了阿保机家族对其先祖加入契丹集团以前迁徙轨迹的起源记忆，是辽建国以后增进皇族认同、标举内外之别的重要手段。如此背景下产生的郡望观念与黄帝苗裔之说可谓相去悬远。

　　史料四，《辽史·后妃传序》曰："太祖慕汉高皇帝，故耶律兼称刘氏；以乙室、拔里比萧相国，遂为萧氏。"[①] 宋人庞元英记张诚一熙宁八年（1075）使辽见闻曰："昔年使北虏，因问耶律萧姓所起，彼人云：昔天皇王问大臣云：自古帝王英武为谁邪？其大臣对曰：莫如汉高祖。又问将相勋臣孰为优？对以萧何。天皇王遂姓耶律氏，译云刘也，其后亦锡姓萧氏。"[②] 此二者皆称辽朝皇族耶律氏汉姓为刘、后族姓萧，系比附汉高祖与萧何而来，而汉朝自称为周王室之后，都兴智等学者就此认定辽人慕汉即是尊周，而尊周即是自认轩辕后裔。姑且不论从汉到周再到黄帝，其间可能存在的多个逻辑缺环，仅就文献所见耶律以刘为姓这一史实发生的时间看，此说亦多有未安之处。（一）以上两则史料皆以为耶律兼称刘姓发生在太祖阿保机时，当系后人附会之辞。新近研究表明，阿保机时期尚未有汉文语境下的姓氏，辽皇室以耶律为姓当不早于太宗朝，[③] 其论证虽有瑕疵，然大体观点可从。当阿保机之世，耶律之氏尚未行用，遑论其汉式别称。（二）目前所见关于耶律姓兼称刘姓的记载，源头只能追至辽道宗以后。上引《后妃传序》之文当为元末纂修《辽史》的史官根据辽末耶律俨《皇朝实录》或金陈大任《辽史》而来，其最早只能上溯到辽道宗、天祚之际。而上引《文昌杂录》所

---

　　① 《辽史》卷七一《后妃传》，第 1318 页。

　　② 庞元英：《文昌杂录》卷五，金圆点校，《全宋笔记》第二编，大象出版社，2006 年，第 4 册，第 176 页。"北虏"，四库本系统讳改作"北辽"，点校本因之，今据《雅雨堂丛书》本校正。

　　③ 吴翔宇：《双重语境下的辽代契丹姓氏研究》，第 62—63 页。

记张诚一出使，亦已晚至道宗咸雍年间，这也是目前所知关于耶律以刘为姓的最早明确记录。（三）新出疑似材料的辨析。2015 年内蒙古自治区多伦县小王力沟辽墓出土统和十一年《大契丹故贵妃兰陵萧氏玄堂志铭》，整理者称其中一段为"耶律汉室之宗刘氏也，世娶兰陵，周王之重姜姓也"，与上引《辽史·后妃传序》所记相合，[①] 倘此说不误，则可将辽朝皇室以刘为汉姓的时间上推至圣宗前期。然而细检志文拓本不难发现，以上论说的起点实际上源于整理者的点断错误。此段上下文曰："惟国家千龄启运，二姓辨族。系尊耶律，汉室之宗刘氏也；世娶兰陵，周王之重姜姓也。"其中"系尊耶律"与"世娶兰陵"显为对仗之语，而"耶律"之上的空格则是此篇铭文中时常出现的提空形式。这段话无非是说辽朝区分二姓，尊耶律为皇族一如汉朝以刘姓为宗，以萧氏为后族恰似周王室世始终与姜氏通婚，其中出现的汉朝刘氏只是作为比拟皇室地位的对象，而与"耶律兼称刘姓"了无瓜葛。

史料五，统和二十七年《萧氏夫人墓志》谈及其夫耶律氏先世时称"其先出自虞舜"。[②] 此方墓志出土于 1989 年，题名虽为《萧氏夫人墓志》，实则夫妻二人合志，前半部分为萧氏墓志，后半部分则为其夫耶律污斡里墓志，中间仅空一格，二人主要的生活年代皆在圣宗统和间。早期研究者简单地将其中的耶律氏认定为辽朝皇族，而虞舜乃轩辕苗裔，故多以此作为辽朝中期皇室华夏认同的论据。然而在较为晚近的两篇研究中，葛华廷、熊鸣琴先后注意到污斡里墓志述及先世时有一段颇为诡异的记载："公讳污斡里，其先出自虞舜。昔周武王封舜之后朝（胡）公满于陈，以备三恪。春秋之末，

---

① 内蒙古文物考古研究所等：《内蒙古多伦县小王力沟辽代墓葬》，《考古》2016 年第 10 期，第 80 页。此文第一执笔者为盖之庸。

② 拓本见刘凤翥、唐彩兰、青格勒编：《辽上京地区出土的辽代碑刻汇辑》，社会科学文献出版社，2009 年，第 29—30 页。

国并于楚，子孙因封而命氏。群怀戚容，即魏朝见美；平出奇计，乃汉史流芳。所为勋茂前贤，庆延后裔，纷纭绪可行而知。"其中提到胡公满、陈群、陈平诸人，分明是在叙述汉姓陈氏的渊源，也就是说，污斡里实以陈为姓，[①] 而此人又在两方墓志中被多次称作耶律太保、受封漆水郡。对于这样的矛盾，葛华廷将此解释为墓主为辽朝皇族耶律氏，另取汉姓为陈；而熊鸣琴则认为此人本为汉人陈氏，后因功赐姓耶律。两相比较，后者的判断当更近其实。如上所述，辽中后期皇族耶律氏确曾以刘为汉姓，当是官方统一的说法，除此之外再未见有取其他汉姓者，这种情况一直延续到金元时期，耶律氏后裔无不以刘为汉姓，很难想象早在圣宗统和年间的辽朝皇族会以中原陈氏为姓。与此相对，辽朝自圣宗朝开始，汉人被赐以契丹皇族姓氏耶律的情况屡见不鲜，最为典型的当属玉田韩氏家族。该家族获姓耶律始于统和二十二年韩德让受封，从出土的墓志材料可以清晰地看到，赐姓的同时往往还会赐以契丹语名，且不止限于韩德让及其后代，还可能追封其先世。[②] 污斡里墓志称其父名"万"，显为汉名，则此陈氏家族得姓耶律很可能要晚至污斡里一世，正与圣宗朝始见赐姓的记载相合，甚至污斡里这一契丹语名亦有可能是赐姓之时所改，至于其祖父结衔中的"漆水郡开国公"则恐系家族赐姓后所追封。[③] 从韩德让以下的韩氏家族墓志可以看出，辽朝被赐

---

① 葛华廷、王玉亭：《〈大契丹国萧氏夫人墓志〉再探讨》，《北方文物》2012 年第 3 期，第 92—97 页；熊鸣琴：《辽耶律氏是"陈"姓后裔？——〈大契丹国萧氏夫人墓志〉新释》，《文献》2013 年第 5 期，第 56—60 页。

② 具体例证参见都兴智、赵浩：《关于辽代玉田韩氏家族契丹化的几个问题》，《辽宁师范大学学报（社会科学版）》2011 年第 3 期，第 116—119 页。

③ 按此志文多有错讹舛误，如述及先世，在曾祖与列考间缺祖父一代，而称"公摄上京留守、开府仪同三司、检校太师、兼政事令、行临潢尹、上柱国、漆水郡开国公、食邑三千户、食实封三百户"云云，葛华廷疑此"公"字乃"祖"之误，当是。

以耶律姓的汉人，在缕叙先世时依然会专注于追溯原本汉姓的源流，[①] 由此看来，志文开首"其先出自虞舜"与其下"昔周武王封舜之后"紧密相连，所述乃陈氏之源头，未可贸然以此讨论辽朝耶律氏之华夏认同。

综上所述，以往所谓辽朝前期即自称轩辕后裔的观点，所用史料皆无法支撑其论证。就目前的情况来看，除《辽史》引耶律俨《皇朝实录》的记载之外，这种说法仅见于 2003 年发现的寿昌元年（1095）《永清公主墓志》："原其姓耶律氏，景宗孝彰（成）皇帝之嗣女也，圣宗孝宣皇帝之侄孙，盖国家系轩辕黄帝之后。"[②] 末句所述与耶律俨说完全吻合，而俨书的主体部分约成于乾统六年（1106），[③] 二者时间亦相近，可见辽为黄帝后裔可能晚至道宗、天祚时期方成为一种较为权威且流行的叙述。这样的判断可以放入契丹王朝历史叙述华夏化的进程中进行考量：辽朝初年，阿保机家族忙于理顺现实中统治集团内部的权力关系，尚无暇顾及开国历史的系统编纂与文化认同的重新塑造；圣宗后期至兴宗前期，兴起一股正统化潮流，至重熙中期达到高峰，利用华夏政治文化对建国前史进行全面重塑，标志着官方历史叙述的基本定型，但就目前的材料看，这一时期似乎尚未解决阿保机家族先祖与华夏文明的关系问题；至道宗、天祚时期，汉化程度臻有辽一代之最，方以皇室先祖攀附轩辕，最终通过《皇朝实录》确立为官方话语。或许可以说，在漫长的文化转型过程中，族群记忆源头的改写，往往是在现实问题基本解决、前期铺垫基本就绪的情况下，最终完成、盖棺定论的那一步。

最后还值得稍加考辨的是辽朝自称轩辕后裔说的来源问题。学

---

① 最新资料参见万雄飞、司伟伟：《辽代韩德让墓志考释》，《考古》2020 年第 5 期，第 111—120 页。

② 录文见向南、张国庆、李宇峰辑注：《辽代石刻文续编》，第 226 页。

③ 关于《皇朝实录》的成书时间，参见《点校本〈辽史〉修订前言》，第 4 页。

界通行观点认为，此说是因《魏书·序纪》有鲜卑起源于黄帝少子昌意的表述，而契丹为鲜卑之后，故借以祖述轩辕。[①] 这或许也只是一种后人溯源式的判断，即先认定辽朝契丹人出于鲜卑，二者又同称黄帝后裔，进而理所当然地建立了因果关联。然而需要注意的是，契丹出于鲜卑的说法，主要出自中原文献的记载，如《通典》《旧唐书》称其居"鲜卑之故地"，[②]《五代会要》径称其为"鲜卑之种"。[③] 与此相关的辽代材料仅见于会同五年（942）《耶律羽之墓志》："公讳羽之，姓耶律氏，其先宗分佶首，派出石槐，历汉、魏、隋、唐已来，世为君长。"[④] 耶律羽之为辽皇族勋贵，此墓志作者自署"蓟门邢明远"，显系汉人，未系官衔，或仅为布衣。文称耶律氏"宗分佶首"是指辽朝始祖奇首可汗，依据应是会同四年官修《始祖奇首可汗事迹》形成的历史叙述；[⑤] 至于"派出石槐"谓耶律氏出于鲜卑檀石槐一系，是当时契丹人的自我认同、代表辽朝官方的口径，还是墓志作者基于中原文献的判断，恐怕还需仔细斟酌。墓志后文称耶律氏"历汉、魏、隋、唐已来，世为君长"，按契丹始见于十六国末期，"历汉、魏、隋、唐"云云纯属臆测，耶律氏在阿保机建国以前从未染指过契丹可汗，"世为君长"更系妄言。由此看来，邢明远写作之时未必参照太多契丹人自身的叙述，而很可能会根据中原文献的记载加以附会。当时契丹立国未久，或许尚未形成官方统一的历史叙述，《墓志》之说有可能只是反映了由燕云十六州

①　陈汉章《辽史索隐》卷七有"耶律俨本魏书言魏之先世"云云，见杨家骆主编：《辽史汇编》，鼎文书局，1973 年，第 3 册，第 87 页下栏；高井康典行：《〈皇朝实录〉に见える契丹黄帝起源说の背景》，第 57—58 页；刘浦江：《契丹族的历史记忆——以"青牛白马说"为中心》，第 118 页；吉本道雅：《遼史世表疏證》，第 6 页。

②　《通典》卷二〇〇《契丹》，第 5486 页；《旧唐书》卷一九九《契丹传》，第 5349 页。

③　《五代会要》卷二九《契丹》，上海古籍出版社，2006 年，第 455 页。

④　录文见向南、张国庆、李宇峰辑注：《辽代石刻文续编》，第 3 页。

⑤　《辽史》卷四《太宗纪下》，第 53 页。

刚刚入辽汉人的认识，而不能将其与墓主人耶律羽之的历史记忆画等号。在更多的材料出现之前，恐怕不宜贸然认为契丹王朝在初期曾宗鲜卑为祖，更不能由此推测辽朝后期仍然奉行是说，并以之为纽带将自身祖源追至轩辕。事实上，阿保机家族本身就是晚至唐朝开元年间方才加入契丹集团的后来者，其历史记忆与中原文献所记契丹的源流轨迹大相径庭，在今天所见辽朝的官方叙述中很难看到将皇室定位为鲜卑或者其他草原政治集团后裔的痕迹。在这样一套历史叙述之中，特别是对于汉化渐深的辽朝后期而言，其自称轩辕之后的初衷更可能是对华夏文化的直接攀附而完全不必假手他人，《魏书·序纪》的记载至多提供了一种文献资料而非祖源记忆的媒介。

本章小结

契丹王朝对建国前史的记忆与中原文献所载在空间和时间两方面都存在着巨大的矛盾：辽朝皇室始祖奇首可汗所承载的空间记忆是从今大兴安岭南麓到今西拉木伦河上游地区的变迁轨迹，与此前历代文献所见契丹从朝阳东北辽水以南先迁至土河中上游及滦河流域，再迁至潢水上游一带这一路线大相径庭，两种空间记忆的真正交汇应该是在唐开元末年可突于兵败北逃、契丹首次进入潢水上游之际，二者的异同突出地反映出辽朝历史叙述的断裂性与建国以前契丹来源的二元性。辽朝当时人历史叙述的时间谱系亦呈现断崖式的面貌，上限亦指向可突于北奔之时，对中原文献所记十六国北朝直至唐开元以前的契丹历史几乎全无印象，这种结构性失忆折射出一个罕为人知的历史图景：阿保机家族晚至可突于时代方才加入契丹集团。

由上述情境出发不难看到，契丹祖源传说和郡望观念的形成实皆与遥辇时代契丹集团发展的断裂性、二元性息息相关。阿保机家族作为辽朝的统治者，对于契丹集团来讲却是后来者，二者之间的张力和矛盾是促使其对传说与观念进行重塑的根源所在，其中所反映出的权力对历史记忆的改造，突显出所谓"民族"的本质应该是对政治体认同的建构过程。

本章所揭示的历史背景可以促使我们重新思考、回应有关辽史的诸多问题，姑以著名的征服王朝理论为例。此说自 20 世纪 40 年代由魏特夫（K. Wittfogel）提出以来，引发了旷日持久的讨论，现在看来，当然多有可议之处，不过从中还是可以观察到一个至关重要但又较少为人关注的问题：契丹自初现至建国，与中原政权共存长达五百余年，完全有条件化身典型的"渗透王朝"，但辽朝最终却成为第一个"征服王朝"，这究竟是何缘故？原因当然很多，但我想其中的一个关键或许正在于契丹历史发展的断裂性。最终建立辽朝的阿保机家族属于契丹集团的后来者，他们加入集团是在开元末年契丹北迁潢水之后，此时唐朝已逐渐失去对河朔及其以北地区的控制力和影响力，该家族在建国以前似乎没有与华夏文化长期深入接触的契机。正因如此，辽朝统治者在短时间内征服、入主汉地后，自然不会放弃祖宗的根本之地，而将其看作帝国领土的重要构成，视为政治、文化认同的珍贵资源，这才有了以南北面官为代表的因俗而治，才首次出现区别于以往汉唐帝国的管理模式，最终开启了内亚边疆政权参与中国国家建构的历史新纪元，成为从"小中国"转变为"大中国"的实际起点。① 从这个角度讲，建国以前集团来源的二元性从根本上影响乃至形塑了契丹王朝性格的二重性。

---

① 姚大力：《中国历史上的两种国家建构模式》，收入氏著《追寻"我们"的根源：中国历史上的民族与国家意识》，生活·读书·新知三联书店，2018 年，第 141—160 页。

第二章

转型与重塑：契丹开国史叙述的改写

作为早期历史的终结与收束，契丹开国史既是辽史及北方民族史学界关注的热点，也是长期以来争议的焦点，其中尤以契丹建国年代、阿保机即位方式两大问题聚讼最多，至今未有定论。造成这一局面的主要原因是相关史料较为匮乏，仅存的些许记载又多有龃龉，且存在系统性差异。面对这样的史料状况，如果仅从异质史料的对比、采撷出发，希望在史实层面做出非此即彼的判断，确属不易。本章拟从另外一种思路来重新审视上述问题，即将有关契丹开国史的矛盾记载看作不同的历史叙述或曰历史记忆，分析其本源、流变、背景及相互的竞争关系，特别注意契丹王朝本身对于相关历史叙述的干预和选择，希望借此对契丹开国史取得新的认识。

第一节　开国年代问题再检讨

关于契丹的开国年代，文献中历来有不同的说法，主要集中在辽太祖元年（即后梁开平元年，907）、神册元年

（916）两种。《辽史·太祖纪》记载耶律阿保机 907 年称帝开国，916 年建元神册；而《资治通鉴》《契丹国志》等书则谓其于 916 年建国。经过将近一个世纪的争鸣与讨论，治辽史者已基本达成共识：阿保机于开平元年即可汗位，神册元年方称帝开国。① 很长一段时间里，学界对于这一结论的来龙去脉并不清楚，知其然而不知其所以然，刘浦江首次清理了中原文献及辽朝文献两个不同记载系统的源流，② 使我们有了更为深刻的认识。但问题并未就此完结，既然阿保机在神册元年方才称帝建国，那么《辽史·太祖纪》为什么会将开国年代系于九年以前呢？对此刘文给出的解释为，《辽史·太祖纪》源于辽朝国史系统，"由于辽朝的修史制度很不完备，恐怕很难指望建国初期的历史会有什么文字记载保存下来，仅凭口耳相传，自然难免疏漏"，"如果辽朝史家将耶律阿保机开平元年取代遥辇氏可汗成为契丹之主误记为即皇帝位，确实不是没有可能的"，显然是将《辽史》有关开国年代的错置归咎于时代久远，耳食之误，乃修史疏漏所致。

在我看来，问题恐怕并没有这么简单。《辽史》确以简陋舛误著称，其中早期记载尤甚，但这似乎不能当作我们对上述问题的圆满解答。史载"太祖制契丹国字，鲁不古以赞成功授林牙、监修国史"，③ 所谓"监修国史"云云或有后人文饰之嫌，但这条材料至少表明阿保机时代确已设立了专人记史的制度，故后世述开国之事恐

---

① 参见《辽史》卷一《太祖纪》校勘记六，中华书局，2016 年，第 14 页。此说之首倡者为日本学者松井等《契丹勃興史》（原载《滿鮮地理歷史研究報告》第 1 辑，東京帝國大學文科大學，1915 年，参见第 249—251 页），20 纪 50 年代以后逐渐成为学界的主流观点，相关学术史梳理参见刘浦江：《契丹开国年代问题——立足于史源学的考察》，原刊《中华文史论丛》2009 年第 4 期，此据氏著《宋辽金史论集》，中华书局，2017 年，第 28—30 页。

② 刘浦江：《契丹开国年代问题——立足于史源学的考察》，第 10—32 页。

③ 《辽史》卷七六《耶律鲁不古传》，第 1375 页。

非仅得于口耳。近年来考古发现的辽祖陵龟趺山"太祖纪功碑",①
立于太宗即位初年,现存残片所记阿保机时史事多可与今本《辽史》
相印合,或可说明当时的记史制度已相当成熟。更为重要的是,作
为一个王朝的头等大事,开国年代往往关乎其合法性与正统性,是
一种重要的政治时间。② 因此,官方史书如何记录与书写这一时间本
身就是敏感的政治问题,执笔者自须慎而又慎,后来人亦未可等闲
视之。窃以为辽朝文献系统所记开国年代绝非疏忽致误,而属史官
有意为之,是契丹王朝整体历史叙述的核心要件之一,其确立、衍
变的过程和背景值得深入考索。

一、《辽史》有关契丹开国年代记载的系统性

关于契丹的开国年代,《辽史》中最为权威的记载见于《太
祖纪》:

> (唐天祐三年)十二月,痕德堇可汗殂,群臣奉遗命请立太
> 祖。曷鲁等劝进。太祖三让,从之。
>
> 元年春正月庚寅,命有司设坛于如迂王集会埚,燔柴告天,
> 即皇帝位。尊母萧氏为皇太后,立皇后萧氏。北宰相萧辖剌、
> 南宰相耶律欧里思率群臣上尊号曰天皇帝,后曰地皇后……
>
> 神册元年春二月丙戌朔,上在龙化州,迭烈部夷离堇耶律
> 曷鲁等率百僚请上尊号,三表乃允。丙申,群臣及诸属国筑坛

---

① 董新林、塔拉、康立君:《内蒙古巴林左旗辽代祖陵龟趺山建筑基址》,《考古》
2011 年第 8 期;董新林、康鹏、汪盈:《辽太祖纪功碑初步整理与研究》,《隋唐辽宋金元
史论丛》第 12 辑,上海古籍出版社,2022 年,第 75—105 页。

② 近年来,"政治时间"作为一个内涵相对宽泛的新兴提法逐渐出现在中古史研究
领域,代表性成果有薛梦潇:《早期中国的月令与"政治时间"》,上海古籍出版社,2018
年;吴羽:《晚唐前蜀王建的吉凶时间与道教介入——以杜光庭〈广成集〉为中心》第三
节"祥瑞与政治时间的神化和吉祥化",《社会科学战线》2018 年第 2 期,第 112—113 页
等。就本节所论而言,政治时间是指具有明显政治意义或者说被政治赋予重要意义的时间
节点。

州东，上尊号曰大圣大明天皇帝，后曰应天大明地皇后。大赦，建元神册。①

其中明确称唐天祐三年（906）末遥辇末代可汗卒，遗命立阿保机，次年称帝，开启新的纪元，同时有册封皇太后、皇后，上尊号等相应配套举措，却唯独未曾颁布年号，此下十年《太祖纪》皆采用罕见的无年号纪年方法，即仅称元年、二年、三年云云。直至神册元年始有年号，而阿保机于此时再次上尊号。同书《历象志·朔考》开首即为太祖元年至十年，其下几乎每年皆有"耶律俨"或"俨"字样，表示所据朔日出自辽末耶律俨所著《皇朝实录》本纪部分，可见今本《辽史》本纪所用无年号纪年出自辽朝官方史料。如果说辽朝史家出于疏漏，将阿保机即可汗位误记为即皇帝位，那么，围绕此误记产生的无年号纪年形式及一系列配套建制的记载又当作何解释呢？

更值得注意的是，通览《辽史》可以发现，《太祖纪》这一记载并非孤例，而是与书中其他众多相关记载彼此呼应，浑然一体，形成一套系统性的历史叙述。如《淳钦皇后传》云："太祖即位，群臣上尊号曰地皇后。神册元年，大册，加号应天大明地皇后。"② 此处所记受尊号、册封之时间、内容与《太祖纪》完全一致，二者从行文顺序到具体记载都出于同一叙述脉络。《耶律曷鲁传》云："会遥辇痕德堇可汗殁，群臣奉遗命请立太祖。"③ 传文有关太祖在天祐三年遥辇可汗卒后即帝位的记载实与《太祖纪》的说法互为补充。又《耶律辖底传》云：

> 太祖将即位，让辖底，辖底曰："皇帝圣人，由天所命，臣岂敢当！"太祖命为于越。及自将伐西南诸部，辖底诱剌葛等

---

① 《辽史》卷一《太祖纪上》，第2—3、10—11页。
② 《辽史》卷七一《淳钦皇后传》，第1320页。
③ 《辽史》卷七三《耶律曷鲁传》，第1346页。

乱……至榆河为追兵所获。太祖问曰："朕初即位，尝以国让，叔父辞之；今反欲立吾弟，何也？"辖底对曰："始臣不知天子之贵，及陛下即位，卫从甚严，与凡庶不同。臣尝奏事，心动，始有窥觎之意。度陛下英武，必不可取；诸弟懦弱，得则易图也。事若成，岂容诸弟乎。"①

辖底诱刺葛叛乱在阿保机即可汗位之第七年（913），尚未称帝，上引文中出现之皇帝、天子、陛下云云，显系史官文饰之辞，同时也是与开国年代叙述相符合的一种历史书写。另外，需要注意的还有其中"太祖将即位""朕初即位""陛下即位"诸语，在事实层面上显然是指阿保机即可汗位，但在整套历史叙述中却将其包装为即皇帝位。通检《辽史》可知，涉及阿保机"即位"的说法普遍见于当时众多功臣、逆臣的传记资料，包括剌葛、萧敌鲁、萧阿古只、耶律斜涅赤、老古、耶律觌烈、耶律铎臻、迭里特、滑哥诸人，② 同时亦见于后世史臣萧韩家奴之追述。③ 揆诸上下文语境，这些记载所指史实皆为907年阿保机即可汗位一事，但与上引《辖底传》情况相仿，它们又无一不是以即皇帝位的口吻展开叙述，显然是经过刻意划一的结果。

类似的例子还有开国初年所谓"天子旗鼓"的一系列记载。《仪卫志》记辽朝"国仗"有"十二神纛　十二旗　十二鼓　曲柄华盖　直柄华盖"，其下有解说云："遥辇末主遗制，迎十二神纛、天子旗鼓置太祖帐前。诸弟剌哥等叛，匀德实纵火焚行宫，皇后命曷古鲁救之，止得天子旗鼓。"④ 刘浦江曾注意到《辽史》末卷元朝

---

① 《辽史》卷一一二《耶律辖底传》，第1648页。

② 参见《辽史》卷六四《皇子表》（第1066页）；卷七三《萧敌鲁传》（第1349页）、《萧阿古只传》（第1349页）、《耶律斜涅赤传》（第1350页）、《老古传》（第1351页）；卷七五《耶律觌烈传》（第1365页）、《耶律铎臻传》（第1367页）；卷一一二《迭里特传》（第1649页）、《滑哥传》（第1653页）。

③ 《辽史》卷一〇三《萧韩家奴传》，第1597页。

④ 《辽史》卷五八《仪卫志四》"国仗"，第1020页。

史官所作《国语解》"太祖纪"下有"神纛"一条，① 而今本《太祖纪》却无相关记载，仅于《仪卫志》见之，此处看似编排错误，实际另有原因：耶律俨《皇朝实录》或陈大任《辽史》记载阿保机即位事本有与"十二神纛"相关的内容，唯元修《辽史·太祖纪》将其略去。② 此说甚是。将今本《太祖纪》"十二月，痕德堇可汗殂，群臣奉遗命请立太祖"云云与《仪卫志·国仗》所记"遥辇末主遗制，迎十二神纛、天子旗鼓置太祖帐前"相对照可知，元人所据原始资料中《太祖纪》原文在"群臣奉遗命"下应该还有"迎十二神纛、天子旗鼓置太祖帐前"之类的文字，只不过今本《太祖纪》删去，在同样抄撮本纪相关记载而成的《仪卫志》中得到保留。由此可见，关于阿保机即位的原始记载刻意强调其获得遥辇可汗留下的"天子旗鼓"，这是皇权的象征，而在后来的诸弟之乱中，这又成为交战双方反复争夺的对象。《太祖纪》太祖七年三月云："剌葛引其众至乙室堇淀，具天子旗鼓，将自立，皇太后阴遣人谕令避去。会弭姑乃、怀里阳言车驾且至，其众惊溃，掠居民北走，上以兵追之。剌葛遣其党寅底石引兵径趋行宫，焚其辎重、庐帐，纵兵大杀。皇后急遣蜀古鲁救之，仅得天子旗鼓而已。"③ 当时阿保机只是代遥辇为可汗，尚未称帝，"天子旗鼓"云云显系史官对可汗仪仗的刻意修饰，也是围绕太祖元年即已称帝的说法展开，并有意将称帝的合法性系于遥辇可汗之禅让。

综上可知，阿保机太祖元年即已建国的说法并非零星记载，而是贯穿《辽史》始终的系统性叙述，究其来源，应系辽代官修史书《皇朝实录》已然如此。这一套叙述明显是经过精心修饰、总体统筹的结果，修史者在纪传的不同部分多次突显同一主题，力求彼此配

---

① 《辽史》卷一一六《国语解》，第 1692 页。

② 刘浦江：《从〈辽史·国语解〉到〈钦定辽史语解〉——契丹语言资料的源流》，见氏著《松漠之间——辽金契丹女真史研究》，中华书局，2008 年，第 182—183 页。

③ 《辽史》卷一《太祖纪上》，第 7 页。

合、相互照应，尽量使其滴水不漏。那么，这样的历史叙述是否真的做到了天衣无缝呢？

其实，仔细推敲整套叙述的细节，不难发现其间破绽。比如"天子旗鼓"，如果按照"遥辇末主遗制，迎十二神纛、天子旗鼓置太祖帐前"的说法，则痕德堇可汗时已有"天子旗鼓"，才能传于太祖，这意味着契丹君主早在遥辇时代已称"天子"，这显然又与阿保机始称帝建国的史实抵牾，可谓自相矛盾。类似的情况不一而足。相比于这些细节方面的漏洞，更值得注意的是《辽史·太祖纪》中一则为前人所忽视的记事，它可以反映出阿保机建国时历史的原貌，与上述明显经过修饰、改造的开国年代叙述迥然有别，其间的强烈反差提示我们契丹开国年代问题或许还隐含着诸多待发之覆。

二、开国年代之确证：《太祖纪》所记"君基太一神数见"事发覆

《辽史·太祖纪》太祖九年（915）末有这样一条简短但又颇耐人寻味的记载："是岁，君基太一神数见，诏图其像。"[1] 同书末卷元人所作《国语解》解释云："福神名，其神所临之国，君能建极，孚于上下，则治化升平，民享多福。"[2]

"君基太一神"之名，辽代文献仅此一见，关于其具体所指，以往辽史学界有过不少讨论。一种说法认为此当为契丹本族神或萨满教神灵，[3] 甚至是其始祖奇首可汗的化身。[4] 这类观点某种程度上是

---

① 《辽史》卷一《太祖纪上》，第 10 页。

② 《辽史》卷一一六《国语解》，第 1692 页。

③ 王曾瑜：《宋辽金代的天地山川鬼神等崇拜》，《云南社会科学》1997 年第 1 期，第 82 页；宗喀·漾正冈布、刘铁程：《契丹文化变迁与早期政治》，《西北民族大学学报（哲学社会科学版）》2009 年第 3 期，第 73 页；艾荫范：《契丹民族精神与近世北中国区域文化特色》，收入氏著《北狄、东夷和华夏传统文明建构》，光明日报出版社，2011 年，第 148 页。

④ 王禹浪：《"契丹"称号的涵义与民族精神》，《东北古族古国古文化研究（下）》，黑龙江教育出版社，2000 年，第 88—89 页。

受到了《辽史·国语解》的误导。我们知道，《国语解》名义上是元朝史官专为解释《辽史》中出现的"国语"即契丹语而作，故论者多以此君基太一当亦为契丹语词，进而将之视作契丹本族神。不过，已有研究成果指出，《国语解》凡 198 条，其中一半以上为汉语词汇，[①]"国语解"云云颇有名实不符之嫌。"君基太一神"一条即是典型的汉语词汇，与契丹本族或萨满神灵毫无关涉。另一种与此相关的观点则认为《国语解》所谓"君能建极"云云"显然是修史文人的望文生义之说"，"君基太一神"应该是来自回鹘摩尼教的日月天神，是对回鹘语 Kün-ai-tängri 刻意文饰的一种音译。[②] 在缺乏其他佐证的情况下，贸然将此汉语词汇解释为回鹘语词，恐怕与史实相去更远。

与上述从北族文化加以解释的视角不同，另一部分学者则将"君基太一神"与中原道教系统经常出现的太一信仰联系在一起，认为是辽朝崇奉道教的表现。[③] 这种从中原文化角度寻求答案的大方向值得肯定，只不过"君基太一神"实际上是十神太一（乙）体系的一种，不属于汉唐道教神祇，其中的"太一"亦与道教系统中的"太一"并无关联。[④]

所谓十神太一，是指君基、臣基、民基、五福、天一、地一、四神、大游、小游、直符十种太一，其所主吉凶各不相同，运行规

---

① 参见刘浦江：《从〈辽史·国语解〉到〈钦定辽史语解〉——契丹语言资料的源流》，第 183—184 页。

② 王小甫：《契丹建国与回鹘文化》，《中国社会科学》2004 年第 4 期，收入氏著《中国中古的族群凝聚》，中华书局，第 144 页。

③ 舒焚：《辽上京的道士与辽朝的道教》，《湖北大学学报（哲学社会科学版）》1994 年第 5 期，第 65—71 页；胡小伟：《"天书降神"新议——北宋与契丹的文化竞争》，《西北民族研究》2003 年第 1 期，第 44—55 页；孟凡云：《耶律阿保机的神化活动及特点》，《北方文物》2005 年第 4 期，第 66—73 页；郑毅：《论儒、释、道在辽朝的地位和作用》，《辽金历史与考古》第 2 辑，辽宁教育出版社，2010 年，第 199 页等。

④ 关于十神太一体系与道教关系的辨析，参见吴羽：《唐宋道教与世俗礼仪互动研究》，中国社会科学出版社，2013 年，第 3—7 页。

律亦有较大差异，每一种太一运行到星空的特定区域，预示着相应的地面分野就会出现或祸或福。卢央指出，十神太一的本质是精致化、形式化了的星占学体系，最初是古代星占学高级形态"式占"的一种。所谓式占是指脱离天象的实际观测及辅助工具，根据事件发生发展的时间空间做出占测，表现为一种"式"的操作或思维，十神太一所属的《太乙式》，就是其中的典型代表。① 要之，十神太一乃是通过推算不同太一在天空中的巡行位置来占验对应区域的国家政事，太一在天空中的巡行轨迹，并非目验所得，而是由数学运算推导而来。

吴羽通过对历史文献的考索，重点探讨了晚唐五代到宋朝十神太一由星占体系进入民间信仰和国家祭祀的过程，指出由于与十神太一有关的《太乙式》是用来占测各地吉凶的理论，容易造成社会不安，故而唐前期仅允许国家有关部门收藏，禁止民间流行。安史乱后，国家对于地方的控制力下降，禁令松弛，同时社会动荡给了这种理论传播的需要和土壤，使其在唐末五代逐渐成为地方主体意识的表达形式，化作凝聚区域认同、整合地方力量的手段，在全国范围内都有不同程度的流行，其中以蜀中地区最为典型，这一切构成了宋代将十神太一纳入国家祭祀的前奏。②

卢、吴二位虽然皆未注意到《辽史》所见"君基太一神"，但他们的成果却为本节的研究提供了十分宝贵的背景知识，使得我们可以在更广阔的视野下重新审视、解读这条史料。如上所述，十神太一是太乙式的一种，而君基太一则是其中重要的主吉太一。现存关于十神太一所主情况及推算方法的最早记载见于唐王希明所著《太乙金镜式经》，其中"推君基太乙法"如下：

> 君基所临之地，至宜服其地，或幸其方，以应兆也。置上

---

① 参见卢央：《中国古代星占学》，中国科学技术出版社，2013 年，第 298 页。
② 参见吴羽：《唐宋道教与世俗礼仪互动研究》，第 10—27 页。

元以来以大周三百六十去之，不尽为入周以来年数。置入周以
来年数，以三十除之为邦数，不满为入邦以来年数。其邦数命
起戌邦，顺行十二邦，算外得君基所在也。①

王希明于开元年间任内供奉、右拾遗，此书即是其奉玄宗之命所
著，② 时正处承平之世，故书中所述吉凶征兆实际上还是在国家统一
的情况下，针对中央君主的行为而言，"至宜服其地，或幸其方，以
应兆也"显然是要皇帝怀服、临幸君基太一所出现之分野。其后为
君基太一所在位置的具体推算方法，我们将在后文详细展开。

《太乙金镜式经》所述君基太一在国家统一背景下的占验情况，
后来发生了很大变化。北宋前期杨惟德所著《（景祐）太乙福应
经》云：

> 君基太乙者，人君之象也，故主事之邦，能守其疆，终为
> 侯王，不能守其疆，披甲飞扬。谓君基所临之邦，其君宜修德，
> 上符天道，下合民心，教化升平，民登福寿，兵强将勇，远近
> 归服。若君妄兴徭役，窃乱干戈，曲施厚敛，广营宫室，则水
> 旱灾伤兵革疾疫灾害并至。一曰君基所在之邦，宜进羞献珍，
> 以供圣躬，人主宜服其地，或幸其方，以顺天道则吉。
>
> 置演纪上元甲寅至所求积年，距今大宋景祐元年甲戌，积
> 四十二万四千零四十算外，上考往古每年减一算，下验将来每
> 年加一算……君基大周三百六十去之，不尽以三十约之所得为
> 邦数，不满算外为入邦年，命起午邦，顺行十二邦，算外即得
> 君基所在之邦及入邦年数。③

---

① 王希明：《太乙金镜式经》卷五，《景印文渊阁四库全书》本，台湾商务印书馆，
1986 年，第 810 册，第 891—892 页。

② 《新唐书》卷五九《艺文志三》"五行类"，中华书局，1975 年，第 1555 页。

③ 杨惟德：《（景祐）太乙福应经》卷五，《续修四库全书》影印明说剑山居抄本，
上海古籍出版社，2002 年，第 1061 册，第 14 页下栏。

《（景祐）太乙福应经》是对唐五代至宋初各种太一所主祸福征兆的总结，以上引文以"一曰"云云为界，提到了两种关于君基太一的解释，后一种与《太乙金镜式经》大同小异，表明统一条件下君基太一所至地方与中央政权的互动关系；而前一种则是指国家分裂状态下，君基太一对于各割据政权的象征意义，其基本定位是人君之像，也就是说所处之邦当有君王称雄，之后则为此君王的不同策略、措施所对应的不同后果。这应该只是唐后期至五代所形成的有关君基太一众多说法中的一种或几种，但其基本倾向当是一致而确定的，即为人君主吉。

另外，元代术数文献《太乙统宗宝鉴》中也有关于十神太一的系统记载，其中诸太一所主吉凶情况全同于《（景祐）太乙福应经》，而推算方法则不同，兹仅录其君基太一算法于下：

> 置上元甲子至所求积年，加邦盈差二百五十，以君基大法三千六百，除之不尽，以小周法三百六十去之不尽为邦周，余以行邦率三十约之，而一所得为邦数，不满为入邦以来年数，年起午邦，顺行十二辰次，算外而得君基太乙所在及年数。[1]

至此，我们已经掌握了三种关于君基太一的推算方法，现在可以回头来看《辽史·太祖纪》中的记载。

这则记载见于太祖九年（915）末："是岁，君基太一神数见，诏图其像。"我们先按照上述三种文献推算该年君基太一所在分野。结合史料记载及相关前人研究可知，确定十神太一在具体某年巡行所至分野的基本方法是：先以积年（即假想之纪年起点至所欲推算之年）除以周期（某一神走完其应运行的邦所需时间），直至剩下不满一周期的年数，然后用所余年数除以每运行一宫所需年数，得

---

① 晓山老人：《太乙统宗宝鉴》卷六"明君基太乙所主术"，《续修四库全书》影印明蓝格抄本，上海古籍出版社，2002 年，第 1061 册，第 443 页。

出已经巡行过的邦数，仍未除尽的余数，就是进入下一邦的年数，再根据该神命起之邦（即开始运行的邦），即可算出该神所在之邦。以上三种文献所载君基太一的周期皆为三十年，而各自所取积年、命起之邦有所差异，其中《太乙金镜式经》所记"推君基太乙法"所设标准积年为"自上元甲寅之岁，至大唐开元十二年甲子岁，积得二十八万五千一十一筹"，君基命起戌邦；《（景祐）太乙福应经》所设标准积年为"距今大宋景祐元年（1034）甲戌积四十二万四千零四十筹外"，所谓"筹外"表示在所得数外加所记之年，即原有结果加一，君基命起午邦；《太乙统宗宝鉴》所设标准积年为"上元甲子距大元大德七年癸卯岁（1303）积一千零一十五万五千二百一十九年"，需算外加一，[1] 再加邦盈差二百五十，君基命起午邦。以下即分别以此三种方法对 915 年君基太一所在分野进行推算。

（1）用《太乙金镜式经》法推算，基准年为开元十二年（724）：

$285011+（915-724）=285202$；$285202/360=792……82$

$82/30=2……22$　戌亥子　结果：君基在子，第 22 年。

（2）用《（景祐）太乙福应经》法推算，基准年为景祐元年（1034）：

$424040+1-（1034-915）=423922$；$423922/360=1177……202$

$202/30=6……22$　午未申酉戌亥子　结果同上。

（3）用《太乙统宗宝鉴》法推算，基准年为大德七年（1303）：

$10155219+1-（1303-915）+250=10155082$；$10155082/360=28208……202$

$202/30=6……22$　午未申酉戌亥子　结果同上。

三种算法所得结果相同，可知 915 年君基太一当在子邦第二十二年。那么，子邦究竟对应何分野呢？

---

[1]　卢央《中国古代星占学》（第 309 页）已指出，《太乙统宗宝鉴》所算积年当指算外之年，而其所载算法未明言。

《太乙金镜式经》记载了两套不同的分野对应体系，其一为该书卷八"九州分野躔次"条所载"子齐　丑吴　寅燕　卯宋　辰郑　巳楚　午周　未秦　申晋　酉赵　戌鲁　亥卫",[1] 这是我们最常见的二十八宿十二次分野学说，此说自汉至唐都居于统治地位；另一种则见于该书卷一〇"推九州域名法"："子周　丑韩　寅楚　卯郑　辰晋　巳吴　午秦　未宋　申齐　酉鲁　戌赵　亥燕。"[2] 此说属干支分野说，始见于《淮南子》，在汉以后使用者较少，但唐李淳风《乙式占》称此说用于以岁、月、日、时之干支占测灾应之地的场合，可见在唐代仍稍有市场,[3] 故王希明兼载之。然而，将以上演算结果代入两种分野对应体系中，子邦一为齐，一为周，皆非契丹当时所近之燕（幽州）分野。

论述至此，我们不得不对《辽史·太祖纪》所记"是岁，君基太一神数见，诏图其像"的真实性抱以怀疑。首先，上面的推算结果表明，无论按照哪一种方法，对应何种分野体系，君基太一在当时都与契丹所处分野相去甚远。其次，如上所述，十神太一巡行理论完全是靠数学推理构建出来的占测体系，与肉眼观察所得毫无关系，因此不会出现与之对应的实际天象，历代中原文献也从未有过十神太一显现的记载，而《辽史》却称"君基太一神数见"，甚至画出了此神之图像，与整套理论格格不入。由此看来，这条记载绝非君基太一巡行至此邦的真实记录，而应视作出于明显政治目的故意制造的祥瑞谣言。

循着这一思路很容易注意到，这条记载是《辽史·太祖纪》太祖九年的最后一则记事，而紧接着下一条即为上文所引次年二月建

---

① 王希明：《太乙金镜式经》卷八，第910页上栏。

② 王希明：《太乙金镜式经》卷一〇，第919页上栏。

③ 关于干支分野学说的源流衍变，参见邱靖嘉：《天地之间：天文分野的历史学研究》，中华书局，2020年，第71—76页。

元神册的记载："神册元年春二月丙戌朔，上在龙化州，迭烈部夷离堇耶律曷鲁等率百僚请上尊号，三表乃允。丙申，群臣及诸属国筑坛州东，上尊号曰大圣大明天皇帝，后曰应天大明地皇后。大赦，建元神册。"学界既有研究证明，这次建元才是阿保机真正开国称帝之时，而主人君之相的君基太一神恰恰就"出现"在建国前夜，这种祥瑞谣言与政治现实的对应使得二者的内在关联昭然若揭：太祖九年末所见君基太一神之事正喻示阿保机登人君之位暗合于天，为其次年二月称帝建国张本鼓噪。

这一谣言自然不会是阿保机本人或其他契丹人的主意，因为正如研究者所指出，十神太一在民间、地方层面产生影响已晚至唐后期，目前所见最早利用十神太一论证地方祸福的是唐宪宗元和元年（806）撰成的《五福楼记》，而这套理论在文献中的再度出现则又到了光启二年（886）左右，此后逐渐频见使用，实际影响力增大，[①] 甚至在天祐元年（904）唐昭宗迫于朱温威逼迁都洛阳的诏书中亦有所体现。[②] 可见就10世纪初年的总体形势而言，十神太一理论在中原汉地被付诸应用的时间尚较为短暂，且非常复杂，显然不是当时远居塞外、汉化程度尚浅的契丹集团所能掌握。

综合以上情况判断，阿保机称帝前夕出现的君基太一神谣言很有可能是由他身边的汉人谋士所炮制。《资治通鉴考异》引赵至忠《虏廷杂记》称"有韩知古、韩颖、康枚、王奏事、王郁，皆中国

---

① 关于这一时期十神太一的实际应用情况，数量最多、最为集中的记载见于杜光庭《广成集》所收醮词，详细考证参见吴羽：《唐宋道教与世俗礼仪互动研究》，第12—20页；孙伟杰、盖建民：《斋醮与星命：杜光庭〈广成集〉所见天文星占文化述论》，《湖南大学学报（社会科学版）》2016年第3期，第70—76页。

② 《旧唐书》卷二〇《昭宗纪》（中华书局，1975年，第780页）载此诏文有云："太一游处，并集六宫，罚星荧惑，久缠东井。玄象荐灾于秦分，地形无过于洛阳。"吴羽已经指出"太一游处，并集六宫"云云即指大游太一、小游太一皆在长安所处之分野，乃大凶之兆，时人将其作为迁都理由足见此说之影响。

人，共劝太祖不受代"，① 所谓韩颖或即韩延徽,② 不难看出阿保机于神册元年改变原有的部落联盟体制称帝建国，一定程度上是受到了汉人谋臣的影响，至于具体的筹备、造势自然也少不了他们的身影。其中值得特别关注的是韩知古，据《辽史》载，知古早在太祖三年就承担过"建碑龙化州大广寺以纪功德"③ 的重要任务，太祖七年"诏群臣分决滞讼，以韩知古录其事",④ 可见此人在当时深得阿保机器重，而新近刊布的韩知古后裔墓志更为我们的判断提供了一条比较直接的证据。元至元六年（1269）《故宣武大将军韩公墓志》墓主为玉田韩氏家族后裔韩瑞，此志文较为详尽地追述了辽金时期该家族的发展历程，所记史事多具独特价值。其中追述始祖韩知古时称"始祖令公，深天文历数之学"，"归契丹，事王姚辇，册大圣即帝位，国号大辽"。⑤ 这里特别提到知古"深天文历数之学"，不见于其他史料，很可能出自韩氏家族内部流传之家传谱牒，值得高度重视。知古既深谙天文历数，又为阿保机所重，结合当时的情形判断，所谓君基太一神数见的祥瑞谣言很可能就出自以韩知古为代表的汉人谋臣之手，也只有他们才会想到变通、利用这套方兴未艾的理论来为阿保机变家为国造势。

如前人所知，《后汉高祖实录》《新五代史》等书皆有阿保机建

① 《资治通鉴》卷二六六《后梁纪一》开平元年五月《考异》，中华书局，1956 年，第 8678 页。

② 韩延徽在刘守光时期（907—914）由幽州出使契丹，羁留于彼，《辽史》卷七四《韩延徽传》（第 1357 页）云："太祖召与语，合上意，立命参军事。攻党项、室韦，服诸部落，延徽之筹居多。乃请树城郭，分市里，以居汉人之降者。又为定配偶，教垦艺，以生养之。"《通鉴》卷二六九《后梁纪四》贞明二年十二月（第 8810 页）则称"契丹主召延徽与语，悦之，遂以为谋主，举动访焉"。

③ 《辽史》卷一《太祖纪上》，第 4 页。

④ 同上书，第 8 页。

⑤ 墓志拓片及录文见长安博物馆编：《长安新出墓志》，文物出版社，2011 年，第 340—341 页；详细考释参见邱靖嘉：《辽金韩知古家族新证》，《中国史研究》2022 年第 3 期。

国前"为长九年"之说。① 罗新根据内亚社会普遍存在的举毡立汗、预言在位年限的传统，认为阿保机在接替遥辇痕德堇为可汗之时，很可能遵照传统预言了自己的任期为九年（即 907—916）；任期届满本该退位之时，他采用了中原政治架构，又以称帝建号的方式更新了自己的居位年限。② 这一看法可谓独具慧眼。在可汗任期将满之时，阿保机为了延长掌权时间，采取的实际举措是行中原帝制、建号开国，至于想要说服其他觊觎汗位者接受这一事实，承认其合法性和合理性，自然亟须意识形态方面的炒作。当时为此制造的祥瑞谣言当在少数，所谓"君基太一神数见"正是其中历经遗忘竞争而留存至今的一种。

深谙天文历数的韩知古之流未必不知晓彼时君基太一根本不在契丹所近之分野，恐怕也不会不明白这一套占测体系与实际天象无关，遑论真身显圣。不过在当时的政治情势下，阿保机需要的仅仅是一个可资利用的结果，宣示、证明他即皇帝之位乃是天命所归。从十神太一这套原本极度抽象、推演繁复的中原政治文化符号体系中选取一个最能与现实情况对接的元素，并将其改造为具体的、可见的神人形象，画出图像，传之世人，在一定程度上迎合了契丹人原本尊奉萨满教万物有灵的属性，大大提高了谣言的可信性，为接下来的政治行动做足铺垫——我甚至怀疑阿保机建元"神册"之"神"或许就是指称帝前夜频频显圣的君基太一神。

至此，我们终于揭开了《辽史·太祖纪》有关"君基太一神"记载的真相。这条记载实际上是当时汉人谋士为阿保机神册元年称

---

① 《资治通鉴》卷二六六《后梁纪一》开平元年五月《考异》引《后汉高祖实录》《唐余录》（第 8677 页）云："其王耶律阿保机怙强恃勇，距诸族不受代，自号天皇王，后诸族邀之，请用旧制，保机不得已传旗鼓，且曰：'我为长九年，所得汉人颇众，欲以古汉城领本族率汉人守之，自为一部。'诸族诺之。俄设策复并诸族，僭称皇帝，土地日广。"

② 罗新：《阿保机之死》，收入氏著《黑毡上的北魏皇帝》，海豚出版社，2014 年，第 116 页。

帝建国所精心制造的祥瑞谣言，其中透露出的政治时间信息与前文所引关于 907 年即已称帝的一系列历史叙述存在着明显的矛盾。这种矛盾表明，在辽朝官方的历史书写中，至少先后出现过两种截然不同的开国年代叙述。一种叙述指向阿保机神册元年建国称帝，正与当今学界所普遍认可的研究结论相符，更接近当时的原貌和历史的真实。它应该形成于建国之初，并在此后相当长一段时间内得以保留；另一种叙述则明确将契丹开国之年系于所谓太祖元年（907），将即可汗位书写为即皇帝位，与实际情况相去甚远，当为后来全面改造、重塑的结果。如果将二者的衍变轨迹视作历史记忆的竞争，从结果来看，后者显然占据了绝对的优势，它通过新的二次书写几乎抹去了前者的所有痕迹，力求做到浑然一体，相互印证，最终形成了我们在《辽史》中看到的那一整套关于开国年代的系统叙述。然而这种改写还是百密一疏，遗漏了君基太一神这条稍显隐晦的记载，为后人留下了发掘真相的蛛丝马迹。

三、开国年代的改写与契丹王朝的正统来源问题

通过以上分析可以确知，本节开头所举与太祖元年建国有关的一整套系统性记载当出于后世之重塑，并非阿保机时期的原貌。那么，今本《辽史》所见契丹开国年代的这副模样究竟形成于何时？换句话说，是什么时代的人对此进行了改写？这自然要在辽朝官方历史叙述的确立过程中寻找答案。

从目前的材料看，辽朝前期似乎并未对本朝开国历史做过系统的加工和编纂，这一时期有关开国年代的叙述与阿保机时代的实际情况应相去不远。辽祖陵龟趺山发现的契汉双语"太祖纪功碑"是距离契丹建国时代最近的、代表官方历史叙述的文献，[1] 或许是由于

---

① 按此碑碑额残缺不全，今名乃考古研究者所取，恐与实际情况存在一定差异。今权采其说。

残损过甚，以往学界对其并未予以足够重视。新近的研究成果表明，此碑当立于天显二年（927）八月（或十月），大体按年代顺序叙述了辽太祖阿保机的战功、事迹，内容多可与《辽史》相印证，堪称精华版的《辽史·太祖纪》。① 关于具体的开国时间，残存碑文并未直接涉及，整理者不无遗憾地将之归入"因关键部分缺失而无从解决"的问题。其实这些吉光片羽之中还是间接地保存了立碑之时关于开国年代的认识，只是需要稍加参证罢了。按此碑具体记事虽多见于今本《辽史》，但有一处系统性的差异，那就是907—916年间的纪年方式：碑用干支纪年，而《辽史》则称太祖元年至十年。汉字太祖纪功残碑有明确系年之记事始于901年，《辽史·太祖纪》同，纪年皆作"辛酉"，此后残碑保存了"癸亥"（903）、"乙丑"（905）、"丙寅"（906）、"己巳"（909）、"庚午"（910）、"丙子"（916）六处干支纪年，此后不复出现；现存汉字碑文残片所见年号始于"天赞"而未见"神册"，而契丹大字残碑 T2：19-1 第3行恰好保留了该词的契丹文形式，② 两相印证可知，天显二年立碑之时于阿保机称帝以前一概以干支纪年，任契丹可汗之907—916年间并无特异之处，至称帝后则以年号纪年，此种叙述当与太祖朝的实际相符，而今本《辽史》所谓太祖某年的纪年体系乃后人所改。③

太祖纪功碑所提供的珍贵线索刚好可与传世文献相互发明。《资

---

① 董新林、康鹏、汪盈：《辽太祖纪功碑初步整理与研究》，第75—105页。

② 参见董新林、康鹏、汪盈：《辽太祖纪功碑初步整理与研究》，第99页。

③ 太宗时辽朝官方尚未篡易开国年代，还反映在同一时期另外两次立碑活动之中。天显五年（930）十月，"建太祖圣功碑于如迂正集会埚"，七年六月又有"御制太祖建国碑"之举（《辽史》卷二《太宗纪上》，第34、36页），前者所谓"如迂正集会埚"正是907年阿保机即可汗位之地，可见是碑实为纪念此事而作，故仅称"圣功"；而后者以"建国"为名，所指当系神册元年称帝开国。太宗为其父两度立碑，一述荣升可汗之功，一记变家为国之业，判然有别，所指殊异，可见当时对于阿保机任可汗、当皇帝二事绝无混淆，正与开国之时的历史叙述口径相合，只不过以往的研究者受惑于辽后期重塑的系统性叙述，并未对此给出合理的解释罢了。

治通鉴考异》引宋庠《纪年通谱》云："旧史不记保机建元事。今契丹中有历日，通纪百二十年。臣景祐三年冬北使幽蓟，得其历，因阅年次，以乙亥为首，次年始著神策之元，其后复有天赞。"[1] 宋庠出使在景祐三年（1036），即辽重熙五年，[2] 他当时所见辽朝历书是"通纪百二十年"，即始自乙亥岁（915），终于重熙三年（1034）。值得注意的是，在这本历书中记载神册以前一年所用为干支纪年而非"太祖九年"，由此可见，今本《辽史》所见建国以前的纪年系统直至重熙初年尚未形成，时人关于开国年代的叙述仍与历史实态相去未远。

携此认识回头来看《辽史》关于建国前数年史事的记述，我们在《刑法志》中发现了一段此前未予足够重视的资料："太祖初年，庶事草创，犯罪者量轻重决之……岁癸酉（913），下诏曰：'朕自北征以来，四方狱讼，积滞颇多。今休战息民，群臣其副朕意，详决之，无或冤枉。'乃命北府宰相萧敌鲁等分道疏决。有辽钦恤之意，昉见于此。神册六年，克定诸夷，上谓侍臣曰：'凡国家庶务，巨细各殊，若宪度不明，则何以为治，群下亦何由知禁。'乃诏大臣定治契丹及诸夷之法，汉人则断以律令，仍置钟院以达民冤……"[3] 元人纂修《刑法志》以陈大任《辽史》旧志为主体，其间内容多不见于他处，且集中记载诏令，与全书其他部分绝少记言的情况迥然有别，疑其最初史源当为法条汇编。[4] 上引记载即详载太祖时诏令，显有早期法条为据，尤其值得注意的是，其中记913年事称"岁癸酉"而非"太祖七年"，这说明该条所据史源形成时尚无太祖某年这套纪年体系。检《刑法志》下文："（重熙）五年，新定《条制》成，诏

① 见《资治通鉴》卷二六九后梁贞明二年十二月《考异》，第8809页。

② 《辽史》卷一八《兴宗纪一》重熙五年十月壬子（第246页）："宋遣宋郊、王世文来贺永寿节。"此宋郊即宋庠原名，宝元元年（1038）年十二月奉诏更"郊"为"庠"，事见《续资治通鉴长编》卷一二一宝元元年三月戊戌条（中华书局，2004年，第2866页）。

③ 《辽史》卷六一《刑法志上》，第1039页。此蒙上官婧琦同学惠示，谨申谢意！

④ 参见苗润博：《〈辽史〉探源》，第15、50页。

有司凡朝日执之，仍颁行诸道。盖纂修太祖以来法令，参以古制。"① 由此推断，太祖癸酉岁所发诏令最初当被编录于重熙五年之《条制》，故所用纪年方式与宋庠同时代所见历书并无二致；这条零碎的史料经由陈大任旧史辗转进入元修《辽史》过程中，或因其所用纪年方式并不显眼，幸未遭到改易，一直保留至今。将此与前引实例合观，尤可知今本《辽史》所见太祖纪年体系是很晚方才出现的。

如前所述，辽太祖时期曾专设史官，而太祖纪功碑与《辽史》的多方契合更说明当时的记史制度已较为成熟。不过，这种记史制度恐怕主要还是对国家大事、皇帝起居的逐次记录，停留在官方档案的层面，而未遑对历史加以系统的建构。辽朝真正编纂的第一部本朝史书是晚至圣宗时期方才出现的，此即统和九年（991）室昉修成"实录"二十卷。目前尚无法获知这部"实录"的更多信息，其中是否包括开国史暂无从判断。此后，辽朝又有三次修史之举，其一为兴宗重熙十三年（1044）萧韩家奴等人修《国朝上世以来事迹》，又称《辽国上世事迹及诸帝实录》《遥辇可汗至重熙以来事迹》，其二为道宗大安三年（1085）所修，名曰《太祖以下七帝实录》，其三就是乾统年间之耶律俨《皇朝实录》。② 刘浦江业已指出，目前《辽史》所见辽代史家所记述之本朝开国史，最早可能见于统和九年《实录》，最迟不晚于重熙十三年所修之书。③ 从上引两例可以看出，今本《辽史》的开国史叙述应该始见于重熙时期所修实录，而这一判断正与当时的历史情境相合。

圣宗后期至兴宗前期，辽朝兴起一股正统化潮流，至重熙中段达到高峰。④ 重熙十一年，辽朝借宋夏战争之机大兵压境，索取关南

---

① 《辽史》卷六二《刑法志下》，第 1046 页。

② 相关情况参见《点校本辽史修订前言》，第 3—4 页。

③ 刘浦江：《契丹开国年代问题——立足于史源学的考察》，第 13 页。

④ 关于辽朝正统观念的大致变化轨迹，参见宋德金：《辽朝正统观念的形成与发展》，《传统文化与现代化》1996 年第 1 期，第 41—47 页；郭康松：《辽朝夷夏观的演变》，《中国史研究》2001 年第 2 期，第 89—95 页。然既往研究对兴宗中段的节点意义及其内外表现，关注尚嫌不足。

地，迫使宋廷大幅增加岁币，且往来国书以"纳"称之，[①] 似有以下事上之意。或许在契丹方面看来，此举打破了澶渊之盟以来双方的平等体制，进一步激发了兴宗君臣的正统性诉求。这种诉求在此后数年间集中显露，对外表现为强调两朝对峙中北重于南，锐意与宋争锋，对内则表现在作礼、改制、译书、修史等多个领域的迅速华夏化，[②] 其中通过编纂史书来解决自身的合法性问题，主要成果正是重熙十三年所修《遥辇可汗至重熙以来事迹》。[③]

据《辽史》记载，参与此次修史的人员主要包括耶律谷欲、耶律庶成、萧韩家奴，检其本传可知，三者皆系高度汉化的契丹人。

---

① 关于此次谈判结果，《辽史·兴宗纪》重熙十一年闰十月（第 260 页）记曰："宋岁增银、绢十万两、匹，文书称'贡'，送至白沟。帝喜，宴群臣于昭庆殿。"虽与宋人记载龃龉，却足见兴宗对此之重视。

② 具体表现包括但不限于：重熙十二年，"诏复定礼制"，"改政事省为中书省"（《辽史》卷一九《兴宗纪二》，第 261—262 页）。十五年，兴宗命萧韩家奴纂修礼书诏曰："古之治天下者，明礼义，正法度。我朝之兴，世有明德，虽中外向化，然礼书未作，无以示后世。卿可与庶成酌古准今，制为礼典。事或有疑，与北、南院同议。""又诏译诸书，韩家奴欲帝知古今成败，译《通历》《贞观政要》《五代史》。"（《辽史》卷一〇三《萧韩家奴传》，第 1598 页）二十一年，遣使于宋，"国书始去国号而称南、北朝，且言书称大宋、大契丹非兄弟之义"（《续资治通鉴长编》卷一七二皇祐四年四月丙戌，第 4141 页）。

③ 俄罗斯科学院东方写本研究所藏契丹大字手抄本中三次出现同一个标题，可释读为"大中央辽契丹国诸可汗之记"，序文落款恰为"重熙十四年二月"，该书很可能是重熙十三年六月下诏修撰、次年二月成书的《遥辇可汗至重熙以来事迹》残卷。该抄本应是现存最早的草原政治体以本族文字书写的官方史书，足见重熙修史不仅涉及汉文叙述的整合重塑，其成果更以契丹文为载体固定下来。参见 Зайцев В. П. Рукописная книга большого киданьского письма из коллекции Института восточных рукописей РАН // Письменные памятники Востока, № 2 (15)，осень—зима 2011. М.：Наука, Издательская фирма Восточная литература, 2011. С. 130—150，任震寰中译本见《俄罗斯科学院东方文献研究所收藏的契丹大字手稿书》，《隋唐辽宋金元史论丛》第 3 辑，上海古籍出版社，2013 年。Зайцев В. П. Идентификация киданьского исторического сочинения в составе рукописной книги-кодекса Nova H 176 из коллекции ИВР РАН и сопутствующие проблемы // Acta linguistica Petropolitana：Труды Института лингвистических исследований. Том XI, часть 3. СПб.：Наука, 2015. С. 167—208，821—822（аннотация），850—851（summary）。

耶律谷欲"冲淡有礼法，工文章"，"兴宗命为诗友，数问治要，多所匡建"；① 耶律庶成"善辽、汉文字，于诗尤工……与萧韩家奴各进四时逸乐赋，帝嗟赏"，"初，契丹医人鲜知切脉审药，上命庶成译方脉书行之"，"有诗文行于世"；② 萧韩家奴"弱冠入南山读书，博览经史，通辽、汉文字"，"帝与语，才之，命为诗友"，"又诏译诸书，韩家奴欲帝知古今成败，译《通历》《贞观政要》《五代史》"，"有《六义集》十二卷行于世"。③ 透过这些记载可知，三人应具备相对较高的汉文化修养，且与同样孜孜于此的辽兴宗颇有过从，历史叙述的改写正是当时契丹王朝文化转型过程的现实表征。

综合具体实证与总体背景可知，辽朝官方历史叙述中开国年代的改写很可能出于重熙十三年所修《遥辇可汗至重熙以来事迹》。那么，此次修史为何要将建国年代由916年提前到907年，进而制造出长达九年的无年号纪年时期呢？这显然与上文所论当时契丹王朝的正统性诉求密不可分。不难看出，改写后的开国年代带来了两个直接效果：其一，将阿保机称帝直接系于遥辇时代终结之后，淡化了原本草原传统中的可汗更迭因素，强调其间的继承关系，造成一种类似中原王朝禅代的假象，突显其政权的合法性；其二，阿保机称帝之年恰为唐朝灭亡之年，由此否定了自朱梁以下历代之正统，似有跨越五代、直承唐统之势。④ 其中第一点与契丹王朝对阿保机即

① 《辽史》卷一〇四《耶律谷欲传》，第1605页。

② 《辽史》卷八九《耶律庶成传》，第1485、1486页。

③ 《辽史》卷一〇三《萧韩家奴传》，第1593—1594、1598页。

④ 《剑桥中国辽西夏金元史》曾提到《辽史》所记阿保机即位之年为907年很值得怀疑："它与唐朝正式灭亡之年完全契合，如所周知，辽朝史官对王朝传承的合法性十分关切，在这样的背景下，将907年作为契丹王朝的起始之年对他们来讲是一个方便而又具有重要象征意义的选择。"（此据该书英文原版 *The Cambridge History of China* Volume 6 *Alien Regimes and Border States*（907-1368），edited by Herbert Franke, Denis Twitchett, Cambridge University Press, 1994, p. 60。中译本此段文义稍有未谐，见傅海波、崔瑞德主编：《剑桥中国辽西夏金元史（907—1368）》，史卫民等译，中国社会科学出版社，1998年，第69页。）

位方式的历史书写变化密不可分，说详下节，此处专论第二点。

关于辽朝的正统来源，学界目前主流的观点是所谓"辽承晋统"说。此说始见于金末元初修端："辽自唐末保有北方，又非篡夺，复承晋统……终当为《北史》。"[1] 杨维祯《正统辨》亦称"议者以辽乘晋统"，[2] 很可能就是指修端之论。刘浦江根据金人有"辽以水为德"的说法，[3] 结合辽人曾在从后晋得来的传国玺上大作正统文章这一史实，认为辽朝的正统论是建立在石晋正统基础之上，所谓"水德"乃代石晋金德而兴，故辽承晋统之说当属可信。[4] 但依我之见，此说或许还有再斟酌的余地。

首先需要指出的是，"辽承晋统"之说乃金元人所提出，并无辽朝当时史料作为支撑。目前看来，此说之依据主要有二，其一是金人所称"辽以水为德"，其二是传国玺来源，然二者皆存可议之处。（一）古人议前代之统绪、德运，往往依据后来之认知与需求加以揣测、附会，故其所述多与前朝人之实际观念存在偏差，这种情况在自身德运久存争议的金源一朝体现得甚为明显。如宋朝自立国之初即明确以火德自居，[5] 且贯彻始终，金人在章宗泰和年间议德运时尚认可此说，并以本朝承宋统为土德，而到了宣宗贞祐二年（1214）再议德运时，为论证、恢复本朝金德之旧制，就有臣僚声称"亡宋为土"，"本朝取宋，自为金德"，[6] 可见其所论前朝德运实因势利导而无定见，故所谓"辽为水德"之说未可遽信。（二）辽之传国玺

---

① 修端：《辨辽宋金正统》，《国朝文类》卷四五，《四部丛刊》影印元至正刻本，叶 3a。

② 陶宗仪：《南村辍耕录》卷三引，中华书局，1959 年，第 34 页。

③ 此为金章宗泰和年间议德运时秘书郎吕贞幹之语，见《大金德运图说》，《景印文渊阁四库全书》本，台湾商务印书馆，1986 年，第 648 册，第 313 页。

④ 刘浦江：《德运之争与辽金王朝的正统性问题》，收入氏著《正统与华夷：中国传统政治文化研究》，中华书局，2017 年，第 90—92 页。

⑤ 参见《宋会要辑稿》历运一，中华书局影印本，1957 年，第 2128 页上栏。

⑥ 《大金德运图说》载贞祐二年二月十六日议，第 320 页。

诚为后晋末帝亡国时所献，但细审契丹皇帝关于传国玺问题的叙述，丝毫看不出有强调得于晋朝之意。如兴宗重熙七年“以《有传国宝者为正统赋》试进士”，[①]又如宋人记道宗《传国玺诗》云：“一时制美宝，千载助兴王。中原既失守，此宝归北方。子孙宜慎守，世业当永昌。”[②]其中反映出的只是辽帝对传国玺本身及其所含政治文化意义的看重，而并未着眼于此宝的直接来源，故不宜将之视作辽帝自认传承晋统的依据。

更重要的是，此说存在一个十分明显却又很容易被忽视的问题，那就是倘若辽承晋统，那么作为契丹王朝的建立者，阿保机的正统地位将成为无源之水、无本之木，这样的合法性叙述如何能够为辽朝人所接受？再进一步想，中国历史上似乎很少有哪个王朝的正统性是通过切断自身历史的开头，而将剩余部分与其他王朝进行对接来获得的。[③]因此，辽承晋统之说颇堪怀疑。

由于史料的极度匮乏，辽人关于本朝正统来源的直接记载暂时还难以找到。不过，我们仍可在当时人的其他相关论述中略窥端倪。

辽代石刻材料中保留了不少关于契丹建国过程的叙述，多提到辽乃代唐而兴。应历十六年（966）《李崇菀为父彦超造陀罗尼经幢

---

① 《辽史》卷五七《仪卫志三》“符印”，第 1016 页。

② 孔平仲：《珩璜新论》卷四，《丛书集成初编》排印《学海类编》本，中华书局，1985 年，第 40 页。原文称“神宗朝有使虏者，见虏主《传国玺诗》”云云，宋神宗当辽道宗在位之时，则此诗当为道宗所作。《珩璜新论》传本多有误“神宗”为“仁宗”者，致学界长期以来无法判断此诗之归属。今按此书在宋代开始即有两个不同的流传系统，另一系统书题皆作《孔氏杂说》（参见《四库全书总目》卷一二〇杂家类四，中华书局，1965 年，第 1037 页），后者今存宝颜堂秘笈本，此处亦作“神宗”，与《学海类编》本《珩璜新论》同，而神宗朝正与孔平仲生平年代相合（1044—1102），综合判断“神宗”当为早期的文本面貌，“仁宗”则恐系传写致误。

③ 此处所谓“王朝”，专指具备中原皇帝制度（如国号、帝号、年号等）的汉式王朝，其中为北族所建立者，亦以其采行这套制度作为王朝历史之起始。

记》称"亡父当唐祚替陵,大辽启运",① 开泰九年（1020）《耿延毅墓志》云:"当李唐末,会我圣元皇帝,肇国辽东,破上谷,乃归于我。"② 太平七年（1027）《耿知新墓志》有类似的说法:"自唐末,会我圣元皇帝肇运,廓据辽东,致破上谷也。"③ 从中可以看出两点,其一,辽前期汉人已将国家兴起紧接于唐代衰亡之后;其二,太祖阿保机乃国运之开端。以上三者皆为辽前期墓志,此类叙述在辽中后期亦不鲜见。如咸雍八年（1072）《创建静安寺碑铭》:"今太祖天皇帝,总百年之正统,开万世之宝系,公族衍盛,枝叶芬茂。"④ 此碑今不存,传世录文稍有差异,其中"总百年之正统"一语有录作"绍百世之正统"者,似文义更胜,铭文明确点出了阿保机在辽朝正统性方面的地位,并强调其接续前朝（即唐朝）之统。大康七年（1081）《圣宗仁德皇后哀册》云:"秦汉已还,隋唐而下。我国迭隆,其贤相亚。"⑤ 此为皇后哀册,能够看出当时官方的叙述,亦将辽朝之兴直接隋唐。类似的记载还见于大安九年（1093）《景州陈宫山观鸡寺碑铭》:"历晋宋而下,迨隋唐以还,派衍蔓延,周及华夏。我巨辽启运,奄有中土。"⑥ 此时已近辽末,契丹王朝上下以中原正统自居,故此碑宣称国运乃隋唐华夏血脉之延续。

从上面的引证可以看出,终辽一代,当时人述及国运渊源,皆始自太祖,接于隋唐,而从未见有提及石晋者。与此相对应,我们所能找到的辽人关于后晋的叙述皆为其乃辽所立,又为辽所灭。如保宁二年（970）《耿崇美墓志》云:"旋值嗣圣皇帝应援并汾,大兴甲马。送大晋之新帝,南上晟门;收全燕之霸王,北归上国。自此万方入贡,中夏来朝。……会同十年,先皇帝以嗣晋少主靡思报

---

① 向南:《辽代石刻文编》,河北教育出版社,1995 年,第 38 页。
② 同上书,第 159 页。
③ 同上书,第 184 页。
④ 同上书,第 360 页。
⑤ 同上书,第 393 页。
⑥ 同上书,第 452 页。

德，惟务享恩，遂乃领立骁雄，平定凶丑。"① 类似的说法还见于乾亨四年（982）《许从赟墓志》和统和十八年（1000）《高嵩墓志》，② 言语之间颇有视石晋为辽藩属之意。近年出土的保宁六年（974）后晋末帝《石重贵墓志》更是将此种态度表达得淋漓尽致："初高祖之龙飞晋阳也，苦于清泰之兵，有悬釜析骸之窘，殆将不振。大契丹嗣圣皇帝排大难而帝之于中夏，高祖德之，誓以子道自居，世世不绝。至六载，王惑于奸权之说，有大恩不报之义，乃弃约而息贡。嗣圣皇帝再耀武于夷门，遂迁王于辽左之东京。"③ 此墓志乃辽"卢龙军节度推官、将仕郎、守右拾遗牛藏用奉命撰"，可以集中代表契丹官方对于石晋政权的定位，很难想象辽朝君臣会将其眼中"誓以子道自居，世世不绝"的后晋看作自身正统性的来源所在。

上述石刻中的文辞自然不能完全等同或上升到王朝正统意识形态的高度，但它们至少反映了当时人一种实实在在的历史体认。无论官方抑或民间，辽人始终视石晋为其藩属，恐怕不会将之作为正统性的由来，所谓"辽承晋统"之说实难成立，金元人揣度之辞亦未可轻信。与此形成鲜明对比的是，辽人每祖述其政权缘起为唐末陵替、皇朝始兴，有意无意间将阿保机建国与唐朝灭亡联系在一起，而忽略了其中的时间间隔。这种模糊的历史观念，在辽朝前期或许还只在汉人群体中流行，成为一种正统性叙述的潜流；逮至兴宗重熙年间，契丹王朝中央层面的正统化运动达到高潮，直承唐统的观念也逐渐得到统治集团更为广泛的认同，构成了当时对开国史进行改造的思想资源。以萧韩家奴、耶律谷欲、耶律庶成为代表的汉化

---

① 向南、张国庆、李宇峰辑注：《辽代石刻文续编》，辽宁人民出版社，2010 年，第 13—14 页。

② 同上书，第 19、37 页。

③ 拓片见都兴智、田立坤：《后晋石重贵石延煦墓志铭考》，2004 年第 11 期；录文见齐伟：《辽宁省博物馆藏石重贵墓志铭考释》，《辽金历史与考古》第 4 辑，辽宁教育出版社，2013 年，第 303—304 页。

契丹史官很可能正是从中汲取灵感，利用唐室倾覆之年与阿保机任可汗之年的"无缝对接"，构建出一套太祖元年（907）即已称帝建国的历史叙述。

饶有兴味的是，经过改写的契丹开国年代所蕴藏的正统性问题在数百年后曾被再次唤醒。乾嘉时人焦循曾根据《辽史》所记阿保机称帝年代，提出"以辽继唐"的口号："辽太祖以春正月即皇帝位，是年夏四月丁未，朱全忠废其主自立为帝，是天以辽继唐也。与其以朱温继唐，不若以辽继唐。"① 氏著《西魏书论》亦称："辽之承于唐，传金及元，非宋所得而统也。"② 如此非同寻常的正统论说，在时人乃至今人眼中都未免有些离经叛道，但这可能正是当年重熙君臣所希望看到的结果。

四、历史书写中的政治时间

因发生过重要政治事件而被赋予相应政治意义的时间节点，可以看作一种典型的政治时间。在实际的历史进程中，政治时间与具体事件的对应关系通常是确定不变的，读史者也往往习惯于从静态的、现成化的角度加以观察，故而正误与真伪成为研判某一政治时间的唯一标准和最终指归。不过问题却可能存在另外一种面相：一旦进入历史记忆与书写的层面，权力关系的消长、内部结构的调整、意识形态的更张等诸多因素，都可能导致关键的政治时间遭到改写，其所具有的意义与影响也会随之变化。换句话说，现实政治的不稳定性不可避免地带来了政治时间书写的易变性。与以往我们所熟知的历史文本、史事情节的局部改写不同，政治时间的牵动性、系统性更强，改写的成本也更高，需要一整套历史叙述的呼应与配合，

---

① 《易余籥录》卷八，《丛书集成续编》本，新文丰出版公司，1989年，第29册，第326页。

② 《雕菰集》卷八《西魏书论》，《丛书集成初编》本，中华书局，1985年，第122页。

唯其如此，政治时间一经改动，反而更不易为后人所察觉。这或许也正是传统政治史研究较少从动态的、生成的角度考察政治时间的根由所在。

一直以来，辽史研究者多倾向于将契丹开国年代问题看作中原、辽朝两类不同文献的系统性差异所致，认为二者存在着不可调和的矛盾，并力图作出非此即彼的判断与裁决。然而，这样的研究思路在无形之中忽略了两种文献系统特别是辽朝文献自身的衍变、发展轨迹，导致阿保机建国当时的历史叙述一直处于被遮蔽的状态——如此接近历史现场的政治时间叙述恰恰最能说明问题，也是融通不同文献系统的关键所在。

本节的论证表明，契丹开国年代问题的根源并非不同文献系统的方枘圆凿，而是辽朝后期史官对太祖时代历史的重构与改造。阿保机于神册元年（916）称帝建国，契丹王朝官方文献系统在很长一段时间里保留了与此史实相对应的政治时间，正可与中原文献系统的记载相互印合；直至兴宗重熙十三年（1044）纂修《遥辇可汗至重熙以来事迹》时，出于王朝汉化渐深以后对正统性、合法性的强烈诉求，史官将契丹开国年代提前至阿保机即可汗位之907年，并创造出"太祖某年"这样从未实际行用过的无年号纪年形式，[①] 将原本明确清晰的开国年代涂改殆尽，形成了新的政治时间书写以及与此相配合的一整套历史叙述；此后道宗、天祚朝两度修史，皆因

---

① 周秦时代以王号纪年，至汉武帝始启用年号，并将其固化为古代皇帝制度的基本内容，从而形成了此后中国历史的主要纪年方法。近来有中古史研究者指出，十六国北朝及唐代曾多次出现弃用年号而改以王号纪年的反常情况，究其背景皆与当时政权复古崇周以宣示合法性有关（参见徐冲：《中古时代的历史书写与皇帝权力起源》单元一第三章《西魏北周无年号纪年考》，上海古籍出版社，2012年，第44—65页；孙英刚：《神文时代：谶纬、术数与中古政治研究》下篇第三章《无年号与改正朔：安史之乱中肃宗重塑正统的努力》，上海古籍出版社，2015年，第371—400页）。与这些情况不同，《辽史》所见无年号纪年并非阿保机时代所实际行用之法，而完全出于后来史官之建构，或亦可为古代纪年研究补充一个别开生面的案例。

袭此叙述框架而加以续补，至后世金、元两代累修《辽史》亦无所改更，最终定格为我们今天所看到的模样。

第二节 阿保机即位疑案重审

开国年代与即位方式，实为契丹开国史叙述的一体两面。关于阿保机即位的经过，不同文献记载存在巨大矛盾，成为辽史学界长期聚讼的焦点，堪称契丹开国史的头号疑案。既然《辽史》中有关开国年代的叙述是辽朝后期史官系统性改造的结果，那么，关于阿保机即位方式的记录是否也存在类似情况？我们究竟应该如何看待契丹开国史叙述与历史实态所存在的扞格之处？这就是本节要解决的问题。

一、问题之缘起

现存文献中关于阿保机即位过程的记载数量众多，按照资料来源与具体内容可以大致分为两个系统：其一是元修《辽史》所代表的辽朝文献系统，其二是五代北宋史料所构成的中原文献系统。前者称阿保机奉遥辇末代可汗临终遗命登基；后者则记其上台乃是契丹八部选举、轮流为汗即所谓世选传统的结果，并且阿保机在即位后逐步打破了这一传统，建立世袭皇权。二者严重抵牾，似乎难以调和，引惹出治史者的无尽评说。

早先的研究者多倾向于中原文献所记更近实际。如清人赵翼即认为上述矛盾盖因辽末耶律俨纂修《皇朝实录》时"为其先世隐讳，陈大任修史亦遂因之，不复勘对《唐书》及欧史也"，[1] 基本限于情理推测。作为系统研究契丹早期史的先驱，日本学者松井等较

---

① 赵翼撰，王树民校证：《廿二史札记校证》卷二七"辽史二"，中华书局，1984年，第585页。

为详细地排比了中原文献的相关记载，认为契丹选汗并非无稽之谈，可能在安史之乱后开始实行，是对此前战时诸部聚议制度的发展，阿保机最初即遵照此制而称汗。① 时代稍晚的陈述则详细论证了世选制对契丹皇位继承的影响，并援引其他北族的类似情况，强调此项制度的普遍性。② 该说在 20 世纪后半段得到了大部分研究者的认可，成为辽史学界一种比较通行的认识。③ 然而，以上观点存在一个共同的问题，即在单方面肯定中原文献所记阿保机即位过程的同时，并未就其中与《辽史》存在矛盾的地方给出合理解释：一来缺乏对《辽史》相关记载的切实批判，仅停留在史官隐晦文饰这样颇为含糊、浅表的印象；二来对中原文献本身隐含的问题，特别是文献源流与时代背景交代不清，极大地影响了观点的说服力。

与此形成鲜明对比的是，另一部分学者则主张中原文献所记选汗之说纯属传闻，并无实据，当以《辽史》为准。首倡此说者为杨志玖，他将涉及阿保机即位问题的史料分为两组，甲组是以《新五代史》《资治通鉴》为代表的中原文献，乙组则是《辽史》中的一系列说法；认定甲组存在以下主要问题：所谓契丹有八部与阿保机即位前的实情不符，此前可汗皆为终身制，且集中在大贺、遥辇两个

---

① 松井等：《契丹勃興史》，《滿鮮地理歷史研究报告》第 1 辑，東京帝國大學文科大學，1915 年；中译本见刘凤翥译，中国社会科学院民族研究所编《民族史译文集》第 10 辑，1981 年，第 1—50 页。

② 陈述：《论契丹之选汗大会与帝位继承》，《史学集刊》第 5 期，国立北平研究院，1947 年，第 85—110 页；修订后收入氏著《契丹政治史稿》，人民出版社，1986 年，第 61—89 页。

③ 姚从吾：《契丹君位继承问题的分析》，原刊《文史哲学报》1951 年第 2 期，此据氏著《东北史论丛》，正中书局，1959 年，第 248—255 页；蔡美彪：《契丹的部落组织和国家的产生》，《历史研究》1964 年第 5、6 期，第 184 页；李桂芝：《契丹贵族大会钩沉》，《历史研究》1999 年第 6 期，第 68—88 页；李锡厚、白滨、周峰：《辽西夏金史研究》，福建人民出版社，2005 年，第 60—64 页等。

家族，因而甲组之说并不可信。① 后来，张去非在未注意到杨文的情况下发表了类似观点，主要也是从八部数量、大贺氏汗权世袭、遥辇可汗在位时间等方面论证中原文献不可信，并提出此说当是将契丹发展初期古八部的情况错置到阿保机以前不久的时代。② 上述说法很长时间内并未在学界产生太大反响，直到近年再次受到重视。刘浦江首次明确标举中原文献系统和北朝文献系统的概念，指出两个系统在契丹开国史方面很难找到共同点，尽管五代诸朝实录时代很早，但终究属于异邦传闻。③ 林鹄则认为大贺氏时代契丹可汗遵循兄终弟及原则，推选可能会在一定程度上起作用，但并非决定因素，进入遥辇时代以后这种因素更趋弱化。他还进一步考察了辽朝柴册仪及前期的皇位继承，并对陈述所举其他北族类似情况进行商榷，否定辽朝存在世选传统，同时指出这种观点是受到摩尔根社会演进理论的影响。④ 潘静又在上述观点基础上作了进一步引申，认为史书所载"八部"均与契丹当时的实际分部不符，中原记载是对契丹内外斗争等事件杂糅歪曲的结果。⑤

综合杨志玖以下五家所论，既往对中原文献系统所记契丹开国

① 杨志玖：《阿保机即位考辨》，原刊《中央研究院历史语言研究所集刊》第 17 本，1948 年 4 月，此据氏著《陋室存稿》，《杨志玖文集》本，中华书局，2015 年，第 220—234 页。值得注意的是，20 世纪 50 年代中期杨氏又撰《十世纪契丹社会发展的一个轮廓》一文，运用马恩经典理论重新讨论这一问题，彻底推翻了原有结论，并写下附论《从〈阿保机即位考辨〉一文的错误看胡适派考据学对历史研究的危害性》（原刊《南开大学学报（人文科学）》1956 年第 1 期，收入《陋室存稿》，《杨志玖文集》本，第 235—248 页）。对于这样的剧烈反转，恐应更多考虑当时社会环境的裹挟，而不宜纯以学术眼光衡之。

② 张去非：《关于契丹汗位的继承制度》，《历史教学》1964 年第 8 期，第 31—32 页。

③ 刘浦江：《契丹开国年代问题——立足于史源学的考察》，原刊《中华文史论丛》2009 年第 4 期，此据氏著《宋辽金史论集》，中华书局，2017 年，第 23 页。

④ 林鹄：《契丹选汗说商兑——兼论所谓北族推选传统》，见北京大学中国古代史研究中心编《田余庆先生九十华诞颂寿论文集》，中华书局，2014 年，第 653—669 页。

⑤ 潘静：《"八部聚议立王"和早期契丹的社会性质》，《内蒙古社会科学》2018 年第 1 期，第 73—80 页。

史的质疑在实证层面主要可概括为以下几点：其一，八部之说与契丹建国前史实的对应问题；其二，大贺氏时期契丹均为兄终弟及，并非推选；其三，遥辇氏可汗任期非所谓三年一代；其四，阿保机建国初期的主要威胁来自家族内部，而非其他契丹诸部。在我看来，前两点是其论据的核心，但恐怕皆可再加斟酌。首先，以往受惑于元修《辽史·营卫志》的叙述框架，学界对契丹八部问题的认识不够清晰，本书前文已指出，契丹在开元初年有八部，即后汉《高祖实录》所记之名，经历可突于之乱折损为五部，阻午可汗分五部为八，形成了遥辇时代的八部，即《辽史·营卫志·部族下》所记迭剌、乙室诸部，直至阿保机建国之时始终保持此数，故而中原文献契丹八部之说并无问题。其次，由于元修《辽史》的溯源式叙述，研究者往往将契丹建国前史看作从"大贺氏"到遥辇时代再到阿保机建国的线性发展过程，忽略了其中的重大转折和变化。其实，契丹集团在可突于之乱以后，即遥辇时代初期发生过重大变动、重组，政治结构和社会组织较开元以前有很大调整，阿保机家族也是在这一时期方才加入契丹，因此不能简单地用所谓"大贺氏"时代的汗位继承情况来推测遥辇时代，进而否定其在建国前施行选汗制度的可能。至于上述四点之中后两者则确实指出了中原文献系统存在的问题，后文将进一步分析。

正反双方观点均倾向于将不同文献系统的材料完全对立起来，做出非此即彼的判断，但对于所采信的文献系统本身存在的问题又都无法给出合理解释，这样的研究思路忽略了两种文献系统特别是辽朝文献自身的前后变化。无论什么文献系统，归根结底都是一种历史叙述，自有其发展衍变的过程，亦会产生各自的问题，而不同叙述之间无时无刻不形成竞争，但又常常彼此影响、相互融通，揭示这些历史叙述的生成、衍化、竞争、融通的过程正是当务之急。本节即拟立足于史源学视野下的文本批判，重审阿保机即位疑案，希望借此揭示契丹王朝从草原传统向华夏文化转型过程中历史叙述的特殊之处。

二、《辽史》所见阿保机即位过程辨伪

关于阿保机的即位过程，最常见的说法出自《辽史·太祖纪》唐天复元年（901）后五年（即天祐三年，906）的最末一条记载："十二月，痕德堇可汗殂，群臣奉遗命请立太祖。曷鲁等劝进。太祖三让，从之。"次年（907）春正月庚寅，阿保机"命有司设坛于如迁王集会埚，燔柴告天，即皇帝位"。① 如前所述，阿保机称帝建国实在神册元年（916），辽朝前期曾如实记录，在现存文献中留下了明确证据；今本《辽史》所见 907 年称帝说并非无心之误，而是辽朝重熙十三年（1044）纂修《遥辇可汗至重熙以来事迹》时全面改写的结果，将契丹开国年代提前至阿保机任契丹可汗之时，恰与唐朝灭亡之年无缝衔接，体现出强烈的正统诉求。质言之，围绕阿保机即位展开的契丹建国史叙述存在严重的篡改问题，除称帝时间外，即位过程中的诸多环节亦未可轻信。

在整套开国史叙述中，痕德堇可汗去世后曷鲁等人劝进，被视为阿保机决心即位的关键所在。与此相对应，在曷鲁本人的传记中，有一段关于即位前劝进情况的生动描写：

> 会遥辇痕德堇可汗殁，群臣奉遗命请立太祖。（1）太祖辞曰："昔吾祖夷离堇雅里尝以不当立而辞，今若等复为是言，何欤？"曷鲁进曰："曩吾祖之辞，遗命弗及，符瑞未见，第为国人所推戴耳。今先君言犹在耳，天人所与，若合符契。天不可逆，人不可拂，而君命不可违也。"（2）太祖曰："遗命固然，汝焉知天道？"曷鲁曰："闻于越之生也，神光属天，异香盈幄，

---

① 《辽史》卷一《太祖纪上》，中华书局，2016 年，第 2—3 页。

梦受神海，龙锡金佩。天道无私，必应有德。我国削弱，龂龁
于邻部日久，以故生圣人以兴起之。<u>可汗知天意，故有是命</u>。
且遥辇九营棋布，非无可立者；小大臣民属心于越，天也。昔
者于越伯父释鲁尝曰：'吾犹蛇，儿犹龙也。'天时人事，几不
可失。"太祖犹未许。（3）是夜，独召曷鲁责曰："众以<u>遗命</u>迫
我。汝不明吾心，而亦俯随耶？"曷鲁曰："在昔夷离堇雅里虽
推戴者众，辞之，而立阻午为可汗。相传十余世，君臣之分乱，
纪纲之统隳。委质他国，若缀斿然。羽檄蜂午，民疲奔命。兴
王之运，实在今日。应天顺人，<u>以答顾命</u>，不可失也。"太祖乃
许。明日，即皇帝位，命曷鲁总军国事。①

不难看出，整段文字其实就是对本纪相关记述的进一步展开。首句
所述与本纪在行文用字上几乎完全一致，其后阿保机与曷鲁有三问
三答（引文中以序号标识者），正是本纪所谓"曷鲁等劝进，太祖
三让"的具体呈现，纪、传遥相呼应，显然是精心设计、有意编排
的结果。这段充满华夏政治文化色彩的君臣揖让将阿保机即位的理
由一一道出，核心要点有四：其一，强调痕德堇可汗临终遗命，是
为当立之直接动因与法理依凭；其二，追述先祖雅里曾有机会担任
契丹可汗却让位于阻午，是为当立之历史根据；其三，出生时天降
祥瑞，自小即被视作真龙，是为当立之天命神助；其四，当时契丹
纲纪倾颓，危若累卵，依附别国，民不聊生，是为当立之现实需求。
然而，此四点实皆难经推敲，兹逐一考辨如下。

（一）遥辇遗命

《辽史》屡屡提到阿保机是在遥辇痕德堇可汗死后奉命即位，如
上引《曷鲁传》一段即四称"遗命"，一称"君命"，一称"是命"，
一称"顾命"（即引文中加下划线者），构成了契丹开国史叙述最关

---

① 《辽史》卷七三《耶律曷鲁传》，第 1346—1347 页。

键的要件。然而根据其他文献记载可知，阿保机即位之时痕德堇并未离世。《通鉴考异》引《编遗录》云："开平二年五月，契丹王阿保机及前国王钦德贡方物。"①开平二年即 908 年，时阿保机已即可汗之位，其中"钦德"即痕德堇，当时尚健在。《编遗录》全称《大梁编遗录》或《梁太祖编遗录》，后梁官修编年史，敬翔撰于梁末帝贞明年间，②《考异》此处乃是节录，更详细的引文见于《册府元龟》："（开平二年）五月，契丹国王阿保机遣使进良马十匹、金花鞍辔、貂鼠皮头冠并裘；男口一，名苏，年十岁；女口一，名瞽，年十二。契丹王妻亦进良马一匹，朝霞锦，金花头冠、麝香。前国王钦德亦进马。其国中节级各差使进献，共三十一人，表六封。"③此次朝贡契丹全国上下皆遣使进献，规格之高、贡品之富，在整个契丹与中原的交往史中亦属罕见。如此兴师动众，自然有其不寻常的目的。《旧五代史·契丹传》云："及梁祖建号，阿保机亦遣使送名马、女乐、貂皮等求封册。"④《新五代史》则称："阿保机遣使者解里随顷，以良马、貂裘、朝霞锦聘梁，奉表称臣，以求封册。梁复遣公远及司农卿浑特以诏书报劳，别以记事赐之，约共举兵灭晋，然后封册为甥舅之国。"⑤两书所指皆为开平二年五月契丹这次非比寻常的朝贡，而据《辽史》本纪载，太祖三年"二月丁酉朔，梁遣郎公远来聘"，⑥显即梁朝回使之事，唯隐去背景而已。请求封册一事终因契丹未及时出兵攻晋而不了了之，但透过此事可以看出，痕

---

① 《资治通鉴》卷二六六《后梁纪一》开平元年五月《考异》，第 8678 页。

② 《旧五代史》卷一八《敬翔传》，中华书局，2015 年，第 286 页。

③ 王钦若等编：《册府元龟》卷九七二《外臣部·朝贡五》，影印明刻本，中华书局，1960 年，第 11420 页上栏。"契丹王妻亦"下原衍"不"字，残宋本同，《文渊阁四库全书》本作"附"，未知何据。今删。

④ 《旧五代史》卷一三七《契丹传》，第 2130 页。

⑤ 《新五代史》卷七二《四夷附录一》，中华书局，2015 年，第 1003 页。

⑥ 《辽史》卷一《太祖纪上》，第 4 页。

德堇可汗在阿保机即位后两年不仅健在，还保持了重要的政治影响力和象征意义，值得后梁官方档案专门记录，①《辽史》所记"可汗殂，群臣奉遗命请立"云云恐属虚构。

关于这一问题，舍辽归宋的赵至忠曾留下重要记载，恰可佐证后梁实录之说。《资治通鉴考异》引赵氏《虏廷杂记》云："太祖生而智，八部落主爱其雄勇，遂退其旧主遥辇氏归本部，立太祖为王。"② 此谓阿保机即位后，遥辇可汗只是退归本部，并未身死。特别值得注意的是，其中称阿保机作"太祖"而非直呼其名，盖与《虏廷杂记》的创作过程有关。赵至忠自称曾为辽朝史官，从《资治通鉴考异》《归田录》等书所引《虏廷杂记》佚文可以看出，此书提到辽朝开国之君时而称"太祖"，时而称"阿保机（谨）"，当系不同阶段的产物，前者为赵至忠在辽时所作旧稿，而后者则是其归宋后追记。③ 上引一则即为前者之例，可见赵氏在辽时所闻见之开国史叙述中，阿保机即位时遥辇末代可汗尚在，全无遗命之说。赵氏归宋时间为重熙十年（1041），④ 则晚至兴宗初年辽人所记开国史面貌尚与中原文献相合，所谓"遗命"云云显系后出之说，断不可以史实视之。

---

① 杨志玖《阿保机即位考辨》（《陋室存稿》第232—233页）亦曾注意到《册府元龟》《资治通鉴考异》所引《编遗录》对其论证的冲击，不过他推测这"可能是遥辇族人假钦德之名而来的，其目的当是想联络梁朝，欲借其力以恢复遥辇氏的帝位"。按此次出使乃阿保机与钦德同时遣使，岂容遥辇族人瞒天过海？杨文对此关键反证的解释实难令人信服。

② 《资治通鉴》卷二六六《后梁纪一》开平元年五月《考异》，第8677页。其中"遥辇"点校本误作"阿辇"，研究者多受其误导，今据《四部丛刊》影印宋刻本改正。

③ 参见李锡厚：《〈虏廷杂记〉与契丹史学》，《史学史研究》1984年第4期，第58—62、27页。

④ 《续资治通鉴长编》卷一三三庆历元年八月乙未（第3169页）："以契丹归明人赵英为洪州观察推官，赐绯衣、银带及钱五万，更名至忠。至忠尝为契丹中书舍人，得罪宗真，挺身来归，言庆历以前契丹事甚详。"

（二）雅里辞让

据《太祖纪赞》，雅里为阿保机七世祖，[①] 辽末耶律俨《皇朝实录》称涅里，金人陈大任《辽史》则作雅里。[②] 在上引《耶律曷鲁传》所记对话中，雅里作为参照对象出现，阿保机称其"以不当立而辞"，所谓"不当立"似指其非汗族，曷鲁就此解释了阿保机与雅里的相同点在于"国人所推戴"，不同点则是雅里当时既无先君遗命，亦无上天祥瑞，故让阻午而不自立，接着又暗指雅里此举是明"君臣之分"、肃"纪纲之统"，至阿保机时期已礼崩乐坏，国运蜩螗，不得不"应天顺人"。数问数答间即位理由尽得呈现，于是"太祖乃许"。这样一套说辞的意义显然在于论证阿保机即位的合法性，将当时汗族遥辇氏的继续掌权描述成完全得益于其先祖的辞让，其实是在强调该家族与契丹最高权力之间的亲缘关系：早在雅里时代，他们就有机会、有条件取得汗位，至阿保机即位，某种意义上只是本就属于该家族的最高权力最终回归罢了。

据《辽史》载，雅（涅）里不仅曾辞让可汗，同时还创立了各项制度。如《营卫志》引旧史《部族志序》曰："契丹之初，草居野次，靡有定所，至涅里始制部族，各有分地。"[③]《刑法志序》云："国初制法，有出于五服、三就之外者，兵之势方张，礼之用未遑也。及阻午可汗知宗室雅里之贤，命为夷离堇以掌刑辟，岂非士师之官，非贤者不可为乎？"[④]《百官志》则称："辽国以畜牧、田渔为稼穑，财赋之官，初甚简易。自涅里教耕织，而后盐铁诸利日以滋殖。"[⑤] 在雅（涅）里出现以前的数百年间，契丹的各项基本制度都被描述成几近空白、质实草昧，此后才逐渐开化，背后的评判标准

① 《辽史》卷二《太祖纪》，第 26 页。
② 《辽史》卷六三《世表》，1057 页。
③ 《辽史》卷三二《营卫志中》，第 427 页。
④ 《辽史》卷六一《刑法志上》，第 1037 页。
⑤ 《辽史》卷四八《百官志四·南面财赋官》，第 916 页。

其实是汉化的程度。

综上可知，在今本《辽史》的叙述中，雅里既是阿保机政权的合法性来源之一，又是契丹走向"文明"的起点，其形象背后反映的逻辑与立场呈现出浓重的华夏色彩。着眼于辽朝整体的文化转型进程，此种叙述与契丹建国初期的实际情况相去甚远，愈发像是王朝中后期以华夏政治文化塑造本朝正统的产物。更值得注意的是，雅里之事迹除了总体叙述逻辑的问题外，至少还存在两大破绽，不得不令我们对其人的真实性产生严重怀疑。

首先，遍检《辽史》及辽代石刻，除上引《耶律曷鲁传》外，雅（涅）里在辽兴宗重熙年间以前的史料中全无踪迹。兴宗朝著名史官萧韩家奴云："臣闻先世遥辇可汗洼之后，国祚中绝；自夷离堇雅里立阻午，大位始定。"① 萧韩家奴此次进言的时间在重熙十三年春，同年六月兴宗即诏修《国朝上世以来事迹》，即《遥辇可汗至重熙以来事迹》，② 而萧韩家奴正是此次修史的核心成员，故应将其进言与之后不久的修史实践联系起来。进言以"臣闻"二字开首，似表明此下所言仅得自口耳，据此推断雅（涅）里立阻午的说法当时恐尚未见于明确记载，特别是未进入辽朝官方的历史叙述，否则韩家奴向兴宗进言时大可直接引述。

其次，时间、世次存在明显抵牾。《太祖纪赞》记载阿保机先祖世系为雅里—毗牒—颏领—耨里思—萨剌德—匀德实—撒剌的—阿保机，其中耨里思以下各代子孙系辽朝皇族核心成员，③ 相应时间亦明确可考。辽《皇朝实录》称阿保机四世祖耨里思大败安禄山于潢

---

① 《辽史》卷一〇三《萧韩家奴传》，第 1597 页。

② 《辽史》卷一九《兴宗纪二》，第 263 页。

③ 《辽史》卷七三《耶律颇德传》（第 1351 页）云："旧制，肃祖以下宗室称院，德祖宗室号三父房，称横帐。"卷六四《皇子表》（第 1064—1074 页）更备载肃祖以下历代皇子姓名事迹。

水，① 时当天宝十载（751），此下至阿保机出生之咸通十三年（872），
百二十年间传四世亦合情理，而七世祖雅里的年代则与此颇相扞格。
如前文所述，阻午可汗对应的年代约在开元二十年（732）可突于反
唐率契丹北奔潢水上游之后不久，雅（涅）里的活动时间亦应在此
前后，则该谱系中七世祖与四世祖的活动年代相隔不足二十年，这
显然是不可能的。

　　吉本道雅敏锐地捕捉到了第二个疑点，他认为雅（涅）里的原
型可能是《地理志》所记辽国五代祖勃突，兴宗朝修实录时史官为
论证阿保机即位合法性，用勃突附会《旧唐书》之泥礼（涅里），
又在涅里和耨里思之间插入毗牒、颏领两代，形成了《太祖纪赞》
中的谱系。② 这一判断洵具卓识，但具体过程可能更为复杂。③ 此处
仅就附会中原典籍一节稍加补充。

　　《旧唐书·契丹传》记可突于兵败身死后的情形曰："（开元）二
十三年正月，传（可突于）首东都。诏封过折为北平郡王，授特进，
检校松漠州都督……其年，过折为可突于余党泥礼所杀。"④ 其中称
泥礼为"可突于余党"，指代较为含混，且《旧唐书》后文再无关
于此人的任何记载，这样的文字客观上留下了想象和附会的空间。我

---

① 《辽史》卷六三《世表》，第 1058 页。

② 吉本道雅：《遼史世表疏證》，收入爱新觉罗·乌拉熙春、吉本道雅：《新出契丹
史料の研究》，松香堂，2012 年，第 22、35 页。

③ 据爱新觉罗·乌拉熙春、吉本道雅《大中央胡里只契丹国　遙輦氏发祥地の点
描》介绍，重熙二十年契丹小字《耶律迪墓志铭》载一份较为完整的辽朝先祖世系，其
中阿保机曾祖萨剌德以上依次为：习辇涅里—石里堇毗牒—肃祖耨里思—懿祖萨剌德（第
268—269 页），对比《太祖纪赞》可知，墓志中涅里、耨里思间仅毗牒一代，而无颏领。
又《兵卫志序》称涅里为太祖六世祖，与《太祖纪》之七世祖异而与墓志合。在我看来，
此间异同并不是非此即彼的正误关系，而反映出先祖谱系层累生成的过程。《兵卫志序》
袭自陈大任旧文，最初史源或为重熙十三年所修实录，故与重熙二十年之墓志吻合；而
《太祖纪赞》之最初源头则是乾统间所成之《皇朝实录》，是书已对先祖世系续加增补。

④ 《旧唐书》卷一九九《契丹传》，第 5353 页。

们认为，这条材料正是重熙间史臣炮制涅里形象的根由所在。① 炮制者的做法大概分为两步：其一是攀附，即将辽朝统治者的家族与中原文献所见契丹集团发展史上起过重要作用的人物泥礼建立关系，冒认其为阿保机家族之先祖；其二是再造，即将契丹原有历史叙述中的阻午可汗编造成涅里所立，进而又以开创诸多制度之功系于其身，以证明阿保机家族始终与契丹最高权力有密切的亲缘关系，且曾起到划时代的决定作用。

仅观《旧唐书》所记，重熙史臣的选择似尚勉强可通，不过倘若稍稍翻检其他关于泥礼的记载就会发现，他们当时所参稽之典籍诚可谓左支右绌，这种攀附和再造亦属漏洞百出，最显者莫过于中原文献明确记载泥礼自立为契丹王，并未让位他人。上引《旧唐书》记开元二十二年末可突于为部将李过折所杀，过折旋又丧于泥礼之手，张九龄《曲江集》中收录开元二十三年七月《敕幽州节度张守珪书》云："顷者涅礼自擅，虽以义责，而未有名位，恐其不安。卿可宣示朝旨，使知无他也。"② 此涅礼即泥礼之异译，是书当作于涅礼杀过折之后，玄宗诏张守珪宣旨安抚，称"涅礼自擅"，知其时已自立为契丹之主。其中所谓"宣示朝旨"的诏书今亦见于《曲江集》，即同卷之《敕契丹都督涅礼书》："李过折因众人之忿，诛顽凶之徒，诸部酋豪，相率归我……不知近日来，若为非理，亦闻

---

① 《旧唐书》在辽朝的流传是有线索可考的。早在辽太宗灭晋时，就下令将"晋诸司僚吏、嫔御、宦寺、方技、百工、图籍、历象、石经、铜人、明堂刻漏、太常乐谱、诸宫县、卤簿、法物及铠仗，悉送上京"（《辽史》卷四《太宗纪下》，大同元年三月壬寅，第64页），其中当即包括后晋新修之《唐书》。成书于辽圣宗统和五年（987）的燕京崇仁寺沙门希麟所著《续一切经音义》，共征引史书三十三部，其中即包括《旧唐书》（释希麟撰，黄仁瑄校注：《续一切经音义校注》卷一〇，中华书局，2021年，第358页）。又据《辽史》载，圣宗曾"阅唐高祖、太宗、玄宗三纪"（卷八〇《马得臣传》，第1049页），所阅当即《旧唐书》之本纪。

② 张九龄著，熊飞校注：《张九龄集校注》卷九《敕契丹都督涅礼书》，中华书局，2008年，第553页。

杀害无罪，棒打又多，众情不安，遂致非命……但恐卿今为王后，人亦常不自保，谁愿作王？卿虽蕃人，是当土豪杰，亦须防虑后事，岂取快志目前？过折既亡，卿初知都督，百姓诸处分，复得安宁以否？"① 表明唐朝事实上已经承认了涅礼杀过折而自立的事实，所用诏书辞令与之前施于历任契丹王者别无二致。其后又以《敕松漠都督涅礼书》正式封涅礼为"松漠都督、右金吾卫大将军"。② 此外，据《册府元龟》载开元十二年二月丁巳，"契丹遣使涅礼来贺正，并献方物，授将军，赐彩一百匹，放还蕃"。③ 此当出自唐朝实录，从年代和身份判断，其中涅礼很可能就是后来自立为契丹王者。若果真如此，则涅礼早在可突于当权之前已为契丹旧部重臣，而阿保机家族之先祖开元二十年以后方才加入契丹集团，二者可谓风马牛不相及。

要之，作为阿保机即位合法性的核心构件之一，先祖雅里的事迹本身很可能就是辽朝中期以后捏造的结果，其产生的背景与遥辇可汗遗命之说完全一致，共同指向重熙年间的修史活动。

（三）天降祥瑞

上引《曷鲁传》曰："闻于越之生也，神光属天，异香盈幄，梦受神诲，龙锡金佩。天道无私，必应有德。"类似的叙述还见于《辽史·太祖纪》开首："初，母梦日堕怀中，有娠。及生，室有神光异香，体如三岁儿，即能匍匐……三月能行，晬而能言，知未然事。"④ 两者皆称"神光异香"，一详一略，显然经过了史官的精心设计。

有学者认为，上述感生故事是阿保机当时模仿摩尼教降生、受

---

① 张九龄著，熊飞校注：《张九龄集校注》卷九《敕契丹都督涅礼书》，中华书局，2008 年，第 557—558 页。

② 同上书，第 564 页。

③ 《册府元龟》卷九七五《外臣部·褒异二》，第 11449 页。

④ 《辽史》卷一《太祖纪上》，第 1 页。

启神话而成，并将其中主要元素与摩尼教文献做了一一对应。① 实际上，阿保机降生神话中绝大部分元素在历代开国之君的类似故事中都能找到对应。如梦日而孕，最晚从汉代就成为帝王感生神话的常见情节；② 再如神光，自汉武帝而下，东晋元帝、南朝宋高祖、石勒、苻坚、隋文帝等等皆然；③ 异香亦见于新罗儒礼尼师今、④ 宋太祖赵匡胤等人的降生神话。特别是宋太祖的降生神话，与阿保机的构成要素重合度很高，梦日、神光、异香皆有出现。⑤ 如果单独看这些元素，或许可以在其他文化传统中找到零星对应，但将这一系列要素拼合在一起形成一套标准化叙述，则主要还应是华夏政治文化影响下的产物。

阿保机降生神话中唯一不见于其他中原记载的元素是所谓"龙锡金佩"，然此更属无稽之谈。《辽史·国语解》"诸功臣传"条下专门解释此词曰："太祖从兄铎骨札以本帐下蛇鸣，命知蛇语者神速姑解之，知蛇谓穴傍树中有金，往取之，果得金，以为带，名'龙锡金'。"⑥《国语解》乃元朝史官依据耶律俨、陈大任二书纪传部分所作，今本《辽史》中并无铎骨札闻蛇鸣、神速姑解之以取金的相关记载，当是撰修相应列传的元末史臣有所删削之故。从《国语解》这一词条判断，所谓"龙锡金佩"其实是指阿保机从兄因蛇鸣而发现金子的故事，《耶律曷鲁传》文本的最初作者竟将此强算作阿

---

① 参见王小甫：《契丹建国与回鹘文化》，《中国社会科学》2004 年第 4 期，此据氏著《中国中古的族群凝聚》，中华书局，2012 年，第 121—127 页。

② 参见吕宗力：《感生神话与汉代皇权正当性的论证》，收入氏著《汉代的谣言》，浙江大学出版社，2011 年，第 289—306 页。

③ 参见梁力：《魏晋南北朝时期帝王政治感生神话探析》，《太原理工大学学报（社会科学版）》2014 年第 5 期，第 63—68 页。

④ 李春祥、徐星华：《〈三国史记〉国王及相关人物诞生神话研究》，《通化师范学院学报》2012 年第 7 期，第 1—5 页。

⑤ 尹承：《宋太祖诞生神话表微》，《东岳论丛》2015 年第 4 期，第 21—25 页。

⑥ 《辽史》卷一一六《国语解》，第 1705 页。

保机的感生祥瑞，诚可谓生拉硬扯、不着边际，足见当时编造这段说辞的史臣恐怕并没有什么契丹本身流传的太祖降生神话可供采摭。①

（四）时局危殆

曷鲁劝进时称："我国削弱，觭觩于邻部日久，以故生圣人以兴起……君臣之分乱，纪纲之统隳。委质他国，若缀旒然。羽檄蜂午，民疲奔命。兴王之运，实在今日。"描述的完全是一番民不聊生的景象，最突出的表现是"觭觩于邻部""委质他国"。然而，此说与阿保机即位前契丹的处境并不相符。

《资治通鉴考异》引《庄宗列传》云："咸通末，其王曰习尔，疆土稍大，累来朝贡。光启中，其王曰钦德，乘中原多故，北边无备，遂蚕食诸部，达靼、奚、室韦之属咸被驱役。"② 其中"钦德"即遥辇末代可汗痕德堇，最晚到他在位时，契丹已经在北方草原取得了一定的统治地位，由依附别国转为驱役邻邦。如果说汉文史料的这一条记载不足以说明问题的话，我们还可以在回鹘文的材料中找到佐证。中国文化遗产研究院藏 xj222-0661.09 回鹘文书第 R—S 节提到了契丹，译成汉语为：

R：自十姓回鹘立国以降，威名远扬。

S：臣属契丹国的六姓鞑靼人崛起了，在尚未接近我国领土时，他们就听到 tokuz buka 的威名和我神勇可汗的威名。于是他们臣服了，他们离开了原来服从的王。尽管还眷恋着家园故地，

---

① 北族叙述传统中独具特色的君主降生神话有很多，其面貌较《辽史》所记相去甚远。参见钟焓：《失败的僭伪者与成功的开国之君——以三位北族人物传奇性事迹为中心》，《历史研究》2012 年第 4 期；领喜：《阿尔泰语系诸民族帝王神话传说比较研究》，中央民族大学博士学位论文，2017 年。

② 《资治通鉴》卷二六六《后梁纪一》开平元年五月《考异》，第 8677 页。

但他们终于离开故土，成为了我们的圣天可汗兀单王的子民。①

据付马考证，此文书所记史事的年代应在 866—900 年之间。今按其中所述情形正与上引《庄宗列传》相合，后者称痕德堇可汗在光启年间（885—887）征服鞑靼、奚、室韦诸部，② 回鹘文书中所见"六姓鞑靼"即在其列，他们归附回鹘之前即臣服于契丹。这种汉文和回鹘文献在契丹史事上的难得印合，展现出阿保机时代以前契丹已成欧亚草原东部霸主的历史情境。中原文献称阿保机即位前"钦德政衰"，更多是指其权势因阿保机的兴起而旁落，绝不会衰败到《曷鲁传》所谓"委质他国""民疲奔命"的地步，这类记载也是为了证明阿保机即位合法性而制造的托词。

综上所述，《辽史·太祖纪》及《耶律曷鲁传》用来论证阿保机即位合法性的四个主要依据，皆与史实相去甚远，以此为核心骨架支撑起的有关建国过程、得位方式等一系列记载，恐怕皆出自辽朝后期史官之建构。上文关于遥辇遗命的分析表明，晚至重熙十年归宋的赵至忠所述开国史事尚未见到这样一套历史叙述的影响；关于雅里辞让的辩证则表明，这一套叙述很可能成型于重熙十三年的修史活动。这些具体时间指向皆与上节所论契丹王朝历史叙述的衍变、定型过程完全契合。

有材料显示，这套官方叙述形成以后逐渐对私家的历史书写产生了直接影响。大安七年（1091）契丹小字《耶律练宁墓志》第五至六行：

① 参见付马：《西州回鹘王国建立初期的对外扩张——中国文化遗产研究院藏 xj222-0661.09 回鹘文书的历史学研究》，《西域文史》第 8 辑，科学出版社，2013 年，第 145—162 页。

② 《辽史》卷一《太祖纪》（第 2 页）称痕德堇可汗于天复元年（901）方即位，乃因原始材料中缺乏相关记载，元末史官无所依凭而加以臆断的结果。参见本书上篇第二章第三节第四小节。

第五行　阿保谨　于越于　　　故　该　时于　天　皇帝　迭剌

部　夷离堇　拜　国之　事　总　知　可汗之　薨　后　众官

民众

第六行　　　在　　万　岁之　　九　五　位于

授　皇帝　即位①

此段碑文虽不尽得解，然大意可通，是谓痕德堇可汗卒，阿保机自本部夷离堇位登九五，称皇帝。这种说法与重熙十年离开辽朝的赵至忠之说不同，而与今本《辽史》的说法完全一致，显然是采用了重熙十三年后形成的官方版开国史。此外，关于阿保机的天命预言故事不见于辽朝前中期石刻，在后期的汉文墓志中则亦开始出现。大安十年的《耶律庆嗣墓志》云："远祖于越蜀国王讳述列实鲁，即太祖大圣天皇帝之伯父也。有玄鉴澄量，当太祖潜德时，尝谓族人曰：'观吾侄应变非常，乃龙之至神者，以吾辈况之则蛇虺尔。兴吾国业，家一天下，非侄而何尔，宜肩一心，始终善爱戴之。'其先见远识若此。"② 其中释鲁（述列实鲁）将阿保机和自己分别比作龙、蛇的预言，显即上引《耶律曷鲁传》"昔者于越伯父释鲁尝曰'吾犹蛇，儿犹龙也'"云云。无独有偶，同样撰写于大安十年的

----

① 录文参见清格尔泰、吴英喆、吉如何：《契丹小字再研究》，内蒙古大学出版社，2017 年，第 1472—1473 页。原题《耶律详稳墓志》，此处所引个别字义有调整。

② 录文见向南：《辽代石刻文编》，第 456 页。

《耶律智先墓志》亦云："远祖于越蜀国王讳述烈实鲁，我太祖大圣天皇帝之伯父也。时太祖尚幼，异而重之。尝谓人曰：'吾辈蛇尔，吾侄其龙乎！'乃诲宗属与其子弟善当翊护。后太祖登九五位，追悼旌饰，□封楚国王，以报其忠爱先识之德也。"① 耶律庆嗣乃耶律仁先之子，耶律智先之侄，两方墓志的作者、结衔完全相同："宣政殿学士、崇禄大夫、行尚书礼部侍郎，兼翰林学士、知制诰、充史馆修撰，柱国、天水郡开国公、食邑二千五百户、食实封二百五十户赵孝严。"赵孝严所撰汉文墓志多有存世者，从其撰写墓志的结衔可以看出，此人在道宗朝曾长期担任史职，最早如咸雍八年（1072）十一月《耶律宗愿墓志》署衔即有"充史馆修撰"，② 此后大安三年《耶律弘世墓志》、大安九年《萧公妻耶律氏墓志》及上引二志皆有此衔，③ 而至新近公布的寿昌三年（1097）《张郁墓志》则改为"修国史"。④ 值得注意的是，在任史官之前不久的咸雍八年九月，赵氏曾为耶律庆嗣之父耶律仁先撰写过墓志，其中提到先祖释鲁时仅称："远祖曰仲父述剌实鲁于越，即第二横帐，太祖皇帝之龙父也。"署衔作"前崇乂军节度副使、银青崇禄大夫、检校□散骑常侍、兼殿中侍御史、飞骑尉赵孝严"。⑤ 文中全然不见后来庆嗣、智先二人墓志中所记龙蛇之喻，知此当系其司史职后得自官修典册，进而运用到私家墓志撰写之中。

三、中原文献所记阿保机即位史事的源流与价值

以上考证表明，关于阿保机的即位过程，目前所见辽朝官方的

① 录文见向南、张国庆、李宇峰辑注：《辽代石刻文续编》，第 222 页。

② 同上书，第 148 页。

③ 同上书，第 191、220 页。

④ 拓片及录文见么乃亮：《辽代张郁墓志考释》，《中国国家博物馆馆刊》2017 年第 10 期。

⑤ 向南：《辽代石刻文编》，第 352—353 页。

历史叙述实难凭信，其中关节在于重熙年间的系统性改纂。由此看来，南北两个文献系统在这一问题上的截然对立，绝非简单的异邦、本土之区别，而源于历史叙述的流变。既然辽朝文献中的开国史叙述很大程度上出于后来史官的重塑，我们就不得不考虑：这一重塑过程除了构建、增添许多带有浓重汉化色彩和政治合法性功能的叙述外，是否伴随着对与之相左、对其不利的历史叙述进行筛选和删汰？答案似乎是不言自明的，制造遗忘从来都是建立新的集体记忆的必备手段。然而，想真正弄清那些被删除、被遗忘的历史往往又是极度困难的，除了在本系统内部主流的官方叙述中寻觅残存的蛛丝马迹外，相对可行的办法就是关注其他记载系统中可资对比的异质史料。尽管后者常常只是得于口耳的传闻，难免纷乱芜杂，但仔细辨析其文本源流，还是可以提取到非常有价值的信息。具体到本节所论，中原文献所记阿保机即位过程的某些环节即当作如是观。

（一）自称国王

目前所见最早记录阿保机即位过程的中原文献是后唐官修史书，《资治通鉴考异》引《庄宗列传》云：

> 及钦德政衰，阿保机族盛，自称国王。天祐二年，大寇我云中。太祖遣使连和，因与之面会于云州东城，延入帐中，约为兄弟，谓曰："唐室为贼臣所篡，吾以今冬大举，弟助我精骑二万，同收汴洛。"保机许诺。保机既还，钦德以国事传之。①

《庄宗列传》全名《庄宗功臣列传》，始撰于后唐明宗天成二年（927）九月，成书进呈于末帝清泰元年（934）闰五月，凡三十卷。② 据《资治通鉴考异》其他部分的征引可知，该书专门设有《契丹传》，③ 上引文字当亦出于此，主要记述了天祐二年（905）李

---

① 《资治通鉴》卷二六六《后梁纪一》开平元年五月《考异》，第8677页。

② 参见《册府元龟》卷五五七《国史部·采撰三》，第6692页。

③ 《资治通鉴》卷二六九《后梁纪四》贞明二年十二月《考异》，第8809页。

克用与阿保机云州会盟前后的史事。值得注意的是，其中提到云州会盟以前阿保机曾"自称国王"，而会盟结束返回契丹后，钦德即痕德堇可汗方"以国事传之"。所谓"自称国王"似宜理解为阿保机曾未经许可、承认擅自称王，特别是对外宣称为契丹王，云州会盟以后方才正式获得可汗称号。这一过程不见于《辽史》，以往亦不为研究者所重，但在唐末文献中可寻得旁证。

南宋洪遵《翰苑群书》中收有杨钜《翰林学士院旧规》（下简称《旧规》）一书，其中"答蕃书并使纸及宝函等事例"条记载了唐朝与周边政权的国书格式、纸张种类、是否用印等形制，其中契丹部分云：

> 契丹书　头云：敕契丹王阿保机，尾云：想宜知悉。时候。卿比平安好（下同黠戛斯也）。旧使黄麻纸，不使印，自为朝宣。今使五色笺纸，并使印及次宝钿函封。（原注：自僭称神号，奏事多系军机，所赐中书内，改例从权，院中无样。）①

洪遵在将《旧规》收入《翰苑群书》时有一段小注称"按阁下本作李愚，唐志并《崇文总目》作杨钜，今以史为正"，知洪氏所见一内阁传本称该书作者为李愚，但仍依《新唐书·艺文志》及《崇文总目》题作杨钜。按杨钜为唐昭宗时人，《旧唐书》本传称其"乾宁初以尚书郎知制诰，召充翰林学士"，"从昭宗东迁，为左散骑常侍，卒"，②知其于乾宁初年（894）至天祐元年（904）以前任翰林学士；而李愚则为五代后唐时人，庄宗同光年间（924—925）始任翰林学士。③岑仲勉指出，《旧规》一书多载唐昭宗时章制，最晚者为天复三年七月二十一日，当以杨钜为是；但顾及上引敕阿保机书，

① 杨钜：《翰林学士院旧规》，载洪遵《翰苑群书》，《丛书集成初编》本，中华书局，1991年，第21页。

② 《旧唐书》卷一七七《杨收传》附《杨钜传》，第4600页。

③ 《旧五代史》卷六七《李愚传》，第1039页。

据《辽史》阿保机称帝（王）在天祐四年（907），谓此书又非与李愚全无关系。[①] 岑氏并未参照其他文献所记阿保机事迹，仅据《辽史》立说，且于上引文段末小注与正文未作区别，故其说欠妥。日本学者土肥义和曾在岑说基础上有所推进，他注意到上引《庄宗列传》关于阿保机曾"自称国王"的记载，认为这应该是在阿保机筑龙化州（902）至云州会盟（905）以前，刚好与《旧规》的记载下限相吻合，因此该书正文当为杨钜所作，成于天祐元年迁都洛阳以前；而书中小注如上引文末"自僭称神号，奏事多系军机，所赐中书内，改例从权，院中无样"[②] 云云才是后唐时李愚所补。

尽管由于不专治辽史，土肥氏对相关史料的运用容有差误，但其考证思路和基本结论都值得充分肯定。今可从文献著录与历史背景两方面加以补充。首先，宋人著录、征引此书绝大部分题作杨钜。除洪遵所引《崇文总目》外，另一部宋代实藏书目《直斋书录解题》亦明载此书作者为"唐学士冯翊杨钜文硕"，且概述了该书内容及作者情况；[③] 元修《宋史》著录"杨钜翰林旧规一卷"，[④] 当取自宋朝国史旧文；其他如《职官分纪》《翰苑新书集》《皇朝事实类苑》《事文类聚》《玉海》等引及此书皆称杨钜所作。由此可见，此书多数传本作者皆题杨钜，只有极个别本子题注者李愚之名。[⑤]

其次，唐、后唐与契丹的关系不可同日而语，所用外交文书形制完全不同。有唐一代皆以敕书赐契丹，见于唐集者甚夥，抬头均

---

① 岑仲勉：《郎官石柱题名新考订（外三种）》，上海古籍出版社，1984 年，第424 页。

② 土肥义和：《敦煌发现唐、回鹘交易关系汉文文书残片考》，刘方译，《西北民族研究》1989 年第 2 期，第 198—201 页。

③ 陈振孙：《直斋书录解题》卷六"职官类"，徐小蛮、顾美华点校，上海古籍出版社，1987 年，第 175 页。

④ 《宋史》卷二〇三《艺文志二》，中华书局，1977 年，第 5102 页。

⑤ 除洪遵所引阁下本外，目前仅发现李上交《近事会元》称"李愚《翰林旧规》"云云，所引内容见于今本。

作"敕契丹王某某"，① 正与《旧规》所载相合，反映了契丹为唐臣属的关系。这种关系延续到后梁太祖时期，契丹求封册而未获允，时任翰林学士的李琪文集内收有"赐契丹诏"，直呼其名作"阿布机"。② 至同光元年（923）后唐灭梁，契丹方与其正式建交，此时阿保机早已称帝，自不肯再以藩属自居，且常以云中会盟时与李克用约为兄弟之名，待后唐庄宗以叔侄，其间往来文书很可能是以家人礼互称，形制恐与宋辽间国书类似（彼此称兄弟或叔侄）。这才是上引段末李愚小注曰"自僭称神号，奏事多系军机，所赐中书内，改例从权，院中无样"的真正原因，所谓"改例从权"正是对这种前所未有局面的描述，而"院中无样"恐系掩饰之辞。

综上，《翰林学士院旧规》正文确为唐末杨钜所作，其中赐契丹书"敕契丹王阿保机"的抬头格式，与前引《庄宗列传》所记阿保机于天祐二年（905）以前曾"自称国王"一事适可相互印证，说明阿保机任迭剌部夷离堇时即已以契丹王自居，与中原外交往还。由此可见，当时阿保机实力确已不可遏制，遥辇汗权岌岌可危，唯其未及登位而自称国王，或在辽中后期史官看来名不正言不顺，故在本朝文献系统中难觅踪迹。

（二）八部选汗

后唐《庄宗列传》在记载阿保机真正获得可汗位时只模糊地交代了一句"保机既还，钦德以国事传之"，并未涉及具体过程，即我们熟知的八部选汗。以往研究者多认为现存关于八部选汗说最早的记载是《资治通鉴考异》所引后汉《高祖实录》，因而认为此说可

---

① 时代较晚者有会昌间封敖撰《与契丹王鹊戌书》两通，抬头皆作"敕契丹王鹊戌"，见《文苑英华》卷四七一，中华书局影印宋配明刊本，1966年，第2408页。

② 参见欧阳修：《归田录》卷二，李伟国点校，中华书局，1981年，第21页。近来有学者根据契丹文字材料推定辽代汉语中"保"字音值为［＊pu］（参见傅林：《辽代汉语与河北方言语音层次的形成》，《河北大学学报（哲学社会科学版）》2017年第4期，第33页），上引记载中阿保机作"阿布机"正与此相合。

能晚至五代后期方才出现。其实，《册府元龟》中保留了一段时代更早的记载：

> 后唐耶律阿保机者，契丹别部尊长也。<u>先是，契丹王钦德政衰，阿保机最推雄劲，族帐渐盛</u>，代钦德为主。先是，契丹之先大贺氏有胜兵四万，分为八部。每部皆号大人，内推一人为主，建旗鼓以尊之，每三年第其名以代之。及保机为主，乃怙强恃勇，不受诸侯之代，<u>遂自称国王</u>。及幽州刘守光末年苛惨，军士亡叛，皆入契丹。洎周德威攻围幽州，燕之军民多为其寇所掠。既尽得燕中人士，教之文法，由是渐盛。<u>与太祖会盟于云州，结为兄弟</u>。其后，阿保机僭称帝号，以妻述律氏为皇后，用燕人韩延徽为宰相，法令严明，诸侯（部）畏服。<u>与太祖抗衡，通朝贡于梁祖</u>。①

此段文字开首有"后唐"二字，乃《册府元龟》抄录诸代传记时通用体例，因传记资料所记时间往往并不明确，故需先标识资料来源之年代。"后唐"二字表明史源当系后唐官修史书或五代史后唐部分，检《旧五代史·契丹传》记载与此多有不合，且文中两次称李克用为"太祖"，当出自后唐官史有关契丹的传记。将此段文字与上引《庄宗列传·契丹传》（简称《列传》）对比可知，《列传》所记事件梗概皆散见其中，而此段则多有不见于《列传》的内容，二者相差悬殊。那么，除《列传》外，后唐还有何史书可能包含契丹传记呢？

后唐所修本朝史多为编年体实录，包括天成四年（929）成书的《太祖纪年录》二十卷、《庄宗实录》三十卷，清泰三年（936）成书的《明宗实录》三十卷。如所周知，实录在某些情况下会增立附传，那就是所涉重要人物死亡或去职之时。我们注意到，上引文字

---

① 《册府元龟》卷一〇〇〇《外臣部·强盛》，第 11734 页上栏。个别文字据《旧五代史》校改。

开首称"耶律阿保机"云云而非契丹，可见其史源当为阿保机之传记。按阿保机卒于天显元年（926）七月，即后唐明宗天成元年，因此《册府元龟》所引文字的史源很可能是后唐《明宗实录》天成元年记载阿保机死讯之后的附传。此外，"耶律"一词出现时间的上限亦可佐证此说，新近研究指出，与阿保机同时代的后梁、后唐实录编年记事中从未出现过"耶律"一词，而是直呼其名，直到长兴元年（930）十一月阿保机长子东丹王突欲南逃时尚无"耶律+名"型的人名，这一汉式姓氏很可能创立于辽太宗朝，至晚在其灭后唐之际，所谓"耶律阿保机"云云并未见用于太祖生前，而是后世所追述。① 按此说大致可从，唯"耶律"的具体创设时间还可细化。《册府元龟》载长兴二年三月辛酉中书门下奏："东丹王突欲远泛沧波，来归皇化，既服冠带，难无姓名……每预入朝，各宜授氏，庶使族编姓谱，世荷圣恩。"② 可见当时后唐官方认定突欲等契丹降人确无汉式姓氏、名字，故"敕旨突欲宜赐姓东丹，名慕华"。同年五月癸亥，"青州上言有百姓过海北樵采，附得东丹王堂兄京尹污整书，问慕华行止，欲修贡也"，所谓"京尹污整"即《辽史》卷七五有传之耶律觌烈，字兀里轸，时任南京尹，此时尚未见"耶律"之称，而紧接着下文即曰"闰五月，青州进呈东丹国首领耶律羽之书二封"，③ 此为耶律作为姓氏的最早系年材料。检《辽史》可知，五月来书之"京尹污整（兀里轸）"与次月来书之"耶律羽之"实为兄弟，《册府元龟》所载当本后唐实录，出自当时官方的逐日记录，而具体称谓则很可能反映了二人来书抬头或落款的原貌。一月之间差异如此，我们有理由推断，辽太宗确立皇族姓氏为耶律当在天显六年（931，后唐长兴二年）五月至闰五月间，背景正是因突欲南逃而开始与后唐进行频繁的外交往来，甚至很可能就是在获悉后唐为其

---

① 吴翔宇：《双重语境下的契丹姓氏研究》，《史学月刊》2021 年第 1 期。
② 《册府元龟》卷一七〇《帝王部·来远》，第 2058 页上栏。
③ 《册府元龟》卷九八〇《外臣部·通好》，第 11520 页下栏。

赐姓东丹后的应激之举。上引文段既称"后唐耶律阿保机",则只能出自此后五年方成书的《明宗实录》,而与之前编纂的《太祖纪年录》《庄宗实录》无涉。

既知来源,再审内容。此段文字乍看来叙述时序较为混乱,如其中称"幽州刘守光末年""周德威攻围幽州"云云,事皆在913年前后,而后又出现905年之云州会盟,且将908年发生之"与太祖抗衡,通朝贡于梁祖"云云置于916年阿保机称帝之后;再如"代钦德为主""及保机为主"与稍后之"遂自称国王",表义明显重复,且自相矛盾。细查可知,这应该是后唐修史之人杂糅不同史料又间以己意的结果。此段首句之后"先是"云云表示追记过去,很快再次出现"先是",拼合不同来源史料的痕迹斑斑可见。此二者之一显即《庄宗列传》,另一个则很可能是修《明宗实录》时新获得的资料。倘将属于《庄宗列传》的内容一一剔除(即引文中划线部分)不难发现,剩余文字逻辑清晰、线索分明,所述事件顺序与历史发展进程一一吻合。开首一句所谓大贺氏八部乃因袭唐朝韦述《国史》旧有记载,其下则均属中原文献之首见:先述阿保机以前选汗旧制,次为其即可汗位后不受代(907年以后),接着是刘守光末期幽燕汉人亡入契丹的情况(913年),最后是关于阿保机称帝、封后、用人的记载(916年以后)。观其所述,有条不紊,层层推进,这一原始史料的作者应对此段历史有较为清楚的把握,或是据相对可靠的消息来源写成,而绝非泛泛的道听途说。

《庄宗列传》成书于清泰元年,《明宗实录》成于清泰三年,间隔如此之短,后者在纂修之时究竟有何新的史源?大概有以下两种可能。其一,出自阿保机死时恰好身在契丹的后唐使者姚坤的出使报告。天成元年(926)后唐明宗弑君篡位,遣姚坤持空函赴契丹告哀,六月至慎州得见阿保机,[1] 姚坤详细记录了阿保机的形貌及二人

---

① 《辽史》卷二《太祖纪下》,第25页。

对话的内容,① 七月阿保机卒，九月幽州赵德钧奏契丹欲"差近位阿思没姑馁持信，与先入蕃天使供奉官姚坤同来，赴阙告哀"，"十月辛丑，契丹告哀使没骨馁见言，契丹国王阿保机今年七月二十七日薨"。② 可知阿保机的死讯是由姚坤和辽朝使者一同送达后唐的。从姚坤所记其与阿保机对话来看，他出使以后应该提交了详细的使臣语录，这一语录很可能与阿保机死讯等相关记载一起保留在了明宗朝的档案里，其中除了记载与阿保机的对话外，当有根据出使见闻所写成的关于契丹历史的介绍，或许就包含上引文字。只不过纂修《庄宗列传》时仅着眼于庄宗朝之原始资料而未及搜罗明宗时新获者，直到不久后修《明宗实录》时方才加以利用。其二，可能与东丹王突欲入后唐有关。突欲于长兴二年（931）归后唐，至清泰三年（936）被杀，此人钦慕汉文化，雅好文学、书画，或许与后唐士人有所过从，而述及契丹旧事，被有心者辗转记录，在清泰年间进入官修档案系统，成为新的资料来源。相比之下，前一种推测可能性更大。

　　无论哪一种信息来源，后唐《明宗实录》首次出现有关八部选汗、阿保机不受代的记载都是值得重视的历史叙述。其中包括四个主要元素：（1）契丹建国前可汗为推选产生；（2）每届可汗任期三年；（3）有旗鼓为汗权象征；（4）阿保机即汗位后不受代。

　　四者中前两点可与后来赵至忠之说相参证，《资治通鉴考异》引《虏廷杂记》曰：

　　　　太祖生而智，八部落主爱其雄勇，遂退其旧主遥辇氏归本部，立太祖为王。又云：凡立王则众部酋长皆集会，议其有德行功业者立之。或灾害不生，群牧蕃盛，人民安堵，则王更不

─────────

① 参见姚从吾：《阿保机与后唐史臣姚坤会见谈话集录》，收入氏著《东北史论丛》，正中书局，1959 年，第 217—247 页。

② 《册府元龟》卷九八〇《外臣部·通好》，第 11519—11520 页。

替代；苟不然，其诸酋长会众部，别选一名为王，故王以番法，亦甘心退焉，不为众所害。①

前文已述，此段开首称"太祖"而非"阿保机"，当出自赵至忠在辽时所作旧稿，赵氏重熙十年由辽入宋，当时辽朝通行的历史叙述仍然是八部选汗，与《明宗实录》所记完全一致；而赵氏提到"凡立王则众部酋长皆集会"，"人民安堵则王不代，苟不然则别选一王"，可知《明宗实录》所谓三年一代很可能是对三年一会的误解或误记，八部聚会三年一次，但不一定每次都会更换可汗。阿保机任可汗凡九年，称帝凡十二年，皆可被三除尽。更值得玩味的是，他在自己称帝后的第九年天赞三年（924）时预言了自己的死亡："三年之后，岁在丙戌，时值初秋，必有归处。"② 罗新创造性地揭示出这段奇文的深刻内涵，认为阿保机此举是承诺三年之后必将结束自己的任期甚至生命，以将契丹汗位传承规则由兄终弟及改为父死子继，确保汗位在其子孙中代代相续，背后反映的是由阿尔泰传统向中原制度的艰难转型。③ 如果将三年一会这一传统考虑进来，他或许就是在天赞三年契丹统治高层聚议之时被迫做出了承诺，在下一次集会之前结束任期。

《明宗实录》上述记载的第三点要素"立旗鼓"，可与《辽史》的记载相印证。旗鼓在契丹政治生活中具有重要的象征意义，以往学者根据《辽史·仪卫志》所称"辽自大贺氏摩会受唐鼓纛之赐，是为国仗"，多认为契丹旗鼓的来源应追溯到唐朝之恩赐，认为对于旗鼓的重视体现了契丹对自身作为唐朝藩属的认同。④ 然而《仪卫志》所

---

① 《资治通鉴》卷二六六《后梁纪一》开平元年五月《考异》，第8677—8678页。

② 《辽史》卷二《太祖纪下》，第22页。

③ 罗新：《阿保机之死》，第96—122页。

④ 参见姜艳芳：《谈契丹之旗鼓》，《北方文物》1998年第1期，第72—74、81页；陈晓伟：《扈从仪卫与政治权力：游牧社会中的神纛与旗鼓》，收入氏著《图像、文献与文化史：游牧政治的映像》，河北大学出版社，2017年，第138—164页。

记出自元朝史官之手，根本无法反映辽人的记忆和认同，[①] 由此做出线性溯源式的判断，很容易落入以中原视角去观察北族社会的窠臼。实际上，辽代契丹人对旗鼓的推崇正是源于建国以前就已存在的选汗时立旗鼓以尊之的传统，反映的恰恰是游牧集团自身权力话语所塑造的历史记忆。从这一点来看，《明宗实录》的记载意义非凡。

四点中的最后一点阿保机怙强恃勇不受代，从结果来看似乎无需过多论证。但值得指出的是，《明宗实录》所记阿保机即位后与八部的关系仅止于此，并未出现后来史料中十分常见的两种叙述：其一，阿保机退居古汉城，率汉人守之，并以此为重要根据地；其二，设计诛杀八部首领，即所谓盐池之会。在下面的论述中，我们将会看到此二者与契丹建国前后的实际情势存在相当距离，而《明宗实录》的缺载正好从反面说明其记载来源的可靠性。

（三）诱杀诸部

取代后唐的石晋未修实录，其实录为后汉时所补修，最终成书已晚至后周时期，故而后汉隐帝乾祐二年（949）撰就的后汉《高祖实录》上承后唐《明宗实录》，成为第三部记载阿保机即位情况的史书。今存者主要见于《资治通鉴考异》所引：

> 八族之长皆号大人，称刺史，常推一人为王，建旗鼓以尊之，每三年第其名以相代……僖、昭之际，其王耶律阿保机，怙强恃勇，距诸族不受代，<u>自号天皇王。后诸族邀之，请用旧制</u>，保机不得已，传旗鼓，且曰："我为长九年，所得汉人颇众，欲以古汉城领本族，率汉人守之，自为一部。"诸族诺之。<u>俄设策复并诸族，僭称皇帝，土地日广。</u>大顺中，后唐武皇遣使与之连和，大会于云州东城，延之帐中，约为昆弟。[②]

---

① 参见《〈辽史〉探源》，第 302 页。
② 《资治通鉴》卷二六六《后梁纪一》开平元年五月《考异》，第 8677 页。

这段文字在后唐《庄宗列传》和《明宗实录》的基础上进行了增纂，文内划线部分即为新增内容。首尾"僖昭之际"与"大顺中"两个时间坐标的错误可以用离谱来形容，径将契丹开国的历史提前了将近二十年，一方面可见此传编纂之草率，另一方面亦可见其缺乏较为可靠的消息来源。因此，对其中所记阿保机据汉城、灭诸族之事应该抱持审慎的态度，须与其他类似记载一并加以考辨。

后汉《高祖实录》关于阿保机究竟如何利用汉城来吞并诸族语焉不详，到北宋欧阳修《新五代史》中就具体、生动了许多：

> 汉人教阿保机曰："中国之王无代立者。"由是阿保机益以威制诸部而不肯代。其立九年，诸部以其久不代，共责诮之。阿保机不得已，传其旗鼓，而谓诸部曰："吾立九年，所得汉人多矣，吾欲自为一部以治汉城，可乎？"诸部许之。汉城在炭山东南滦河上，有盐铁之利，乃后魏滑盐县也。其地可植五谷，阿保机率汉人耕种，为治城郭邑屋廛市如幽州制度，汉人安之，不复思归。阿保机知众可用，用其妻述律策，使人告诸部大人曰："我有盐池，诸部所食。然诸部知食盐之利，而不知盐有主人，可乎？当来犒我。"诸部以为然，共以牛酒会盐池。阿保机伏兵其旁，酒酣伏发，尽杀诸部大人，遂立，不复代。①

由于故事性十足，这段文字大概是中原文献有关阿保机即位过程最为人所熟知的记载，但其中的关键环节均无法得到确证。如上述两段史料都一再强调"古汉城"对于阿保机再度崛起的重要意义，然而姚从吾早已指出，所谓古汉城只是阿保机时代诸多汉城的一个，实际上不过就是《辽史·地理志》所载俘汉民以建城的缩影。② 刘浦江则进一步点明，从辽朝的记载来看，炭山汉城并不具有特殊的意义，从未被作为长期根据地，也许只是由于阿保机曾捺钵于此，

---

① 《新五代史》卷七二《四夷附录一》，第 1002—1003 页。
② 姚从吾：《说阿保机时代的汉城》，收入氏著《东北史论丛》，第 193—216 页。

故而有上述传闻。① 这种将一时一地之传闻加以夸张、放大的叙述，属于典型的耳食之言。又如吞并诸部一事，蔡美彪很早就意识到，阿保机称汗后主要的威胁来自于家族内部，而非其余诸部，所谓吞并诸部传说的原型很可能是阿保机任可汗的九年中平定诸弟之乱及与涅剌、乙室部作战，汉人不详其事，又敷衍传奇，遂多附会。② 任爱君又进一步发现，所谓的"盐池之宴"很可能是对《辽史》所记太祖八年惩治诸弟之乱叛党赐宴一事的讹传。③ 由此看来，相比后唐《庄宗列传》《明宗实录》中原本的记载，后汉《高祖实录》及《新五代史》所增加的内容都很难得到证实，恐怕并没有什么可靠的史源，未可轻信。

行文至此，我们可以对中原文献所记阿保机即位情况的衍变脉络作一小结。最早记录此问题的后唐《庄宗列传》关于阿保机即位方式记述不详，但谓阿保机正式即位之前曾自称国王，与中原外交往还，此说可以得到唐代官方文献的印证，当属实录，只不过在后来的流传过程中被混杂、冲淡，以致湮没无闻；稍晚修成的《明宗实录》依据较为可靠的消息来源，首次增加了八部选汗、阿保机不受代等关键内容，由此成为中原文献相关叙述的核心架构，具有"源"的性质；第三次专门记述该问题的后汉《高祖实录》在前两者的基础上加入了退据汉城、诱杀诸部的内容，与史实相去甚远，乃得之口耳，不足凭信，其实质终究是《明宗实录》相关记载之"流"，但对后世影响甚大，某种程度上又具有了"源头"的属性。宋人修五代史籍，关于此事的记载分为两途：其一，仅采用后唐《明宗实录》之记载，并未过度增加后续传言内容。如王溥《五代

① 刘浦江：《契丹族的历史记忆——以"青牛白马说"为中心》，收入氏著《松漠之间——辽金契丹女真史研究》，中华书局，2008年，第121页。

② 蔡美彪：《契丹的部落组织和国家的产生》，第187页。

③ 任爱君：《契丹"盐池宴""诸弟之乱"与夷离堇任期问题》，《史学集刊》2007年第6期，第61—69页。

会要》称："唐末有耶律阿保机者，怙强好勇，不受诸侯之代，吞侵邻部，兵力渐盛。尝与后唐太祖会盟于云中，结为兄弟，其后僭称帝号。以妻述律氏为皇后，燕人韩延徽为宰相，法令严明，诸部皆畏伏之。"① 除"吞侵邻部"一语或许稍受后来叙述影响外，其余皆本《明宗实录》。再如薛居正《旧五代史》："及钦德政衰，有别部长耶律阿保机最推雄劲，族帐渐盛，遂代钦德为主。先是，契丹之先大贺氏有胜兵四万，分为八部，每部皆号大人，内推一人为主，建旗鼓以尊之，每三年第其名以代之。及阿保机为主，乃怙强恃勇，不受诸族之代，遂自称国王。"② 几乎原样照搬自《明宗实录》。其二，基本采用后汉《高祖实录》的叙述框架，根据己见稍加增损。上引欧阳修《新五代史》即是典型，此后司马光作《资治通鉴》除未采欧公笔下"盐池宴"之说，其余一仍其旧。③ 由于后两部史籍地位崇高，影响极大，遂被视作中原文献关于阿保机即位记载的典型代表，殊不知它们其实都只是"流"中之"流"，甚至可说是仅得"末流"而已。

综上所述，中原文献记阿保机即位史事，源流有别，价值殊异。源头部分所述自称国王、选汗不受代诸说，信而有征，所关者大，在辽朝文献多遭篡改的情况下，此类记载尤可作为难得之参照；至于后来所衍生出的汉城盐池、诱杀诸部云云实属末流，敷衍附会，视之传说可矣。

四、"遥辇氏"问题与契丹王朝的权力起源

通观以上两节不难看出，阿保机即位疑案的核心症结在于其得位方式的叙述矛盾，辽朝文献系统所记前朝遗命说当出自后世史官之改篡，而中原文献系统所记八部选汗说则在相当程度上反映了历

① 王溥：《五代会要》卷二九《契丹》，上海古籍出版社，2006 年，第 455 页。
② 《旧五代史》卷一三七《契丹传》，第 2130 页。
③ 《资治通鉴》卷二六六《后梁纪一》开平元年五月，第 8678—8679 页。

史的实态。上述讨论可以引出或者说归结为另一个问题：既然契丹最高权力曾经在不同部落间流转，我们究竟该如何看待《辽史》中所谓"遥辇氏"在辽朝建立以前长期垄断契丹汗权的记载，辽朝皇权的起源究竟与遥辇有何关系？

20 世纪上半叶，多位日本学者曾以中原文献记载契丹建国前史只有大贺氏而无遥辇氏为由，认为遥辇氏只是辽朝人为了论证自身统治合法性而架空虚构出的概念。[①] 这一说法在汉语学界并未引起太多共鸣，特别是随着辽代汉文、契丹文墓志中陆续出现"遥辇"的踪迹，证实此确为辽朝当时对于建国以前汗族及其后裔的指称，研究者愈对《辽史》所记深信不疑，在此基础上探讨其世系、年代等问题。[②] 即便是本节前面所引诸多肯定契丹建国之前有选汗之制的前辈学者，亦未对"遥辇氏"这一明显的矛盾和反证给出合理解释，致使此问题长期悬而未决。

关于遥辇氏，以往学界所认为最权威的记载见于《辽史·百官志》"遥辇九帐大常衮司"条："掌遥辇洼可汗、阻午可汗、胡剌可汗、苏可汗、鲜质可汗、昭古可汗、耶澜可汗、巴剌可汗、痕德堇可汗九世宫分之事。"[③] 其中明确称遥辇可汗共有"九世"，即以其为同一家族前后相继之九代。然而如研究者所指出，《百官志》纯属元朝史官杂抄耶律俨《皇朝实录》及陈大任《辽史》纪传部分相关条目而成，[④] 元人对于遥辇时代的情况其实所知甚少，此条之作不过

---

① 津田左右吉：《遙辇氏及び阿保機の祖先に關する說話》，《津田左右吉全集》第 12 卷、第 Ⅱ 附录 1，岩波書店，1918 年，第 365—371 页；小川裕人：《遙辇氏伝說成立に關する史の考察》，《滿蒙史論叢》第 3 辑，"日滿文化協会"，1940 年；田村実造：《中國征服王朝の研究》上册，東洋史研究會，1964 年。前文已指出，中原文献所见有唐一代君长姓大贺氏，乃唐代史官出于对原始史料的误读所产生的一个子虚乌有的概念，不足凭信。

② 近年来最新的研究成果参见爱新觉罗·乌拉熙春、吉本道雅：《大中央胡里只契丹国 遙辇氏発祥地の点描》，松香堂，2015 年。

③ 《辽史》卷四五《百官志一》，第 800 页。

④ 林鹄：《辽史百官志考订》，中华书局，2015 年，第 2 页。具体到遥辇可汗之次序，该书并未质疑，参见第 66—68 页。

是把辽金旧史中所见遥辇可汗的名字进行了大致排序，与史实多有抵牾。那么，辽朝当时人是如何记述这一问题的呢？

通检《辽史》可知，除上引《百官志》外，其他记载从未出现遥辇有"九世"之说，而仅称九帐或九营。如太祖元年正月庚子，"诏皇族承遥辇氏九帐为第十帐"，太宗天显二年十二月丁未"诏选遥辇氏九帐子弟可任官者"，也就是说遥辇原本包括九个不同的帐族，阿保机即可汗位后，其家族成为与遥辇以往九帐具有共同属性的第十个帐族，各帐族之间有着相对的独立性。这一点可在《辽史》列传所记遥辇后人的祖先情况中得到佐证，如耶律弘古、耶律玦、耶律敌剌被记为遥辇鲜质可汗之后（或某世孙），而耶律海里、耶律阿没里则被记为遥辇昭古可汗之后，彼此并非同一族系。目前发现的契丹文墓志所记遥辇后裔分属鲜质、痕德堇两个族系，亦看不出二者之间有何血缘关联。更值得注意的是，前引《耶律曷鲁传》记曷鲁劝进之言有"遥辇九营棋布，非无可立者"一语，描述了当时遥辇旧族虎视眈眈的情形，其后又称自阻午可汗以下至于阿保机时代"相传十余世，君臣之分乱，纪纲之统隳"，则辽人笔下的遥辇时代不止九世，而是十余世。将本纪和《曷鲁传》合观可以看出，在辽人的叙述中遥辇时代实际上是由出自九个帐族选出的十几位可汗相继掌权的，上引《百官志》所列九个可汗只不过是其各自帐族的代表，并不意味着该帐族只出过一任可汗。换句话说，遥辇最初的含义很可能不是专指一个统治家族，而更像是九个帐族的集合代称。

既然遥辇并非专指一个氏族，又该如何理解频频出现的遥辇氏中的"氏"字呢？本书下篇第一章第一节已指出，所谓遥辇时代应始于开元年间可突于率契丹残部北逃潢水上游侵夺奚地，当时的潢水正唤作饶乐水，而契丹侵占原属奚人的统治中心恰好又是唐朝所封的饶乐都督府。为标识在饶乐水重新组建的部落联盟，当时的契丹集团遂以此大河为名代指汗族，个中缘由或许正与其为不同汗族之总称而非局限于具体地望的特定家族有关。职是之故，我们可以将中原文献关于八部选汗的记载与《辽史》所记遥辇时代建立对应关系。如研究者早已指出的，北族所分八部、五部云云，其实绝大多数都是政治组织而非血缘组织。[①] 契丹八部亦是如此，每部之中可以包含不同的血缘家族，故而至建国时曾经出过可汗的家族有可能比八部之数还多，《辽史》中所记遥辇九帐代表不同汗族，有的家族产生过不止一个可汗，故耶律曷鲁称"相传十余世"。而中原文献所记选汗之说，反映的应该正是各家族间的汗权更迭。遥辇时代始于唐开元末年，迄阿保机即可汗位一百七十余年，契丹可汗传十余世，平均每人仅在位十年多，这恐怕正是汗位在不同家族间流转的结果，而与同一家族内部的兄终弟及相去甚远。

总之，"遥辇"一词的初始含义是以大河之名作为契丹诸汗族的统称，规定了汗权的选任范围，其本质是一种政治关系而非血缘关系。遥辇时代汗权的流转范围限定在契丹旧部之内，随着本不属契丹旧部的阿保机家族异军突起，彻底改变了原本相对均衡的实力对比和政治格局，直至其有能力对外"自称国王"，遥辇汗权名存实亡，最终不得不将汗位拱手让出。阿保机即可汗位，是北迁潢水流域以后的契丹汗权首次从遥辇所代表的契丹旧部手中旁落，象征一个时代的结束，新的汗族就此诞生，这也许才是《太祖纪》"皇族承遥辇氏九帐为第十帐"的真正含义。

阿保机任契丹可汗以后，随着政治权力的干预，"遥辇"的内涵逐渐发生了变化。面对旧有秩序的崩坏，遥辇诸汗族自然怀恨在心，史载"初受命，属籍比局萌觊觎，而遥辇故族尤觖望"，[②] 但由于实

---

① 参见胡鸿：《能夏则大与渐慕华风——政治体视角下的华夏与华夏化》，北京师范大学出版社，2017 年，第 203—205 页。

② 《辽史》卷七三《耶律海里传》，第 1353 页。

力对比过于悬殊，终究未能兴起什么太大的风浪。① 直至建国前后，"既清内乱，始置遥辇敞稳，命海里领之"，② 此次所设遥辇敞稳，即上引《百官志》所谓遥辇常衮司，将原本分属契丹八部的遥辇诸汗族合而为一，成为一个与皇族、后族表面上类似的群体——独立于部族之外的帐族，看似加以尊崇，③ 实则彻底切断其与部众的联系，以便管控。自此，"遥辇"正式从原本相对虚化的集合概念变为实体的政治组织，甚至在表面上被赋予了某种氏族的色彩。这或许就是所谓遥辇"氏"的最初由来。

太宗确立耶律为皇族姓氏后，遥辇亦被归入耶律之列，检《辽史》列传，遥辇汗族后裔有耶律弘古、耶律玦、耶律敌剌、耶律海里、耶律阿没里等人。将不同来源、不同家族的势力统合在同一名号之下，自与血亲无关，而是出于政治的考量。重熙间多次使辽的宋人余靖，曾称辽朝"常衮司掌庶姓耶律氏，其宗室为横帐，庶姓为摇辇"，④ 同时期的辽代史料记载皇族耶律庶成"以罪夺官，绌为庶耶律"，⑤ 由此推断当时的遥辇事实上已经沦为耶律姓下皇族之外次等民众的集合代名，范围可能也已不限于建国以前汗族的后裔，而囊括了辽朝皇室中遭罢黜者，甚至还包括其他普通契丹部众。⑥ 足

① 《辽史》卷六四《皇子表》（第 1066 页）称剌葛在太祖五年叛乱之前曾"为惕隐，讨涅列部，破之"，涅列部当即契丹八部之涅剌部，这也是目前所见唯一一次契丹旧部与阿保机家族发生的战争，或许与遥辇汗族有关。

② 《辽史》卷七三《耶律海里传》，第 1353 页。

③ 元朝史官作《百官志》将"代遥辇氏尊九帐于御营之上"列为"辽太祖有帝王之度者三"之首位（卷四五"北面诸帐官"，第 799 页），纯属皮相之论。

④ 余靖：《武溪集》卷一八《契丹官仪》，《北京图书馆古籍珍本丛刊》影印明成化九年（1473）刻本，书目文献出版社，1998 年，第 85 册，第 175 页下栏。

⑤ 《辽史》卷八九《耶律庶成传》，第 1486 页。

⑥ 检《辽史》列传可知，被冠以耶律姓氏的契丹人多有非出辽朝皇族者，如五院部耶律八哥、耶律乙辛、耶律阿息保，六院部耶律石柳、耶律室鲁、耶律世良、耶律谷欲，乙室部耶律撒合，品部耶律引吉，突吕不部耶律欲稳、耶律解里，突举部耶律谐理，奚迭剌部耶律斡腊等，此类部民或亦属"庶耶律"之列。

见所谓"遥辇氏"的概念在实际的历史演进中存在较大的盈缩空间。

现实中不断式微、指称上不断泛化的遥辇，一旦进入本朝开国史叙述，则完全是另外一副模样，扮演了不可或缺的角色。前文已述，以兴宗朝编纂《遥辇可汗至重熙以来事迹》为节点，辽朝官方文献开始将阿保机即位的合法性归结于痕德堇可汗之遗命，构成了王朝权力起源的核心依据。除前文所引外，尚有遥辇后裔耶律海里的传记称："太祖传位，海里与有力焉。初受命，属籍比局萌觊觎，而遥辇故族尤觖望。海里多先帝知人之明，而素服太祖威德，独归心焉。"① 此段文字生生将一遥辇内鬼打扮成佐命元勋，而以"先帝"指称痕德堇可汗，更是对华夏书写传统的强行嫁接。这种似是而非的历史叙述，折射出不同文化传统间的碰撞和博弈，尤其值得深思。

如果说辽朝史官只是在关于遥辇的措辞和表达上劳心费神的话，那么到元末修《辽史》时则从概念上对遥辇作了界定。除前引《百官志》将遥辇的世次限定为九世外，元朝史官在其新作的《营卫志·部族序》中称："部落曰部，氏族曰族。契丹故俗，分地而居，合族而处。有族而部者，五院、六院之类是也；有部而族者，奚王、室韦之类是也；有部而不族者，特里特勉、稍瓦、曷术之类是也；有族而不部者，遥辇九帐、皇族三父房是也。"② 将遥辇彻底等同于皇族三父房这样的氏族，进而将其与国舅、皇族共列入所谓"辽内四部族"，且特意在"遥辇九帐"后著一"族"字。③ 如本书前文所论，元人此处对于部族的定义与辽朝当时之概念相去甚远，将遥辇视为氏族或许是受到了旧有文献的影响，但进一步将之列为部族，还赋予其"族而不部"的属性，则不啻为一错再错。

"遥辇"一词源于契丹北迁后以饶乐水之名统称部落联盟中的不

① 《辽史》卷七三《耶律海里传》，第 1353 页。

② 《辽史》卷三二《营卫志中》，第 426 页。

③ 《辽史》卷三三《营卫志下》，第 435 页。

同汗族，实为契丹建国以前施行选汗制度的凝缩与写照，也是融通辽朝、中原两大文献系统的枢纽所在：遥辇时代汗权在不同家族间流转，并最终让渡于阿保机家族，正是辽朝文献所谓前朝顾命的本相；关于遥辇时代的一系列记载，更成为中原文献所记选举迭代的历史情境在辽朝文献中的难得印证。只不过，经历了建国初期政治权力的改造、辽后期汉化史家的包装以及元末史官的曲解，遥辇在今天史书中早已面目全非，最初的历史语境逐渐成为尘封的过往，唯有批判性地将不同文献系统的图景缀合起来，才可能依稀看清它的模样。

综合前文所论，试将阿保机即位前后的历史情境简单勾勒如下：唐朝开元后期可突于叛唐，率契丹残部北逃潢水上游，与当地诸部族重组、混融，以潢水别名"遥辇"作为北迁后汗族之统称，开启了契丹历史的新纪元。遥辇时代实行选汗制度，范围限定在契丹旧部内的不同家族，开元北迁后新加入之部族皆不与焉，但此项传统客观上构成了后来最高权力易主的制度背景。9世纪后半叶，契丹渐成欧亚草原东部之共主，四处征伐间权力愈发集中于军事统帅阿保机家族。作为契丹集团的后来者，该家族本非汗族，然于此时迅速崛起，渐有凌驾契丹旧部之势，至10世纪初叶已可对外自称国王，遥辇汗权名存实亡。终于在907年，通过选汗旧制的让渡，现实的力量格局得到了政治礼仪与名义上的确认，阿保机家族成为新任汗族，彻底改变了契丹旧部垄断汗族的局面，终结了遥辇时代，并最终将草原汗国改造为帝制王朝。

契丹王朝建立以后，选汗遗风尚存，辽前期皇位继承每受此影响而多动荡，官方的历史叙述在很长一段时间内当与上述图景相去不远，并不讳言其权力起源，这也是由辽入宋的赵至忠及五代以降中原文献所记八部推举之由来。然而，随着澶渊之盟以后华夏文化的浸染，辽朝中期的正统意识急剧强化，出于对外与宋争锋、对内统治汉人及汉化契丹人的需要，草原传统中的汗位更迭如何被纳入华夏历史谱系，成为亟待解决的现实问题。至兴宗朝纂修《遥辇可汗至重熙以来事迹》，制造了以遥辇可汗遗命传位为核心的一系列政治文化元素，用来装点、改造阿保机的即位过程，彻底重塑了契丹开国史。

然而，重熙君臣苦心孤诣重塑的历史却存在巨大的破绽：真正华夏语境中的遗命、顾命皆为托孤重臣辅佐新君，绝无传位异姓之理。也许是注意到这一矛盾，辽朝史官笔下的"顾命"，到金朝陈大任《辽史》中有被改为禅让者。如今本《太祖纪赞》即本自陈史旧文，称"太祖受可汗之禅，遂建国"云云。[1] 类似的表达还见于《兵卫志序》："遥辇可汗卒，遗命逊位于太祖。"[2] 此序主体内容乃袭陈大任《辽史·兵志》之旧。[3] 如此变通后似可涵括委国异姓之义，但依然不能真正解决问题：历代王朝所标榜的禅让皆发生在前朝皇帝生前，所谓禅让仪式本身也需要有前朝皇帝出席，以保证其合法性，绝不会在临终之时。由此看来，个别文辞的改换实于事无补，真正值得追问的是，辽人究竟为何要捏造这样一场不伦不类的顾命？痕德堇可汗原本健在，辽人又为何执着于将此事写成死后遗命？我想其中最重要的缘故在于，阿保机取代遥辇后并未改易"契丹"之号，并以此建国。统治家族改更而政治体名号不变，或者说政治体名号的延续与统治家族的延续全然无关，这在秦汉以降中原王朝的历史叙述中难觅踪迹；[4] 在同一国号即不改朝换代的史实前提下，要从华夏传统中寻求权力的合法性来源，唯一的选择就是用所

---

① 《辽史》卷二《太祖纪下》，第26—27页。

② 《辽史》卷三四《兵卫志上》，第450页。

③ 参见《〈辽史〉探源》，第163—171页。

④ 在中原王朝的历史中，鼎革之际后朝袭用前朝年号者以后唐最为显著，建立者虽属沙陀，然政权的合法性来源正在于标举唐朝赐姓李氏，以恢复李唐神器为号，姓氏上的延续本身就是国家名号与统治家族密切关联的重要表征，这当然不止是一种形式上的皮相关联，而涉及一整套凝聚认同、塑造正统的内在逻辑。如此逻辑自与阿保机取代遥辇时的历史情境迥然不同。

谓前朝皇帝临终托付来延续政治认同。不过，如此委国异姓的另类顾命，恐怕也只能存在于史家所构建的叙述中。

本章小结

今本《辽史》所见契丹王朝开国史叙述包括开国年代、即位方式两个主要构件，而二者的真实性都值得怀疑。不同文献系统关于契丹开国史的记载差异，绝非简单的记载疏漏或传闻致歧，根源实在于辽朝自身历史叙述的更改，核心节点则指向重熙十三年官方所修实录。综合看来，重熙年间的修史活动至少对辽朝开国史作了"三大改造"：（1）炮制出以雅（涅）里为中心的先祖世系与辞让事迹，将其打造成带领契丹由蒙昧走向文明的起点，抬升阿保机家族在集团发展史中的地位，建立其与最高权力的天然联系。（2）将开国年代由916年提前至阿保机即可汗位之907年，与唐朝灭亡时间相连，对接中原正统。（3）制造遥辇末代可汗临终传位阿保机的假象，将原本草原传统中的汗权更迭包装成华夏文化中的顾命，将可能充满征服血腥的嬗代过程粉饰为本就属于该家族的最高权力的归还。通过努力淡化、隐藏草原因素，刻意营造契丹从一开始就具备中原王朝特征的形象，以实现其正统性及合法性诉求，也从根本上重塑了契丹建国前史的面貌，标志着辽朝官方历史叙述框架的基本确立。

本章探索的基本路径在于从动态生成的角度去看待不同文献系统的源流以及背后历史叙述的衍化，而其间的内在驱动力正是文化转型带来的现实需求。应当指出的是，辽朝后期出于追逐华夏正统而对历史叙述加以全面改写，当然不止限于开国史。研究者在面对《辽史》中所记辽中前期史事，特别是涉及所谓高度"汉化"倾向的史料时，实有必要处处警惕，步步留心，抱持审慎的目光，多方参证，仔细斟酌，以免落入重熙以后辽朝官方叙述所布下的陷阱，沿着千年以前所希望、规定的单一口径去讲述那段原本丰富多元的历史。

　　推而广之，如何书写开国史，历来是一个王朝确立自身合法性的头等大事，也成为后世研究者关注的焦点问题，相较于传统的中原汉式王朝，北族王朝的开国史问题往往呈现出更为复杂的面相，盖由以下两端使然。其一，北族初兴之际多无本族文字记录，相关汉文资料亦甚稀少且多得之传闻，不同系统的记述矛盾丛生，基本史事晦暗不明。其二，建立王朝后的北族统治者多会经历或长或短的文化转型，对于开国史的认知亦随之悄然改变，如何将本族过往嵌入华夏谱系，如何用汉式书写文饰权力更迭，在当时可能构成聚讼纷纭的敏感话题，最终亦不免在本朝文献系统内部留下前后参差、左右支绌的蛛丝马迹。就本章的讨论结果看，解决此类问题的关键仍在于从文本缝隙入手，透过历史叙述的衍变，揭开不同文化传统激荡碰撞的复杂实态。

结语

谁的历史？

——契丹早期史问题的典型意义

本书聚焦于契丹早期史这一核心命题，立足于史源学视野下的文本批判，从文本缝隙切入，理清不同文献系统之源流，呈现历史叙述的衍变脉络以及族群记忆被不断改造的复杂过程，进而完成对相关史实的反思性重构。

从北魏著《国史》、北齐修《魏书》，到唐初《隋书》、开元《国史》、五代《实录》，再到两《唐书》、两《五代史》、宋朝《国史》，皆设《契丹传》，形成一套六七百年赓续不断的文献谱系，贯穿契丹从初现到建国的全过程，这在古代中原关于北族的记载中绝无仅有，也是本项研究得以开展的独特史料基础，然而其中存在的建构与误解一直以来并未引起研究者的重视。本书所剖析的三个案例，即《魏书》虚构的契丹初期发展史、《隋书》将契丹由东夷改为北狄的归类变化以及唐代文献所谓契丹君长姓大贺氏的通行说法，都旨在揭示这套历史叙述存在的系统性问题，对以此为核心搭建的契丹早期史框架重加检讨。

作为契丹早期史整体衍变脉络的首次集中呈现，元修

《辽史·营卫志·部族》一直被视作相关研究的立论基石，但实际上此门只有少量内容源自辽人耶律俨所著《皇朝实录·部族志》，其余文字皆为元朝史官新作。在创作过程中，元人不仅对契丹的部族加以重新定义与分类，还对中原文献系统和辽朝文献系统进行了拼接，勾勒出契丹自北魏至唐末的发展脉络，但其中内容几乎每一条都经不起推敲，根本无法反映历史变迁的实态。究其原委可知，金朝陈大任修《辽史》时即已对契丹早期史有过零星的建构，至元末修史时更将其细化、深化、系统化。

契丹王朝自身的建国前史记忆与中原文献所载大相径庭，背后隐藏着罕为人知的历史本相：阿保机家族是唐开元时期方才加入契丹集团的外来者，该家族取代契丹旧部建立王朝以后并未改易"契丹"之名号，而是以自身的家族史作为整个集团的历史。契丹王朝流行的起源传说与郡望观念实际上都是这一背景的曲折反映。辽朝中后期出于构建政权合法性、正统性的需要，利用华夏政治文化对官方历史叙述进行了系统的改写与重塑，开国年代问题与阿保机即位之谜都是此种改造留下的悬疑。要之，阿保机家族在契丹集团中的后来居上与重熙君臣因文化转型而对建国前史所做的全面改更，实乃契丹早期史叙述呈现种种问题的两大症结所在。

上述考证结论实可集中为一个核心突破点，即发掘出统治家族与民族集团的断裂分殊，这使得我们有可能跳出个案的藩篱，在更广阔的视野下思考契丹早期史问题所具有的典型意义。本篇结语即由此出发，揭示并探讨两个更具共通性的议题，进而从方法论的层面对全书旨趣稍加收束，贯穿其中的主线在于：我们所面对的文献、所从事的研究，究竟是由谁在记述历史，被记述的又是谁的历史？

一、家史抑或族史：北族王朝历史叙述的共性问题

契丹自4世纪即见记载，阿保机家族则晚至8世纪中叶方才加入，该家族的逐步崛起、僭升汗族直至10世纪初建立王朝，对于契

丹集团而言不啻为天翻地覆的变革，但这一切在以往的历史叙述中却完全湮没无闻，其根源还在于辽朝本身对契丹历史记忆的塑造。经过一场记忆与遗忘的竞争，辽朝建国以前的契丹汗族"遥辇氏"沦为历史的失语者。这样由权力更迭带来的记忆洗牌在契丹集团数百年的发展史中当然不会只有一次，那么，辽朝的契丹人与北魏至唐不同阶段的契丹人究竟存在什么意义上的关联？我们究竟应该如何定义"契丹"？

历史记忆往往取决于遗忘，政治体主导下的集体遗忘在根本上决定了古代族群认同的形成，所谓"民族"的本质正是人们对政治体认同的建构过程。我们所面对的古代民族史材料，无论是观察对象自身的叙述，还是异邦、后世史家的书写，都试图通过统治家族的历史来呈现整个民族集团的历史。潜移默化之下，过去的研究者往往会有意无意地将一个民族集团的出现和统治家族的出现画等号，认为该家族与民族相始终，而对二者不加区分，在不知不觉中踏入既有史料布下的陷阱。如果从政治体的视角对民族史资料加以批判和重审，不难发现，从来不会有哪个家族天生就是统治者，民族集团的历史（或者说该集团认同的形成）也常常不始于某一特定统治家族的掌权，那种动辄宣称"自古以来""天经地义"云云的政治神话早就应该被破除。

只不过，记录历史的权力永远掌握在胜利者手中，缺乏文字的北族王朝尤是如此。一个家族取得统治地位后，往往会运用讲述或书写的权力，以本家族的历史来改写整个集团的历史，通过重塑认同与记忆将现实的政治关系合理化。原本复杂、多元的历史图景被简单化约为单一线性的家族史叙述，这自然会与整个民族集团的实际衍变过程出现矛盾和断裂，本书所论契丹王朝的建国前史就是一个典型案例。如果跳出个案的边界，以"统治家族史"——"民族集团史"的二分视角观察其他类似王朝的历史叙述，亦可发现诸多的裂痕与缝隙。

譬如金朝。《金史·世纪》开首称"金之先出靺鞨氏"云云，勾勒出肃慎—勿吉—靺鞨—女真—金朝的发展脉络,① 论者多以此与后文"金之始祖讳函普,初从高丽来"抵牾而心生疑窦,乃至贸然否定后者的可靠性。其实,所谓肃慎传至金朝的线性谱系全出元末史官之手,"函普初从高丽来"的叙述才真正代表了金朝统治者完颜阿骨打家族的历史记忆。这种历史叙述至晚在皇统元年(1141)完颜勖所修《祖宗实录》中即已形成,② 终金源一朝未见改更,亦即金朝统治家族并不讳言自身作为女真集团外来者、后来者的身份。阿骨打家族的历史与女真集团的历史并不等同,实乃金史研究的一大关节,唯因囿于一元线性的传统叙述,学界对此分野重视不足。

又如元朝。以往论其先世者自以《元朝秘史》为尊,始于苍狼白鹿传说,自巴塔赤罕以下至成吉思汗十世祖孛端察儿,再至于也速该、铁木真。在此脉络中,成吉思汗家族始终作为天潢贵胄居于蒙古历史的中心,蒙古认同的形成也以铁木真建立大蒙古国为标志。然而,如果我们暂时舍弃"成吉思汗家族史"="蒙古民族集团史"的先验观念,爬梳唐宋时期的中原文献所记蒙古早期史迹,就会发现成吉思汗家族或许并非自古以来的蒙古统治者,蒙古认同的形成恐亦不始于其1206年建号,草原东缘诸部或曾长期据有蒙古集团的权力核心。③ 比较能说明问题的一则史料是陈均《中兴两朝编年纲目》记载金皇统六年曾册朦骨"酋熬罗孛极烈为朦辅国王,蒙人不受",次年"蒙酋自称祖元皇帝,改元天兴"。④ 此段之直接史源或

---

① 《金史》卷一《世纪》,中华书局,1977年,第1—2页。

② 据《金史》卷一〇七《张行信传》,贞祐四年(1216)议德运,行信上言称"按始祖实录止称自高丽而来,未闻出于高辛"(第2367页),此"始祖实录"即《祖宗实录》。参见邱靖嘉:《〈金史〉纂修考》,中华书局,2017年,第28—29页。

③ 参见张晓慧:《元代蒙古人族群记忆的建构与书写》,北京大学博士学位论文,2019年,第10—42页。

④ 陈均:《中兴两朝编年纲目》卷一〇,燕永成点校,凤凰出版社,2018年,第363页。元朝书贾所作《大金国志》亦曾据此抄录,改"朦辅国王"为"朦辅国主",见(旧题)宇文懋昭著,崔文印校证:《大金国志校证》卷一二,中华书局,1986年,第176页。

系李心传《建炎以来系年要录》，而最初源头则为王大观《行程录》。[①] 其中"朦辅国王"系蒙古作为国号之首见，早于成吉思汗建号约六十年，称帝建元更表明该草原政治体的发育程度已然很高。这样的蒙古早期史在铁木真统一诸部后撰作的《秘史》中全无踪迹，治史者亦多以其荒诞不经而未予理睬。

再如清朝。关于始祖布库哩雍顺的发祥地，最早见于《旧满洲档》天聪九年（1635）引瑚尔喀部人之说："彼布勒霍里湖周百里，距黑龙江一百二十至三十里。"至《太祖武皇帝实录》则变成含糊不清的"长白山之东北"，康熙重修《太祖高皇帝实录》时又改作长白山之东。[②] 从黑龙江到长白山的转变，固然反映了满洲统治者通过祖先记忆塑造族群认同的过程，但若转换视角，早期传说中的黑龙江布勒霍里湖或可看作当时努尔哈赤家族残存的区别于其他"诸申"各部的模糊记忆，而长白山云云则更可能是该家族迁徙、加入建州女真以后在地化的历史叙述，始祖传说的参差变化或许隐含了统治家族融入民族集团的时间线索。

以上三例浮光掠影，点到为止，意在粗略呈现家族史与民族史的区分对观察北族王朝早期历史的共通意义。另如拓跋、突厥、党项等集团历史，或亦可从文本缝隙切入加以重新解读。随着个案的累积，对"家族史""民族史"间的差异程度做更深入的比较研究甚至类型学分析将成为可能。更进一步，以统治家族为核心记录政治集团的历史，当然不会只是北族王朝的特例，如何将此种历史叙述模式与华夏文明（特别是其早期）以及人类其他文明的类似现象加

---

① 李心传：《建炎以来系年要录》卷一五五绍兴十六年八月甲子，胡坤点校，中华书局，2013年，第2942页；卷一五六绍兴十七年三月，第2957页。按陈均书于"蒙人不受"句下尚有"自号大蒙国"一语，不见于《要录》所引《行程录》，当系陈氏据《建炎以来朝野杂记》乙集卷一九"鞑靼款塞（蒙国本末）"所记后世事阑入，不可信据。

② 参见姚大力：《满洲如何演变为民族：论清中叶前"满洲"认同的历史变迁》，《追寻"我们"的根源：中国历史上的民族与国家意识》，生活·读书·新知三联书店，2018年，第435—444页。

以参照，在更宏阔的视野下思考其中的共性与个性，将是我们面临的全新议题与长远挑战。

二、同号易主：与家国同构并行的另一种传统

关注家族史与民族史间的断裂分殊，还可深化我们对于统治家族与政治体名号之间匹配关系的思考。作为政治体最高等的象征符号，国号最核心的功能就在于凝聚认同，而值得追问的是，国号到底凝聚的是对谁的认同，或者说是在何种范畴、何种层次上的认同？政权统治者的变更，是否意味着国号必然随之改换？同一国号之下的历史叙述，是否可能对应完全不同的人群？

前文已述，阿保机取代遥辇后并未改易"契丹"之号，并以此建国，统治家族更改而政治体名号不变，或者说政治体名号的延续与统治家族的延续全然无关，这在秦汉以降中原王朝的历史叙述中难觅踪迹，也是辽朝后期改写开国史时不得不以一场不伦不类、委国异姓的"顾命"来装点阿保机即位的根本原因。如果放宽视野，我们可以进一步发现，统治家族变化而政治体名号不变的情况，其实并不限于契丹，国号伴随统治家族而更改这一华夏历史叙述的普遍模式亦非放之四海而皆准。

例如回鹘，即曾不止一次出现过不同统治家族共享同一国号的情况。回鹘汗族本为药罗葛氏，至贞元十一年（795）四月"回鹘奉诚可汗卒，无子，国人立其相骨咄禄为可汗"，《资治通鉴》称骨咄禄"本姓跌跌氏，辩慧有勇略，自天亲时典兵马用事，大臣诸酋长皆畏服之，既为可汗，冒姓药罗葛氏，遣使来告丧"，[1] 而《唐会要》则称其"本姓跌跌，少孤，为回鹘大首领所养"，[2] 跌跌亦作阿跌，为回鹘内九姓之一，与原本汗族地位悬殊，但上位后仍用旧号，

---

[1] 《资治通鉴》卷二三五《唐纪》五十一，中华书局，1956年，第7568页。

[2] 《唐会要》卷九八《回纥》，上海古籍出版社，2006年，第2072页。

这在回鹘内部并无违和之感，所谓冒姓、养子云云更像是中原史家出于自身的思维定式而产生的叙述，即只有打扮为同样的姓氏、血缘才能沿用旧朝国号。更具观察意义的是第二次汗族变化，即西州回鹘的建立。关于这次统治家族的变化，史无明文，但研究者综合传世史料和出土文献判定，咸通七年（866）仆固俊建立西州回鹘，此人出于铁勒集团的仆固部，与之前漠北时期汗族药罗葛氏及阿跌氏全无瓜葛。① 元人虞集所作《高昌王世勋之碑》等汉文史籍及波斯文史籍《世界征服者史》中都记载了卜古可汗的树生传说，研究者认为这一传说的起源当在 4 世纪以前，起初可能是仆固部的传说，回鹘西迁后王室改换为仆固氏，仍保留回鹘名号，但对仆固部传说与回鹘传说进行了整合，"改造了草原回鹘汗国的历史记忆"，可见"经历回鹘汗国时代的部族整合，九姓集团已具有了共同的回鹘认同意识"。② 仆固氏有着独立的祖先记忆，但并不妨碍其延续回鹘的国号与认同。③

又如西辽（哈喇契丹）末年。1208 年，成吉思汗西征乃蛮，"屈出律可汗仅以数人脱走，奔契丹主菊儿可汗"，④ 所谓契丹主菊儿可汗即西辽末帝直鲁古。屈出律蛰伏近三年，趁西辽与花剌子模大战之机，袭击直鲁古。元修《辽史》所附"西辽事迹"云："时秋出猎，乃蛮王屈出律以伏兵八千擒之，而据其位。遂袭辽衣冠，尊直鲁古为太上皇，皇后为皇太后，朝夕问起居，以侍终焉。直鲁古死，辽绝。"⑤ 在元末史官看来，直鲁古之死意味着辽祚终绝，这

① 最新研究参见付马：《丝绸之路上的西州回鹘王朝》，社会科学文献出版社，2019 年，第 106—155 页。

② 苏航：《回鹘卜古可汗传说新论》，《民族研究》2015 年第 6 期，第 78—87 页。

③ 既有研究指出，"回鹘"不仅是族属称谓，更是正式国号，9 世纪至 13 世纪的回鹘文献中多自称"十姓回鹘国"，而西州回鹘境内出土汉文印章则称"大福大回鹘国"。参见付马：《丝绸之路上的西州回鹘王朝》，第 157—158 页。

④ 《圣武亲征录（新校本）》戊辰年冬，贾敬颜校，陈晓伟整理，中华书局，2020 年，第 195 页。类似记载亦见《史集·成吉思汗纪》及《元朝秘史》《元史》等书。

⑤ 《辽史》卷三〇《天祚皇帝纪四》，中华书局，2016 年，第 404 页。

显然是基于汉人正统观念的解释，而当时的实际则是屈出律"袭辽衣冠"，即以乃蛮王子的身份沿用西辽（哈喇契丹）之国号。屈出律的做法，自有稳定统治、欺瞒蒙古之意，但这至少说明当时的政治传统与现实情境完全不会以此为异。

值得关注的还有明代蒙古的情况。1368 年大都陷落，顺帝北迁，仍奉大元国号，史称"北元"。景泰四年（1453），黄金家族后裔、蒙古大汗脱脱不花兵败身死，瓦剌首领也先自立，成为自成吉思汗以后至 1635 年额哲降附后金四百余年间蒙古大汗中唯一一位非黄金家族子孙。也先即位后，"凡故元头目苗裔无不见杀"，[①] 却明确标举"大元"为其国号，遣使致书明朝，"首称'大元田盛大可汗'，田盛犹言天圣也"，内文略曰："往者元受天命，今已得其位，尽有其国土、人民、传国玉宝，宜顺天道，遣使臣和好，庶两家共享太平。"[②] 研究者指出，明代蒙古一直沿用大元国号，[③] 就现有史料看，至少在也先即位前夕，大元国号仍是蒙古社会中十分重要的认同符号与政治资源。正统十四年（1449）土木堡之变后随明英宗北狩的回回人杨铭所著《正统临戎录》记载："也先聚众大小头目说道：'我每问天上，求讨大元皇帝一统天下来，今得了大明皇帝到我每手里，你每头目怎么计较？'数中有一达子名唤乃公言说：'大明皇帝是我每大元皇帝仇人，今上天可怜见那颜上，恩赐与了到手里。'口发恶言伤害。"[④] 在这样真实的即时对话记录中，"大元"是与"大明"对举的政治名号，知也先自立后的举动当是对脱脱不花时期国号的继承。也先所出之瓦剌，与大元正裔远非一脉，甚至常常被排

---

① 《明英宗实录》卷二三二，景泰四年八月甲午，"中研院"历史语言研究所，1962 年，第 5075 页。

② 《明英宗实录》卷二三四，景泰四年十月戊戌，第 5100 页。

③ 希都日古：《鞑靼与大元国号》，《元史及民族与边疆研究集刊》2014 年第 2 期，第 124—133 页。

④ 杨铭：《正统临戎录》，收入薄音湖、王雄点校：《明代蒙古汉籍史料汇编》第一辑，内蒙古大学出版社，2006 年，第 95 页。

斥在蒙古族属之外，然于篡立后仍以此为国号，尤可见草原政治传统的约束力与号召力。

通过以上举证可知，同一国号下改换统治家族的情况在内亚草原并不罕见，这应该是与中原国号随家族更改相雁行的另一种政治文化传统。只不过由于史料的匮乏，加上华夏文化滤镜的遮蔽，学界以往并未予以足够重视。明乎此，我们再回头来看一个貌似与上述讨论相左，实可引以为证的案例——十六国时期北燕的国号问题。407 年，冯跋兄弟杀后燕天王慕容熙，立前代天王慕容宝养子高云为帝，改元正始，国号仍为燕。两年后，高云为近侍所杀，冯跋即天王位，建元太平，不改国号并下诏以申其旨曰："义贵适时，不必改作，故陈氏代姜，不徙齐号，宜即国号曰燕。"[1] 史称"北燕"。以上两次统治家族的变化，均未引起相应国号的更改。其中高云本为高句丽人，被收为养子时曾赐姓慕容，即位后恢复高姓，则此次国号延续与姓氏异同并无紧密关联，当于中原传统之外求得解释。更值得玩味的是后一次，史称冯跋乃长乐信都（今河北冀州）人，祖辈避祸上党（今山西长子），父辈随慕容氏迁居龙城（今辽宁朝阳），从籍贯和迁徙轨迹上看当系汉人；不过研究者早已指出，从冯氏兄弟多具鲜卑语名、冯跋之弟冯素弗墓之葬俗器物以及北燕的官制结构看，冯跋家族当属典型的鲜卑化汉人，北燕王朝亦具有浓重的北族色彩。[2] 由此观之，冯氏政权仍号大燕，不但不必看作华夏国

---

[1]　李昉等编：《太平御览》卷一二七"偏霸部·北燕冯跋"引《十六国春秋·北燕录》，中华书局影印影宋刻本，1960 年，第 614 页下栏。

[2]　张金龙：《北燕政治史四题》，《南都学坛》1997 年第 4 期，第 20—24 页；三崎良章：《五胡十六國の基礎性研究》第六章《北燕の「鲜卑化」》，汲古书院，2006 年，第 121—135 页；李海叶：《慕容鲜卑的汉化与五燕政权——十六国少数民族发展史的个案研究》，中国社会科学出版社，2015 年，第 126—132 页。内田昌功《北燕冯氏出身与〈燕志〉〈魏书〉》甚至认为冯氏本即鲜卑人，史书所见汉人面貌乃后来人涂抹之结果，按此说证据尚嫌不足，然尤可见鲜卑文化对冯跋家族及其所建王朝影响之巨且深矣（日本《古代文代》57 卷 8 期，2005 年，中译本见《辽宁省博物馆馆刊》第 2 辑，辽海出版社，2007 年，第 252—265 页）。

号传统之反例，倒恰可借以观察北族国号传统对汉式王朝的影响。十六国北朝时期历有前燕、后燕、西燕、南燕、北燕等多个以"燕"为国号的政权，共同特点在于不拘地域，而皆与慕容鲜卑关系密切，甚至可以说"燕"已成为此时段中慕容鲜卑的特定专属国号，具有非比寻常的凝聚力和统摄力。高云、冯跋虽非慕容之属，然既染其风习，承其国统，治其民土，沿袭其国号亦自在情理之中，此即上引冯跋即位大赦诏所谓"义贵适时，不必改作"的真实情境。有意思的是，诏文还费尽心机地为这次罕见的易代而不改其号找到了一个历史依据"陈氏代姜，不徙齐号"，即战国初年的田氏代齐。按二者表相或有类似之处，然背后之历史实态则迥然不同。先秦国号皆因实际封国属地而得名，故不以统治家族变化为转移，田氏代齐，地域不变，仍袭周天子封号，构成其合法性之来源；秦汉以后，华夏国号的来源由实际控制的地域逐渐演化为与统治家族发展相关的重要地标，地域约束性减弱而家族专属性增强，最终固化为后世国号随统治家族更改的传统。显而易见，冯氏代燕所面对的华夏传统早已今非昔比，援引旧例不过是在汉文语境中为当时的实际情境给出一个勉强的解释罢了。

　　全面、深入比较上述两种政治文化传统，分析各自生成衍化之因由，显非此处所能容纳。不过简要说来，中原王朝早在先秦时期就开始形成"华夏"这一共同体概念，默认属于同一文化、族类范畴，在此之内秦汉以降的改朝换代表现为统治家族的变化，用以凝聚认同的区别单位是家族（family），国号与统治家族一一对应，并随之更改。与此相异的是，不同草原政治体并没有与华夏相对应的更大范围的共同体概念，彼此间凝聚认同的区别单位是相对独立的人群集团（group），故其国号多源自族群名号而与统治者并无直接对应关系（往往既可对应华夏这一族属概念，又可对应唐、宋这样的政权概念），这也为统治家族变换之后袭用此前国号提供了可能。两种政治文化传统均依托于具体而现实的历史情境，在彼此独立发展的状态下完全自洽，差异与矛盾常常只有在跨语际、跨文化实践的交界面上方才突显出来；在深入分析契丹早期史问题之前，我们似乎很难遇到一个案例能将两种传统的交汇、冲突、碰撞淋漓尽致地反映出来，致使二者的分野长期隐而不彰。倘若稍加推展，放眼更大的世界范围，深入检讨其他地区政治体名号与统治家族的对应关系，我们或许会发现，通常最为熟悉的华夏传统反倒可能是一种特例，这也是发掘草原政治文化中同号易主传统的另一重镜鉴意义。

尚须指出的是，以上所谓传统不仅仅局限于真切发生过的政治现实，更会形成一种观察世界的思维图式和文化滤镜。面对同一国号，身处不同传统中的人看到的图景可能相去甚远，由此产生的历史叙述自然多有参差。这是本书所论核心问题的重要缘起，也直接关系到结语末节希望提炼的方法性反思。

三、主体性与多元性：史源学的应然关照

本书绪论曾以三重滤镜指代记载契丹早期史的不同文献系统：中原史籍保留的他者印象、契丹王朝的自我建构以及后世史官的线性追溯。每种文献系统的源头归根结底是一种历史叙述的主体，而不同主体有着各自内在的叙述逻辑，最终呈现出纷繁多元的历史样态。

中原正史《契丹传》基于华夏文明图式特别是自秦汉以降形成的家国同构观念，习惯性地从外在名号延续的视角去观察和理解契丹。史家所看到的是作为一个整体的族裔集团，他们希望以同姓相承的逻辑来解释契丹政权的代际变化，而对于其内部统治家族的改换、最高权力的更迭断裂并不敏感，诸如唐代契丹君长皆姓大贺氏的问题就是在此脉络下衍生的。同时，华夷秩序的安排更是人所共知的底色，对夷狄身份进行群类化塑造以突显华夏正统，对四夷分类加以调整以适应政治现实，均属题中应有之义。不过需要指出的是，中原文献在完成关于他者形象的历史叙述、批量制造四夷传文

本的同时，事实上已经将如契丹这样的"蛮夷"纳入自身可以理解的图式当中，从而为双方在同一种语境中求得融通、对话提供了可能。只不过，这样的融通并未发生在历史文本写定的当时，而是在数百年后的未来。当辽朝经历文化转型之后尝试用汉字书写自身历史时，这套话语体系以及背后思维图式的影响方才真正显露，它一方面带来了宣示权力、塑造正统的便利，另一方面也不可避免地留下了嫁接不同文化传统的尴尬与困难。从这个意义上讲，理解这套图式本身的机制与功能，比指摘其中的错谬更为重要。

辽朝自身所述建国前史的核心脉络是家族史叙事，即以阿保机家族的发展代表整个契丹集团的衍变，这在草原政权的历史叙述里较为习见。此类叙述中最重要的因素在于血统，不仅体现为对当前统治家族至尊地位的强调，还表现在必须对其他显贵家族的血统地位加以适当安排；特别是最高权力在不同家族间流转之后，更需对现任统治者与前任的关系做出合理解释，这构成了草原政权不断更改历史叙述的核心驱动，而此类改动在绝大部分的时间里是通过口耳传唱的形式实现的。以拓跋、女真、蒙古等典型案例为代表的北族王朝而言，后继的统治者一般会采用追溯祖先、延长世系的方法，将不同的家族编织进一个更大的血缘关系网中，以笼络更广泛的势力，因而现实中需要整合的家族越多，历史叙述中的世系就越绵长；与之相伴随，当前统治者只需强调自身家族与最早可供追溯的神圣共祖一脉相承，世为君长，也就保证了统治的合法性。[1] 如此一来，举族同宗，累世一系，这大概也正是既往很难在草原政权自身留下的记录中找到汗族更迭痕迹的根由所在。然而，契丹的情况却显得有些特别。在辽朝当时的历史叙述中，阿保机家族与前任可汗遥辇

---

[1] 　或许可以稍加抽象地说，草原政权的历史叙述通常是树状的，核心问题在于解释不同家族间的关系，体现出一种共时性、线性的时间观。相比之下，秦汉以降五德终始说笼罩下华夏王朝的历史叙述则往往是环状的，重点在于论证当朝与前朝的承续，或可视作一种历时性、循环式的时间观。

氏并无共同血缘，双方的关联仅在于阿保机七世祖涅（雅）里曾让位于阻午可汗，而这很可能也只是重熙修史时的虚构。此种历史叙述之形成，或源于该家族加入契丹集团时间较晚，原本地位相对卑微、边缘，迅速崛起、跃升为汗族后无力彻底扭转既有的历史叙述，只能将本家族的历史嫁接、镶嵌其中（如成为青牛白马传说中青牛系的一部分），这才为我们留下了考辨剖析、启疑发覆的难得样本。

面对中原史籍与辽朝记录两套完全不同的叙述逻辑以及由此产生的相互抵牾，元朝史官采取的核心方法是将二者杂糅、拼接起来，对龃龉不合者加以弥缝、调和，对"旁逸斜出"者加以删削、修剪，从而构成一套看似整饬的历史叙述。最典型者莫过于以《魏书·契丹传》所记东北群狄之名对应耶律俨《皇朝实录》所记奇首八子，将两《唐书》所载贯穿有唐一代之大贺氏拦腰斩断，而与辽方文献所见先世遥辇对接。这种重构方法的内在逻辑是站在后来人的立场上进行追溯、归纳，将契丹集团原本多元复杂的衍变轨迹简单化约为一元线性的发展脉络，忽略了不同时代、不同主体的叙述可能存在无法调和的矛盾，使得诸多深层次的历史问题遭到遮蔽。后世研究者往往对元修《辽史》所见契丹早期史料不加批判即予利用，当然与文献的紧缺、方法的失当有关，但更深的根源恐怕还在于思维方式的契合：不同时代的线性史观或显或隐，可能会有各种变体与包装，但其核心理路似乎从未改易。

以上三种主体产生的历史叙述各有其问题，彼此间龃龉不合者既夥，重叠层累者亦不鲜见，这也从根本上决定了本书探索的基本路径，即史源学视野下的文本批判。相较于金元史官化多元为一元的传统做法，本书尝试反其道而行之，希望还一元以多元，具体工作又分为两个方面：其一，在看似整饬、统一、连续的文本中，发现文本缝隙，区分、剥离出不同系统、不同时代、不同主体的历史叙述（文本单元）。其二，对离析所得各叙述系统内部分别加以溯源、批判，亦即每次剥离出的部分并非弃之不用，而是视作不同的记忆碎片，对其生成、衍化过程加以剖析、对比，窥探以往被隐藏的历史图景。关于以上方法与传统史源学研究之异同，我曾有过专门论述，[①] 兹不拟重复，谨就此种研究路径应有的核心关照稍加引申。

史源学视野下的文本批判，核心在于"源流"二字。所谓"源流"首先当然是指文献源流，但其实每一文献系统、不同文本层次的源流脉络都可能牵涉到历史叙述的复杂衍变，关系到记忆与遗忘的竞争，文献层面的抽丝剥茧、正本清源本身就是历史叙述由一元到多元的逆向呈现，也是打破既定框架，开出全新史学问题和丰富历史图景的必由之路。对于文献源流的爬梳，重心应在切实还原文本生命历程中的具体节点和总体脉络，如背景、来源、纂修、结构、抄刻、流传、被接受等诸多环节均可作为独立分析的对象，最终连缀成文献整体的生命史；而经典历史文本的生成、演化本身就是出自不同主体的历史叙述被整合划一的过程，因此文献源流中的每个节点都可能牵扯出多个源头，都可能关乎不同历史叙述主体的参与。质言之，史源学视野下文本批判的核心关照就在于区分历史叙述的主体与层次，所谓"透书见人"，见到的应该是每一个节点所牵出的不同的人或曰多元的叙述主体：究竟是谁留下的记录？呈现的问题该由谁负责？背后反映的又是谁的逻辑？

本书在论述中常常强调所谓"文本缝隙"，其实就是文献流传过程中的参与者有意无意留下的破绽和漏洞，它们构成了区分文献源流中具体节点的切入口，研究者可借以窥见史书的资料来源与编纂过程，进而观察历史叙述的变迁。此种缝隙的发现是全书各部分展开实证研究的基础，常常成为得以真正区分文献地层的关键：[②] 它可

---

① 参见《〈辽史〉探源·结语》，中华书局，2020 年，第 371—375 页；《〈辽史〉与史源学》，收入《文献清源与史学问径》，中华书局，2023 年，第 305—308 页。

② 从某种意义上讲，能否发现真正的文本缝隙，并结合整体的文献、历史环境加以合乎情理的解释，似可看作检验各种关于"文本""史料"的批判性研究是否能落到实处的重要标准。

能具体到一段文本中的个别字眼，例如以《魏书·勿吉传》连续重复出现的太和年号以及在历次编年朝贡记录间横生出的总括性文字，论定李彪《国史》四夷传已成规模，且构成今本内容之主干；也可能是中观层面关于特定史事的记述分歧，如由今本《辽史》与太祖纪功碑、宋庠《纪年通谱》关于907—916年纪年方式的差别，钩沉重熙修史前后关于契丹开国年代存在两种迥异的叙述；还可能是宏观层面整体记史脉络的断裂，如从元修《辽史·营卫志》中剥离出中原、辽朝两大文献系统，进而在二者的区别与矛盾中发掘新的史实。要之，史源学视野下文本批判的基本路径或可概括为，从文本缝隙切入，确认文献源流的节点，区分文本的层次与单元，进而锁定不同的文本来源与逻辑主体，最终落脚到历史叙述的复杂衍变。

就本书所聚焦的问题而言，以上方法的意义归结于区别不同主体、不同人群关于同一政治体名号下的历史存在怎样的叙述差异。这就牵涉到民族史研究中常常不得不面对的一个话题，即究竟何谓史料的多元性。近代以来涉及史料多元性的讨论，首先可以想到的是王国维首倡之二重证据法，即强调传世文献与出土文献的互证，将不同性质、不同载体视作史料多元性的基础；与之时代相近的伯希和、陈寅恪等人的研究成果则昭示了审音勘同对民族史研究的重要意义，主张多语种文献的比较，成为该领域重视史料多元性的典型范式。两种方法的开创之功自然毋庸赘言，不过如果从上述史源学的视角来看，二者所涉史料的多元性问题显然还有由表及里、再加斟酌的空间。因为不同语种、不同载体的史料完全可能实出一源，成为一种声音的花样重复，这样的资料再多亦难具备实际的质证意义。稍举典型案例言之，不同语种者如拉施特《史集·成吉思汗纪》以波斯文写成，然内容多出自蒙古文《金册》，而后者又系据汉文史料转译而成；不同载体者则如宋元明时期地图，其中涉及辽代地理者皆据赵至忠《虏廷杂纪》及《武经总要》辗转因袭而来，所记契丹四楼等重要的地理信息并不具备独立的文献价值。倘若昧于语言、载体之纷繁，贸然以此作为多重证据，则可能误入歧途。由是观之，史料多元性的实质并不在于何种载体，亦不在于何种语言，而在于是否真正有着不同的来源，这些叙述是否出自不同主体、不同人群——对所有文献一视同仁地加以源流性的批判分析，或应成为民族史研究者所共享的学术自觉。

结语的最后，请允许我稍稍回顾文献学与历史学的本旨。"文献"一词的原初含义本就兼涉书、人二端，"文"指存留的书籍，"献"指熟知掌故的耆宿，只不过后者在现当代中国形成的文献学研究范式中长期遭到忽视和遮蔽。如果稍加变通的话，我们所强调的"透书见人"，其实可以看作另一种意义上的"征文考献"，即"征文"以"考献"，惟其所考见者远不限于现存故老，而可泛指过往众生。至于历史学的研究，除了编织百川归海、万佛朝宗式的叙述并阐发其背后的必然规律外，还应包括另外一重更为紧要的维度，那就是"呈现多种可能性的未来"，可能性的主体自然在于曾经生活过的、形形色色的人。是谁留下了印记，由谁写成了书，从根本上决定了到底是谁的历史，而对于"谁"的关切，正是我们尝试打通文献与史学的实际理据与应然追求。

附录

问题更新与范式转换：契丹早期史
百年研究述评

从20世纪20年代算起，中外学者对于契丹早期史的探索至今已逾百年，积累了相当数量的成果，但不可否认的是，其中亦存在着明显的问题，亟待后来者进行系统的清理和反思。这种反思或许不应只局限于研究材料的拓展、具体考证的商榷、个别理论的纠偏等，还可能涉及问题意识的更新与研究范式的转换。

关于契丹早期历史，最早的系统研究可以上溯到1915年日本学者松井等所著《契丹勃兴史》。① 这篇长文分十四个部分探讨了契丹从出现到建国五百余年的历史，不仅勾勒出契丹早期史的大体发展脉络，同时在局部关键问题的

---

① 松井等：《契丹勃興史》，《满鮮地理歷史研究報告》第1辑，1915年，中译本见刘凤翥译，中国社会科学院民族研究所编《民族史译文集》第10辑，1981年，第1—50页。在此之前，白鸟库吉《東胡民族考》曾从语言学的角度对契丹的族源、族称、词汇等问题加以探讨，但并未真正涉及契丹早期发展史，该文在1910—1913年陆续发表于《史學雜誌》21编4、7、9号，22编1、5、11、12号，23编2、3、10、11、12号，24编1、7号，收入《白鸟库吉全集》第4卷，岩波书店，1970年。

考证上亦提出了许多真知灼见，可以说是一部极具分量的奠基之作，同时也确立了此后契丹早期史研究的基本路径。这种研究路径主要表现有二：其一，对《辽史》与中原文献记载加以比较、拼合，力图呈现出一条线性的发展脉络；其二，当两个文献系统出现差异与矛盾时倾向于以中原文献为准，否定辽朝自身的记载。后者在其他日本学者的研究中得到了进一步的贯彻和发展，而前者则成为既往各国研究者所共同采用的视角和方法，其中所存在的方法论层面的问题也就此隐伏下来。

自松井氏以降，中外学界对契丹早期史开展了不懈的探索，成果主要集中在总体研究、阶段性分析、开国史研究、祖源传说与郡望观念研究、核心文献研究五个方面，兹分别评述如下。

一、关于契丹早期史的总体研究

中国学界最早开展契丹早期史总体研究的当推吕思勉《中国民族史》，此书专设"契丹部族"之附录，[①] 谈及契丹与宇文之关系、契丹划分八部之定制、阿保机即位等问题，基本主张以《辽史》所记为宗。稍晚出现的金毓黻《辽部族考》，虽名为"辽部族"，但所述实包含契丹建国以前的部落发展及建国之后的部族制度，是为汉语学界首篇讨论契丹早期史的专题文章，唯其中全依《辽史·世表》《营卫志》之记载排比立说，鲜有考辨批判，故更似传统的史料编纂而非现代意义的学术研究。[②] 随后陈述在其名著《契丹史论证稿》中用泰半篇幅讨论了契丹名号初现、祖源传说、大贺遥辇部落发展及阿保机建国等问题，主张将《辽史》与中原文献加以参合，基本确立了中国学者相关研究的主体框架。[③] 中国香港林旅芝所著《契

---

① 吕思勉：《中国民族史》第四章《鲜卑》，世界书局，1934年，第94—98页。

② 金毓黻：《辽部族考》，《东北集刊》第5期，1943年7月。

③ 陈述：《契丹史论证稿》，国立北平研究院史学研究所，1948年，后增订为《契丹政治史稿》，人民出版社，1986年。

丹兴亡史》可能是第一部简明而专门的契丹通史，介乎学术、通俗之间，其中前两章扼要勾勒了契丹自北魏至建国时期的发展历程，所论多本《辽史》，还特别讴歌了阿保机建国过程中表现出的个人品德。[①] 20 世纪五六十年代，集中出现了一批用马恩经典理论解释契丹早期史的作品，[②] 基本属于当时盛行的意识形态分期方法在契丹历史方面的具体化。这一时期相关研究中最值得称道的是蔡美彪《契丹的部落组织和国家的产生》，该文对古八部以降各种文献系统中有关契丹部族的记载做了细致而精审的考辨，虽然不可避免地带有时代烙印，但基本代表了传统史学方法在此问题上的至高水准。[③] 此后"文革"十年，中国大陆学术陷入沉寂，同一时期的中国台湾却有关于契丹早期史的系统研究论著问世，王民信《契丹史论丛》依次讨论了契丹祖源、古八部大贺氏遥辇氏时代等问题，但所论皆因循《辽史》既定之轨辙。[④] 70 年代末至 80 年代中国大陆出版了一系列有关契丹的通史著作，如张正明《契丹史略》、舒焚《辽史稿》、杨树森《辽史简编》、林幹《东胡史》等，[⑤] 都有相当篇幅讨论其建国以前的历史，基本延续了此前研究的叙述框架，而仅在个别问题上有所推进。90 年代以来，涌现出多部系统研究契丹早期史及民族发展史的专著，如赵振绩《契丹族系源流考》、于宝林《契丹古代史

① 林旅芝：《契丹兴亡史》，三育图书文具公司，1957 年，第 1—22 页。

② 杨志玖：《十世纪契丹社会发展的一个轮廓》，原刊《南开大学学报（人文科学）》1956 年第 4 期，收入氏著《陋室存稿》，《杨志玖文集》本，第 235—248 页；赵卫邦：《契丹国家的形成》，《四川大学学报（社会科学版）》1958 年第 2 期；华山、费国庆：《阿保机建国前契丹社会试探》，《文史哲》1958 年第 6 期；张博泉：《略谈对契丹社会性质的看法》，《史学月刊》1959 年第 9 期。

③ 蔡美彪：《契丹的部落组织和国家的产生》，《历史研究》1964 年第 5、6 期合刊，收入氏著《辽金元史考索》，中华书局，2012 年，第 21—65 页。

④ 王民信：《契丹史论丛》，学海出版社，1973 年。

⑤ 张正明：《契丹史略》，中华书局，1979 年；舒焚：《辽史稿》，湖北人民出版社，1984 年；杨树森：《辽史简编》，辽宁人民出版社，1984 年；林幹：《东胡史》，内蒙古人民出版社，1989 年。

论稿》、黄凤歧《契丹史研究》以及近年来孙进己、孙泓的《契丹民族史》等，① 与此相关的论文亦不乏其例。② 就总体而言，此类研究数量虽多，但同质化严重，晚出者往往缺乏对既有成果的总结、回应及在此基础上有的放矢的提升，对于长期以来形成的研究模式的突破更无从谈起。

　　日本学者在这一研究领域起步较早且用力甚勤，取得了许多值得重视的成果。除前述松井等外，田村实造曾对契丹历史特别是其早期史展开过专门研究，涉及祖源传说、部落发展、世系变迁、社会构成等多个方面，并将此纳入征服王朝的框架之中，考察北亚世界的共性。③ 从中明显可以感受到作者在质疑《辽史》既有记载的同时又难以摆脱其影响的矛盾状态，这在某种意义上成为诸多日本学界相关研究的共同特征。稍晚出现的爱宕松男《契丹古代史研究》是第一部讨论此问题的专著，书中对契丹部落联盟的内部构造及其发展历程进行了仔细梳理，试图从"半族"的概念对契丹的分合做出解释，并在局部对元修《辽史》的叙述质疑，思路上

---

　　① 赵振绩：《契丹族系源流考》，文史哲出版社，1992 年；于宝林：《契丹古代史论稿》，黄山书社，1998 年；黄凤歧：《契丹史研究》，内蒙古科学技术出版社，1999 年；孙进己、孙泓：《契丹民族史》，广西师范大学出版社，2010 年。此外，李桂芝《辽金简史》（福建人民出版社，1996 年）、何光岳《东胡源流史》（江西教育出版社，2004 年）、任崇岳及白翠琴《中国北方游牧民族源流考》（黑龙江人民出版社，2012 年）等书亦有专门章节述及契丹早期历史。

　　② 王明荪：《契丹与中原本土之关系》，收入氏著《宋辽金史论文稿》，明文书局，1981 年；嵇训杰：《关于契丹族名称、部落组织和源流的若干问题》，《中国史研究》1985 年第 2 期；田广林：《契丹国家产生的上限及其早期发展形态》，《内蒙古社会科学》1999 年第 2 期；武玉环：《契丹部族制度初探》，《史学集刊》2000 年第 1 期；王明荪：《契丹民族及其早期的历史发展》，（台北）《故宫文物月刊》第 324 期，2010 年 3 月；杨军：《契丹早期部族组织的变迁》，《丝瓷之路——古代中外关系史研究 II》，商务印书馆，2012 年，第 102—120 页。

　　③ 田村实造：《中国征服王朝の研究》，東洋史研究會，1964 年，上册，第 59—112 页。此部分内容初稿为氏著《唐代に於ける契丹族の研究——特に开国传说の成立と八部组织に就いて》，《滿蒙史論叢》第 1 辑，1938 年，第 1—85 页。

颇有新见。① 但不可否认的是，该书所采用的半族二分观察视角存在以后世记载逆推、回溯前代历史的危险，故在具体立论方面时显牵强。此后相当长一段时间里，日本学界对此问题的研究兴趣有所消退。直至近年，原本专攻先秦文献的吉本道雅开始涉足契丹早期史研究，并延续了其一贯对史料加以深耕研判的理路，取得一系列令人瞩目的成果，② 为这一研究领域带来了可喜的新气象。不过吉本氏对既有研究特别是中国学者的重要论断关注似嫌不足，对契丹史料的文献源流理解亦有偏差，这些都在一定程度上影响了其讨论的深度和批判的彻底性。

由于地缘的关系，韩国学者对契丹早期历史也颇为关注。20世纪70年代金在满出版《契丹民族发展史之研究》一书，此书虽名为"民族发展史"，但其主要内容为辽朝建立以后之历史，仅在第一章对唐代契丹发展及阿保机开国过程有所涉及。③ 此后金氏又撰《关于契丹始祖开国传说的背景及部族动态》一文讨论了北魏至唐契丹发展与始祖传说的关系，可以视作对前书的必要补充，唯其基本叙述框架仍为《辽史》所记。④ 后来崔益柱曾对唐代契丹和阿保机建国问题做了进一步论述，⑤ 而金渭显亦在研究契丹与高丽关系时对契

① 爱宕松男：《契丹古代史の研究》，東洋史研究會，1959年；邢复礼译，内蒙古人民出版社，2014年。该书出版之前，爱宕氏曾发表《契丹部族制研究》一文（《東北大學文學部研究年報》3号，1952年12月），是为后来成书之最初基础。

② 吉本道雅：《契丹八部考》，檀国大学校北方文化研究所编《契丹의 歷史과 文化》，2009年；《契丹源流考》，（韩）《北方文化研究》2010年第1期；《遼史世表疏證》，收入爱新觉罗·乌拉熙春、吉本道雅《新出契丹史料の研究》，松香堂，2012年，第1—38页。

③ 金在满：《契丹民族發展史의 研究（特히 政治·經濟·軍事問題를 中心으로)》，讀書新聞社出版局，1974年，第25—47页。

④ 金在满：《契丹始祖開國說話의 背景과 部族의 動態에 대하여》（上、下），《大東文化研究》第10、11号，1976年。

⑤ 崔益柱：《辽建国以前的统治体制——以8世纪中叶至9世纪末为中心》，《全海宗博士华甲纪念·史学论丛》，一潮阁，1979年，中译本见尹传学译，收入王承礼主编《辽金契丹女真史译文集》第1集，吉林文史出版社，1990年，第228—256页。

丹早期发展史进行过简单勾勒。① 真正就此问题展开系统研究的是李在成，他早年从契丹与库莫奚的关系入手，探讨了契丹的居地、古八部直至隋十部的问题，② 近年来又下延到唐代契丹史，提出了一些具有新意的观点和问题，③ 值得我们予以关注与回应。

西方学界有关契丹历史的专门研究始于魏特夫（K. Wittfogel）、冯家昇合著《中国社会史·辽》，但此书对其建国前史着墨不多。④直至 20 世纪 80 年代方才出现讨论契丹早期史的专题论文，澳大利亚学者霍姆格伦（Jennifer Holmgren）以权力继承的谱系为线索，对文献中有关从大贺、遥辇再到耶律发展过程的若干成说质疑，提出与以往学者不同的看法，颇有见地。⑤ 但遗憾的是，该文一直以来并未受到应有的重视，不仅在东亚学界罕见回响，即便是晚出的西文著作也只是在参考文献或学术史回顾中简单提及，而未就相关问题展开对话、取得推进。崔瑞德（Denis Twitchett）主笔的《剑桥中国史》"辽"一章用四小节的篇幅讨论了契丹建国以前直至阿保机称帝时期的历史，这一部分的总体倾向是依据中原记载立论，不得已时方参用《辽史》，其中对辽方文献的审慎态度值得借鉴，但在具体问题方面往往显得深度不足。⑥ 赫尔辛基大学徐谦（Xu Elina-Qian）所

---

① 金渭显：《契丹的东北政策——契丹与高丽女真关系之研究》，华世出版社，1981年，第 5—11 页。

② 李氏这部分研究结集为《古代東蒙古史研究》，法仁文化社，1996 年。

③ 李在成：《'大賀契丹'에 관한 旣存 學说의 批判과 새로운 見解》，《東洋史学研究》第 95 辑，2006 年；《麗唐戰爭과契丹·奚》，《中國古中世史研究》第 26 卷，2011 年8 月，第 157—218 页。

④ Karl Wittfogel & Feng Chia-sheng, *History of Chinese Society: Liao (907-1125)*, Philadelphia: American Philosophical Society, 1949.

⑤ Jennifer Holmgren, "Yeh-lü, Yao-liao and Ta-ho: Views of the hereditary prerogative in early Khitan leadership", *Papers on Far Eastern History*, 34 (Canberra, 1986), pp. 37-81.

⑥ Herbert Franke, Denis Twitchett ed. *The Cambridge History of China* Volume 6 *Alien Regimes and Border States (907—1368)*, New York: Cambridge University Press, 1994, pp. 44-67; 中译本见傅海波、崔瑞德主编：《剑桥中国辽西夏金元史 (907—1368)》，史卫民等译，中国社会科学出版社，1998 年，第 51—76 页。

撰《契丹建国以前的历史进程》是西方学界迄今唯一一部以契丹早期史为题的博士论文，该文将与此问题相关的常见汉文材料翻译为英文，进而从族源、社会组织、经济基础、生态环境、与中原关系五方面对契丹早期史进行了叙述，基本上是对既有学说的总结、归纳，而鲜有发明。①

二、针对不同具体时段契丹发展史的研究

北魏、隋唐是以往契丹早期史研究成果较为集中的两个具体时段：

1. 北魏时期。关于北魏时期的契丹，以往研究主要围绕以下两个方面展开。

一是契丹与宇文、库莫奚之族属关系，这往往与其族源问题密不可分。此类研究数量众多，已有多篇总结、综述文章发表，兹不展开。② 经过讨论，绝大部分学者倾向于认同《辽史》所记契丹出自宇文之说，并将宇文的发展历史直接视作契丹的先世，以此探讨其起源、早期迁徙等"重大问题"，但这背后所隐含的元朝史官对于后世的误导却一直没有被揭示出来。

二是关于所谓"古八部"的研究。北魏的契丹部落形态被《辽史·营卫志》称作古八部，研究者们多就此展开研究，主要关注契丹为何从一开始就分为八部，其社会性质如何，与北魏及周边部落关系如何，古八部与后来大贺、遥辇的关系等问题。王民信认为契丹古八部与后来的大贺、遥辇、迭剌一脉相承，从部落名称的角度加以对应，是典型的线性溯源论，其中多有牵强之处。③ 李桂芝对古

---

① Xu Elina-Qian, "Historical Development of the Pre-Dynastic Khitan", Academic Dissertation, University of Helsinki, 2005.

② 参见任爱君：《关于契丹族源诸说新析》，《蒙古史研究》第7辑，2003年；苏丹：《20世纪80年代以来契丹族族源综述》，《东北亚研究论丛》第5辑，东北师范大学出版社，2012年；郭晓东：《20世纪以来契丹族族源研究述评》，《辽宁工程技术大学学报（社会科学版）》2017年第2期。

③ 王民信：《契丹古八部与大贺遥辇迭剌的关系》，收入氏著《契丹史论丛》，学海出版社，1973年。

八部的社会组织形式的性质进行了重新界定，提出古八部是一个松散、临时的部落联盟，在 5 世纪中期形成，相互之间并非亲族部落，也属于运用经典理论分析契丹部族问题的实例。① 李在成则结合高句丽方面的文献对契丹与好太王碑所见"碑丽"的关系进行了研究，认为二者所指相同，进而对"古八部"联盟的形成与解体有了一些新看法。② 以上研究都不同程度地受到了《辽史》的影响，相信所谓的古八部是契丹发展的重要阶段。其实，早在 20 世纪 30 年代，日本学者小川裕人就对这一说法表示了明确的质疑，认为《辽史》所记乃因袭《魏书·契丹传》之误而衍生出所谓"古八部"之称，属于错上加错。③ 中国学界直至近年才由田广林指出契丹早期发展史上根本就不曾存在过所谓的古八部或奇首可汗八部，④ 尽管并未注意到小川氏的既有成果，具体论证过程亦需进一步夯实，但这种研究取向依然值得充分肯定。

2. 隋唐时期。唐代契丹史研究历来受到学者们的关注，是契丹早期史研究的重点。这一时期的热门话题首先是大贺氏与遥辇氏的真伪及其交替，日本学者津田左右吉、田村实造和小川裕人都一致认为，唐代契丹在阿保机建国以前只有中原文献中所记大贺氏时代，而所谓遥辇氏时代是阿保机为了统治需要虚构出的一系列传说。⑤ 日

---

① 李桂芝：《关于契丹古八部之我见》，《中央民族学院学报》1992 年第 1 期。

② 李在成：《「契丹部」의 形成과 '碑丽'》，《東國史學》26 期，1992 年；《契丹古八部聯盟의 形成과 解體》，《東國史學》27 期，1993 年。

③ 小川裕人：《魏初に於ける契丹勿吉间の诸部族について》，《史林》23 卷 1 号，1938 年，第 141—143 页。

④ 田广林：《契丹古八部质疑》，《社会科学战线》2008 年第 11 期。

⑤ 津田左右吉：《津田左右吉全集》第 12 卷、第 II 附录 1《遙辇氏及び阿保機の祖先に關する說話》，岩波書店，1918 年，第 365—371 页；田村实造：《唐代に於ける契丹族の研究——特に开国传说の成立と八部组织に就いて》，《滿蒙史論叢》第 1 辑，"日滿文化協會"，1938 年，第 24—52 页；小川裕人：《遥辇氏伝说成立に関する史的考察》，《滿蒙史論叢》第 3 辑，"日滿文化協會"，1940 年，第 137—278 页。

本学者将历史叙述与政治干预结合起来对既有框架质疑，这样的观察视角值得借鉴，但具体到遥辇问题则还需审慎考虑，辽代文献特别是近年来破译的契丹文史料对此有明确记录，绝非简单的"架空虚构"所可否定。与此相对，在绝大多数学者以中原文献所记唐代契丹君主姓"大贺氏"为信史的情况下，20世纪80年代霍姆格伦（Jennifer Holmgren）首次对此表达了怀疑，认为大贺起初更可能是一官号而非姓氏，[①]近来韩国学者李在成、日本学者吉本道雅则在未注意到霍姆格伦此论的情况下提出了类似的疑问，[②]而中国学者肖爱民、宋筱静则基于自身的学术背景，对辽朝存在大贺氏的说法进行了否定。[③]这些质疑虽未彻底驱散围绕大贺氏的疑云，却启发我们重新全面、深入地审视中原文献及《辽史》的相关记载。

关于此时期契丹发展史另一个争议的焦点是《辽史·营卫志》所谓"阻午可汗二十部"的构成问题，多数研究者倾向认为此系事实，如王民信即对《辽史》的记载进行了综合、加工，辅以其他材料，使之更加条理化，新近廖启照亦采用类似的分析方法，并将此作为迭剌部发展、辽朝建立的重要背景。[④]对此，傅乐焕最先从史源学的角度提出批判，李桂芝亦指出《营卫志》的相关记载是"生硬

---

① Jennifer Holmgren, "Yeh-lü, Yao-liao and Ta-ho: Views of the Hereditary Prerogative in Early Khitan Leadership", pp. 41—48.

② 李在成：《'大賀契丹'에 관한 既存 學說의 批判과 새로운 見解》，《東洋史學研究》第95辑，2006年；吉本道雅：《遼史世表疏證》，收入爱新觉罗·乌拉熙春、吉本道雅《新出契丹史料の研究》，松香堂，2012年，第12页。

③ 肖爱民：《辽朝大贺氏考辨——契丹遥辇氏阻午可汗二十部研究之四》，《内蒙古师范大学学报（哲学社会科学版）》2005年第4期；宋筱静：《关于唐代大贺氏契丹的几个问题》，辽宁师范大学硕士学位论文，2012年。

④ 参见王民信：《遥辇阻午可汗二十部考》，收入氏著《契丹史论丛》，学海出版社，1973年，第63—72页；廖启照：《征服或扩大：辽朝的政治结构与国家形成》，花木兰文化出版社，2012年，第21—25页。

拼凑的材料"，所谓"阻午二十部"纯属子虚乌有。[①] 近年来，肖爱民撰写了一系列文章，对所谓"阻午二十部"逐条分析，发现其多与史实不符，进一步论证了此为元人虚构的观点。[②]

除了直接讨论契丹在隋唐时代的发展情况以外，更多的研究者从唐与契丹的关系进行研究，将此与唐代北方边镇及幽营地区的治理联系在一起，虽多属基于中原王朝视角的观察，但对于廓清当时历史发展的总体局势很有裨益。[③] 特别值得注意的是，近年新出唐代墓志中有关契丹的记载对重新解读契丹早期史具有重要意义，曾成对此用力甚勤，取得了一系列成果，[④] 但在如何将唐人记载与《辽史》叙述进行对接等问题上，仍有诸多待发之覆。

三、关于契丹开国史的研究

这方面的研究主要集中在开国年代和即位方式两大问题。关于

① 参见傅乐焕：《辽史复文举例》"耶律七部、审密五部、八部"，收入氏著《辽史丛考》，中华书局，1984 年，第 302—312 页；李桂芝：《契丹大贺氏遥辇氏联盟的部落组织——〈辽史·营卫志〉考辨》，《王钟翰先生八十寿辰纪念文集》，辽宁大学出版社，1993 年，第 393—406 页。

② 肖爱民：《"分三耶律为七，二审密为五"辨析——契丹遥辇氏阻午可汗二十部研究之二》，《内蒙古社会科学（汉文版）》2005 年第 2 期；《关于契丹左大部与右大部——契丹遥辇氏阻午可汗二十部研究之三》，《内蒙古民族大学学报（社会科学版）》2005 年第 2 期；《契丹遥辇氏阻午可汗二十部考辨》，（韩国）《宋辽金元史研究》第 11 号，2006 年 12 月。

③ 黄永年：《唐代河北藩镇与奚契丹》，收入氏著《文史探微》，中华书局，2000 年；王成国：《唐代契丹民族论略》，《社会科学辑刊》2001 年第 4 期；任爱君：《唐朝与契丹部落发展的历史关系——兼谈大贺氏家族的衰微和契丹部落发展的趋向》，《蒙古史研究》第 9 辑，内蒙古大学出版社，2007 年；任爱君：《唐代契丹羁縻制度与"幽州契丹"的形成》，《中国边疆史地研究》2008 年第 1 期；菅沼爱语：《7 世纪後半から8 世纪の東部ユーラシアの国际情势とその推移——唐·吐蕃·突厥の外交关系を中心に》，溪水社，2013 年，第 163—188 页；速水大：《開元 22 年の唐と契丹》，《明大アジア史論集》第 18 号，2014 年 3 月。

④ 曾成：《唐代幽营地域的族群与政治——以唐与奚、契丹的互动为中心》，武汉大学博士学位论文，2015 年；《唐代契丹的权力结构与可突于之叛》，《理论月刊》2015 年第 11 期；曾成：《归义都督府的兴废与唐代奚人的分化》，《中国边疆史地研究》2017 年第 1 期。

契丹开国年代，不同史料记载分歧极大，研究者亦众说纷纭。桥本增吉、小川裕人、孟广耀皆有专文，[1] 附带论及者更不可胜计，经过争鸣学界基本达成共识：阿保机于 907 年即可汗位，916 年即皇帝位，《辽史》所记有误。以往研究者对这一结论的来龙去脉不甚了了，刘浦江首次从史源学的角度对中原与辽朝两个文献系统的记载进行了考察。[2] 不过，问题至此并未真正结束，关于《辽史》记载的致误之由还值得深入探究，其中所牵涉的辽朝中后期对于历史叙述的改造问题更是关系重大。

围绕阿保机的即位方式，也存在两种截然不同的观点。一种主张以中原文献所记八部选汗说为准，[3] 一种则认为中原记载属异邦传闻，不足为据，当取《辽史》所记遥辇可汗传位之说。[4] 两方面的

---

① 桥本增吉：《遼の建國年代に就いて》，《史潮》第 6 年 1 号，1936 年；小川裕人：《橋本增吉氏の「遼の建國年代に就いて」を讀む》，《東洋史研究》1 卷 5 号，1936 年；孟广耀：《耶律阿保机建国称帝年代考论》，《内蒙古大学学报（哲学社会科学版）》1981 年第 1 期。

② 刘浦江：《契丹开国年代问题——立足于史源学的考察》，《中华文史论丛》2009 年第 4 期，此据氏著《宋辽金史论集》，中华书局，2017 年，第 10—32 页。

③ 桥本增吉：《舊五代史契丹傳について》，《東洋史研究》2 卷 1 号，1936 年 10 月；小川裕人：《遼の建國に就いて》，《東洋史研究》2 卷 3 号，1937 年 2 月；小川裕人：《遼室君主權の成立に関する一考察》，《東洋史研究》3 卷 5、6 号，4 卷 1、2 号，1938 年 6、8、10、12 月；陈述：《论契丹之选汗大会与帝位继承》，《史学集刊》第 5 期，国立北平研究院，1947 年，第 85—110 页，修订后收入氏著《契丹政治史稿》，人民出版社，1986 年，第 61—89 页；姚从吾：《契丹君位继承问题的分析》，原刊《文史哲学报》1951 年第 2 期，此据氏著《东北史论丛》，正中书局，1959 年，第 248—255 页；蔡美彪：《契丹的部落组织与国家的产生》，《历史研究》1964 年第 5、6 期，第 184 页；李桂芝：《契丹贵族大会钩沉》，《历史研究》1999 年第 6 期，第 68—88 页；李锡厚、白滨、周峰：《辽西夏金史研究》，福建人民出版社，2005 年，第 60—64 页。

④ 杨志玖：《阿保机即位考辨》，原刊《中央研究院历史语言研究所集刊》第 17 本，1948 年 4 月，此据氏著《陋室存稿》《杨志玖文集》本，第 220—234 页；张去非：《关于契丹汗位的继承制度》，《历史教学》1964 年第 8 期；刘浦江：《契丹开国年代问题——立足于史源学的考察》，第 23 页；林鹄：《契丹选汗说商兑——兼论所谓北族推选传统》，见《田余庆先生九十华诞颂寿论文集》，中华书局，2014 年，第 653—669 页；潘静：《"八部聚议立王"和早期契丹的社会性质》，《内蒙古社会科学》2018 年第 1 期。

观点似乎都倾向于将不同文献系统的材料完全对立起来，进而做出非此即彼的判断，同时对于所采信的文献系统本身存在的问题却又无法给出合理解释。其实，这一问题或许还存在另外一种思考方向：同一历史叙述系统内部是否一成不变？这些变化背后的动因又是什么呢？

四、关于契丹祖源传说与郡望观念的研究

祖源传说与郡望观念集中反映了社会文化层面有关契丹早期史的记忆，也是长期以来学界关注的热点。目前所见契丹祖源传说大概共有五种，青牛白马说、奇首可汗说、阴山七骑赤娘子说、轩辕黄帝后裔说及三汗传说。其中最著名的、讨论最多的是青牛白马说，早在 20 世纪 30 年代冯家昇即开始从祭祀礼仪与部落发展的角度对此说的内涵和背景进行研究，多有发明；[1] 徐世勣则认为此说绝非信史，当系阿保机建国后志得意满时所编造，并从文本内容和历史背景方面提出六条理由，[2] 然细审这些用以确定传说年代的论据似皆难成立。同一时期，日本学者也对此问题表现出浓厚的兴趣，八木奘三郎加以初步介绍和分析，[3] 随后田村实造从部落组织发展的角度加以解释，[4] 神尾弐春与蒲原大作则从宗教仪式与祭祀活动中提出新说。[5] 中国台湾学者王民信则认为青牛白马传说可能反映了阿保机时

---

① 冯家昇：《契丹祀天之俗与其宗教神话风俗之关系》，《史学年报》1 卷 4 期，1932 年，收入《冯家昇论著辑粹》，中华书局，1987 年，第 51—69 页。

② 徐世勣：《契丹先世的神话及其发生之时代》，《华北日报·史学周刊》第 46 期，1935 年 8 月 1 日第七版。

③ 八木奘三郎：《辽金民族の古传と文化》，《满蒙》第 16 卷 9 月号，1935 年。

④ 田村实造：《中国征服王朝の研究》，第 62—101 页。

⑤ 神尾弐春：《青牛白马祭仪考》，《宗教研究》4 卷 1 号，1942 年；蒲原大作：《契丹古伝说の一解釈：シャーマニズム研究の一環として》，《民族学研究》47 卷第 3 期，1982 年，赵东晖、冯继钦中译本见《辽金契丹女真史译文集》第 1 辑，吉林文史出版社，1990 年，第 292—319 页。

代迭剌部与回鹘人的结合，但并未举出可信的论据。① 中国大陆学者再次对此展开专门研究已晚至 1980 年代以后，且由于学术信息的阻隔，并未与此前已有研究产生实质性对话。② 刘浦江首次对此传说的文献源流进行了较为全面的清理，厘清了诸多疑难，对后人研究具有奠基作用，当然其中不少结论还有进一步斟酌的余地。③ 近年来研究者开始重视回鹘文化对契丹传说的影响，张碧波、杨富学、王小甫先后对此详加申论，④ 这种不同北方民族间相互比较的视野值得重视，但具体的论证恐有未安之处，如白玉冬即从回鹘与契丹的实际历史关系角度对此提出了质疑。⑤ 综观相关研究不难看出，其中一以贯之的研究思路是在神话中寻找历史时代的因素，以与既有的历史叙述特别是《辽史》中的记载加以对应，然而如果这些赖以对应的历史叙述本身存在问题的话，上述关于传说的解读恐怕还需要重新检讨。

相比于青牛白马说，其他祖源传说的研究就显得薄弱不少。比

---

① 王民信：《契丹古八部与大贺遥辇迭剌的关系》，收入氏著《契丹史论丛》，台北：学海出版社，1973 年，第 46—47 页。

② 赵光远：《试论契丹族的青牛白马传说》，《北方文物》1987 年第 2 期；舒焚：《契丹族始祖奇首可汗》，《辽金契丹女真史研究》1986 年第 1 期；收入氏著《辽史涉步》，湖北人民出版社，2000 年；李德山：《"奇首可汗"小考》，《博物馆研究》1989 年第 3 期。

③ 刘浦江：《契丹族的历史记忆——以"青牛白马"说为中心》，《漆侠先生纪念文集》，河北大学出版社，2002 年，此据氏著《松漠之间——辽金契丹女真史研究》，中华书局，2008 年，第 99—122 页。

④ 张碧波：《契丹与回纥族源文化异同》，《西北民族研究》1999 年第 1 期，第 145—156 页；杨富学：《契丹族源传说借自回鹘论》，《历史研究》2002 年第 2 期；王小甫：《契丹建国与回鹘文化》，《中国社会科学》2004 年第 4 期，收入氏著《中古中国的族群凝聚》，中华书局，2012 年。此后又有孙国军、康建国《"青牛白马"传说所反映的契丹历史》（《赤峰学院学报（哲学社会科学版）》2012 年第 8 期）、吉孝青《契丹"青牛白马"传说研究》（《东北亚研究论丛》2013 年）等文基本延续了这一思路。

⑤ 白玉冬：《契丹祖源传说的产生及其与回鹘之关系考辨》，《中西文化交流学报》第五卷第 1 期（徐文堪先生古稀纪念中西学论专号），2013 年 7 月。

如武珪《燕北杂录》中所记阴山七骑赤娘子说，[①] 仅有汤开建、任爱君、钟焓曾将其视作独立的传说并加以研究，[②] 注意到宋人书画文献对此传说的记载及其与党项、蒙古传说的共通之处，颇具启发意义。奇首可汗传说一直被学界与青牛白马说看作同一传说，杨军首次提出青牛白马说与奇首可汗说是两则不同源的传说，反映了不同时期的祖先记忆和族群来源。[③] 这一研究思路突破了既有的解释框架，已经开始触及问题的核心，不过囿于元修《辽史》的线性叙述，这种突破并不彻底，尚有待进一步深化。关于《契丹国志》所记载的三汗传说，因涉及契丹语词的音、义问题，研究相对较多，但主要集中于语言学方面的探讨，[④] 关于其历史背景的研究仍基本停留在猜测阶段而远未达成共识。[⑤]《辽史》世表引耶律俨《皇朝实录》称辽乃轩辕黄帝之后，反映了辽朝官方的历史叙述，学界对此说出现的时代存在争议，一种观点认为此说出现于道宗、天祚时期，是辽

---

① 武珪此书见于《说郛》辑本，原误题王易《燕北录》，参见苗润博《〈说郛〉本王易〈燕北录〉名实问题发覆》，《文史》2017 年第 3 期。

② 汤开建：《党项源流新证》，《宁夏社会科学》1996 年第 1 期；任爱君：《关于契丹族源诸说新析》，《蒙古史研究》第 7 辑，内蒙古大学出版社，2003 年；钟焓：《评刘浦江〈松漠之间——辽金契丹女真史研究〉》，《唐宋历史评论》第 2 辑，社会科学文献出版社，2016 年；钟焓：《中古时期蒙古人的另一种祖先蒙难叙事——"七位幸免于难的脱险者"传说解析》，《历史研究》2016 年第 3 期。

③ 杨军：《契丹始祖传说与契丹族源》，《首都师范大学学报（社会科学版）》，2014 年第 6 期。

④ 白鸟库吉：《东胡民族考》之十"契丹篇"，见《白鸟库吉全集》第 4 卷，第 262—264 页；Alvin P. Cohen ed. *Selected Works of Peter A. Boodberg*, University of California, 1979, pp. 113 – 114; Rolf Stein, Leao-Tche, *T'oung Pao*, Second Series, Vol. 35, Livr. 1/3 (1939), p. 25; 即实：《关于契丹数词音读问题》，《内蒙古大学学报（哲学社会科学版）》1986 年第 4 期；清格尔泰：《契丹语数词及契丹小字拼读法》，《内蒙古大学学报（人文社会科学版）》1997 年第 4 期。

⑤ 参见八木奘三郎：《辽金民族の古传と文化》；陈述：《辽朝政治史稿》，第 43—47 页；陈述：《辽史补注》，中华书局，2018 年，第 1406—1407 页；刘浦江：《契丹族的历史记忆——以"青牛白马"说为中心》，第 115—116 页。

朝后期汉化渐深以后追逐中原正统的表现之一，[①] 另一种观点则力主辽朝前期即开始自称轩辕黄帝之后，[②] 后者在学界似有居于主流之势，然核诸史料，其论据恐皆难成立。

契丹的郡望观念是有关早期历史记忆另一个重要的问题，特别是其中"漆水"这一独特郡望的具体所指引起了研究者的广泛关注。自晚清李文田而下，中日学者对此提出过种种猜测，或将其比定为今朝阳附近之大凌河，[③] 或以其为滦河下游支流青龙河，[④] 或认为此乃辽人攀附周室勃兴之地渭水支流漆水，[⑤] 或猜测当指木叶山附近某条河流。[⑥] 这些说法虽然表面看来分歧较大，但其内在的逻辑却基本一致，那就是将漆水作为所有契丹人或者说整个契丹集团的郡望，进而希望在契丹集团出现初期的活动范围中寻觅其踪迹。但此逻辑起点本身就不无可议：漆水究竟是代表全体辽朝契丹人的郡望，还是只承载了其中特定一部分人的历史记忆？这样的问题意识或许可以引导我们展开新的考索。

① 高井康典行：《〈皇朝实录〉に见える契丹黄帝起源说の背景》，《史滴》第 15 号，1994 年；刘浦江：《契丹族的历史记忆——以"青牛白马说"为中心》，第 118 页。

② 冯继钦、孟古托力、黄凤岐：《契丹族文化史》，黑龙江人民出版社，1994 年，第 246 页；武玉环：《论契丹民族华夷同风的社会观》，《史学集刊》1998 年第 1 期；赵永春：《试论辽人的中国观》，《文史哲》2010 年第 3 期；赵永春：《契丹自称"炎黄子孙"考论》，《西南大学学报（社会科学版）》2012 年第 6 期等。

③ 李文田：《元史地名考》，光绪二十四年胡玉缙抄本（原书无页码）；张相文：《湛然居士年谱》，民国《地学丛书》本，叶 21a；孟广耀：《试探耶律楚材的几个主要称号》，《内蒙古师院学报（哲学社会科学版）》1982 年第 3 期，第 96—97 页。

④ 松浦茂：《金代女真氏族の构成について——『金史』百官志にみえる封号の规定をめぐって》，《东洋史研究》36 卷 4 号，1978 年 3 月，第 13、33 页。

⑤ 都兴智：《辽代契丹人姓氏及其相关问题考探》，《社会科学辑刊》2000 年第 5 期。

⑥ 葛华廷：《辽宗室郡望漆水郡之"漆水"考》，《辽金史论集》第 14 辑，中国社会科学出版社，2016 年，第 123—131 页。

五、关于历代正史契丹传及《辽史·营卫志》《世表》的研究

自《魏书》始设契丹传以来，《隋书》、两《唐书》、两《五代史》以及宋朝国史皆因袭之，形成了一个相对完整、连续的记载链条，构成了我们今天研究契丹早期史的主要依据。然而，对于如此重要的文献系统，以往学界只是零散地利用其中的史料，而并未展开专门、独立的研究，[1] 致使其中许多问题长期以来处于遮蔽状态，特别是这一系统的文献源流及其中普遍存在的建构因素，是我们理解契丹早期历史叙述问题的关键环节，存在有很大的发掘空间。

以往之所以并未对历代正史《契丹传》展开专门研究，一定程度上源于对元修《辽史》的依赖与偏信。《辽史》中《营卫志·部族上》《世表》是目前所见有关契丹早期史最为集中的核心史料，也是许多研究者立论的起点，即援引《辽史》记载为主要框架，佐以中原文献作为补充。如此一来，原本早出、更为原始的中原记载沦为附庸和点缀，自然不会被视为独立的研究对象，这样的研究路径显然颠倒了文献的源流关系和主次顺序。然而，即便就《辽史》记载本身而言，目前的研究也并不充分。

《世表》是元修《辽史》中专门记述契丹建国以前历史的一篇，但由于其纯属元人抄撮前代诸史《契丹传》敷衍而成，痕迹过于明显，治辽史、契丹史者多知其为二手材料而抱以审慎态度，对于其中存在的问题、错误学界已多有指出，杨家骆、王吉林、李月新都做过专门的比对和清理。[2] 特别值得注意的是近来吉本道雅所著

---

[1] 截至目前以"契丹传"为题的论文或专书章节尚属罕有，全面检索相关目录仅得桥本增吉《舊五代史契丹傳について》（《東洋史研究》2 卷 1 号，1936 年 10 月），顾宏义、郑明《宋〈国史·契丹传〉考略》（《辽金史论集》第 13 辑，中国社会科学出版社，2013 年，第 156—166 页）两篇，将此作为独立文献系统加以研究者则更未得见。

[2] 杨家骆：《辽史世表长笺》，中国文化学院中国学术史研究所，1965 年；王吉林：《辽史世表探源》，《大陆杂志》33 卷 5 期，1966 年；李月新：《〈辽史·世表〉史源考》，《赤峰学院学报（哲学社会科学版）》2011 年第 8 期。

《辽史世表疏证》，此书并非以往就《世表》谈《世表》的局部研究，而是以此为纲对契丹早期史料进行了比较系统的检讨，提出了许多颇具价值的观点和问题，[①] 但在中原史料的开拓挖掘及辽代文献的源流清理等方面还存在较大的进取空间。

相较而言，《营卫志·部族上》被认为价值更大，引用率更高，但研究者对此文献的源流却罕有关注，往往直接以之为一手文献展开讨论。其实，早在 20 世纪 40 年代，傅乐焕就已撰文指出，《营卫志》关于早期部族的记载系"元人杂糅《旧史》记录及南朝传说"而成，[②] 即元朝史官修史时相关资料并不丰富，只得将辽朝方面的零星记载与中原各朝正史契丹传拼合、杂糅，这样形成的记载及其所呈现的叙述谱系的真实性、准确性自然是值得怀疑的。然而令人遗憾的是，或许由于傅氏此文并非专论《营卫志》，而只是其所谓"复文"研究的一部分，如此关键的研究成果竟然未能引起后来研究者的充分重视。直至近年，仍有论者在并未注意到傅氏此文的情况下撰写专文，力证《营卫志·部族》全部出自辽耶律俨《皇朝实录》，[③]并以此为据重新讲述契丹早期史。[④] 由此看来，《营卫志·部族》的史料来源，仍然是一个远未达成共识、亟待彻底清算的问题，在此基础上全面检讨、反思金元史官对于契丹早期史的建构更属当务之急。

六、反思·展望：史料的"减法"与契丹史研究范式的转型

通过以上梳理可以看出，相比辽金契丹女真史研究的其他领域，

---

① 吉本道雅：《遼史世表疏證》，收入爱新觉罗·乌拉熙春、吉本道雅《新出契丹史料の研究》，松香堂，2012 年，第 1—38 页。

② 傅乐焕：《辽史复文举例》"耶律七部、审密五部、八部"，收入氏著《辽史丛考》，中华书局，1984 年，第 302—312 页。据文末落款，此文作于 1945 年。

③ 杨军：《耶律俨〈皇朝实录〉与〈辽史〉》，《史学史研究》2011 年第 3 期。

④ 杨军：《契丹早期部族组织的变迁》，《丝瓷之路——古代中外关系史研究Ⅱ》，商务印书馆，2012 年，第 102—120 页。

关于契丹早期史的既有成果从数量上讲不可谓不丰富，但其中存在的问题亦十分明显，或许可以从以下三个层面加以总结。其一，最直观、具体的层面，表现为对学术史关注、回应不够，存在大量的重复劳动，而很少能在充分搜讨、掌握已有成果的基础上继续开掘，形成学术接力，切实推动认识的深化和细化；其二，中观层面，即材料的使用方法层面，表现为过度相信和依赖元修《辽史》所见契丹早期史叙述框架，而缺乏必要的反思和批判；其三，宏观层面，即对契丹早期历史发展的整体认识层面，表现为希望还原、回溯一元线性的民族发展史，追求唯一的、确定不变的叙述脉络，忽略了不同时代、不同主体所作相关历史叙述所存在的复杂性、易变性和建构性，特别是政治体对于族群历史记忆的干预与塑造，最终不免落入传统民族史叙述的陷阱之中。关于第一点，上文评述已详，无须赘言；至于第三点，所关者大，某种意义上讲已成为既有民族史研究的通病，时贤亦有涉及，①需要更多深入的研究案例才可能真正实现突破，这里暂不展开。下面仅就第二点问题稍作引申。

如前所述，现存有关契丹、辽朝的文献记载极度匮乏，元朝史官所修《辽史》无疑是最为重要的史料，几乎所有问题都要以此书的记载作为讨论起点。面对这样略显尴尬的史料状况，研究者如果不抱有足够的警惕，常常会在不自觉间将元朝史官对史事的叙述与阐释混同于契丹人本身的看法甚至历史发展的真实，继而沿着后世所建构的叙述脉络继续把故事讲下去。如此一来，不但在具体问题的开拓、局部史实的丰富方面被束缚了手脚，而且很容易在整体认识层面为既有陈说所左右。更何况，《辽史》只是有关契丹早期史的多重建构中最为浅表的一重，在此之下隐藏的其他深层问题或许一直在潜移默化中影响着我们的认知和判断，却迟迟没有得到应有的

---

① 罗新：《民族起源的想像与再想像：以嘎仙洞的两次发现为中心》，《文史》2013年第2期；《遗忘的竞争》，收入氏著《有所不为的反叛者：批判、怀疑与想象力》，上海三联书店，2019年。

质疑与追问。

要改变上述困境，或许应该对原本就十分稀少的契丹早期史料再做"减法"。一般情况下的历史研究，或者说积累阶段的历史研究，研究者需要做的往往是史料的"加法"，即通过拓展材料的范围来增强论证，多一条材料，我们的解释力似乎就强了一点，在此基础上建立新的叙述；或者先找到一个相对系统的记载，以此作为基本骨架，搜罗材料来填充血肉，对已有的叙述和认识加以丰富和修正。这似乎是历史研究的通行做法，不过，我们有时又需要转换视角，尝试"减法"。我们一方面要处理支离破碎的史料，另一方面又需要审慎地考虑史料背后所隐含的整体叙述。一种历史叙述的整体性、连续性越强，越容易被我们先入为主地接受，然而这样的历史叙述其实更需警惕。对于看似整饬的历史叙述，首要工作应该是抽丝剥茧，正本清源，通过区分不同叙述主体、不同来源的史料，剔除干扰性因素，必要时需要以打破既有历史叙述连续性的方式来求得新的连续性。

具体到契丹早期史研究，"减法"又可细分为两个层次：其一是通过史源学的方法，在原本整饬、统一、连续的史料记载中，区分、剥离出不同系统、不同时代、不同主体的历史叙述；其二是对分离之后的各个叙述系统再分别加以溯源、批判，弄清每个叙述系统内部的来龙去脉，特别注意这些历史叙述产生、流衍、变异的背景动因。这样的研究方法自然会催生出新的问题意识：元修《辽史》所记载的契丹早期史，是否反映了或者说多大程度上反映了契丹王朝当时对建国前史的记忆？辽朝官方究竟是如何叙述自身早期历史的？这种自我叙述又是否一定反映或者多大程度上反映了整个契丹集团建国以前五百多年的变迁轨迹？借由这一蹊径，我们或许可以窥见被以往研究范式所长期遮蔽的别样图景。

在当今中国古代史研究的许多领域纷纷超越传统精耕细作阶段，进入后现代的史学反思即思考历史叙述与记忆这一层面的问题时，辽金契丹女真史研究某种程度上还在前现代与现代之间徘徊，在史料"加法"尚未做好的情况下，同时要面临做"减法"的问题。不过，反过来说，这可能也正是辽金史研究的后发优势，我们可以有意识地借鉴其他比较成熟、相对前沿的断代史研究方法，立中有破，破中有立。在这一过程中，最重要的或许不是史料的"加法"而是"减法"，毕竟对于辽金史学者而言，史料的"加法"往往是可遇不可求的，而史料的"减法"则是义不容辞的；在"减法"的具体实践中，摸索如何将史源学的传统方法与现代学术的问题意识有机融合起来就显得至关重要。

参考文献

一、古籍

班固:《汉书》,中华书局,1962年。

班固撰,陈立疏证:《白虎通疏证》,吴则虞点校,中华书局,1994年。

曹勋:《松隐文集》,《宋集珍本丛刊》影印傅增湘校《嘉业堂丛书》本,线装书局,2004年,第41册。

陈汉章:《辽史索隐》,杨家骆主编《辽史汇编》,鼎文书局,1973年,第3册。

陈均:《皇朝编年纲目备要》,许沛藻等点校,中华书局,2006年。

陈均:《中兴两朝编年纲目》,燕永成点校,凤凰出版社,2018年。

陈寿:《三国志》,中华书局,1959年。

陈襄:《古灵先生文集》,《宋集珍本丛刊》影印南宋刻本,线装书局,2004年,第8册。

陈襄:《神宗皇帝即位使辽语录》,顾宏义点校,《宋代日记丛编》本,上海书店出版社,2013年。

陈元靓:《岁时广记》,许逸民点校,中华书局,2020年。

陈振孙:《直斋书录解题》,徐小蛮、顾美华点校,上海古籍出版社,2006年。

邓名世:《古今姓氏书辩证》,王力平点校,江西人民出版社,2006年。

(旧题)东方朔:《海内十洲记》,收入《汉魏六朝笔记小说大观》,上海古籍出版社,1999年。

杜佑:《通典》,王文锦等点校,中华书局,1988年。

范成大:《范石湖集》,富寿荪标校,上海古籍出版社,2006年。

范晔:《后汉书》,中华书局,1965 年。

范镇:《东斋记事》,汝沛点校,中华书局,1980 年。

房玄龄等:《晋书》,中华书局,1974 年。

郭若虚:《图画见闻志》,黄苗子点校,人民美术出版社,1963 年。

洪皓:《鄱阳集》,北京大学图书馆藏《洪氏晦木斋丛书》本。

黄休复:《益州名画录》,人民美术出版社,1964 年。

焦循:《雕菰集》,《丛书集成初编》本,中华书局,1985 年。

焦循:《易余籥录》,《丛书集成续编》本,新文丰出版公司,1989 年。

金富轼:《三国史记》,杨军校勘,吉林大学出版社,2015 年。

孔武仲:《宗伯集》,《豫章丛书》本《清江三孔集》。

孔平仲:《朝散集》,《豫章丛书》本《清江三孔集》。

孔平仲:《珩璜新论》,《丛书集成初编》排印《学海类编》本,中华书局,
    1985 年;亦名《孔氏杂说》,《宝颜堂秘笈》本。

拉施特主编:《史集》第 1 卷第 2 分册,余大钧、周建奇译,商务印书馆,
    1983 年。

李百药:《北齐书》,中华书局,1972 年。

李德裕著,傅璇琮、周建国校笺:《李德裕文集校笺》,河北教育出版社,
    2000 年。

李昉编:《太平御览》,影印影宋刻本,中华书局,1960 年。

李昉编:《太平广记》,中华书局,1961 年。

李昉编:《文苑英华》,影印宋配明刊本,中华书局,1966 年。

李石:《方舟集》,《景印文渊阁四库全书》本,台湾商务印书馆,1986 年,第
    1149 册。

李焘:《续资治通鉴长编》,中华书局,2004 年。

李文田:《元史地名考》,《续修四库全书》影印光绪二十四年(1898)胡玉缙
    抄本,上海古籍出版社,1996 年,第 294 册。

李心传:《建炎以来系年要录》,胡坤点校,中华书局,2013 年。

李延寿:《北史》,中华书局,1974 年。

厉鹗:《辽史拾遗》,孔祥军、张剑点校,《厉鹗全集》,浙江古籍出版社,2019
    年,第 5 册。

林宝著，岑仲勉校记，郁贤皓、陶敏整理：《元和姓纂（附四校记）》，中华书局，1994年。

令狐德棻：《周书》，中华书局，1971年。

刘敞：《公是集》，《宋集珍本丛刊》影印光绪间覆刻聚珍本，线装书局，2004年，第9册。

刘道醇：《五代名画补遗》，《四库提要著录丛书》影印汲古阁影宋抄本，北京出版社，2010年，子部第149册。

刘文典：《淮南鸿烈集解》，冯逸、乔华点校，中华书局，1989年。

刘昫等：《旧唐书》，中华书局，1975年。

刘禹锡著，瞿蜕园笺证：《刘禹锡集笺证》，上海古籍出版社，1989年。

刘知幾著，浦起龙释：《史通通释》，中华书局，2009年。

马端临：《文献通考》，上海师范大学古籍研究所、华东师范大学古籍研究所点校，中华书局，2011年。

梅尧臣著，朱东润编年校注：《梅尧臣集编年校注》，上海古籍出版社，2006年。

缪荃孙：《辽文存》，影印缪氏云自在庵刻本，成文出版社，1967年。

欧阳修：《新五代史》，中华书局，2015年。

欧阳修：《归田录》，李伟国点校，中华书局，1981年。

欧阳修、宋祁：《新唐书》，中华书局，1975年。

沈括：《梦溪笔谈》，金年良点校，中华书局，2015年。

沈遘：《西溪集》，《四部丛刊三编》影印明翻宋刻本。

司马光：《资治通鉴》，中华书局，1956年；《四部丛刊》影印宋刻本。

宋敏求：《唐大诏令集》，中华书局，2008年。

苏颂：《苏魏公文集》，王同策等点校，中华书局，1988年。

苏天爵：《国朝文类》，《四部丛刊》影印元至正刻本。

苏天爵：《滋溪文稿》，陈高华、孟繁清点校，中华书局，2007年。

孙继宗等：《明英宗实录》，"中研院"历史语言研究所，1962年。

孙世芳：《（嘉靖）宣府镇志》，《中国方志丛书》影印嘉靖四十年（1561）刻本，成文出版社，塞北地方第19号。

汤球：《十六国春秋辑补》，聂溦萌、罗新、华喆点校，中华书局，2020年。

陶宗仪：《南村辍耕录》，中华书局，1959年。

陶宗仪：《说郛》，影印涵芬楼本，中国书店，1986 年；《说郛三种》，上海古籍
　　出版社，2012 年。

脱脱等：《辽史》，影印百衲本，台湾商务印书馆，1988 年。

脱脱等：《辽史》，中华书局，1974 年。

脱脱等：《辽史》，中华书局，2016 年。

脱脱等：《宋史》，中华书局，1977 年。

脱脱等：《金史》，中华书局，1977 年。

王称：《东都事略》，影印宋绍熙间眉山程舍人宅刻本，台北："中央图书馆"，
　　1991 年。

王方庆：《魏郑公谏录》，《丛书集成初编》本，中华书局，1985 年。

王聘珍：《大戴礼记解诂》，王文锦点校，中华书局，1983 年。

王钦若编：《册府元龟》，影印明刊本，中华书局，1982 年；影印残宋本，中华
　　书局，1989 年。

王溥：《唐会要》，上海古籍出版社，2006 年。

王溥：《五代会要》，上海古籍出版社，2006 年。

王希明：《太乙金镜式经》，《景印文渊阁四库全书》本，台湾商务印书馆，
　　1986 年，第 810 册。

魏徵：《隋书》，中华书局，1973 年。

魏收：《魏书》，中华书局，2017 年。

希麟撰，黄仁瑄校注，《续一切经音义校注》，中华书局，2021 年。

晓山老人：《太乙统宗宝鉴》，《续修四库全书》影印明蓝格抄本，上海古籍出
　　版社，2002 年，第 1061 册。

许慎：《说文解字》，中华书局，1963 年。

徐松辑：《宋会要辑稿》，中华书局影印本，1957 年。

薛居正：《旧五代史》，中华书局，2015 年。

杨钜：《翰林学士院旧规》，载洪遵《翰苑群书》，《丛书集成初编》本，中华书
　　局，1991 年。

杨铭：《正统临戎录》，收入薄音湖、王雄点校：《明代蒙古汉籍史料汇编》第
　　一辑，内蒙古大学出版社，2006 年。

杨惟德：《（景祐）太乙福应经》，《续修四库全书》影印明说剑山居抄本，上海

古籍出版社，2002 年，第 1061 册。

姚汝能：《安禄山事迹》，曾贻芬点校，中华书局，2006 年。

（旧题）叶隆礼：《契丹国志》，贾敬颜、林荣贵点校，中华书局，2014 年。

佚名：《宣和画谱》，王群栗点校，浙江人民美术出版社，2012 年。

佚名：《西湖老人繁胜录》，《永乐大典》卷七六〇三"杭"字韵，中华书局影印本，1986 年。

佚名：《大金德运图说》，《景印文渊阁四库全书》本，台湾商务印书馆，1986 年，第 648 册。

佚名：《元朝秘史》，乌兰校勘，中华书局，2012 年。

佚名：《圣武亲征录（新校本）》，贾敬颜校，陈晓伟整理，中华书局，2020 年。

佚名：《脉望馆钞校本古今杂剧》，文学古籍刊行社，1957 年。

佚名：《孤本元明杂剧》，中国戏剧出版社，1958 年。

永瑢等：《四库全书总目》，中华书局，1965 年。

余靖：《武溪集》，《北京图书馆古籍珍本丛刊》影印明成化九年（1473）刻本，书目文献出版社，1998 年。

庾信著，倪璠注：《庾子山集注》，许逸民点校，中华书局，1980 年。

（旧题）宇文懋昭著，崔文印校证：《大金国志校证》，中华书局，1986 年。

元好问：《续夷坚志》，常振国点校，中华书局，2006 年。

张九龄撰，熊飞校注：《张九龄集校注》，中华书局，2008 年。

张相文：《湛然居士年谱》，《辽金元名人年谱》影印《地学丛书》本，北京图书馆出版社，2005 年。

曾公亮：《武经总要》，《中国兵书集成》影印明万历金陵书林唐富春刻本，解放军出版社、辽沈书社，1988 年。

曾慥：《类说》，中国国家图书馆藏明天启六年（1626）刻本。

赵翼撰，王树民校证：《廿二史札记校证》，中华书局，1984 年。

郑麟趾：《高丽史》，朝鲜科学院古典研究室，1957 年。

周孚：《蠹斋铅刀编》，《景印文渊阁四库全书》本，台湾商务印书馆，1986 年，第 1154 册。

二、著作

爱宕松男：《契丹古代史の研究》，東洋史研究會，1959 年；邢复礼译，内蒙古人民出版社，2014 年。

爱新觉罗·乌拉熙春：《契丹語言文字研究》，《東亞歷史文化研究會》，东亚历史文化研究会，2004 年。

爱新觉罗·乌拉熙春《契丹文墓誌より見た遼史》，松香堂，2006 年。

爱新觉罗·乌拉熙春、吉本道雅：《新出契丹史料の研究》，松香堂，2012 年。

爱新觉罗·乌拉熙春、吉本道雅：《大中央胡里只契丹国 遙輦氏発祥地の点描》，松香堂，2015 年。

白鸟库吉：《東胡民族考》，《白鳥庫吉全集》第 4 卷，岩波書店，1970 年。

曹婉如等编：《中国古代地图集（战国至元)》，文物出版社，1990 年。

岑仲勉：《郎官石柱题名新考订（外三种)》，上海古籍出版社，1984 年。

长安博物馆编：《长安新出墓志》，文物出版社，2011 年。

陈述：《契丹史论证稿》，国立北平研究院史学研究所，1948 年。

陈述：《全辽文》，中华书局，1982 年。

陈述：《契丹政治史稿》，人民出版社，1986 年。

陈述：《辽史补注》，中华书局，2018 年。

陈晓伟：《图像、文献与文化史：游牧政治的映象》，河北大学出版社，2017 年。

陈永志：《契丹史若干问题研究》，文物出版社，2011 年。

杜希德：《唐代官修史籍考》，黄宝华译，上海古籍出版社，2015 年。

冯继钦、孟古托力、黄凤岐：《契丹族文化史》，黑龙江人民出版社，1994 年。

冯家昇：《辽史证误三种》，中华书局，1959 年。

付马：《丝绸之路上的西州回鹘王朝》，社会科学文献出版社，2019 年。

盖之庸：《内蒙古辽代石刻文研究（增订本)》，内蒙古大学出版社，2007 年。

国家民族事务委员会全国少数民族古籍整理研究室编：《中国少数民族古籍总目提要·锡伯族卷》，中国大百科全书出版社，2007 年。

何光岳：《东胡源流史》，江西教育出版社，2004 年。

Herbert Franke, Denis Twitchett ed. *The Cambridge History of China* Volume 6 *Alien Regimes and Border States* (907-1368), New York: Cambridge University Press, 1994. 见傅海波、崔瑞德主编《剑桥中国辽西夏金元史（907—1368)》，史卫民等译，中国社会科学出版社，1998 年。

胡鸿：《能夏则大与渐慕华风——政治体视角下的华夏与华夏化》，北京师范大学出版社，2017 年。

胡戟、荣新江主编：《大唐西市博物馆藏墓志》，北京大学出版社，2012 年。

黄凤岐：《契丹史研究》，内蒙古科学技术出版社，1999 年。

黄永年：《唐史史料学》，中华书局，2015 年。

贾敬颜：《五代宋金元人边疆行记十三种疏证稿》，中华书局，2004 年。

菅沼爱语：《7 世紀後半から8 世紀の東部ユーラシアの国際情勢とその推移——唐·吐蕃·突厥の外交関係を中心に》，溪水社，2013 年。

金渭显：《契丹的东北政策——契丹与高丽女真关系之研究》，华世出版社，1981 年。

金在满：《契丹民族發展史의 研究（特히 政治·經濟·軍事問題 를 中心 으로)》，讀書新聞社出版局，1974 年。

李桂芝：《辽金简史》，福建人民出版社，1996 年。

李海叶：《慕容鲜卑的汉化与五燕政权——十六国少数民族发展史的个案研究》，中国社会科学出版社，2015 年。

李锡厚、白滨、周峰：《辽西夏金史研究》，福建人民出版社，2005 年。

李在成：《古代東蒙古史研究》，法仁文化社，1996 年。

廖启照：《征服或扩大：辽朝的政治结构与国家形成》，花木兰文化出版社，2012 年。

林幹：《东胡史》，内蒙古人民出版社，1989 年。

林鹄：《辽史百官志考订》，中华书局，2015 年。

林旅芝：《契丹兴亡史》，三育图书文具公司，1957 年。

刘凤翥、唐彩兰、青格勒：《辽上京地区出土的辽代碑刻汇辑》，社会科学文献出版社，2009 年。

刘凤翥：《契丹文字研究类编》，中华书局，2015 年。

刘浦江、康鹏：《契丹小字词汇索引》，中华书局，2014 年。

卢泰敦：《高句丽史研究》，张成哲译，学生书局，2007 年。

卢央：《中国古代星占学》，中国科学技术出版社，2013 年。

罗新：《中古北族名号研究》，北京大学出版社，2009 年。

罗新：《黑毡上的北魏皇帝》，海豚出版社，2014 年。

罗新、叶炜：《新出魏晋南北朝墓志疏证》，中华书局，2005 年。

吕思勉：《中国民族史》，世界书局，1934 年。

苗润博：《〈辽史〉探源》，中华书局，2020 年。

纳日碧力戈：《姓名论》，社会科学文献出版社，2015 年。

前田正名：《平城历史地理学研究》，李凭等译，上海古籍出版社，2012 年。

清格尔泰编著：《契丹小字釋读問題》，東京外國語大學亞非語言文化研究所，
　　2002 年。

清格尔泰、吴英喆、吉如何：《契丹小字再研究》，内蒙古大学出版社，2017 年。

邱靖嘉：《〈金史〉纂修考》，中华书局，2017 年。

邱靖嘉：《天地之间：天文分野的历史学研究》，中华书局，2020 年。

任爱君：《契丹史实揭要》，哈尔滨出版社，2001 年。

任崇岳、白翠琴：《中国北方游牧民族源流考》，黑龙江人民出版社，2012 年。

陕西省考古研究院编：《陕西省考古研究院新入藏墓志》，上海古籍出版社，
　　2019 年

舒焚：《辽史稿》，湖北人民出版社，1984 年。

孙进己、孙泓：《契丹民族史》，广西师范大学出版社，2010 年。

孙英刚：《神文时代：谶纬、术数与中古政治研究》，上海古籍出版社，2015 年。

谭其骧主编：《中国历史地图集》第四、五、六册，中国地图出版社，1982 年。

谭其骧主编：《中国历史地图集释文汇编·东北卷》，中央民族学院出版社，
　　1988 年。

田村实造：《中国征服王朝の研究》，東洋史研究會，1964 年。

王国维：《宋元戏曲史》，上海人民出版社，2014 年。

王绵厚、朴文英：《中国东北与东北亚古代交通史》，辽宁人民出版社，2016 年。

王明珂：《英雄祖先与弟兄民族——根基历史的文本与情境》，中华书局，
　　2009 年。

魏峰：《宋代迁徙官僚家族研究》，上海古籍出版社，2010 年。

Wittfogel, Karl & Feng Chia-sheng, *History of Chinese Society：Liao（907－1125）*,
　　Philadelphia：American Philosophical Society, 1949.

吴凤霞：《辽金元史论思想研究》，黑龙江人民出版社，2016 年。

吴钢主编：《隋唐五代墓志汇编·陕西卷》第 3 册，天津古籍出版社，1991 年。

吴钢主编：《全唐文补遗》，三秦出版社，2000 年。

吴羽：《唐宋道教与世俗礼仪互动研究》，中国社会科学出版社，2013 年。

向南：《辽代石刻文编》，河北教育出版社，1995 年。

向南、张国庆、李宇峰：《辽代石刻文续编》，辽宁人民出版社，2010 年。

谢宝成：《隋唐五代史学》，商务印书馆，2007 年。

徐冲：《中古时代的历史书写与皇帝权力起源》，上海古籍出版社，2012 年。

薛梦潇：《早期中国的月令与"政治时间"》，上海古籍出版社，2018 年。

严敦易：《元剧斟疑》，中华书局，1960 年。

严耕望：《唐代交通图考》，"中研院"历史语言研究所，1986 年。

杨家骆：《辽史世表长笺》，中国文化学院中国学术史研究所，1965 年，收入氏
　　著《辽史长笺》，新文丰出版股份有限公司，2006 年。

杨若薇：《契丹王朝政治军事制度研究》，中国社会科学出版社，1991 年。

杨树森：《辽史简编》，辽宁人民出版社，1984 年。

于宝林：《契丹古代史论稿》，黄山书社，1998 年。

余蔚：《中国行政区划通史·辽金卷》，复旦大学出版社，2012 年。

张金龙：《北魏政治史》，甘肃教育出版社，2008 年。

张正明：《契丹史略》，中华书局，1979 年。

赵文成、赵君平编选《新出唐墓志百种》，西泠印社，2010 年。

赵振绩：《契丹族系源流考》，文史哲出版社，1992 年。

周绍良：《唐代墓志汇编》，上海古籍出版社，1992 年。

周绍良、赵超：《唐代墓志汇编续集》，上海古籍出版社，2001 年。

三、论文

爱宕松男：《契丹部族制研究》，《東北大學文學部研究年報》3 号，1952 年
　　12 月。

爱新觉罗·乌拉熙春：《从满文辽史的误译谈起——以"都庵山"和"陶猥思
　　氏族部"为中心》，《沈阳故宫博物院院刊》2007 年第 4 期，收入氏著《愛
　　新覺羅烏拉熙春女真契丹學研究》，松香堂，2009 年。

艾荫范：《契丹民族精神与近世北中国区域文化特色》，收入氏著《北狄、东夷
　　和华夏传统文明建构》，光明日报出版社，2011 年。

八木奘三郎：《辽金民族の古传と文化》，《滿蒙》第 16 年 9 月号，1935 年。

白玉冬：《契丹祖源传说的产生及其与回鹘之关系考辨》，《中西文化交流学报》

第五卷第 1 期（徐文堪先生古稀纪念中西学论专号），2013 年 7 月。

毕德广：《唐代奚族居地的变迁》，《中国边疆史地研究》2014 年第 1 期。

蔡美彪：《契丹的部落组织和国家的产生》，《历史研究》1964 年第 5、6 期合刊，收入氏著《辽金元史考索》，中华书局，2012 年。

陈宝勤、戈晶晶：《北方少数民族复姓名字单音化的历史研究》，《新国学》第 10 卷，四川大学出版社，2014 年。

陈尚君：《岑仲勉先生〈元和姓纂四校记〉的成就和整理本》，收入氏著《转益多师》，上海辞书出版社，2015 年。

陈述：《论契丹之选汗大会与帝位继承》，《史学集刊》第 5 期，国立北平研究院，1947 年。

崔益柱：《辽建国以前的统治体制——以 8 世纪中叶至 9 世纪末为中心》，《全海宗博士华甲纪念论丛》，1979 年；中译本见尹传学译，《辽金契丹女真史译文集》第 1 辑，吉林文史出版社，1990 年。

党宝海：《外交使节所述早期蒙金战争》，《清华元史》第 3 辑，商务印书馆，2015 年。

董新林、塔拉、康立君：《内蒙古巴林左旗辽代祖陵龟趺山建筑基址》，《考古》2011 年第 8 期。

董新林、康鹏、汪盈：《辽太祖纪功碑初步整理与研究》，《隋唐辽宋金元史论丛》第 12 辑，上海古籍出版社，2022 年。

董兴艳：《〈唐会要〉研究》，花木兰出版社，2019 年。

都兴智：《辽代契丹人姓氏及其相关问题考探》，《社会科学辑刊》2000 年第 5 期。

都兴智、田立坤：《后晋石重贵石延煦墓志铭考》，《文物》2004 年第 11 期。

都兴智：《契丹族与黄帝》，韩世明主编《辽金史论集》第 10 辑，中国社会科学出版社，2007 年。

都兴智：《关于辽代玉田韩氏家族契丹化的几个问题》，《辽宁师范大学学报（社会科学版）》2011 年第 5 期。

范兆飞、房奕：《东夷校尉与汉晋东北亚国际秩序的变迁》，《社会科学战线》2009 年第 3 期。

冯家昇：《契丹名号考释》，收入氏著《冯家昇论著辑粹》，中华书局，1987 年。

冯家昇：《契丹祀天之俗与其宗教神话风俗之关系》，收入氏著《冯家昇论著辑粹》。

冯永谦：《辽上京道州县丛考》，《辽金史论集》第 8 辑，吉林文史出版社，1994 年。

冯永谦：《武厉逻新考》（上、下），《东北史地》2012 年第 1、2 期。

傅乐焕：《辽史复文举例》，收入氏著《辽史丛考》，中华书局，1984 年。

傅乐焕：《宋辽聘使表稿》，收入氏著《辽史丛考》。

傅林：《论契丹语中"汉儿（汉人）"的对应词的来源》，《辽金历史与考古》第 4 辑，辽宁教育出版社，2013 年。

傅林：《辽代汉语与河北方言语音层次的形成》，《河北大学学报（哲学社会科学版）》2017 年第 4 期。

付马：《西州回鹘王国建立初期的对外扩张——中国文化遗产研究院藏 xj222-0661. 09 回鹘文书的历史学研究》，《西域文史》第 8 辑，科学出版社，2013 年。

高井康典行：《〈皇朝实録〉に见える契丹黄帝起源说の背景》，《史滴》第 15 号，1994 年。

葛承雍：《考古新发现唐长安一方契丹王墓志的解读》，收入氏著《唐韵胡音与外来文明》，中华书局，2006 年。

葛华廷、王玉廷：《〈大契丹国萧氏夫人墓志〉再探讨》，《北方文物》2012 年第 3 期。

葛华廷：《辽宗室郡望漆水郡之"漆水"考》，《辽金史论集》第 14 辑，中国社会科学出版社，2016 年。

顾宏义、郑明：《宋〈国史·契丹传〉考略》，《辽金史论集》第 13 辑，中国社会科学出版社，2013 年。

郭峰：《郡望向姓望转化与氏族政治社会运动的终结——以清河张氏成为同姓共望为例》，《中国社会历史评论》第 3 卷，中华书局，2001 年。

郭康松：《辽朝夷夏观的演变》，《中国史研究》2001 年第 2 期。

郭晓东：《20 世纪以来契丹族源研究述评》，《辽宁工程技术大学学报（社会科学版）》2017 年第 2 期。

Holmgren, Jennifer, "Yeh-lü, Yao-liao and Ta-ho: Views of the hereditary prerogative in early Khitan leadership", *Papers on Far Eastern History*, 34 (Canberra,

1986）.

胡宝国：《南北史学异同》，《汉唐间史学的发展（修订本）》，北京大学出版社，
　　2014 年。

胡小伟：《"天书降神"新议——北宋与契丹的文化竞争》，《西北民族研究》
　　2003 年第 1 期。

华山、费国庆：《阿保机建国前契丹社会试探》，《文史哲》1958 年第 6 期。

黄永年：《唐代河北藩镇与奚契丹》，收入氏著《文史探微》，中华书局，2000 年。

嵇训杰：《关于契丹族名称、部落组织和源流的若干问题》，《中国史研究》
　　1985 年第 2 期。

吉本道雅：《辽史·地理志东京辽阳府条小考——10～14 世纪辽东历史地理的
　　认识》，《辽金历史与考古国际学术研讨会论文集》，辽宁教育出版社，
　　2011 年。

吉孝青：《契丹"青牛白马"传说研究》，《东北亚研究论丛》第 6 辑，东北师
　　范大学出版社，2013 年。

即实：《契丹国号解》，《社会科学辑刊》1983 年第 1 期。

即实：《关于契丹数词音读问题》，《内蒙古大学学报（哲学社会科学版）》1986
　　年第 4 期。

姜维公：《〈辽史·地理志〉东京辽阳府条记事谬误探源》，《中国边疆史地研
　　究》2011 年第 2 期。

姜维公、姜维东：《"辽"国号新解》，《吉林大学社会科学学报》2014 年第
　　1 期。

姜艳芳：《谈契丹之旗鼓》，《北方文物》1998 年第 1 期。

津田左右吉：《遙輦氏及び阿保機の祖先に關する說話》，《津田左右吉全集》
　　第 12 卷、第 II 附录 1，岩波书店，1918 年。

金毓黻：《辽部族考》，《东北集刊》第 5 期，1943 年 7 月。

金在满：《契丹始祖開國說話의 背景과 部族의 動態에 대하여》（上、下），《大東
　　文化研究》第 10、11 号，1976 年。

金在满：《契丹始祖传说与西喇木伦河、老哈河及木叶山》，《辽金西夏史研
　　究》，天津古籍出版社，1997 年。

康鹏：《契丹小字"地皇后"考》，《西北师范大学学报（社会科学版）》2016

年第 5 期。

吕澂《契丹大藏经略考》,《现代佛学》1 卷 5 期,1951 年。

李春祥、徐星华:《〈三国史记〉国王及相关人物诞生神话研究》,《通化师范学院学报》2012 年第 7 期。

李德山:《"奇首可汗"小考》,《博物馆研究》1989 年第 3 期。

李桂芝:《关于契丹古八部之我见》,《中央民族学院学报》1992 年第 1 期。

李桂芝:《契丹大贺氏遥辇氏联盟的部落组织——〈辽史·营卫志〉考辨》,《王钟翰先生八十寿辰纪念文集》,辽宁大学出版社,1993 年。

李桂芝:《契丹贵族大会钩沉》,《历史研究》1999 年第 6 期。

李鸣飞:《"山后"在历史上的变化》,《陕西理工学院学报(社会科学版)》2007 年第 1 期。

李鹏:《辽代永州、王子城、龙化州与木叶山通考》,《内蒙古民族大学学报(社会科学版)》2016 年第 6 期。

李鹏、张宪功:《辽代降圣州、永安县及龙化县考》,《中国历史地理论丛》2018 年第 1 期,第 133—140 页。

李锡厚:《〈虏廷杂记〉与契丹史学》,《史学史研究》1984 年第 4 期。

李翔:《关于五代"山后八军"的几个问题》,《中南大学学报(社会科学版)》2016 年第 4 期。

李月新:《〈辽史·世表〉史源考》,《赤峰学院学报(哲学社会科学版)》2011 年第 8 期。

李月新:《箕子八条之教与辽朝礼制渊源考论》,《内蒙古社会科学》2018 年第 5 期。

李在成:《「契丹部」의 形成과 '碑丽'》,《東國史學》26 期,1992 年。

李在成:《契丹古八部聯盟의 形成과 解體》,《東國史學》27 期,1993 年。

李在成:《'大賀契丹'에 관한 既存 學说의 批判과 새로운 見解》,《東洋史學研究》第 95 辑,2006 年。

李在成:《麗唐戰爭과契丹·奚》,《中國古中世史研究》第 26 卷,2011 年 8 月。

连吉林:《内蒙古开鲁县辽墓发现的墨书题记与辽之龙化州》,《北方文物》2019 年第 2 期。

梁力：《魏晋南北朝时期帝王政治感生神话探析》，《太原理工大学学报（社会科学版）》2014 年第 5 期。

林鹄：《契丹选汗说商兑——兼论所谓北族推选传统》，《田余庆先生九十华诞颂寿论文集》，中华书局，2014 年。

领喜：《阿尔泰语系诸民族帝王神话传说比较研究》，中央民族大学博士学位论文，2017 年。

刘浦江：《契丹族的历史记忆——以"青牛白马"说为中心》，收入氏著《松漠之间——辽金契丹女真史研究》，中华书局，2008 年。

刘浦江：《从〈辽史·国语解〉到〈钦定辽史语解〉——契丹语言资料的源流》，收入氏著《松漠之间——辽金契丹女真史研究》。

刘浦江：《辽朝横帐考》，收入氏著《松漠之间——辽金契丹女真史研究》。

刘浦江：《德运之争与辽金王朝的正统性问题》，《中国社会科学》2004 年第 2 期，收入氏著《正统与华夷：中国传统政治文化研究》，中华书局，2017 年。

刘浦江：《契丹开国年代问题——立足于史源学的考察》，《中华文史论丛》2009 年第 4 辑，收入氏著《宋辽金史论集》，中华书局，2017 年。

刘浦江：《再论契丹父子联名制——以近年出土的契丹大小字石刻为中心》，《清华元史》创刊号，商务印书馆，2011 年，收入氏著《宋辽金史论集》。

刘浦江：《文化的边界——两宋与辽金之间的书禁及书籍流通》，收入氏著《宋辽金史论集》。

刘宪桐、葛华廷、王玉亭、王青煜、王未想：《辽耶律公迪墓志考》，《辽金历史与考古》第 12 辑，科学出版社，2021 年。

刘扬忠：《辽朝"中国"化的历史进程及其文学书写》，收入氏著《刘扬忠学术论文集》，江西教育出版社，2016 年。

罗新：《民族起源的想像与再想像：以嘎仙洞的两次发现为中心》，《文史》2013 年第 2 期。

罗新：《遗忘的竞争》，收入氏著《有所不为的反叛者：批判、怀疑与想象力》，上海三联书店，2019 年。

罗新：《拓跋祭天方坛上的木杆》，《云冈研究》第 1 卷第 2 期，2021 年 6 月。

吕澂：《契丹大藏经略考》，《现代佛学》第 1 卷第 5 期，1951 年。

吕宗力：《感生神话与汉代皇权正当性的论证》，收入氏著《汉代的谣言》，浙江大学出版社，2011 年。

梅祖麟：《敦煌变文里的"熠没"和矵（举）字》，《中国语文》1983 年第 1 期。

孟凡云：《耶律阿保机的神化活动及特点》，《北方文物》2005 年第 4 期。

孟广耀：《耶律阿保机建国称帝年代考论》，《内蒙古大学学报（哲学社会科学
版）》1981 年第 1 期。

孟广耀：《试探耶律楚材的几个主要称号》，《内蒙古师院学报（哲学社会科学
版）》1982 年第 3 期。

苗润博：《契丹国舅别部世系再检讨——兼论〈辽史〉诸表的文献学与史学史
价值》，《史学月刊》2014 年第 4 期。

苗润博：《〈说郛〉本王易〈燕北录〉名实问题发覆》，《文史》2017 年第 3 期。

内蒙古文物考古研究所等：《内蒙古多伦县小王力沟辽代墓葬》，《考古》2016
年第 10 期。

内田昌功：《北燕馮氏出身與〈燕志〉〈魏書〉》，日本《古代文代》57 卷 8 期，
2005 年，中译本见《辽宁省博物馆馆刊》第 2 辑，辽海出版社，2007 年。

聂溦萌：《从国史到魏书：列传编纂的时代变迁》，《中华文史论丛》2014 年第
1 期。

潘静：《"八部聚议立王"和早期契丹的社会性质》，《内蒙古社会科学》2018
年第 1 期。

彭慧萍：《台北故宫藏〈出猎图〉、〈回猎图〉之画题源流析探》，《台湾历史博
物馆馆刊》2002 年第 8 期。

蒲原大作：《契丹古伝説の一解釈：シャーマニズム研究の一環として》，《民
族學研究》49 卷 3 号，1982 年；赵东晖、冯继钦译，《辽金契丹女真史译
文集》第 1 辑，吉林文史出版社，1990 年。

齐伟：《辽宁省博物馆藏石重贵墓志铭考释》，《辽金历史与考古》第 4 辑，辽
宁教育出版社，2013 年。

桥本增吉：《遼の建國年代に就いて》，《史潮》第 6 年 1 号，1936 年。

桥本增吉：《舊五代史契丹傳について》，《東洋史研究》2 卷 1 号，1936 年
10 月。

清格尔泰：《契丹语数词及契丹小字拼读法》，《内蒙古大学学报（人文社会科
学版）》1997 年第 4 期。

邱靖嘉：《辽金韩知古家族新证》，《中国史研究》2022 年第 3 期。

Igor de Rachewiltz, "Some Remarks on the Khitan clan name Yeh-lü～I-la", *Papers on Far Eastern History* 9/1974.

任爱君：《关于契丹族源诸说新析》，《蒙古史研究》第 7 辑，内蒙古大学出版社，2003 年。

任爱君：《契丹"盐池宴"、"诸弟之乱"与夷离堇任期问题》，《史学集刊》2007 年第 6 期。

任爱君：《唐朝与契丹部落发展的历史关系——兼谈大贺氏家族的衰微和契丹部落发展的趋向》，《蒙古史研究》第 9 辑，内蒙古大学出版社，2007 年。

任爱君：《唐代契丹羁縻制度与"幽州契丹"的形成》，《中国边疆史地研究》2008 年第 1 期。

三崎良章：《五胡十六國の基礎性研究》，汲古書院，2006 年。

三上次男：《金室完顏家の始祖說話について》，原刊《史學雜誌》52 编 11 号，1941 年 11 月，收入氏著《金史研究》第三卷《金代政治·社會の研究》，中央公論美術出版，1973 年。

邵荣芬：《敦煌俗文学中的异文别字和唐五代西北方音》，《中国语文》1963 年第 3 期。

神尾弌春：《青牛白馬祭儀考》，《宗教研究》4 卷 1 号，1942 年。

石冬梅：《唐前期的东夷都护府》，《青海社会科学》2006 年第 1 期。

舒焚：《契丹族始祖奇首可汗》，《辽金契丹女真史研究》1986 年第 1 期，收入氏著《辽史涉步》，湖北人民出版社，2000 年。

舒焚：《辽上京的道士与辽朝的道教》，《湖北大学学报（哲学社会科学版）》1994 年第 5 期。

松井等：《契丹勃興史》，《滿鮮地理歷史研究報告》第 1 辑，東京帝國大學文科大學，1915 年；中译本见刘凤翥译，中国社会科学院民族研究所编《民族史译文集》第 10 辑，1981 年。

松浦茂：《金代女真氏族の構成について——『金史』百官志にみえる封号の規定をめぐって》，《東洋史研究》36 卷 4 号，1978 年 3 月。

宋德金：《辽朝正统观念的形成与发展》，《传统文化与现代化》1996 年第 1 期。

宋筱静：《关于唐代大贺氏契丹的几个问题》，辽宁师范大学硕士学位论文，2012 年。

苏丹：《20世纪80年代以来契丹族族源综述》，《东北亚研究论丛》第5辑，东北师范大学出版社，2012年.

速水大：《開元22年の唐と契丹》，《明大アジア史論集》第18号，2014年3月。

苏航：《回鹘卜古可汗传说新论》，《民族研究》2015年第6期。

孙伯君：《从番汉对音看宋元时期北方汉语的日母字》，《语言学论丛》第34辑，商务印书馆，2006年。

孙国军、康建国：《"青牛白马"传说所反映的契丹历史》，《赤峰学院学报（哲学社会科学版）》2012年第8期。

孙进己：《辽以前契丹族的发展》，穆鸿利等主编《辽金史论集》第7辑，中州古籍出版社，1995年。

孙伟杰、盖建民：《斋醮与星命：杜光庭〈广成集〉所见天文星占文化述论》，《湖南大学学报（社会科学版）》2016年第3期。

汤开建：《党项源流新证》，《宁夏社会科学》1996年第1期。

田村实造：《唐代に於ける契丹族の研究——特に开国传说の成立と八部组织に就いて》，《滿蒙史論叢》第1辑，"日滿文化協會"，1938年。

田广林：《契丹国家产生的上限及其早期发展形态》，《内蒙古社会科学》1999年第2期。

田广林：《契丹古八部质疑》，《社会科学战线》2008年第11期。

土肥义和：《敦煌发现唐、回鹘交易关系汉文文书残片考》，刘方译，《西北民族研究》1989年第2期。

万雄飞、司伟伟：《辽代韩德让墓志考释》，《考古》2020年第5期。

王成国：《唐代契丹民族论略》，《社会科学辑刊》2001年第4期。

王吉林：《辽史世表探源》，《大陆杂志》33卷5期，1966年。

王明荪：《契丹与中原本土之关系》，收入氏著《宋辽金史论文稿》，明文书局，1981年。

王明荪：《契丹民族及其早期的历史发展》，（台北）《故宫文物月刊》第324期，2010年3月。

王民信：《契丹古八部与大贺遥辇迭剌的关系》，收入氏著《契丹史论丛》，学海出版社，1973年。

王民信：《遥辇阻午可汗二十部考》，收入氏著《契丹史论丛》。

王民信:《木叶山考》,收入氏著《王民信辽史研究论文集》,台大出版中心,
　　2010 年。

王小甫:《契丹建国与回鹘文化》,《中国社会科学》2004 年第 4 期,收入氏著
　　《中国中古的族群凝聚》,中华书局,2012 年。

王禹浪:《"契丹"称号的涵义与民族精神》,收入氏著《东北古族古国古文化
　　研究》,黑龙江教育出版社,2000 年。

王曾瑜:《宋辽金代的天地山川鬼神等崇拜》,《云南社会科学》1997 年第 1 期。

温拓:《多重层累历史与双重正统构建:宇文部、北周与契丹先世史叙述的考
　　察》,《民族研究》2020 年第 2 期。

吴从祥:《〈海内十洲记〉成书新探》,《广西社会科学》2009 年第 10 期。

吴翔宇:《双重语境下的辽代契丹姓氏研究》,《史学月刊》2021 年第 1 期。

吴羽:《晚唐前蜀王建的吉凶时间与道教介入——以杜光庭〈广成集〉为中
　　心》,《社会科学战线》2018 年第 2 期。

武玉环:《论契丹民族华夷同风的社会观》,《史学集刊》1998 年第 1 期。

武玉环:《契丹部族制度初探》,《史学集刊》2000 年第 1 期。

毋有江:《拓跋鲜卑政治发展的地理空间》,《魏晋南北朝隋唐史资料》第 28
　　辑,上海古籍出版社,2012 年;收入氏著《北魏政治地理研究》,科学出
　　版社,2018 年,第 1—38 页。

希都日古:《鞑靼与大元国号》,《元史及民族与边疆研究集刊》2014 年第 2 期。

肖爱民:《契丹遥辇氏阻午可汗二十部考辨》,(韩国)《宋辽金元史研究》第
　　11 号,2006 年 12 月。

肖爱民:《"分三耶律为七,二审密为五"辨析——契丹遥辇氏阻午可汗二十部
　　研究之二》,《内蒙古社会科学》2005 年第 2 期。

肖爱民:《关于契丹左大部与右大部——契丹遥辇氏阻午可汗二十部研究之三》,
　　《内蒙古民族大学学报(社会科学版)》2005 年第 2 期。

肖爱民:《辽朝大贺氏考辨——契丹遥辇氏阻午可汗二十部研究之四》,《内蒙古
　　师范大学学报(哲学社会科学版)》2005 年第 4 期。

小川裕人:《橋本増吉氏の「遼の建國年代に就いて」を讀む》,《東洋史研究》
　　1 卷 5 号,1936 年。

小川裕人:《遼の建國に就いて》,《東洋史研究》2 卷 3 号,1937 年 2 月。

小川裕人：《遼室君主權の成立に関する一考察》，《東洋史研究》3 卷 5、6 号，4 卷 1、2 号，1938 年 6、8、10、12 月。

小川裕人：《魏初に於ける契丹勿吉間の诸部族について》，《史林》23 卷 1 号，1938 年。

小川裕人：《遥輦氏伝説成立に関する史的考察》，《満蒙史論叢》第 3 辑，"日満文化協會"，1940 年。

谢保成：《〈旧唐书〉的史料来源》，《唐研究》第 1 卷，北京大学出版社，1995 年。

邢永革：《〈唐会要〉成书考略》，《古籍整理研究学刊》2004 年第 4 期。

熊鸣琴：《辽耶律氏是"陈"姓后裔？——〈大契丹国萧氏夫人墓志〉新释》，《文献》2013 年第 5 期。

Xu Elina-Qian（徐谦），"Historical Development of the Pre-Dynastic Khitan", Academic Dissertation , University of Helsinki, 2005.

徐世勣：《契丹先世的神话及其发生之时代》，《华北日报·史学周刊》第 46 期，1935 年 8 月 1 日。

么乃亮：《辽代张郁墓志考释》，《中国国家博物馆馆刊》2017 年第 10 期。

姚大力：《满洲如何演变为民族：论清中叶前"满洲"认同的历史变迁》，收入氏著《追寻"我们"的根源：中国历史上的民族与国家意识》，生活·读书·新知三联书店，2018 年。

姚从吾：《契丹君位继承问题的分析》，原刊《文史哲学报》1951 年第 2 期，收入氏著《东北史论丛》，正中书局，1959 年。

姚从吾：《阿保机与后唐使臣姚坤会见谈话集录》，收入氏著《东北史论丛》。

姚从吾：《说阿保机时代的汉城》，收入氏著《东北史论丛》。

杨富学：《契丹族源传说借自回鹘论》，《历史研究》2002 年第 2 期。

杨军：《耶律俨〈皇朝实录〉与〈辽史〉》，《史学史研究》2011 年第 3 期。

杨军：《契丹早期部族组织的变迁》，《丝瓷之路——古代中外关系史研究Ⅱ》，商务印书馆，2012 年。

杨军：《契丹始祖传说与契丹族源》，《首都师范大学学报（社会科学版）》，2014 年第 6 期。

杨志玖：《阿保机即位考辨》，原刊《中央研究院历史语言研究所集刊》第 17 本，1948 年 4 月，收入氏著《陋室存稿》，《杨志玖文集》本，中华书局，

2015 年。

杨志玖:《十世纪契丹社会发展的一个轮廓》,原刊《南开大学学报(人文科
学)》1956 年第 4 期,收入氏著《陋室存稿》,《杨志玖文集》本。

尹承:《宋太祖诞生神话表微》,《东岳论丛》2015 年第 4 期。

曾成:《唐代幽营地域的族群与政治——以唐与奚、契丹的互动为中心》,武汉
大学博士学位论文,2015 年。

曾成:《唐代契丹的权力结构与可突于之叛》,《理论月刊》2015 年第 11 期。

曾成:《归义都督府的兴废与唐代奚人的分化》,《中国边疆史地研究》2017 年
第 1 期。

Зайцев В. П. Рукописная книга большого киданьского письма из коллекции
Института восточных рукописей РАН // Письменные памятники Востока,
№ 2 (15), осень—зима 2011. М.: Наука, Издательская фирма Восточная
литература, 2011. С. 130—150, 任震寰中译本见《俄罗斯科学院东方文献
研究所收藏的契丹大字手稿书》,《隋唐辽宋金元史论丛》第 3 辑,上海古
籍出版社, 2013 年。

Зайцев В. П. Идентификация киданьскогоисторического сочинения в составе
рукописной книги-кодекса Nova H 176 из коллекции ИВР РАН и
сопутствующие проблемы // Acta linguistica Petropolitana: Труды Института
лингвистических исследований. Том XI, часть 3. СПб.: Наука, 2015. С.
167—208, 821—822 (аннотация), 850—851 (summary).

张碧波:《契丹与回纥族源文化异同》,《西北民族研究》1999 年第 1 期。

张博泉:《略谈对契丹社会性质的看法》,《史学月刊》1959 年第 9 期。

张金龙:《北燕政治史四题》,《南都学坛》1997 年第 4 期。

张去非:《关于契丹汗位的继承制度》,《历史教学》1964 年第 8 期。

张晓慧:《元代蒙古人族群记忆的建构与书写》,北京大学博士学位论文,
2019 年。

赵光远:《试论契丹族的青牛白马传说》,《北方文物》1987 年第 2 期。

赵卫邦:《契丹国家的形成(社会科学版)》,《四川大学学报》1958 年第 2 期。

赵永春:《试论辽人的"中国"观》,《文史哲》2010 年第 3 期。

赵永春:《契丹自称"炎黄子孙"考论(社会科学版)》,《西南大学学报》

2012 年第 6 期。

郑毅：《论儒、释、道在辽朝的地位和作用》，《辽金历史与考古》第 2 辑，辽宁教育出版社，2010 年。

钟焓：《失败的僭伪者与成功的开国之君——以三位北族人物传奇性事迹为中心》，《历史研究》2012 年第 4 期。

钟焓：《中古时期蒙古人的另一种祖先蒙难叙事——"七位幸免于难的脱险者"传说解析》，《历史研究》2016 年第 3 期。

钟焓：《评刘浦江〈松漠之间——辽金契丹女真史研究〉》，《唐宋历史评论》第 2 辑，社会科学文献出版社，2016 年。

钟焓：《"唐朝系拓跋国家论"命题辨析——以中古民族史上"阴山贵种"问题的检讨为切入点》，《史学月刊》2021 年第 7 期。

宗喀·漾正冈布、刘铁程：《契丹文化变迁与早期政治》，《西北民族大学学报（哲学社会科学版）》2009 年第 3 期。

佐川英治：《東魏北斉革命と〈魏書〉の編纂》，《東洋史研究》第 64 卷 1 期，2006 年；刘啸汉译本，见陈锋、张建民主编《中国古代社会经济史论——黄惠贤先生八十华诞纪念论文集》，湖北人民出版社，2010 年。

本书各章节初刊情况

上篇　第一章

第一节　《塑造东夷：〈魏书·契丹传〉的文本来源与叙述策略》，《中国中古史研究》第 8 卷，中西书局，2020 年。

第二节　《从东夷到北狄：中古正史有关契丹的归类变化》，《唐研究》第 24 卷，北京大学出版社，2019 年。

第三节　《从误解到常识：史源学视野下的唐代大贺氏契丹问题》，《唐研究》第 25 卷，北京大学出版社，2020 年。

上篇　第二章

第一节　《再论〈辽史·营卫志〉部族门的文本来源与编纂过程》，《史学史研究》2020 年第 2 期。

第二节　《契丹建国以前部落发展史再探——〈辽史·营卫志·部族上〉》批判，《中国边疆史地研究》2022 年第 1 期。

第三节　《元修〈辽史〉契丹早期史观解构》，《中山大学学报（哲学社会科学版）》2022 年第 4 期。

下篇　第一章

第一节　《契丹建国前史发覆——政治体视野下北族王朝的历史记忆》，《历史研究》2020 年第 3 期。英文版见 Exposing the History of the Predynastic Kitan: The Historical Memory of Dynasties of Northern Descent from a Polity Pespective, *Chinese Studies in History* Vol. 55, No. 1-2（2022）.

第二节　《"青牛白马"源流新论——一种契丹文化形态的长时段观察》，《北京大学学报（哲学社会科学版）》2022 年第 3 期。

第三节 《透视阴山七骑：图像、传说与历史记忆》，《美术研究》2022 年第 2 期。

第四节 《民族记忆抑或家族标识？——契丹漆水郡望探赜》，《中国史研究》2022 年第 2 期。

附　论 《辽朝前期自称轩辕后裔说献疑》，《中国典籍与文化》2022 年第 4 期。

下篇　第二章

第一节 《被改写的政治时间：再论契丹开国年代问题》，《文史哲》2019 年第 6 期。英文版见 A Political Time Rewritten：Revisiting the Founding Year of the Khitan Empire，*Journal of Chinese Humanities* Vol. 9，No. 1（2023）.

第二节 《阿保机即位疑案重审——从草原传统向华夏文化转型中的另类历史叙述》，《"中研院"历史语言研究所集刊》第 94 本第 1 分，2023 年 3 月。

附　录 《问题更新与范式转换：契丹早期史百年研究述评》，《唐宋历史评论》第 6 辑，社会科学文献出版社，2019 年。

后 记

　　本书初稿是我的博士论文。2012年因负责点校《辽史·营卫志》，我开始接触、摸排书中所涉核心材料，2016年末确定选题，2018年6月在北京大学历史学系通过答辩。此后离析为十五篇文章，分别修改发表，复经整合、删润，形成现在的模样。

　　关于本书的具体内容，需要说明者有三：其一，因主体写作完成在先，书中个别章节与本人第一部专著《〈辽史〉探源》（中华书局，2020年）略有重合，考虑到各自论述的整体性，本稿未加省并。其二，博士论文完成及分篇发表后，引起学界一定程度的关注，或以之为基础继续推进，或与之形成对话、讨论，囿于时程、体例，本书未便予以直接回应，且待将来；原本绪论中学术史述评部分曾单独发表，今谨保持旧貌、移入附录，既明对话对象之时限，亦使主干脉络更为清晰。其三，书名所谓"重构"，并非完成时，而是进行时甚至将来时，更希望呈现的是一种新的研究方向，或可视作在正本清源后的"再出发"。

　　严格地说，这是一份学生时代遗留下的作业，它的出版才意味着那个阶段的真正完结，因此这篇后记应该也是我最后一次有机会以学生的视角来叙述写作前后的心绪与感念。

　　围绕本书的写作过程，印象最深的是两句话。

　　一句是2014年暑假，刘浦江老师在肿瘤医院住院时打来电话，开头就说:"我最放心不下的就是你的博士论文选题。"类似的话在他生命最后的那段日子里不止一次重现,与之相伴随的是关于不同选题可行性的反复讨论。由于当时还没有真正吃透材料,所拟诸题被一一驳回,直到他离开,仍迟迟未能敲定,这也成为我很长一段时间里莫大的遗憾。到了后来的实际写作中,尽力弥补遗憾的心愿常常让我觉得他一直都在身旁。这不仅是指所论问题缘起于《辽史》点校,方法、格局得益于此前数年的耳濡目染,更是指一种有人在天上看着自己的真切感受,它居然成为写作最煎熬、最困难的阶段助我冲破玄关(匿名评审之前两个月间,文稿从不足五万字暴增至二十五万字)的最强动力。答辩过后,我将论文携至万安公墓烧祭,曾在心中默念:"我知道,这篇粗陋不堪的文稿远未达到您的要求,但请您放心,学生一定会努力修改。"如今五年多过去,书稿只是稍加损益而不得不匆忙付梓,想到当年的承诺,想到再去烧祭时的情景,不禁凄然、赧然。

另一句话是 2018 年 1 月 6 日刘老师逝世三周年纪念会的晚宴上,张帆老师酒酣之际紧握着我的手说:"我相信你,我只能选择相信你。"那时候我刚从美国访学一年回来,眼看着要预答辩,论文成稿不足预计篇幅的五分之一,内心惶惶,满怀负罪感地和张老师起了自己的窘境,没承想得到的反馈竟是无条件的信任与包容。回头想来,从 2015 年初成为我的博士导师后,张老师似乎一直都是如此宽和地对待我的顽劣:从选题过程中多次变卦、推倒重来,到开题前夕临时起意、仓促访学,再到异国写作时的旁逸斜出、荒废迁延……除了提供实在而必要的支持外,他从没有过一丝一毫的怀疑或指责。也许正是这般自由无碍的指导风格,为本书的种种"离经叛道"留下了最大限度的生长空间。

自刘师走后,在中古史中心,在历史学系,我一度成了"吃百家饭长大的孩子",这部书稿亦是见证:与罗新老师的数次长聊,是文稿核心问题意识得以确立的关键;邓小南老师在送审前夕的面谈以及评审过程中的批语，让我意识到"打磨"二字的确切分量；荣新江老师提示应密切关注并积极回应国际学界契丹研究的最新动态；党宝海老师在答辩及后续修改中多次点出其中存在的实质性问题。工作之后，与李新峰、刘永华、胡鸿、付马、陈侃理、李霖、郭津嵩诸位师友的日常讨论，大大深化了对书中论题的思考。

从开题到答辩，有幸屡得姚大力老师提点，每有茅塞顿开之感；书稿基本定型后，欣见姚老师专门发表一篇与我讨论的文章，其间勉励、奖掖后学之谊令人动容，所涉具体辩难正是今后继续研究的着力点。王晓欣老师是我的启蒙恩师，在博论选题、答辩阶段亦曾给予中肯的意见，小书写作中践行的实证路数以及对北方民族史的通盘关照实萌芽于本科阶段王老师的引导。撰写结语过程中，与渠敬东老师的交谈让我有意识跳出历史学的框架去重新审视契丹早期史的典型意义，但愿这样的反思不会随着小书的出版而止歇。余蔚老师曾在书稿各章节写作、参会、发表、评审等多个环节给予无私的帮助与建议。康鹏师兄在当年选题最困难的阶段鼓励我舍流而溯源，去探索契丹早期历史，促使我将目光聚拢到现今的议题上；陈晓伟、邱靖嘉、任文彪三位师兄曾认真阅读博论初稿并提出切实的批评。定稿阶段，王岩、孙润泽、张砚衡、初京郴、黄思文、范睿哲、丁一杭、陈琪诸君帮忙校核文字，责编张晗先生紧凑而细致的工作保证了本书出版的质量与时效。

家父苗长青老师曾从头到尾通读本书初稿，并指出其中多处文字错讹。作为普通师范毕业生，他对文史之学朴素的喜好和理解，从我孩提时代开始，潜移默化地影响了我的人生选择，这种影响的意义直到今天身为人父之后方才真正有所体悟。内子香钧是书中诸多观点的首位倾听者，相守十五年间，她事靡巨细、有怨无悔的付出深深地改变了我对生活、对生命的态度。博士论文写作阶段，常常是她一边听我谈着新发现，一边提问："你确定吗？能自圆其说吗？"现如今，长子以铎会习惯性地在我给他讲故事时来一句口头禅

"你确定吗",随即抛出灵魂之问:"过去为什么总是打打杀杀?"次子以麾偶尔也在一旁歪着小脑袋,嘴里不断咿咿呀呀,仿佛是在附和哥哥、追问着我。

  本书的出版于我个人而言,标志着学生时代积攒下的一点"老本"已彻底"吃光用尽"。如何突破自己、开出新局的问题,早在脑海中盘桓许久,现在终于可以放手去尝试回答了,忐忑却又热切地期待着。

癸卯孟冬,于京西闹不机迷斋